3D-Architektur-Visualisierung

Atmosphäre mit Konzept, Licht und Struktur in 3ds Max

Christian da Silva Caetano

3D-Architektur-Visualisierung

Atmosphäre mit Konzept, Licht und Struktur in 3ds Max

mitp

Bibliografische Information Der Deutschen Bibliothek
Die Deutsche Bibliothek verzeichnet diese Publikation
in der Deutschen Nationalbibliografie;
detaillierte bibliografische Daten sind im
Internet über *http://dnb.ddb.de* abrufbar.

ISBN 978-3-8266-5923-2
1. Auflage 2008

Printed in Austria

www.mitp.de

Lektorat: Steffen Dralle
Korrektorat: Frauke Wilkens
Satz: III-satz, Husby, www.drei-satz.de

Inhalt

Vorwort/ Danksagung

Ein verständliches und zugleich ansprechendes Fachbuch zu dem Thema 3D-Architektur-Visualisierung zu verfassen, ist eine herausfordernde Aufgabe, die nur mit viel Unterstützung von Familie und Freunden sowie einem kompetenten Verlag als Partner zu bewältigen ist. Daher möchte ich die Gelegenheit nutzen, mich bei all denjenigen zu bedanken, die mich sowohl fachlich als auch emotional durch meine Zeit als Autor begleitet und damit wesentlich zum Erfolg dieses Buches beigetragen haben.

Selbstverständlich gehört mein erster Dank meiner Ehefrau Sandra da Silva Caetano, die während der Entstehung dieses Werkes mir nicht nur durch ihren fortwährenden Zuspruch, ihr Einfühlungsvermögen und ihre Fähigkeit, mich zum Lachen zu bringen, neue Energie und Motivation gab, sondern zudem auch einige wirklich schöne Frühjahrs- und Sommerabende und Wochenenden auf mich verzichten musste. Ich danke dir sehr für dein Verständnis und deine Unterstützung!

Auch Frau Katja Schrey, meiner Lektorin und Ansprechpartnerin, gilt mein besonderer Dank. Ich freue mich sehr über ihr Vertrauen in meine fachliche Kompetenz als Autor und über die Chance, die sie mir mit ihrem Angebot gab, eine Autorenschaft zu diesem besonderen, mir sehr am Herzen liegenden Thema zu übernehmen. Danke dafür.

Ich freue mich besonders darüber, dass Frau Tanja Köhler, eine ausgebildete Architektin und höchst kompetente Fachkraft auf dem Gebiet der dreidimensionalen Konstruktion von architektonischen Gebäuden, zugestimmt hat, mit ihrem Gast-Kapitel »Architektonische 3D-Konstruktionen mithilfe von CAAD« einen nicht unwichtigen Beitrag zum Erfolg dieses Buches zu leisten. Danke für die investierte Zeit und das fachlich fundierte Wissen.

Auch Herrn Steffen Dralle, dem Programmleiter beim mitp-Verlag, möchte ich herzlich für seine kompetente Unterstützung danken. Damit nicht zuletzt auch dem mitp-Verlag an sich, der auch speziellen Themenvorschlägen, wie dieser einer war, immer offen gegenübersteht und somit dafür sorgt, dass die wachsende Gemeinde von 3D-Artists mit neuem, aktuellem Wissen zum Thema architektonische 3D-Visualisierung versorgt wird.

Letztlich möchte ich auch Ihnen, liebe Leserinnen und Leser, herzlich für den Kauf dieses Buches danken, da Sie ebenfalls zu seinem Erfolg beitragen und so dafür sorgen, dass es zukünftig mehr Fachliteratur zu dem mir sehr wichtigen Thema 3D-Architektur-Visualisierung geben wird.

Christian da Silva Caetano (Dipl.-Inf.), August 2008

Einleitung

Wer *verstehen* will, muss zunächst *lesen* und dabei *lernen*! Sie, liebe Leserinnen und Leser, wissen das und haben dieses spezielle Fachbuch genau für diesen Zweck erworben. Ihre Intention und vor allem Ihre Motivation, die eigenen individuellen Fertigkeiten in der Realisierung hochwertiger architektonischer 3D-Visualisierungen zu verbessern und zu erweitern, ist die Grundvoraussetzung, um dieses Ziel auch zu erreichen. Das erworbene Buch wird die Anleitung sein, mit deren Hilfe Sie diese vor Ihnen liegende Aufgabe bewältigen.

Die Anleitung, die Sie nun in Händen halten, so zu strukturieren, dass sie übersichtlich und nachvollziehbar bleibt und dennoch tiefgreifende Einblicke in die Produktion architektonischer 3D-Visualisierung gewährt, ist keine leichte Aufgabe gewesen. Ich habe mich dafür entschieden, das Buch in Aufgabenbereiche zu untergliedern, deren sukzessive Abarbeitung Ihnen dabei hilft, die einzelnen Schritte für die Produktion hochwertiger Bilder nachzuvollziehen und diese für Ihre eigenen Produktionen zu verwenden.

Der erste Teil befasst sich mit der Ausarbeitung der Grundlage für die Produktion, dem theoretischen Aufbau und der Realisierung des sogenannten Produktionsplans. Dieser bildet das Kernstück Ihrer Arbeit und listet nacheinander alle erforderlichen Produktionsschritte und Produktionsressourcen auf, die Sie für eine gute Projektumsetzung benötigen. Erst der Produktionsplan ermöglicht es Ihnen, effektiv und qualitativ hochwertig zu arbeiten.

Im zweiten Teil des Buches wird, aufbauend auf den im ersten Teil vorgestellten Produktionsschritten, die eigentliche Produktion im Detail erläutert. Angefangen bei der *Planung*, *Modellierung*, *Inszenierung*, *Beleuchtung* und *Materialvergabe* bis hin zum *Rendering*, *Postproduktion* und *Animation* werden alle Schritte durchleuchtet und an den notwendigen Stellen mit sinnvollen und hilfreichen Übungen ergänzt.

Im dritten Teil werden wichtige Voraussetzungen/Konfigurationseinstellungen erläutert, die essenziell sind für die Produktion hochwertiger 3D-Visualisierung. Hier werden beispielsweise die Themen Monitor- und Farbkalibrierung, Einrichtung der Einheiten oder die optimale Pfadkonfiguration und andere Konfigurationseinstellungen behandelt, die Ihnen eine professionelle Produktion erst ermöglichen.

Im viertel Teil schließlich werden alle wichtigen Neuerungen der aktuell verfügbaren Programmversionen der Produktionssoftware 3ds Max 2008 und 2009 erläutert, die für die professionelle Produktion architektonischer 3D-Visualisierungen relevant sind. Aufbauend auf der Funktionalität der Programmversion 3ds Max 9.0 lassen sich die in diesem Buch erörterten Themen und Verfahrensweisen aber bereits nachvollziehen.

Es geht in diesem Buch nicht darum, die Handhabung oder die Menüführung der Produktionssoftware 3ds Max im Einzelnen und mit vielen Menübildern zu erläutern, die Sie sich auch selbst in der Software ansehen können, dafür empfehle ich die ebenso umfangreichen wie lehrreichen 3DS MAX LEHRGÄNGE, sondern es geht vielmehr darum, den vollständigen Produktionsweg in all seinen Facetten aufzuzeigen, der Sie in die Lage versetzt, qualitativ hochwertige architektonische 3D-Visualisierungen in kurzer Zeit zu produzieren – reichlich bebildert, keine Sorge.

Auch für die Arbeit mit diesem Buch gilt: Ohne Fleiß kein Wissen, ohne Wissen kein Erfolg! Ich möchte Sie daher auffordern, die Dokumentation der Produktionssoftware 3ds Max parallel und ergänzend zu diesem Buch zu Rate zu ziehen, insbesondere dann, wenn aus Gründen der Übersichtlichkeit und des Umfangs nicht jede einzelne Programmfunktion in aller Tiefe behandelt werden kann. Hierbei handelt es sich nicht um eine Voraussetzung, um hilfreiche Lehren ziehen zu können, sondern um eine Möglichkeit, an denen für Sie bedeutungsvollen Stellen noch tiefer in die Materie einzusteigen.

Das Buch richtet sich, wie bereits erwähnt, an all diejenigen, die ihre Fertigkeiten in der Realisierung hochwertiger architektonischer 3D-Visualisierungen verbessern und erweitern wollen und lernen möchten, wie erstklassige 3D-Visualisierungen produziert werden. Jeder, der sich beruflich mit der Visualisierung geplanter Architektur auseinandersetzen muss, wird in diesem Buch eine anwendbare Gebrauchsanweisung finden. Insbesondere ist dieses Buch für alle Architekten, Bauzeichner, Lichtplaner und Projektplaner interessant, die vermehrt ansprechende 3D-Visualisierungen zu realisieren haben, aber auch für Raumausstatter, Fotografen, Medien-Designer und allgemeine 3D-Artists, deren Kundschaft nach hochwertigen dreidimensionalen Projektbildern verlangt. Für jeden ist etwas dabei.

Eine ähnliche Motivation, die Sie bewegt, sich näher mit dem Thema 3D-Architektur-Visualisierung zu beschäftigen, hat mich veranlasst, ein möglichst aussagekräftiges und lehrreiches Buch über das vorliegende Thema zu verfassen. Sie finden in diesem Buch die Lehren und Erfahrungen aus meiner nunmehr 10-jährigen Projektarbeit und ich bin davon überzeugt, dass die hier verständlich formulierten Methoden, Tipps und Hinweise auch Ihre persönlichen Arbeiten qualitativ bereichern können. Dennoch erhebe ich nicht den Anspruch, unfehlbar zu sein, und freue mich daher über Kritik und Anregungen gleichermaßen, die helfen können, die nächste Ausgabe dieses Buches oder ein neues Werk qualitativ zu verbessern. Ich bitte Sie daher ausdrücklich, mir Ihre Kommentare zu den behandelten Inhalten an meine hierfür eingerichtete E-Mail-Adresse **3dbuch@vismagine.de** zukommen zu lassen. Ich freue mich auf den Dialog mit Ihnen.

Ich wünsche Ihnen, liebe Leserinnen und Leser, viel Freude an diesem Buch und dass Sie viele neue Anregungen finden, Dinge anders und gegebenenfalls auch besser zu machen, als Sie es bislang gewohnt sind.

Christian da Silva Caetano (Dipl.-Inf.), August 2008

1

Produktionsplan: Grundlage für realistische Architektur-Visualisierung

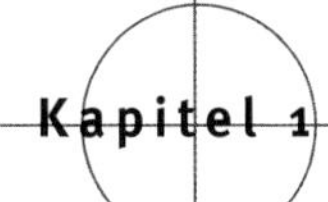

Viele von Ihnen, die vor der Aufgabe stehen, ansprechende und möglichst realistische 3D-Visualisierungen für ein Bauvorhaben zu verwirklichen, fragen sich vor jedem Projekt erneut, wie sie dieses Ziel am schnellsten erreichen. Der hohe Zeitdruck entsteht, weil es Abgabetermine einzuhalten gilt oder frühzeitig ein erster Entwurf als Diskussionsgrundlage vorliegen muss, an dem Änderungswünsche besprochen werden können. Oftmals wird die Produktionszeit für die 3D-Visualisierungen einfach unterschätzt oder zählt von vornherein nicht gänzlich zum Gesamtprojekt. So entstehen oft schlechte Ergebnisse in kurzer Zeit, die anschließend unter hohem Zeitdruck langwierig überarbeitet werden müssen.

Die wenigsten von Ihnen fragen sich, wie Sie ein möglichst optimales Ergebnis in adäquater Zeit erzielen und welche einzelnen Produktionsschritte dafür notwendig sind – wie also am effektivsten gearbeitet werden kann. Dabei sollte jedem 3D-Artist klar sein, dass sich wirklich gelungene und atmosphärische architektonische 3D-Visualisierungen nicht ohne etwas Zeit, ein wenig Erfahrung und vor allem einem guten Produktionsplan realisieren lassen. Eine detailliert ausgearbeitete Planung, die als Wegweiser durch den gesamten Prozess der Visualisierung führt, ist Grundlage einer jeden bemerkenswerten 3D-Visualisierung – sie ist Grundlage einer jeden gelungenen Projektarbeit.

Ein guter *Produktionsplan* muss den gesamten Produktionsprozess abbilden, an dessen Ende eine überzeugende 3D-Visualisierung steht. Er beinhaltet zeitliche Meilensteine und umfasst dabei die folgenden unterschiedlichen Bereiche:

- *Schriftliche Ausarbeitung eines Produktionsplans*
- *Zusammenstellung oder Generierung der nötigt Ressourcen*
- *3D-Modellierung*
- *Inszenierung/Bildkomposition*
- *Beleuchtung*
- *Materialvergabe*
- *Rendering*
- *Postproduktion*
- *Renderoptimierung*
- *Gegebenenfalls Animation*

Durch die schrittweise Erarbeitung genau dieser Themen sind Sie in der Lage, qualitativ hochwertige architektonische 3D-Visualisierungen für Ihre eigenen Projekte zu realisieren. Diese Gliederung finden Sie daher sowohl innerhalb dieses Kapitels wieder, in dem die Inhalte der einzelnen *Produktionsschritte* auch kurz erläutert werden, um Sie darauf vorzubereiten, am Ende des Kapitels Ihren eigenen schriftlichen Produktionsplan ausarbeiten zu können, als auch als Überschriften in dem folgenden Kapitel 2 »Die Produktion im Detail«, wo die detaillierte Erarbeitung der einzelnen Produktionsschritte theoretisch und mit praxisnahen Beispielen ausführlich erläutert wird.

Doch was beinhaltet ein Produktionsplan genau und in welcher Form sollte dieser während des ersten Produktionsschrittes vorbereitet werden? Ein guter Produktionsplan basiert auf einer detaillierten Vorbereitung. Er muss vor dem Produktionsbeginn vollständig schriftlich fixiert werden, kann aber, um neue Erfahrungen und somit Verbesserungen für zukünftige Projekte zu berücksichtigen, während der Produktion und nach einer jeden Produktion individuell erweitert und weiter optimiert werden.

Das Ergebnis ist eine Produktionsanleitung, die sich von Projekt zu Projekt stetig verbessert und leicht an geänderte Produktionsumgebungen angepasst werden kann.

Sicher fragen Sie sich, warum der Aufwand für die Erstellung einer solchen Produktionsanleitung betrieben werden muss, wenn es doch so einfach ist, direkt mit der Realisierung zu beginnen und dadurch schneller zu ersten 3D-Renderings zu kommen. Es gibt eine Vielzahl von überzeugenden Gründen, die für einen Produktionsplan sprechen. Hier einige der wichtigsten:

- **Erhebliche Zeitersparnis**

  Die Zeit, die Sie in die Ausarbeitung Ihres Produktionsplans investieren, sparen Sie während der Produktion mehrfach wieder ein. So müssen Sie beispielsweise nicht die Produktion einer 3D-Visualisierung an wichtigen Stellen unterbrechen, um z.B. nach Texturen oder zusätzlichen 3D-Objekten zu recherchieren, an die Sie anfänglich nicht gedacht haben. Wenn Sie zudem bereits vor Projektbeginn genau wissen, welche Schritte Sie mit welchen Inhalten durchführen müssen und wie viel Zeit jeder Schritt ungefähr in Anspruch nehmen wird, können Sie sich viele Produktionsunterbrechungen sparen und erreichen so Ihr Ziel – eine hochwertige 3D-Visualisierung – in optimaler Zeit.

- **Verbesserung der Qualität**

  Sie können schrittweise, kontinuierlich und ergebnisorientiert an Ihrem Projekt arbeiten und erreichen dadurch qualitativ bessere Ergebnisse mit niedrigen Produktionszeiten.

- **Fixierung von Know-how und Erfahrungen**

  Durch Ihre schriftlichen Aufzeichnungen fixieren und festigen Sie Erfahrungen, die während der Ausführung eines jeden Projekts erarbeitet wurden, und bilden langfristig fundiertes Know-how.

- **Aufteilung der Produktion**

  Ein schriftlicher Produktionsplan bildet eine optimale Grundlage zur Aufteilung der Produktionsarbeit innerhalb eines Teams. Alle benötigten Ressourcen und alle einzelnen Produktionsschritte sind in ihm fixiert und können somit leicht innerhalb des Teams delegiert werden.

- **Bessere Abstimmung mit Auftraggebern**

  Da der Produktionsplan eine schriftliche Beschreibung der fertigen 3D-Visualisierung darstellt, bildet er ebenfalls eine optimale Grundlage für die Abstimmung mit den jeweiligen Auftraggebern. So können Oberflächen besprochen, Kameraperspektiven definiert und Bildinhalte gemeinsam festgelegt werden, um die Vorstellungen des Auftraggebers im Bild möglichst genau wiederzugeben.

Wie aber sieht ein Produktionsplan für architektonische 3D-Visualisierung aus? Im Wesentlichen beinhaltet eine solche Produktionsanleitung die elementaren Schritte der Produktion in einer für die Realisierung hochwertiger architektonischer 3D-Visualisierungen bewährten Reihenfolge. Er gibt Überblick über alle benötigten Ressourcen, wie z.B. Texturen, Farben, 3D-Inhalte wie Möblierung etc. oder Fremdinhalte, die noch angefordert werden müssen (z.B. Konstruktionspläne, die noch nicht vorliegen). Zudem definiert der Produktionsplan zeitliche Meilensteine. Diese gewährleisten, den abgesprochenen Abgabetermin einhalten zu können, und ermöglichen zudem eine zeitliche Selbstkontrolle.

Sie finden folgend jeweils eine kurze inhaltliche Beschreibung der elementaren *Produktionsschritte* in einem Produktionsplan, die

Ihnen als Orientierung für die Erarbeitung Ihres eigenen Produktionsplans am Ende dieses ersten Kapitels dient.

1.1 Schriftliche Ausarbeitung des Produktionsplans

Im ersten Produktionsschritt »Schriftliche Ausarbeitung des Produktionsplans« sollten Sie sich im Detail mit dem gewünschten Ergebnis der Produktion auseinandersetzen und sich im Voraus ein genaues Bild davon machen, aus welchen einzelnen Inhalten die 3D-Visualisierung bestehen soll und in welcher Weise diese miteinander kombiniert werden.

Stellen Sie alle für das Bild benötigten Elemente als Liste von Ressourcen zusammen und beschreiben Sie in Stichworten oder skizzieren Sie grafisch, wie Sie diese einzelnen Bausteine Ihrer 3D-Visualisierung zu einem ansprechenden Ergebnis komponieren wollen. Diese Ressourcenliste ist ebenfalls Grundlage für den nächsten Produktionsschritt »Zusammenstellung oder Generierung der nötigen Ressourcen«.

Definieren Sie an dieser Stelle ebenfalls genau, mit welcher Bearbeitungszeit Sie für jeden Produktionsschritt für Ihr Projekt rechnen. Auf diese Weise erstellen Sie automatisch einen Zeitplan, der Ihnen zukünftig hilft, Abgabetermine besser zu benennen und auch einzuhalten.

1.2 Zusammenstellung oder Generierung der nötigen Ressourcen

Nachdem Sie genau wissen, welche Ressourcen Sie für die Umsetzung der 3D-Visualisierung benötigen, können Sie anhand der erarbeiteten Ressourcenliste aus dem Produktionsplan damit beginnen, alle benötigten inhaltlichen Elemente zusammenzutragen oder selbst zu generieren. Dies geschieht während des Produktionsschrittes »Zusammenstellung und Generierung der nötigen Ressourcen«.

Welche Elemente zu einer Ressourcenliste gehören können, wo sie bestimmte freie Ressourcentypen für architektonische 3D-Visualisierung im Internet recherchieren, wie Sie Ressourcen am effektivsten selbst produzieren können und wo Sie diese Ressourcen für Ihre Arbeit am sinnvollsten speichern, wird im gleichnamigen Abschnitt »Zusammenstellung oder Generierung der nötigen Ressourcen« im weiteren Verlauf dieses Buches detailliert erläutert.

1.3 Modellierung

Dieser Produktionsschritt beinhaltet die Realisierung Ihres Hauptdarstellers in Ihrer 3D-Visualisierung, nämlich der ansprechend zu präsentierenden architektonischen Immobilie.

Noch bevor Sie anfangen können, die Immobilien dreidimensional zu rekonstruieren, müssen Sie sich mit den Themen Datenaustausch sowie Optimierung und Vorbereitung der gelieferten Daten auseinandersetzen. Sie müssen sich ebenfalls für den zweckmäßigsten Weg entscheiden, wie Sie aus evtl. gelieferten 2D-Konstruktionsplänen am effektivsten ein 3D-Modell konstruieren. Damit beschäftigen Sie sich im Produktionsschritt »Modellierung«.

Welche architektonischen Konstruktionsmöglichkeiten Ihnen innerhalb der Produktionssoftware 3ds Max oder der CAAD-Software AutoCAD zur Verfügung stehen und wie Sie diese am effektivsten einsetzen, lernen Sie anhand von übersichtlichen Beispielen im gleichnamigen Abschnitt »Modellierung« im weiteren Verlauf dieses Buches.

Innerhalb des Produktionsplans notieren Sie sich diesbezüglich unter dem gleichnamigen Punkt *Modellierung* die einzelnen Elemente Ihrer 3D-Visualisierung, die Sie für die Umsetzung der 3D-Visualisierungen benötigen.

1.4 Inszenierung/ Bildkomposition

Der Produktionsschritt »Inszenierung/Bildkomposition« beschäftigt sich damit, wie die Bezeichnung bereits vermuten lässt, alle zusammengestellten oder selbst produzierten Ressourcenelemente zu einem ansprechenden Bild zusammenzufügen, also zu inszenieren, zu komponieren!

Es geht in diesem Schritt nicht darum, sich mit den Themen *Beleuchtung* oder *Materialvergabe* zu beschäftigen, sondern lediglich darum, die Haupt- und Nebendarsteller (also Immobilie und Füllobjekte) so zu positionieren, dass Sie am Ende ein ausgewogenes und stimmiges Bild erhalten, in dem der Hauptdarsteller (Ihre Immobilie) prominent präsentiert wird. Machen Sie sich fundierte Gedanken dazu, wo und warum Sie bestimmte Ressourcen im Bild platzieren, wie Sie die Elemente zueinander in Beziehung setzen wollen, etwa die Möblierung mit der eigentlichen Architektur, und überlegen Sie sich, von welcher Kameraposition aus der spätere Betrachter den ansprechendsten Eindruck der Immobilie erhält. Auch für diesen Produktionsschritt notieren Sie sich all Ihre Überlegungen im Vorhinein im Produktionsplan.

Nach welchen Regeln Sie dabei am sinnvollsten vorgehen, lernen Sie im gleichnamigen Abschnitt »Inszenierung/Bildkomposition« im weiteren Verlauf dieses Buches.

1.5 Beleuchtung

Einer der wichtigsten Produktionsschritte ist die Realisierung der Beleuchtung der architektonischen 3D-Szene. Die Beleuchtungssituation hat maßgeblichen Einfluss auf die Stimmung und die Atmosphäre Ihrer 3D-Visualisierung. Sie bestimmt ebenfalls in erheblichem Maß den Grad an Realismus.

Während der Ausarbeitung der Beleuchtungssituation, auf die Sie sich idealerweise bereits während der Ausarbeitung des Produktionsplans grob festlegen, beschäftigen Sie sich damit, welche Lichtquellen Sie für Ihre Beleuchtungssituation benötigen, welche Lichtfarben Sie definieren, um die entsprechende Atmosphäre zu erzeugen, und welche Lichtberechnungsverfahren Sie dabei nutzen, die Ihnen die Produktionssoftware 3ds Max zur Auswahl anbietet. Auch für diesen Produktionsschritt notieren Sie sich all Ihre Überlegungen im Vorhinein im Produktionsplan.

Welche Lichtquellen-Objekte oder Lichtberechnungsverfahren Ihnen dafür in 3ds Max zur Verfügung stehen, wie Sie am sinnvollsten die Realisierung einer Beleuchtungssituation für architektonische

Inhalte beginnen und was Sie unbedingt bei Ihrer Arbeit beachten sollten, wird Ihnen im weiteren Verlauf dieses Buches im gleichnamigen Abschnitt »Beleuchtung« erläutert.

1.6 Materialvergabe

Nachdem Sie alle wesentlichen 3D-Bildelemente in geeigneter Detailstufe innerhalb einer Gesamtszene angeordnet und diese mit einer ansprechenden Beleuchtungssituation versehen haben, definieren Sie im Produktionsschritt »Materialvergabe« innerhalb Ihrer Produktionssoftware 3ds Max alle benötigten Materialien und weisen diese den einzelnen 3D-Objekten Ihrer 3D-Szene zu.

In diesem Produktionsschritt beschäftigen Sie sich nicht damit, die einzelnen Texturressourcen[1] für Ihre Materialien[2] zu recherchieren oder selbst zu generieren, idealerweise haben Sie dies bereits während des vorangegangenen Produktionsschrittes »Zusammenstellung oder Generierung der nötigen Ressourcen« erarbeitet. Hier geht es ausschließlich um die sorgfältige Definition der Materialien und deren effektive Zuweisung zu den 3D-Objekten über Texturkoordinaten[3] (UVW-Koordinaten). Auch für diesen Produktionsschritt notieren Sie sich all Ihre Überlegungen im Vorhinein im Produktionsplan.

Da der Produktionsschritt »Beleuchtung« bereits mithilfe eines neutralen (z.B. matt weißen) Materials im vorherigen Produktionsschritt vorgenommen wurde und Sie so die reine Beleuchtung mit den unverfälschten Lichtfarben und -intensitäten bewerten konnten, sind Sie während dieses Produktionsschrittes auch in der Lage, die definierten und zugewiesenen Materialien optisch innerhalb der realisierten Lichtsituation zu bewerten und gegebenenfalls anzupassen.

Hinweis

Beachten Sie unbedingt die durch den Produktionsplan vorgegebene Reihenfolge der einzelnen Produktionsschritte, um bestmögli-

1. Vereinfacht beschrieben meint der Begriff »Texturen« die rein farbliche Beschreibung einer Oberfläche, als Farbwertangabe oder als bildliche Beschreibung in Form einer oder mehrerer Texturdateien.
2. Mit »Materialien« ist die gesamte Definition einer Oberfläche gemeint, die zusätzlich zur Textur auch Oberflächeneigenschaften wie Glanz, Reflexion, Transparenz oder Rauheit enthält und definiert – gegebenenfalls über weitere Texturen.
3. Anweisung dafür, wie ein Material bzw. die darin enthaltene Textur auf eine 3D-Oberfläche aufgetragen wird.

che architektonische 3D-Visualisierungen zu produzieren. Die *Beleuchtung* einer 3D-Szene sollte, um neutral bewertet werden zu können, immer vor der *Materialvergabe* realisiert werden.

Wie Sie hochwertige Materialien für Ihre 3D-Visualisierung innerhalb 3ds Max definieren, wie Sie systematisch Ihre Materialien organisieren können und diese am effektivsten den einzelnen Objekten zuweisen, welche hochwertigen fertigen Materialschablonen Ihnen die Produktionssoftware 3ds Max zur Verfügung stellt oder wie Sie exakte reale Farben definieren, wird im gleichnamigen Abschnitt »Materialvergabe« im weiteren Verlauf dieses Buches erklärt.

1.7 Rendering

Mit der Erarbeitung der vorangegangenen Produktionsschritte »Modellierung«, »Inszenierung«, »Beleuchtung« und »Materialvergabe« haben Sie alle notwendigen Grundlagen für den Produktionsschritt »Rendering« geschaffen. Ihre 3D-Visualisierung kann nun in hochwertiger Qualität und in erforderlicher Bildgröße berechnet werden.

Die Auswahl und die optimale Einstellung des Produktionsrenderers in der Produktionssoftware 3ds Max wollen wohl überlegt sein. Sie müssen an dieser Stelle entscheiden, welche der unterschiedlich komplexen Bildberechnungsverfahren, die 3ds Max für die finale Bildberechnung anbietet, für die Berechnung Ihrer 3D-Visualisierung verwendet werden sollen und diese entsprechend optimal einstellen. Auch für diesen Produktionsschritt notieren Sie sich all Ihre Überlegungen im Vorhinein im Produktionsplan.

Welche Einstellungen Sie am besten für architektonische 3D-Visualisierung vornehmen müssen und welche Auswirkungen diese auf die Bildqualität haben, wird in dem gleichnamigen Abschnitt »Rendering« im weiteren Verlauf dieses Buches erläutert.

1.8 Renderoptimierung

Im Produktionsschritt »Renderoptimierung« beschäftigen Sie sich damit, wie Sie Ihre Berechnungszeiten (Renderingzeiten) für Ihre 3D-Visualisierung oder Ihre 3D-Animation reduzieren können, ohne dabei die Qualität der Ergebnisse merklich negativ zu beeinflussen.

Selbstverständlich ist es immer möglich, die zugrunde liegende Produktionshardware aufzurüsten, dies ist aber meist mit finanziellen Investitionen verbunden, die in vielen Fällen vermieden werden können. Es gibt eine Vielzahl von Maßnahmen, die Sie durchführen können, um diesbezügliche Produktionszeit und -kosten zu sparen, ohne dafür in Hardware investieren zu müssen. Auch für diesen Produktionsschritt notieren Sie sich all Ihre Überlegungen im Vorhinein im Produktionsplan.

Wie Sie mehrere Computer im Netzwerk nutzen, um gemeinsam an einem 3D-Rendering zu rechnen, wie Sie alle Computer nutzen, um gemeinsam an der Bilderserie Ihrer 3D-Animation zu rechnen, wie Sie mit Diagnose-Werkzeugen bestimmte zeitintensive Einstellungen der Renderqualitäten auf tatsächliche Notwendigkeit prüfen oder welche Einstellungen Sie vornehmen müssen, um evtl. auftretendes störendes Bildflimmern in Ihren 3D-Animationen zu beseitigen, wird in dem gleichnamigen Abschnitt »Renderoptimierung« im weiteren Verlauf dieses Buches erläutert.

1.9 Postproduktion

Wie die Bezeichnung dieses Produktionsschrittes »Postproduktion« andeutet, erfolgt in diesem Projektstadium eine Nachbearbeitung der Ergebnisse, die Sie im Schritt *Rendering* realisiert haben. In den meisten Fällen erfolgt dies innerhalb einer 2D-Bild- oder Videobearbeitungssoftware.

Gegebenenfalls stellen Sie fest, dass Sie bestimmte Oberflächenfarben oder Beleuchtungssituationen aus den unterschiedlichsten Gründen nicht zu Ihrer vollen Zufriedenheit umsetzen konnten oder nachträglich Farbvariationen gewünscht sind, um auf Seite der Auftraggeber fundiertere architektonische Entscheidungen zu treffen. In einem solchen Fall ist zu entscheiden, ob Sie das unter Umständen mehrstündige Rendering der 3D-Visualisierung oder gar der 3D-Animation nochmals neu anstoßen wollen oder ob Sie lieber auf die effektiveren Mittel der 2D-Bild- und Filmbearbeitung zurückgreifen sollten, um schnelle Bild- oder Farbanpassungen an einzelnen Objekten durchzuführen. Auch für diesen Produktionsschritt notieren Sie sich all Ihre Überlegungen im Vorhinein im Produktionsplan.

Welche Möglichkeiten Ihnen zur nachträglichen Überarbeitung einer bereits realisierten 3D-Visualisierung noch zur Verfügung stehen, welche Farbwerte Sie im Zusammenhang mit einer möglichen Druckausgabe prüfen sollten, wie Sie im Nachhinein Farb- und Tonwertkorrekturen durchführen oder wie Sie die Atmosphäre Ihrer 3D-Visualisierung durch geeignete Filter noch weiter verbessern können, wird in dem gleichnamigen Abschnitt »Postproduktion« im weiteren Verlauf dieses Buches erläutert.

1.10 Animation

Der Produktionsschritt »Animation« beinhaltet die inhaltliche Planung sowie die technische Realisierung einer geforderten 3D-Animation. 3D-Animationen bestehen aus hintereinander gereihten Einzelbildern, für die grundsätzlich dieselben Produktionsregeln und -techniken angewandt werden müssen wie für übliche 3D-Standbild-Visualisierungen. Jedoch gibt es einige Aspekte insbesondere im Themenbereich *Rendering* zu beachten, die sorgfältig durchdacht werden müssen, um gute Ergebnisse zu produzieren.

Wie Sie das Rendering einer 3D-Animation vorbereiten müssen, um beispielsweise unerwünschtes Bildrauschen oder Bildflecken zu vermeiden, wie Sie ansprechende Kamerafahrten realisieren oder welches Ausgabeformat Sie für die optimale Nachbearbeitung wählen, wird in dem gleichnamigen Abschnitt »Animation« im weiteren Verlauf dieses Buches erläutert.

Auch für diesen Produktionsschritt notieren Sie sich all Ihre Überlegungen im Vorhinein im Produktionsplan.

Prägen Sie sich diese vorangegangene Gliederung als Leitfaden für die Erstellung Ihres Produktionsplans sowie die Realisierung Ihrer Produktion nachhaltig ein, denn sie beschreibt rudimentär, welche Schritte Sie in welcher Reihenfolge erarbeiten müssen, um qualitativ hochwertige architektonische 3D-Visualisierungen zu produzieren. Ein ansatzweise ausgearbeitetes Beispiel eines Produktionsplans finden Sie folgend.

1.11 Produktionsplan – Beispiel

Folgend sehen Sie ein Beispiel für einen ansatzweise ausgearbeiteten Produktionsplan, an dem Sie sich bei der Realisierung Ihrer eigenen 3D-Visualisierungsprojekte orientieren können.

Wie detailliert Sie Ihren eigenen Produktionsplan ausarbeiten, können Sie Ihren eigenen Anforderungen anpassen. Ob Sie lediglich Stichpunkte zu den einzelnen Themengebieten notieren oder gänzlich ausformulieren, bleibt Ihnen überlassen. Wichtig ist lediglich, dass Sie sich mit jedem einzelnen Aspekt der vor Ihnen liegenden Arbeit gedanklich auseinandergesetzt haben und genau wissen, wann Sie welche Inhalte in welcher Weise zu einer 3D-Visualisierung zusammenführen.

Abbildung 1.1
Aufbau und Inhalt eines Produktionsplans

Schritt			Tage
SCHRITT 1: Detaillierte schriftliche Vorbereitung (Produktionsplan)			1
Thema	**Objekte**	**OK**	

3D-Geometrie
Welche 3D-Modelle werden benötigt und welche 3D-Modelle müssen davon explizit generiert werden?
 	
[gefordert ist hier eine vollständige Auflistung aller benötigten 3D-Objekte, die in Ihrer 3D-Visualisierung sichtbar sein sollen]
	• Außenfassaden (werden geliefert)
	• Innenräume (müssen generiert werden)
	• Möblierung Außen
	  • Unmittelbares Gelände
	  • Strassen und Wege
	  • Sitzgelegenheiten (Bänke etc.)
	  • Außenbeleuchtung
	  • Etc.
	• Möblierung Innen
	  • moderne Möblierung Küche (kann detailliert werden)
	  • klassische Möblierung Wohnen/Essen
	  • weitere Einrichtungsgegenstände
	  • etc.
	• Weitere Füllobjekte
	  • Flora & Fauna (Baumarten und Jahreszeit spezifizieren)
	  • RPC's (zielgruppenbezogene 3D-Personen)
	  • Automobile (Modell und Farbe sp)
	  • Etc.		

Materialien / Oberflächen Welche Materialien (bzw. Shader) werden benötigt und welche davon müssen explizit generiert werden? [gefordert ist hier eine vollständige Auflistung aller benötigten Oberflächen, die in Ihrer 3D-Visualisierung sichtbar sein sollen]	• Sonnenschutzglas für Fassade • Aluminiumprofile in RAL 9007 • Weich reflektierender Eichen-Parkett hell • Etc.		
Texturen Welche Texturen werden benötigt und welche Texturen müssen davon explizit generiert werden? [gefordert ist hier eine vollständige Auflistung aller benötigten Texturen, die in Ihrer 3D-Visualisierung sichtbar sein sollen]	• Naturstein für Fassade (vorhanden) • Bangkirai für Terrassen (Recherche/Produktion) • Sichtbeton (Produktion) • Etc.		
Farbgebung Welche Farben- oder Farbschemata sollen angewandt werden?	• In Abstimmung mit Vermarktungsbroschüre wird Grasgrün (RAL 6010) als dominierende Bildfarbe definiert • Farbharmonien definieren (passende ergänzende Farben für Farbgebung anderer Objekte)		
Beleuchtung Welche Lichtsituation und Beleuchtung soll dargestellt werden? Welche Lichtdatendateien müssen diesbezüglich recherchiert werden?	• Tageslicht: intensives warmes Sonnenlicht mit harten Schatten • Dezente Baumschatten über den Gebäudefassaden • Beleuchtung der Innenräume mit Decken-Downlights (Achtung: IES Daten recherchieren) • Weiche kontrastreiche Schattierungsverläufe an allen Fassaden		
Rendering Welche Positionen soll der Betrachter einnehmen (Kamerapositionen) bzw. auf welche Bildelemente soll die Aufmerksamkeit des Betrachters gelenkt werden?	• Fußgängerperspektive (leicht erhöht) • Bildfokus auf die rechte Gebäudefassade • Raumtiefe: Kamerabrennweite niedrig • Etc.		
Postproduktion Sollen nachträglich Farbkorrekturen, Kontraste oder Unschärfe-Effekte in der Bildnachbearbeitung durchgeführt werden?	• Himmelsfarbe „blau" etwas intensivieren • Fassade der Immobilie sättigen • Hintergründe leicht unscharf maskieren • Zusätzlich Zugvögel hinein retouchieren • Etc.		

Animation Welche Eindrücke sollen über eine Kamerafahrt vermittelt werden und welche Gebäudeteile sollen dabei fokussiert werden? Wie lange | • Länge der Animation: ca. 30 Sek. • Fokus auf: Eingangsbereich, Glasfassade, Tiefgarageneinfahrt, Terrassen • Etc. ...	
SCHRITT 2: Zusammenstellung oder Generierung der benötigten Ressourcen Ziel: auf Grundlage der in der detaillierten Vorbereitung schriftlich fixierten Inhalte, werden in diesem Schritt alle benötigten Ressourcen (3D-Modelle, Materialien, Texturen, etc.) zusammengetragen oder gegebenenfalls generiert. • Auf welche fertigen Ressourcen (3D-Modelle, Materialien, Texturen, etc.) kann zurückgegriffen werden und welche müssen explizit produziert werden? ...	2
SCHRITT 4: Modellierung (benötigter Inhalte) Ziel: effektive dreidimensionale Konstruktion der Immobilie • Datenaustausch und Prüfung der vorhandenen/gelieferten Plandaten auf Vollständigkeit • Optimierung der gelieferten Daten und Vorbereitung für die Rekonstruktion • Welche architektonischen Elemente der Immobilie müssen umgesetzt werden • Welche Modellierungstechnik soll verwendet werden (die effektivste) ...	3
SCHRITT 5: Inszenierung / Bildkomposition Ziel: ansprechende Inszenierung der zu visualisierenden Immobilie und notwendiger Füllobjekte • Welche sind die ansprechendsten Seiten der Immobilie und welches Bildformat kann diesbezüglich verwendet werden? • Wie kann die Immobilie (Hauptdarsteller) ansprechend in Szene gesetzt werden? • Welche Füllkörper (Nebendarsteller) werden benötigt? • Wie sollen die einzelnen Darsteller angeordnet werden? ...	1
SCHRITT 5: Beleuchtung Ziel: Realisierung einer ansprechenden kontrastreichen architektonischen Beleuchtungssituation • In welcher Beleuchtungssituation soll die Immobilie präsentiert werden (und warum) – Tageslicht, Abends, etc ... • Wie realistisch soll die Beleuchtungssituation ausgearbeitet werden und welche Stimmung soll damit erzeugt werden? • Welche Lichtquellen-Objkete müssen auf welche Weise platziert werden und welche Schattenarten sollen generiert werden? • Welche Lichtfarben sollen verwendet werden? • Werden effekte wie Lichtglühen oder Lichtenergie benötigt? ...	1
SCHRITT 6: Materialvergabe Ziel: ansprechende und realistisch Definition aller benötigten Materialoberflächen • Welche Materialoberflächen werden benötigt und wie können diese am effektivsten umgesetzt werden? • Welche Materialien sind großformatig im Bild zu sehen und bedürfen daher besonderer Aufmerksamkeit? ...	1
SCHRITT 7: Rendering Ziel: effektive finale Bildberechnung mit qualitativ hochwertigen Einstellungen • Welche besonderen Rendering-Einstellungen müssen angepasst oder überprüft werden? • Werden Kamera-Effekte benötigt oder zusätzliche Render-Elemente für die Postproduktion? • Welches ausgabeformat ist für die Weiterverarbeitung am sinnvollsten? ...	1
SCHRITT 8: Postproduktion Ziel: Planung der Postproduktion • Sollen objektbezogene Farbvariationen benötigt, die sich während der Postproduktion realisieren lassen? • Sollen Effekte wie Tiefenschärfe oder Lichtenergie/Lichtglühen nachträglich angewandt werden ...	0,5
SCHRITT 9: Animation Ziel: Realisierung einer ansprechenden 3D-Animation mit Hilfe eines Storyboards • Wo liegen die Schokoladenseiten der Immobilie und welche Kamerafahrten sollen daraufhin produziert werden? • Wie lange soll die Animation und die einzelnen Sequenzen sein und wie sollen diese mit einander kombiniert werden? ...	4
Gesamte Projektdauer (in Tagen)	**14**

Achtung

Im Ordner *Produktionsplan* auf der beiliegenden DVD finden Sie eine Microsoft Word-Datei mit einer grob vorgegebenen Struktur eines Produktionsplans, den Sie für Ihre eigenen Projekte individuell anpassen und nutzen können.

Die folgenden Kapitel in diesem Buch erläutern detailliert, wie Sie anhand Ihres erarbeiteten Produktionsplans durch die schrittweise Umsetzung der einzelnen Produktionsschritte Ihr eigenes Projekt sukzessive realisieren.

Kapitel 2

2

Die Produktion im Detail

Bevor Sie mit der Produktionsplanung und der Realisierung Ihrer 3D-Visualisierungen beginnen, sollten Sie einmal darüber nachdenken, was eine mittelmäßige 3D-Visualisierung von einer hochwertigen unterscheidet. Dies hat maßgeblichen Einfluss auf die Ausführung der einzelnen Produktionsschritte, die Sie im Vorhinein durchdenken und planen müssen. Hier zwei Beispiele:

Abbildung 2.1
Positiv-Beispiel einer 3D-Visualisierung

Abbildung 2.2
Negativ-Beispiel einer 3D-Visualisierung

Die wesentlichen Kriterien, die aus einem guten 3D-Rendering eine außergewöhnliche Arbeit machen, liegen im Detail verborgen. Betrachten Sie die beiden dargestellten Bilder etwas genauer, stellen Sie fest, dass folgende Punkte maßgeblich zum Realismus des höherwertigen Bildes beitragen:

Deutliche räumliche Tiefe

Eine deutlich erkennbare *räumliche Tiefe* in Ihrer architektonischen 3D-Visualisierung trägt signifikant zur positiven Realitätsempfindung beim Betrachter bei. Ziel einer jeden Arbeit sollte also sein, möglichst viel räumliche Tiefe entstehen zu lassen. Charakterstisch für räumliche Tiefe sind die vier folgend aufgelisteten Bildeigenschaften, die Sie überlegt für den genannten Zweck einsetzen können.

- **Verjüngung:** Ein markantes Beispiel für räumliche Tiefe durch Verjüngung ist das Bild eines langen Flurs, an dessen Ende sich eine Tür befindet. Die Fluchten der jeweiligen Seitenwände des Flurs scheinen in der Verlängerung zusammenzulaufen und sich am Bildhorizont zu treffen. Diesen Effekt, der bei allen perspektivisch angeordneten Objekten im dreidimensionalen Raum auftritt, nennt man Verjüngung. Er ist wesentlich für räumliche Tiefe und sollte über die Wahl einer geeigneten Kameraperspektive sorgfältig eingesetzt werden.
- **Schärfentiefe:** Bedingt durch die menschlichen Eigenschaften der optischen Wahrnehmung werden Objekte in größerer Entfernung oft unschärfer wahrgenommen als Objekte in unmittelbarer Nähe. Diese Charakteristik kann dazu verwendet werden, um räumliche Tiefe in einem an sich zweidimensionalen Bild optisch zu unterstreichen.
- **Objektüberschneidung:** In Ihrer 3D-Szene angeordnete Objekte, die andere Objekte überschneiden, also teilweise verdecken, werden vom Betrachter räumlich dem Bildvordergrund zugeordnet, die überdeckten, also teilweise nicht sichtbaren Objekte eher dem Bildhintergrund. Auch dieser Effekt ist maßgeblich für die Entstehung räumlicher Tiefe, da er das reale menschliche Wahrnehmungsempfinden widerspiegelt. Sie müssen Räume erst betreten (in die Tiefe eines Raumes gehen) und dabei im Vordergrund stehende Objekte passieren, um überdeckte Objekte im Raum vollständig wahrzunehmen.
- **Schatten:** Schatten helfen dem Betrachter, die Positionierung der dargestellten Objekte in Ihrer 3D-Visualisierung besser einzuschätzen, da sie einen direkten räumlichen Bezug zum Boden oder anderen Objekten in ihrer Nähe herstellen. Sie unterstützen zusätzlich das Prinzip der Objektüberschneidung und lassen

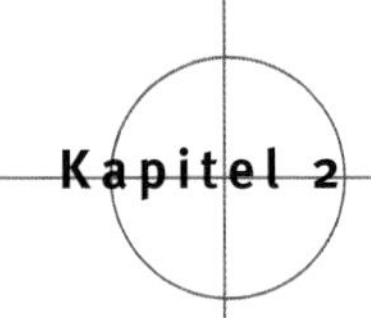

zusätzlich räumliche Tiefe entstehen, besonders in der Architektur.

3D-Geometrie ohne absolut scharfe Kanten

Bis auf Messer oder andere Schneidewerkzeuge haben keine weiteren realen Objekte absolut scharfe Kanten wie die, die in Ihrer 3D-Visualisierungssoftware erstellt werden. Berücksichtigen Sie das direkt bei der 3D-Modellierung oder bei der Definition der Materialien (die automatische Abkantung scharfer Geometriekanten ist bei einigen Materialdefinitionen, wie z.B. beim ARCH & DESIGN-Material, möglich).

Verwendung des vollen Schattierungsspektrums

Bildkontraste sind für die Wahrnehmung von Realismus absolut wesentlich, seien es Farb- oder Helligkeitskontraste. Versuchen Sie mithilfe der Beleuchtung immer ein hohes Schattierungsspektrum mit gezielten Schattenverläufen und starken Hell-dunkel-Kontrasten zu erreichen. Arbeiten Sie Schattendetails heraus.

Durchdachtes und realistisches Farbkonzept mit Echtfarben

Farben oder Muster, die in der realen Welt nur selten zu sehen sind, werden, wie alles, was man nicht bereits mit eigenen Augen gesehen hat, eher als unwirklich wahrgenommen. Versuchen Sie daher, die Farbtöne oder Muster für Möblierungen oder Ausstattungen oder Wandfarben zu verwenden, die man aus seiner Umgebung gewohnt ist.

Beschränken Sie das zu verwendende Farbspektrum auf einige wenige unterschiedliche Farben, die im späteren 3D-Rendering miteinander harmonieren (Farbharmonien).

Versuchen Sie Farben aus definierten Farbsystemen auszuwählen, die häufig in der Mode- und Designwelt Verwendung finden, wie beispielsweise aus den Farbsystemen RAL CLASSIC, RAL DESIGN oder Pantone.

Weitere Informationen bezüglich Farbkonzepten und Farbsystemen finden Sie im Abschnitt »Farben als Basis für Materialien« auf Seite 224.

Oberflächenstrukturen (Stoffe, Leder etc.)

Nur die wenigsten realen Objekte innerhalb oder außerhalb einer Immobilie besitzen eine absolut glatte Oberfläche. Bei genauerem

Hinsehen sind Oberflächenstrukturen/-reliefs zu erkennen, wie z.B. bei groben Natursteinen, Sichtbeton, Raufaser-Tapeten, Ledergarnituren oder Stoffgardinen. Um Ihre 3D-Visualisierung auch im Detail *haptischer* und somit realistischer zu machen, sollten Sie versuchen, diese Strukturen in den Materialien zu simulieren (mithilfe von Bump- bzw. Relieftexturen).

Bildschärfe, evtl. Tiefenunschärfe

Die visuelle Wahrnehmung eines Menschen verarbeitet das aktuell durch das Auge Wahrgenommene in absolut gestochen scharfer Qualität, zumindest wenn Sie nicht kurz- oder weitsichtig sind. Je tiefer jedoch Objekte im Raum liegen, umso unschärfer werden sie von uns wahrgenommen. Unter anderem nehmen Menschen auf diese Weise *räumliche Tiefe* wahr.

Diesen Effekt sollten Sie in Ihren 3D-Visualisierungen dezent simulieren, um den Fokus des Betrachters auf Bildinhalte zu lenken oder mehr räumliche Tiefe entstehen zu lassen: scharfe prominente Bildinhalte im Vordergrund, dezent unscharfe Umgebungen im Hintergrund.

Korrekte Maßstäbe

Nichts in einem Bild ist unrealistischer als ein über- oder unterdimensioniertes Objekt, das wir aus der realen Umgebung mit ganz anderen Maßstäben kennen. Bereits kleine Abweichungen können dem Betrachter auffallen und unterbewusst als störend empfunden werden. Ein überdimensionaler Stuhl in einem kleinen Raum fällt sofort störend auf.

Bringen Sie daher jedes Ihrer 3D-Objekte in dem verhältnismäßig richtigen Maßstab in Ihre 3D-Szene. Arbeiten Sie von Beginn an mit festen Einheiten, auf deren Basis Sie z.B. Ihre importierte Möblierung überprüfen und gegebenenfalls anpassen können.

Wiedererkennungswert bestimmter Bildelemente (Möbel, Farben, Muster)

Sobald der Betrachter eines Bildes bestimmte Gegenstände aus seiner realen Umgebung, wie Möblierung, Farben oder Muster, wiedererkennt, trägt dies positiv zur Realitätsempfindung beim Betrachter bei.

Versuchen Sie, prominente Bildinhalte, wie z.B. prominente Designermöbel oder aktuelle Wandtapeten- oder Teppichmuster in Trend-

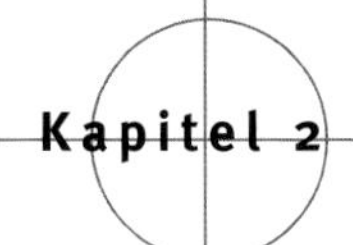

farben, in Ihre 3D-Visualisierung zu integrieren, um die Aktualität und somit den Realismus und die Qualität Ihrer Arbeit zu erhöhen.

Detailreichtum in der Szene

Leerstehende Räume wirken unnatürlich, weil man sie in der eigenen realen Umgebung nur wenig antrifft. Spartanisch ausgestattete Wohn- oder Essbereiche wirken zudem unwirklich und unbehaglich. Es fehlen die Details, die einen Raum oftmals erst lebendig machen.

Statten Sie Ihre 3D-Visualisierungen überlegt, aber dezent mit Details aus. Verwenden Sie dabei Gebrauchsgegenstände aus dem Alltag, die den Eindruck vermitteln, dass Ihre Immobilie bewohnt bzw. in ihrer Funktion genutzt wird.

Aktuelle Möblierungen und Ausstattungen (z.B. Freiraummöblierung etc.)

Aktuell eingerichtete Immobilien werden oftmals als modern und ansprechend empfunden, weil sie mit Möblierungen ausgestattet wurden, die dem aktuellen zeitgenössischen Designgeschmack und Trendempfinden entsprechen.

Versuchen Sie, zu den Themen Trendmöblierung, -farben, -muster und -formen auf dem aktuellen Stand zu bleiben. Recherchieren Sie Inhalte auf den Internetseiten namhafter Hersteller aus diesen Bereichen, um sich einen Überblick über die aktuellen Trends zu verschaffen. Dies gilt sowohl für Innen- als auch für Freiraummöblierungen.

Sofern Sie die gerade erworbenen Erkenntnisse bei der Planung und Umsetzung Ihrer 3D-Visualisierungen berücksichtigen, werden Sie qualitativ hochwertigere 3D-Renderings produzieren können als die, die Sie bislang realisiert haben.

Zusammenfassung

Versuchen Sie sich zusammenfassend die folgende Aufzählung einzuprägen, um Ihre Arbeiten qualitativ zu verbessern:

- 3D-Geometrie ohne absolut scharfe Kanten
- Verwendung des vollen Schattierungsspektrums
- Durchdachtes und realistisches Farbkonzept mit Echtfarben
- Oberflächenstrukturen (Stoffe, Leder etc.)
- Bildschärfe, evtl. Tiefenunschärfe
- Korrekte Maßstäbe

- Wiedererkennungswert bestimmter Bildelemente (Möbel, Farben, Muster)
- Dezenter Detailreichtum in der Szene
- Aktuelle Möblierungen und Ausstattungen (z.B. Freiraummöblierung etc.)

2.1 Schriftliche Ausarbeitung des Produktionsplans

Im ersten Schritt der Produktion, dem Produktionsschritt »Schriftliche Ausarbeitung des Produktionsplans «, sollten Sie sich mit dem gewünschten Ergebnis der Produktion auseinandersetzen und sich genau ein Bild davon machen, aus welchen Inhalten das 3D-Rendering bestehen soll, welche Bildstimmung Sie erzeugen wollen, auf welche Elemente Sie den späteren Betrachter bildlich aufmerksam machen möchten, wie Sie die Kamera platzieren etc.

Es gibt eine Menge Fragen, die Sie sich diesbezüglich stellen sollten, im Wesentlichen geht es aber darum, noch vor Beginn der Produktion ein Bild in Ihrer Vorstellung zu erzeugen, das die Anforderungen an Ihre 3D-Visualisierung für Ihre Präsentation oder Ihre Vermarktungsunterlagen erfüllt. Orientieren sollten Sie sich dabei an Beispielen aus der realen Fotografie. Recherchieren Sie beispielsweise Fotos, die Ihren Vorstellungen entsprechen. Suchen Sie nach Möblierungsbeispielen in aktuellen Möbelkatalogen oder nach Lichtstimmungen in aktuellen Beleuchtungskatalogen bekannter Leuchtenhersteller. Das hilft Ihnen, sich ein genaueres Bild von Ihrem späteren 3D-Rendering zu machen.

Skizzieren Sie, falls Ihnen möglich, Ihre Vision auf einem Blatt Papier und versuchen Sie, die wesentlichen Details herauszuarbeiten.

Gute Quellen für die erste Recherche sind:

- Google Bildsuche
- Internetseiten namhafter Leuchtmittel-Hersteller
- Internetseiten namhafte Möbel-Hersteller
- Internetseiten namhafte Parkettboden-Hersteller
- Internetseiten führender Fassaden-Hersteller
- Bildbände über Architektur/Innenarchitektur
- etc.

Je mehr Erfahrungen Sie bei Ihrer Recherche machen, umso einfacher wird es für Sie, in späteren Projekten Ihre eigenen Bilder gänzlich ohne Vorlagen in Ihrer eigenen Vorstellung entstehen zu lassen oder zu skizzieren.

Aufbauend auf den Ergebnissen der Recherche wird eine vollständige Liste aller benötigten Ressourcen für das 3D-Rendering ausgearbeitet und in dem Produktionsplan schriftlich fixiert, die als Grundlage für den Produktionsschritt »Zusammenstellung oder Generierung der nötigen Ressourcen« dient, der im nächsten Abschnitt erläutert wird. Zu den Ressourcen zählen alle Inhalte, die Sie in Ihrer 3D-Visualisierung als Objekte, Oberflächen oder Füllkörper darstellen wollen, unter anderem 3D-Modelle, Materialien, Texturen, Photometriedaten etc. Zu den Ressourcen, die für die Projektumsetzung wichtig sind, zählen aber auch CAD-Pläne der Immobilie und Baubeschreibungen, die Sie gegebenenfalls noch anfordern müssen.

In diesem Produktionsschritt generieren Sie also eine möglichst vollständige Ressourcen-, Aufgaben- und Produktionszeitenliste, in der alle wichtigen Projektinformationen und das Produktionsziel stichpunktartig umrissen sind, den sogenannten Produktionsplan (siehe auch Kapitel 1 »Produktionsplan – Grundlage für realistische Architektur-Visualisierung«). Auch Ausgabeformate für Dateien oder Animationen werden innerhalb des Produktionsplans schriftlich fixiert.

Achtung

Im Ordner *Produktionsplan* auf der beiliegenden DVD finden Sie eine Microsoft Word-Datei mit einer grob vorgegebenen Struktur eines Produktionsplans, den Sie für Ihre eigenen Projekte individuell anpassen und nutzen können.

2.2 Zusammenstellung oder Generierung der nötigen Ressourcen

Nach dem Sie sich im ersten Produktionsschritt »Schriftliche Ausarbeitung des Produktionsplans« detailliert auf die vor Ihnen liegende Produktion vorbereitet haben und genau bestimmt haben, welche Bildinhalte Sie benötigen, können Sie nun mit der Zusammenstellung dieser Ressourcen beginnen.

Als Grundlage dient Ihnen der angefertigte Produktionsplan, in dem Sie alle notwendigen Inhalte nach Ressourcen-Kategorien definiert haben.

Zu den Ressourcen zählen wie erwähnt alle Inhalte, die Sie in Ihrer 3D-Visualisierung als Objekte, Oberflächen oder Füllkörper darstellen wollen, unter anderem 3D-Modelle, Materialien, Texturen, Photometriedaten etc.

Machen Sie sich die Mühe und versuchen Sie vor Beginn der Umsetzung, alle für das Projekt definierten Ressourcen zu sammeln und an einer einzigen Stelle als zentralen Datenbestand zu speichern. Sie erarbeiten sich damit zwei wichtige Vorteile:

- Sie müssen während der Realisierung Ihrer 3D-Visualisierung Ihre Arbeit nicht unnötig an wichtigen Stellen unterbrechen, um fehlende Materialien oder 3D-Modelle zeitintensiv zu suchen. Sie können die so gewonnene Zeit in die Qualität Ihrer 3D-Visualisierung investieren.
- Mit jedem weiteren Projekt ergänzen Sie Ihren *Zentralen Datenbestand* mit neuen Ressourcen, auf die Sie in zukünftigen Projekten schnell zurückgreifen können.

Sobald Sie alle Ressourcen zusammengestellt haben, sollten Sie alle Ressourcen noch einmal prüfen und für die Produktion freigeben oder freigeben lassen. Denken Sie beispielsweise an veraltete CAD-Konstruktionsdaten der Immobilie oder an eine unvollständige Baubeschreibung, die nicht alle oder veraltete Materialangaben für die Oberflächen der Immobilie enthält. Beginnen Sie die Produktion erst, wenn alle Ressourcen aktuell und vollständig sind.

Zentraler Datenbestand

Die strukturierte Organisation und Verwaltung Ihres zentralen Datenbestands ist ein Punkt, über den Sie konzentriert nachdenken müssen. Sie benötigen dafür einen Speicherort, den Sie im Optimalfall von diversen Computern in Ihrem Netzwerk erreichen können (später wichtig z.B. beim Rendern im Netzwerk oder beim Überarbeiten der 3D-Szenerie auf einem alternativen Arbeitsplatz) und unter dem sich die unterschiedlichen Medien (z.B. Texturen, Sounds, Lichtdaten, 3D-Modelle, RPC etc.) strukturiert speichern lassen.

In der Praxis bewährt, hat sich dabei eine einfache Verzeichnisstruktur auf einem freigegebenen Netzlaufwerk eines zentralen Rechners. Im Idealfall ist dies ein eigenständiger Dateiserver[1] in Ihrem Firmennetzwerk, das Konzept lässt sich aber auch mit freigegebenen lokalen Verzeichnissen Ihres Arbeitsplatzes realisieren. Die Verzeichnisstruktur kann beispielsweise folgendermaßen aussehen:

Abbildung 2.3 Beispielhafte Verzeichnisstruktur für die zentrale Sicherung des Datenbestands

Den abrufbaren Datenbestand innerhalb Ihrer zentralen Verzeichnisstruktur verknüpfen Sie am effektivsten mit Ihrem Arbeitsplatz, indem Sie mit Microsoft Windows z.B. über den Datei-Explorer sogenannte Netzlaufwerke anlegen (Menü EXTRAS > NETZLAUFWERK VERBINDEN). Die einzelnen freigegebenen Ressourcenverzeichnisse Ihres Datenbestands werden dabei automatisch einzelnen Laufwerkbuch-

1. Ein Dateiserver (engl. auch file server genannt) stellt einen zentralen Speicherplatz für Dateien bereit, auf dem für mehrere Benutzer oder Computer ein Zugriff über ein Netzwerk gewährt wird.

staben auf Ihrem Arbeitsplatz zugewiesen, auf die Sie innerhalb Ihrer Produktionssoftware 3ds Max bequem zugreifen können. Mit diesem Schritt erarbeiten Sie sich einen wesentlichen zeitlichen Vorteil: Sie sind nun in der Lage, jedes Ihrer Projekte an einem alternativen Arbeitsplatz fehlerfrei öffnen, bearbeiten und vor allen rendern zu können, ohne die Pfade zu den Texturen oder anderen benötigten Medien bei jedem Öffnen neu angeben zu müssen. Es genügt, sich mit Ihrem Profil an einem alternativen Arbeitsplatz anzumelden oder dort die wenigen Laufwerkbuchstaben manuell über die Angaben sogenannter UNC-Pfade[1] den Verzeichnissen des zentralen Datenbestands zuzuweisen.

Hier mögliche Beispiele, die das Prinzip verdeutlichen:

- **T:** verlinkt auf \\Dateiserver\Datenbestand**T**extur-Bibliothek\
- **M:** verlinkt auf \\Dateiserver\Datenbestand**M**aterial-Bibliothek\
- **P:** verlinkt auf \\Dateiserver\Datenbestand**P**hotometrische-Daten\

Diese Vorgehensweise ermöglicht Ihnen auch das effektive Rendern im Netzwerk – ein Aspekt, der überaus wichtig ist, da Ihnen die Produktionssoftware 3ds Max mit dem Produktionsrenderer MENTAL RAY ermöglicht, mehrere Computer für die parallele Berechnung eines einzigen Bildes zu verwenden (siehe Abschnitt »Rendern im Netzwerk« auf Seite 339).

Auch der Umgang mit der Produktionssoftware 3ds Max wird deutlich vereinfacht. Über die richtige Konfiguration der Benutzerpfade in 3ds Max können Sie einstellen, in welchen Verzeichnissen die Auswahl bestimmter Dateien innerhalb der unterschiedlichen Dateiauswahl-Dialoge beginnen soll. Dies erspart Ihnen mühselige und zeitintensive manuelle Laufwerk- und Verzeichniswechsel bei der Auswahl der Dateien (siehe auch Kapitel 3 »Richtige Vorkonfiguration der 3D-Software 3ds Max für optimale Renderergebnisse«).

Um die gewünschten Ressourcen für Ihren zentralen Datenbestand und somit für Ihr Projekt zusammenzutragen, haben Sie mehrere Ansätze zur Auswahl. Sie können bereits erarbeitete Ressourcen aus Ihrem früheren Datenbestand wiederverwenden, Sie können nach

1. UNC steht für Uniform Naming Convention. UNC-Pfadangaben definieren über eine lesbare Namenskonvention einen Verweis/Zugriff auf freigegebene netzinterne Verzeichnisse. Aufbau: \\Servername\Freigabename\Verzeichnis

frei verfügbaren Inhalten im Internet recherchieren, Sie können kommerzielle Inhalte als Datensammlung auf DVDs erwerben oder Sie können sich dafür entscheiden, die gewünschten Inhalte selbst zu produzieren, sofern Ihnen ausreichend Zeit dafür bleibt.

Wie und warum Sie Inhalte selbst produzieren oder wo Sie im Internet am effektivsten architektonische Inhalte recherchieren, wird innerhalb der nächsten Abschnitte erläutert.

Eigenproduktion von Ressourcen

Neben der zu visualisierenden Architektur, also der eigentlichen Immobilie, die es zu visualisieren gilt, benötigen Sie für die Realisierung Ihrer 3D-Visualisierung diverse andere Bildinhalte, die Sie entweder einkaufen oder, wenn es die Zeit zulässt, selbst produzieren können. Eine Eigenproduktion dieser Ressourcen macht nur dann Sinn, wenn Sie besondere Anforderungen an die Ressource haben, wenn Sie unterschiedliche Varianten einer Ressource benötigen oder wenn es die Ressource nicht kommerziell zu erwerben gibt, z.B. besondere 3D-Designmöblierung oder besondere Oberflächentexturen, die Sie weder in Textur-Sammlungen erwerben noch abfotografieren können.

Nicht zu jeder Ressourcenkategorie macht eine Eigenproduktion Sinn, da es Inhalte gibt, deren Produktion aufgrund ihrer Komplexität zeitlich zu aufwendig wäre. Denken Sie an die Realisierung von realistischen 3D-Bäumen, 3D-Küchenzeilen, 3D-Personenfiguren oder auch komplizierte Bodenbelag-Texturen, die Ihre 3D-Visualiserung mit Leben füllen sollen. Solch komplexe Inhalte sollten Sie über CD- bzw. DVD-Ressourcensammlungen kommerziell erwerben oder Sie sollten spezialisierte Softwareerweiterungen (engl. Plug-ins) nutzen, um Inhalte wie 3D-Bäume automatisiert generieren zu lassen. Ihr eigener Kenntnisstand im Umgang mit der jeweiligen Produktionssoftware für die diversen Medienressourcen spielt bei der Entscheidung für oder gegen eine Eigenproduktion ebenfalls eine wesentliche Rolle.

Von den vielen in der architektonischen 3D-Visualisierung vorkommenden Ressourcenarten gehören 3D-Modelle und Oberflächentexturen zu denen, die am häufigsten in Eigenproduktion umgesetzt werden müssen. Andere Ressourcenkategorien werden oder können so gut wie gar nicht in Eigenproduktion realisiert werden, da eine Produktion zu aufwendig wäre oder die nötigen Spezialkenntnisse oder die technischen Voraussetzungen fehlen. Hierzu gehören beispielsweise Audiodaten (Sound- oder Musikeffekte für Animationen) oder photometrische Daten (Lichtverteilungsbeschreibungen für künstliche Lichtquellen). Da auch die vielfältigen Möglichkeiten der 3D-Modellierung für die diverse Möblierungsausstattung architektonischer Räume im Rahmen dieses Buches nicht gänzlich im Detail abgedeckt werden können und diese maßgeblich von Ihren eigenen jeweiligen 3D-Modellierungskenntnissen abhängen, konzentrieren sich die folgenden Absätze auf die Eigenproduktion von Texturen für 3D-Oberflächen.

Bildoberflächen für 3D-Objekte, sogenannte *Texturen*, gehören zu den Ressourcen, die in der Praxis am häufigsten in Eigenproduktion realisiert werden. Zwar können heutzutage bereits eine Menge unterschiedliche Textursammlungen mit speziell optimierten Bilddateien für verschiedene Oberflächen erworben werden, jedoch findet sich nicht immer die gewünschte Parkettart in dem gewünschten Verband[1] als Bodenbelag-Textur, die Sie für das Projekt benötigen. Erfordert das Projekt beispielsweise eine exotischere Ausführung, wie geräuchertes Eichen-Parkett im Fischgrät-Verband, bleibt Ihnen oftmals keine Alternative, als die Textur selbst anzufertigen. Die Eigenproduktion, die ein wenig Erfahrung erfordert, bietet Ihnen jedoch bedeutende Vorteile:

- Texturen sind hoch flexibel in Ausprägung und Variation, da sie (teil-) parametrisiert und digital erstellt werden.
- Es können schnell verschiedenartige Varianten produziert und getestet werden.
- Texturen werden direkt für Kachelung/Wiederholung optimiert angelegt.
- Texturen liegen direkt in benötigter hoher Bildauflösung vor.

Texturen lassen sich effektiv auf die vier folgenden, komplett unterschiedlichen Weisen selbst generieren. Jede dieser Vorgehensweisen bietet Vor- und Nachteile, die es kennenzulernen und vor jeder Eigenproduktion abzuwägen gilt. Nehmen Sie sich die Zeit, sich ein

1. Verband entspricht einer definierten Verlegeart des Bodenbelags, wie Schiffsverband, Englischer Verband, Backstein, Fischgrät, Würfel etc.

wenig mit den unterschiedlichen Ansätzen zu beschäftigen, die in den folgenden Absätzen näher erläutert werden.

- Digitale Textur-Reproduktion mit vektor- und pixelbasierten Grafik- und Zeichenprogrammen
- Textur-Produktion durch Oberflächenfotografie und Nachbearbeitung (Entzerrung und Kachelung)
- Textur-Produktion mit proprietärer Texturgenerator-Software
- Texturgenerator 3ds Max »Prozedurales Texturen Rendering«

Digitale Textur-Reproduktion mit vektor- und pixelbasierten Grafik- und Zeichenprogrammen

Mit der Kombination aus vektor- und pixelbasierten Grafik- und Zeichenprogrammen, wie beispielsweise der Kombination der Software Adobe Illustrator und Photoshop, ist es Ihnen mit einfachen Schritten möglich, die benötigte Textur vollständig auf digitalem Wege zu reproduzieren.

Die Vorgehensweise bei einer Reproduktion ist denkbar einfach. Einzelne Bildebenen mit den benötigten Bildelementen werden, um das gewünschte Ergebnis zu erzielen, aufeinandergeschichtet und dabei auf unterschiedliche Weise kombiniert. Suchen Sie sich im ersten Schritt ein passendes Musterfoto, welches Ihnen als Vorlage für die Reproduktion dient. An dieser Bildvorlage können Sie sich, um möglichst realistische Ergebnisse zu erzielen, grafisch orientieren und sie zum Vergleich heranziehen. Dies können Fotos von bestehenden Gebäudefassaden oder Bodenbelägen sein, die Sie selbst fotografieren, oder Sie recherchieren passende Materialfotos im Internet[1]. Im nächsten Schritt definieren Sie im Foto den kleinsten wiederholbaren Bildbestandteil heraus, der es Ihnen in seiner Wiederholung ermöglicht, großformatige Flächen mit der gewünschten Oberfläche auszustatten, ähnlich wie die kleinste wiederholbare Bildeinheit bei Geschenkpapier.

Die Grundlage für die digitale Nachbildung der Textur haben Sie nun. In Ihrer pixelbasierten Bildbearbeitungssoftware (z.B. Adobe Photoshop) legen Sie anschließend Ihre Bildvorlage als Hintergrund auf eine separate Ebene, auf der Sie aufbauend in darüberliegenden

1. Ein guter Startpunkt für Ihre Recherche ist die Google-Bildsuche oder die diversen Herstellerseiten der unterschiedlichen Oberflächenhersteller.

neuen Ebenen die einzelnen Oberflächenbestandteile und Eigenschaften separat nachbilden. Definieren Sie die gewünschte Bildgröße/Auflösung der Grafik und fangen Sie mit dem einfachsten Element, der Grundfarbe, an und erarbeiten Sie sich schrittweise die fehlenden Texturbestandteile, wie beispielsweise die Konturlinien von aneinanderliegenden Natursteinpflastern im Ellenbogen-Verband oder die feinere Oberflächenmaserung der Pflastersteine. Eine Besonderheit stellen dabei die Konturlinien dar, die als prägnantes Bildelement maßgeblich für das sich wiederholende Muster vieler Texturen sind. Diese meist geradlinigen Konturlinien sollten Sie innerhalb Ihrer vektorbasierten Zeichensoftware (z.B. Adobe Illustrator) vorzeichnen, die Ihnen im Vergleich zur pixelbasierten Grafiksoftware eine genauere Bearbeitung und Anordnung der Linien ermöglicht. Erst im Anschluss sollten Sie diese auf eine separate Ebene in Ihrer pixelbasierten Grafiksoftware kopieren (bzw. importieren) und weiterbearbeiten.

Achtung

Um dieser doch relativ komplizierten theoretischen Beschreibung besser folgen zu können, finden Sie im Verzeichnis PSD-Textursammlung einige Beispiele für selbst erstellte Texturressourcen, sowohl die pixelbasierten *Adobe-Photoshop*-Dateien (*.psd) als auch die zugehörigen vektorbasierten *Adobe-Illustrator*-Dateien (*.ai). Bei den meisten Texturen handelt es sich um selbst produzierte Bodenbeläge, die sich gut für architektonische 3D-Visualisierung einsetzen lassen.

Wie sehr Sie bei der Eigenproduktion ins Detail gehen, entscheiden Sie selbst. Je mehr Mühe Sie sich geben, je mehr Details Sie in Anlehnung an Ihre Vorlage einarbeiten, umso realistischer wird Ihre Textur. Besonderen Aufwand sollten Sie für Texturen investieren, die großflächig oder in Nahaufnahme in Ihrer 3D-Visualisierung zu sehen sind oder in späteren Projekten zu sehen sein könnten. In die sandige Oberflächenbeschaffenheit von Fliesenfugen sollten Sie natürlich weniger Zeit investieren.

Die digitale Reproduktion erfordert zwar etwas Übung und Erfahrung, gute Kenntnisse Ihrer vektor- und pixelbasierten Grafik- und Zeichensoftware sowie eine ausgeprägte bildliche Beobachtungsgabe bieten Ihnen jedoch die größtmögliche Flexibilität. Grundsätzlich gilt, dass sich jede erdenkliche Oberfläche digital nachbilden

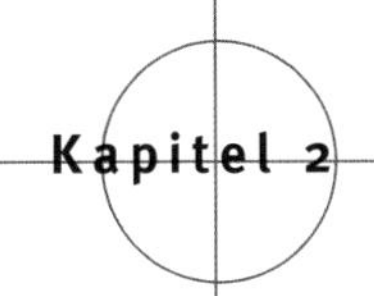

lässt, ein Umstand, den uns Hollywood mit seinen Produktionen regelmäßig vor Augen führt.

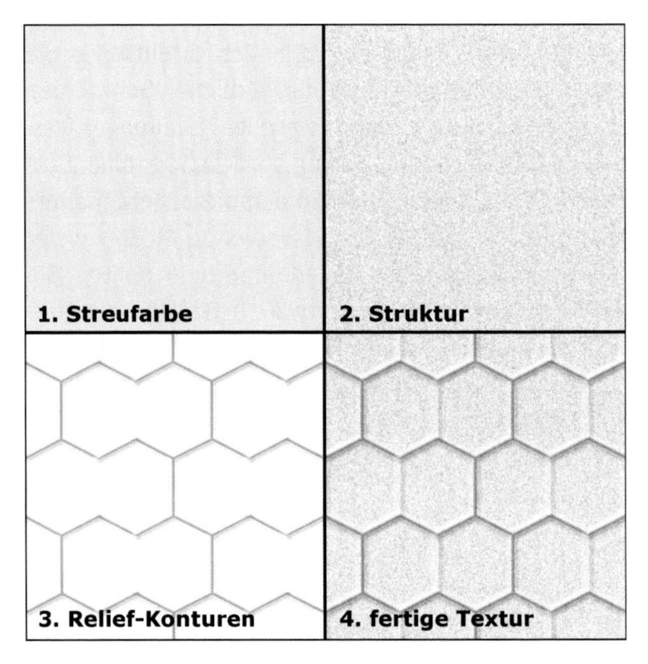

Abbildung 2.4
Die Eigenproduktion von Texturen in einzelnen Schritten

Übersicht der Schritte zur digitalen Textur-Reproduktion:

- Recherche: Fotovorlage als Basis
- Fotoentzerrung sowie Reduzierung auf die kleinste wiederholbare Bildeinheit als Vorlage
- Definition der Texturauflösung bzw. -größe
- Reproduktion der diffusen Grundfarbe (Streufarbe)
- Reproduktion der Oberflächenstruktur in der pixelbasierten Software (meist feinere Oberflächenbeschaffenheiten wie Holzmaserungen, Reliefs, kleinere Löcher oder Kratzer)
- Reproduktion der Konturlinien in der vektorbasierten Software (meist sichtbare dunkle Fugenaufteilung wie bei Pflastersteinen oder Parkettböden oder Betonverschalungen)

Die Eigenproduktion von Ressourcen, insbesondere von Texturen, erfordert ein wenig Erfahrung im Umgang mit Ihrer Grafik- und Zeichensoftware. Sie bietet Ihnen jedoch eine Fülle von Vorteilen, die Ihnen zugutekommen, sobald Sie Veränderungen oder Variationen der angefertigten Textur realisieren müssen. Haben Sie beispielsweise erst einmal alle Fugenbilder als Konturlinien für die diversen Pflasterstein-Verbände umgesetzt, können Sie sehr leicht und ohne großen Aufwand auf einer separaten Zeichnungsebene durch Anpassung oder Austausch des Fugenbildes oder der Steinsorte die gesamte Palette an Pflastersteinen in unterschiedlichen Sorten und Farben realisieren. Auf diese Weise selbst erstellte Texturen bleiben für Sie auch für andere Projekte flexibel anpassbar. Farbe, Maserungen oder Strukturen lassen sich zügig umgestalten und beliebig verändern.

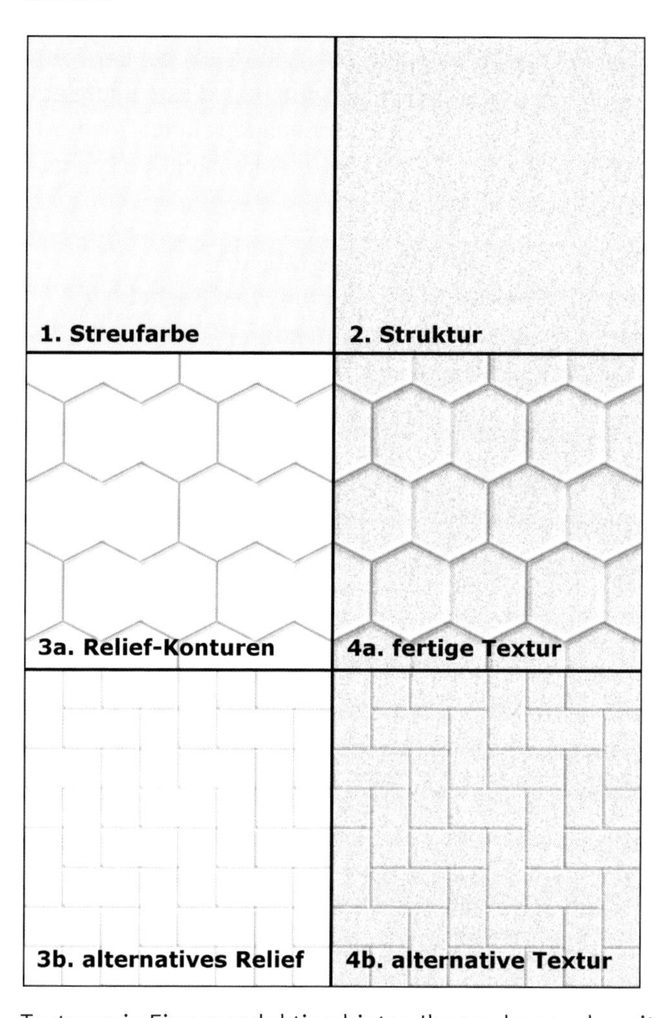

Abbildung 2.5
In Eigenproduktion erstellte Texturen lassen sich leicht variieren

Texturen in Eigenproduktion bieten Ihnen aber noch weitere Vorteile, die Sie sehr schnell schätzen werden. Sie können die Texturen direkt so gestalten, dass sich diese ohne sichtbare Übergänge nahtlos auf einer 3D-Oberfläche wiederholen lassen. Nicht mit jeder recherchierten oder erworbenen Textur ist dies der Fall. Oft erkennen Sie störende Wiederholungen auf großflächigen 3D-Objekten wie Wänden, Dächern oder Fußböden. Deren Ursache liegt meist in den unterschiedlich hell beleuchteten Bildregionen, die während der Fotoaufnahme der Vorlagenoberfläche entstanden sind. Markante Flecken, Kratzer oder Kontraste machen sich in der Wiederholung ebenfalls negativ bemerkbar. Sie werden dieses Phänomen schnell bemerken, sobald Sie das erste aus dem Internet recherchierte Bild eines Bodenbelags ohne Nachbearbeitung als Textur verwenden oder Ihre eigenen Oberflächenfotografien einsetzen. Anders als bei der Fotografie können Sie während der Eigenproduktion diese Bildfehler direkt vermeiden und erhalten nahtlos aneinanderreihbare Texturoberflächen, aus denen Sie meist sogar Geschenkpapier drucken lassen könnten.

Textur-Produktion durch Oberflächenfotografie und Nachbearbeitung (perspektivische Entzerrung und Kachelung)

Einen alternativen Ansatz, die benötigten Texturen selbst zu produzieren, bietet die digitale Textur- bzw. Oberflächenfotografie. Die aktuell verfügbaren und technisch ausgereiften Digitalkameras ermöglichen es, alle erdenklichen Musteroberflächen in ausreichender Auflösung und Qualität zu digitalisieren. Die so gewonnenen Oberflächenmuster können in den häufigsten Fällen, nach einer digitalen Nachbearbeitung in Ihrer pixelbasierten Grafiksoftware, als Texturen für Ihre 3D-Oberflächen verwendet werden.

Um bei dieser Vorgehensweise zeitlich effektiv gute Ergebnisse zu erzielen, müssen Sie sich an folgende einfache Grundregeln halten. Diese ermöglichen es Ihnen, optimale Produktionsergebnisse in kurzer Zeit zu realisieren und zeitaufwendige digitale Nachbearbeitungen zu vermeiden.

- Ihr wichtigstes Ziel ist es, die gewünschte Musteroberfläche möglichst naturgetreu aufzunehmen, um sie später farblich stimmig und mit maximalem Detailgrad wiederzugeben. Verwenden Sie daher eine qualitativ gute Digitalkamera mit hoher Bildauflösung und -schärfe.
- Versuchen Sie Aufnahmen von Oberflächen zu vermeiden, die direkter sommerlicher Sonneneinstrahlung ausgesetzt sind, sondern fotografieren Sie die Oberflächen, wenn sie indirekter

Umgebungsbeleuchtung ausgesetzt sind, z.B. bei bedecktem Himmel oder auf den schattigeren Seiten der jeweiligen Fassaden oder Böden. Beachten Sie diese Regel nicht, wirken die digital gewonnenen Texturen in der späteren 3D-Visualisierung überstrahlt, da sie dort erneut durch das künstliche Sonnenlicht aufgehellt werden.

- Bemühen Sie sich, die entsprechende Oberfläche möglichst ohne perspektivische Verzerrungen aufzunehmen. Positionieren Sie Ihre Digitalkamera orthogonal zur Oberfläche, also parallel von vorne. Sollten Sie die dafür erforderliche Position aufgrund der örtlichen Gegebenheiten nicht einnehmen können, entfernen Sie sich gegebenenfalls ein wenig von der Oberfläche und verwenden Sie Weitwinkelobjektive aus einer höheren Entfernung.
- Benutzen Sie für Ihre Aufnahmen immer ein passendes Stativ, um die Kamera in eine starre Position zu bringen. Die an guten Stativen angebrachten kleinen Wasserwaagen ermöglichen zudem eine bessere orthogonale Ausrichtung der Kamera zur Oberfläche. Mit dem Stativ erreichen Sie eine höhere Bildschärfe, da Sie unnötige feine Verwackelungen vermeiden, die bei einer händischen Aufnahme zwangsläufig entstehen.
- Unterschiedliche Digitalkameras oder unterschiedliche Lichtsituationen erzeugen bei jeder Fotoaufnahme, auch bei guten Digitalkameras, unterschiedliche farbliche Bildergebnisse. Warme Sonneneinstrahlung erhöht beispielsweise die Gelbanteile der Fotoaufnahme, fluoreszierendes Licht von Leuchtstoffröhren beeinflusst die bläulichen Bildanteile Ihrer Fotografie übermäßig. All dies sind äußere Einflüsse, die den real aufgenommenen Farbwert Ihrer Oberfläche verfälschen und die es zu neutralisieren gilt. Sie benötigen optimalerweise normierte Farbwertreferenzen (z.B. Farbreferenzkarten) im aufgenommenen Bild, von denen die Farbwerte genau bekannt sind. Diese ermöglichen es erst, alle vorhandnen Farben im Bild nachträglich bestmöglich zu korrigieren. Am effektivsten sind Sie, wenn Sie eine standardisierte und meist kostengünstige Farbreferenzkarte[1] an eine unbedeutende Stelle nahe der Oberfläche legen und diese gleichzeitig mit fotografieren. Die der Karte kostenlos beiliegende proprietäre Software ermöglicht es anschließend, die aufgenommenen Farbver-

1. Z.B. Farbkarten des Herstellers QPcard, zu finden unter http://www.qpcard.se/

fälschungen zu neutralisieren und somit eine optimale Farbtreue zu erreichen. Die genauen Farbwerte der normierten Farbkarte sind der Software bekannt und erlauben so eine automatisierte Farbkorrektur der aufgenommenen Oberfläche.

- Suchen Sie sich als Vorlage einen möglichst homogenen Bereich auf der zu fotografierenden Oberfläche aus. Markante Bildinhalte, wie auffällige Oberflächenkratzer und -verschmutzungen sowie Kontrast- oder Helligkeitsunterschiede entlang der aufgenommenen Oberfläche, wirken in der späteren Wiederholung auf der 3D-Oberfläche extrem störend. Diese müssen direkt bei der Fotoaufnahme vermieden oder in der Nachbearbeitung aufwendig herausretuschiert werden.
- Um die aufgenommenen Foto-Texturen kachelbar (nahtlos wiederholbar) zu machen, können Sie mit etwas Erfahrung manuelle Arbeit leisten oder Sie greifen auf kommerzielle Spezialsoftware zurück, die aber nicht immer zufriedenstellende Ergebnisse bringt (z.B. auf die Software *Seamless Texture Generator*; http://www.seamlesstexturegenerator.com/).

Textur-Produktion mit proprietärer Texturgenerator-Software

Texturgenerator-Software ermöglicht einen gänzlich alternativen Ansatz digitaler Texturgenerierung. Es existieren unterschiedlich komplexe Produkte am Markt, mit denen Sie mehr oder weniger komfortabel jede Art von Oberflächentextur künstlich realisieren können.

Die Arbeitsweise für die Realisierung einer Textur mit einem Texturgenerator ähnelt dabei der bereits beschriebenen manuellen Textur-Reproduktion, die mithilfe von handelsüblicher Grafik- und Zeichensoftware realisiert wird. Ausgehend von einer Bildvorlage werden mithilfe von parametrisierten Programmfunktionen die elementaren Bausteine einer Oberflächentextur schrittweise nachgebildet. Mit jedem weiteren Bearbeitungsschritt werden der entstehenden Textur weitere charakteristische Merkmale hinzugefügt, die sie benötigt, um der Bildvorlage bestmöglich zu entsprechen. Die einzelnen Merkmale werden dabei schrittweise durch mathematische Algorithmen erzeugt und über Eingabe bestimmter Parameter gesteuert. Da jede Funktion oder jeder Effekt dabei mathematisch berechnet wird, sind die so entstehenden Muster oder Formen auf Flächen beliebiger Größe homogen anwendbar. Zudem lassen sie sich beliebig miteinander kombinieren oder übereinanderschichten.

Drei führende Produkte:

- MaPZone: http://www.mapzoneeditor.com/
- Texture Maker: http://www.texturemaker.com/
- Genetica 2.5: http://www.spiralgraphics.biz/
- DarkTree 2.5: http://www.darksim.com/

Das theoretische Prinzip hinter diesen Softwareprodukten ist einfach zu verstehen. Lediglich die Handhabung bedarf einer erheblichen Einarbeitungszeit und einer großen Portion Erfahrung, um realistische Ergebnisse zu produzieren. Den Einsatz einer solchen Software für architektonische 3D-Visualisierung muss daher also jeder für sich selbst abwägen. Eine individuelle kurze Evaluierung ist jedoch in jedem Fall für jeden empfehlenswert, um die sich aus dem Einsatz der Software ergebenden Möglichkeiten besser einschätzen zu können.

Hier eine Auflistung der essenziellen Vor- und Nachteile:

Vorteile

- Texturen sind immer unabhängig von der Auflösung.
- Texturen sind immer kachelbar/wiederholbar.
- Texturfarben, -muster und -formen werden parametrisiert eingegeben und können beliebig angepasst werden.
- Fertige anpassbare Textur-Schablonen werden als Grundlage für eigene Produktionen zur Verfügung gestellt, auch und vor allem nachträglich.
- Jede erdenkliche Art von Oberfläche lässt sich parametrisiert nachbilden.
- Einige Produkte bieten neben der eigentlichen funktionsbasierten Generierung von Texturen auch Spezialwerkzeuge für perspektivische Entzerrung oder Beleuchtungs-Homogenisierung von Fotografievorlagen. Diese helfen, eine fotografierte Oberfläche kachelbar/wiederholbar zu machen.

Nachteile

- Komplizierte Handhabung aufgrund der Funktionsvielfalt
- Lange Einarbeitung für realistische Ergebnisse nötig
- Kommerzieller Erwerb der jeweiligen Software nötig

Texturgenerator 3ds Max: Prozedurale Texturen

Eine vereinfachte, aber trotzdem mächtige Form eines Texturgenerators stellt der sogenannte MATERIAL-EDITOR der Produktionssoftware 3ds Max dar. Mithilfe des Material-Editors ist es ebenfalls möglich, unter Verwendung von prozeduralen[1] Maps komplexe Oberflächen nachzubilden, die während des Renderings direkt auf die Oberfläche des 3D-Objekts angewandt werden.

Die prozeduralen Maps sind vergleichbar mit den parametrisierten Funktionen innerhalb der erwähnten proprietären Texturgeneratoren. Sie werden programmintern mithilfe von Prozeduren berechnet und basieren somit ebenfalls auf mathematischen Algorithmen, die durch Angabe bestimmter Parameter beeinflusst werden können. Wie auch bei den proprietären Texturgeneratoren sind die 3ds Max-internen prozeduralen Maps beliebig kachelbar und unabhängig von der Bildauflösung, wirken also bei vergrößerter Darstellung nicht unscharf oder grobkörnig.

Im Gegensatz zu den Produktionsergebnissen der proprietären Texturgeneratoren, die für einen Einsatz innerhalb der Produktionssoftware 3ds Max erst als fest definierte Bild-Texturen exportiert werden müssen und dann als Maps in den unterschiedlichen visuellen Komponenten im Material-Editor geladen werden können, werden die intern erzeugten Maps direkt in der Produktionsumgebung produziert und verarbeitet.

Die beiden Begriffe Maps und Texturen werden im Kontext der 3D-Visualisierung häufig falsch interpretiert. Sie unterscheiden sich im Detail. Texturen im ursprünglichen Sinn bilden eine Teilmenge von Maps. Der Begriff *Textur* beschreibt dabei die fest definierten Pixelgrafiken, die nicht mithilfe von mathematischen Algorithmen auflösungsunabhängig generiert werden, sondern mithilfe einer Grafiksoftware oder eines Texturgenerators erzeugt wurden. Sie liegen meist als Bilddatei, also in einer festen Matrix von farbigen Pixeln, in den Grafikdateiformaten wie JPEG, BMP, TGA oder TIFF vor. Texturen können jedoch als sogenannte *Bitmaps*, auch als 2D-Maps zur Oberflächendefinition eingesetzt werden.

Tipp

Prozedurale Maps lassen sich mit einem internen Werkzeug innerhalb des Material-Editors in pixelbasierende Bitmap-Texturen

1. Auf mathematischen Algorithmen basierende und über Parameter oder andere Maps steuerbare Bildergebnisse

umwandeln, um sie gegebenenfalls in einer Grafiksoftware weiterbearbeiten zu können (KONTEXTMENÜ AUF DER JEWEILIGEN MAP IM MATERIAL-EDITOR > MAPS RENDERN ...).

Es gibt also unterschiedliche Kategorien von Maps. Weitere Map-Kategorien sind z.B. 2D-Maps, 3D-Maps, Relief-, Reflexions- oder Transparenzmaps. In ihrer beliebigen Verschachtelung und Kombination erzeugen die Maps als Endergebnis ein fertiges Material, also eine fertige Oberflächenbeschreibung für 3D-Oberflächen.

Es gibt auch bei Materialien unterschiedliche Materialtypen, die bei der finalen Bildberechnung unterschiedliche Oberflächeneigenschaften erzeugen. Die diversen Materialtypen, auch *Shader*[1] genannt, beschreiben während der Bildberechnung, wie die über Maps definierte Oberflächentextur unter Beeinflussung von Licht reagiert und im Bild dargestellt wird.

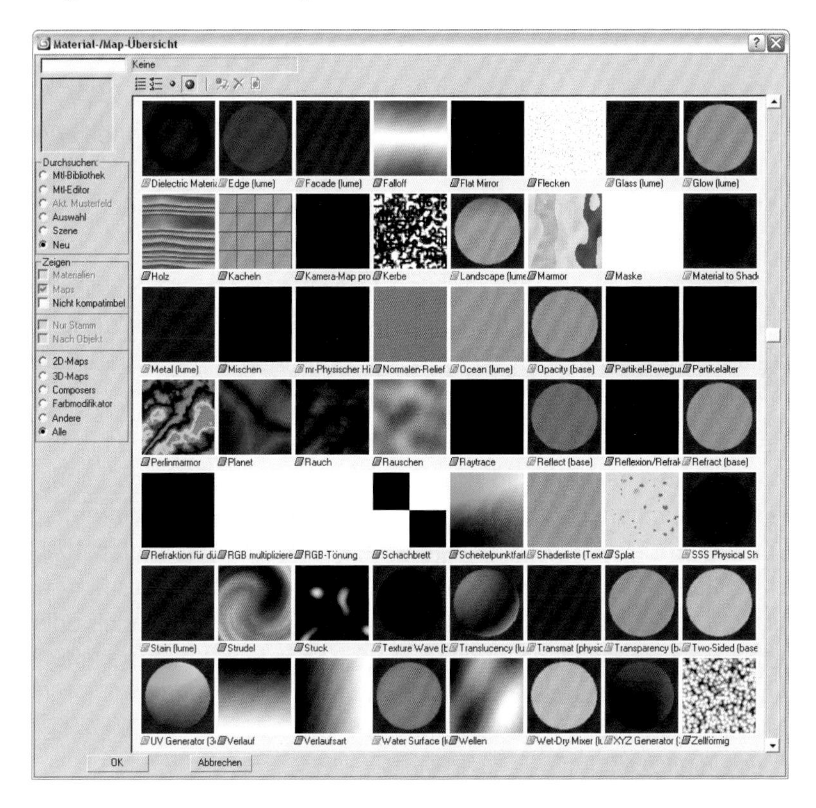

Abbildung 2.6
Unterschiedliche Materialtypen, Shader, prozedurale Maps und Composer zur Auswahl

1. Shader (dt. Schattierer) stammt vom englischen Begriff Shading ab. Shader definieren die Beleuchtungsberechnung einer Oberfläche, die z.B. Glanz-, Reflexions-, Refraktions- oder Transluzenz-Eigenschaften erzeugen und darstellen.

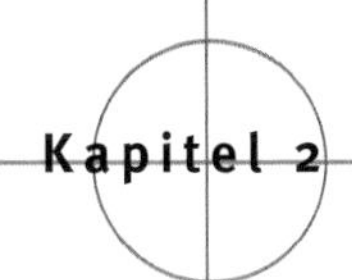

Die diversen Maps werden innerhalb des Material-Editors mithilfe der so bezeichneten *Composer* mit anderen Maps kombiniert bzw. übereinandergeschichtet. Die Composer bestimmen dabei, in welcher Art und wie intensiv zwei oder mehrere Maps miteinander kombiniert werden. Es stehen vier Composer zur Verfügung, die in Kombination eine Fülle von realistischen Oberflächenbeschreibungen ermöglichen.

- **Zusammensetzen:** Setzt mehrere Maps in unterschiedlicher Stärke übereinander. Die Farbwerte der Maps werden zu einer neuen Map addiert bzw. zusammengefasst. Die Stärke der Addition kann für jede Map über den Transparenzkanal einzeln definiert werden.
- **Maske:** Mit diesem Composer können die transparenten Bereiche einer beliebigen Map definiert werden. Texturen oder Maps können so maskiert werden, um beispielsweise nur bestimmte Bereiche der jeweiligen Maps mit anderen kombinieren zu können.
- **Mischen:** Mit diesem Composer können zwei Farben oder zwei beliebige Maps miteinander addiert werden. Die Stärke der Addition kann über einen Zahlenwert oder eine beliebige andere Map definiert werden.
- **RGB multiplizieren:** Mit diesem Composer werden die jeweiligen RGB-Werte zweier Maps für jedes Grafikpixel multipliziert. Er kann auch verwendet werden, um eine Map farblich mit einer RGB-Farbe zu tönen.

Zusätzlich zu den Composern, mit denen die einzelnen Maps untereinander verschachtelt und zu komplexeren detailreicheren Gesamt-Maps zusammengestellt werden können, bietet jeder Materialtyp (Shader) zusätzlich eine Menge von speziellen Map-Platzhaltern (engl. Slots) für die jeweiligen visuellen Komponenten eines Materials an, wie z.B. für Streufarbe, Glanzfarbe, Transparenz, Relief oder Reflexion. Die hier angewandten Maps (oder Map-Kombinationen) werden in geeigneter Weise mit der bereits errechneten Oberflächendefinition zusammengeführt, um die geforderten visuellen Effekte nachzubilden.

Außer den Maps können, in einem weiteren Schritt, auch fertige Materialien auf folgende drei Arten miteinander kombiniert werden:

- **Verschmelzen:** Dieses Container-Material vermischt zwei fertige Materialien. Die Intensität kann über eine Maske (also eine Map) oder einen Zahlenwert gesteuert werden.
- **Zusammensetzung:** Dieses Container-Material vermischt bis zu 10 fertige Materialien. Die einzelnen Materialien werden, ihrer Reihenfolge nach, übereinandergeschichtet. Für jedes Material kann dabei zwischen additiver, subtraktiver oder betragsgesteuerter RGB-Farbwert-Zusammensetzung gewählt werden.
- **Shellac:** Dieses Container-Material überlagert zwei fertige Materialien. Die RGB-Farbwerte des überlagernden Shellac-Materials werden den Werten des Grundmaterials zahlenwertgesteuert hinzuaddiert.

Die Möglichkeiten, benötigte Oberflächen durch Kombination von Maps oder den darauf aufbauenden fertigen Materialien zu erzeugen, sind grenzenlos. Mit den intern zur Verfügung stehenden Mitteln, wie Composer oder Container-Materialien, lassen sich vielschichtige Oberflächendefinitionen realisieren, die jede erdenkliche architektonische Oberfläche reproduzieren können.

Ein entscheidender Vorteil bei dem Einsatz der internen Map-Generatoren der Produktionssoftware 3ds Max ist, dass sich die produzierten Oberflächen sofort, unter Einwirkung einer Lichtquelle und im Zusammenspiel mit dem Produktionsrenderer (z.B. MENTAL RAY) innerhalb des Material-Editors bewerten lassen. Dies geschieht gänzlich ohne Zwischenspeicherung der Maps als Textur, wie es bei den externen Texturgeneratoren der Fall ist.

Mit ein wenig Übung und einer kurzen Einarbeitungszeit lassen sich schnell gute Ergebnisse erzielen. Die externen Texturgeneratoren sind zwar etwas mächtiger als die internen Algorithmen der Produktionsumgebung 3ds Max, jedoch wird hier wesentlich weniger Einarbeitungszeit benötigt, um erste brauchbare Ergebnisse zu realisieren.

Wie auch bei der proprietären Texturgenerator-Software kann bei 3ds Max ebenfalls auf vorgefertigte Material- oder Map-Schablonen zurückgegriffen werden, die mit weiteren oder alternativen Maps individuell angepasst werden können. Einen bedeutenden Vorteil bieten die mitgelieferten Material-Schablonen ARCH & DESIGN, die speziell für die Oberflächendefinition in der Architektur (aber auch im Design) entwickelt wurden. Diese Schablonen beschreiben eine architektonische Oberfläche über ihre physikalischen Eigenschaften und produzieren, im Zusammenspiel mit dem Produktionsrenderer MENTAL RAY, absolut realistische Ergebnisse.

Individuell reproduzierte Oberflächendefinitionen (Materialien) lassen sich themenbezogen in eigenen Material-Bibliotheken zusammenfassen und innerhalb des zentralen Datenbestands speichern, um bei späteren Projekten darauf zugreifen zu können.

Tipp

Einen neuartigen komfortablen Ansatz für die Realisierung komplexer hierarchischer Texturen, die aus mehreren Ebenen (Maps) bestehen und erst in Kombination ein Gesamtbild ergeben, bietet die Software *NodeJoe* der deutschen Firma *Thinking Apes GmbH*. Sollte Ihnen bei der Realisierung komplexer Materialien der Umgang mit dem Material-Editor irgendwann zu umständlich erscheinen, sollten Sie sich dieses kommerzielle Werkzeug einmal näher anschauen (http://www.nodejoe.com/). Für die meisten Zwecke genügt jedoch die Funktionalität des Material-Editors völlig.

Freie Ressourcen aus dem Internet

Eine Vielzahl von Ressourcen, die sich für den Einsatz in architektonischer 3D-Visualisierung eignen, ist in unterschiedlich guten Qualitätsstufen im Internet frei verfügbar. Es lassen sich sowohl kommerzielle als auch kostenlose Ressourcen aller benötigten Kategorien finden. Da kostenlose Ressourcen wie 3D-Modelle, Audiodaten oder Texturen sowohl Produktionszeit als auch Produktionskosten sparen, aber wesentlich zur Qualität Ihrer 3D-Visualisierung beitragen können, lohnt sich eine ausgedehnte Recherche nach neuen Quellen im Internet in regelmäßigen Abständen. Die Schwierigkeit ist meist, die effektivsten Quellen im Internet zu finden.

Denken Sie bei frei verfügbaren Ressourcen aber auch daran, dass beliebte Inhalte, wie z.B. 3D-Modelle eines Designermöbels, oft und gerne von der Konkurrenz in 3D-Visualisierungen eingesetzt werden. Versuchen Sie also sparsam mit den freien Inhalten umzugehen, da andernfalls die Individualität Ihrer Arbeiten leiden könnte.

Die recherchierten Daten liegen fast immer in einem falschen oder unoptimierten Format vor. Die Formate sind mit der Produktionssoftware 3ds Max oft zwar direkt oder durch Konvertierung[1] lesbar, jedoch sollten die importierten Daten sofort überarbeitet werden, um sie optimiert in den zentralen Datenbestand ablegen zu können.

Bei 3D-Modellen handelt es sich beispielsweise häufig um die Optimierung der 3D-Geometrien, die Zuweisung der beiliegenden Texturen oder gänzlich eigene Materialien aus dem zentralen Datenbestand sowie die Überarbeitung des Maßstabs und der Objektnamen.

Sie finden im Folgenden einige gute Quellen, nach Ressourcenkategorie sortiert, bei denen Sie Ihre Recherche beginnen können.

3D-Modelle

- http://www.3dmodelfree.com/ – umfangreiche architektonische Sammlung
- http://www.turbosquid.com/ – umfangreiche Sammlung, teils kommerzielle Inhalte
- http://www.kit3dmodels.com/ – übersichtliche, aber gute Auswahl an Möblierung
- http://www.3dworldclub.com/ – Tauschbörse für 3D-Modelle
- http://modelsbank.3dm3.com/ – übersichtliche, aber gute Auswahl an Tisch-Möblierung
- http://www.hortus3d.com/ – übersichtliche, aber gute Auswahl an Garten-Möblierung
- http://www.objectguide.com/ – übersichtliche, aber exzellente Auswahl an architektonischer Möblierung
- http://www.evermotion.org/index.php?unfold=free_stuff – übersichtliche, aber hochwertige Auswahl an Möblierung
- http://www.the123d.com/ – umfangreiche architektonische Sammlung

Audio

- http://freesound.iua.upf.edu/ – Sammlung frei verfügbarer Sounds

Photometrische Daten

- http://www.bega.de/ – photometrische Daten für Leuchten des Herstellers BEGA
- http://www.hess.eu/ – photometrische Daten (teils auch 3D-Daten) des Herstellers HESS

---

1. Konvertierungssoftware: z.B. MicroMouse.ca AccuTrans3D; Okino.com PolyTrans; RightHemisphere.com DeepExploration; quick3D.org quick3D Professional

- http://www.zumtobel.de/ – photometrische Daten des Herstellers ZUMTOBEL (teils auch 3D-Daten)
- http://www.erco.de/ – photometrische Daten für Leuchten des Herstellers ERCO (bietet auch 3D-Daten bzw. i-drop-Dateien)

Farben/Farbharmonien

- http://www.schoener-wohnen-farbe.de/ – zahlreiche Informationen rund um das Thema Farbe für Architektur. Neben zahlreichen Gestaltungsideen für Wohnräume werden auch die neuesten Farbtrends präsentiert.
- http://kuler.adobe.com/ – Online-Werkzeug für die Realisierung von Farbharmonien (Farben, die gut zueinander passen). Anhand einer eingegebenen Grundfarbe können nach verschiedenen Kriterien ergänzende Farben erzeugt werden, die gut mit der Grundfarbe zusammenwirken. Zusätzlich können Farbkombinationen abgerufen werden, indem einfache Begriffe wie Schokolade, Gras oder Erde angegeben werden.
- http://www.colorblender.com/ – alternativer Online-Farbpalettendesigner bzw. Farbabstimmer

Texturen

- http://www.arroway.de/ – hervorragende Bodenbeläge wie Parkette und Naturstein-Wandbeläge u.Ä.
- http://textures.forrest.cz/ – gut sortierte allgemeine Textursammlung
- http://www.cgtextures.com/ – gut sortierte allgemeine Textursammlung
- http://www.squidfingers.com/ – gut sortierte Ornament-Texturen für Wand-Tattoos
- http://www.spiralgraphics.biz/packs/browse.htm – Sammlung abstrakter Texturen zu unterschiedlichen Themen
- http://texturebits.blogspot.com/ – privat gepflegte Textursammlung architektonischer Texturen in guter Auflösung
- http://blender-archi.tuxfamily.org/Textures – sehr schöne Himmel- und Holz-Texturen
- Google Bilder
- Hersteller-Links

Materialien

- http://www.evermotion.org (PRODUCTS > MATERIALS > SHADERS) – hochwertige MENTAL RAY-Materialien inkl. Texturen
- http://forum.german-mentalray-wiki.info/ – hier werden einige mr-Materialien angeboten sowie eine neutrale Grundszene, an der Materialdefinitionen unter immer gleichen Bedingungen (Lichteinflüssen und Maßstab) getestet werden können

Kommerzielle Ressourcen-Sammlungen (CDs/DVDs)

Zusätzlich zu den frei verfügbaren Ressourcen für architektonische 3D-Visualisierung lassen sich immer mehr kommerziell erwerbbare Ressourcen-Sammlungen verschiedener Hersteller finden, die auf CD, DVD oder als Download in Online-Shops vertrieben werden. Zu allen erdenklichen Ressourcen-Kategorien wie 3D-Modelle, Audiodaten, Texturen oder Materialien sind solche Sammlungen erhältlich. Diverse Hersteller bieten ihre Sammlungen sogar gänzlich themenbezogen an. Ganze Sätze an Ressourcen, die man für die Realisierung von Innenräumen benötigt, werden beispielsweise als vollständig eingerichtete 3D-Szenen vertrieben, also zu Themen wie Küche, Badezimmer, Wohnzimmer oder Freiraummöblierung zusammengefasst.

Die Inhalte dieser Sammlungen heben sich insbesondere durch ihre höhere Qualität von den freien Inhalten ab, da bei ihrer Zusammenstellung besonderer Wert auf Aktualität und Detailreichtum gelegt wurde. Bei einem guten Preis-Leistungs-Verhältnis kann sich eine Investition in eine solche Ressourcen-Sammlung durchaus lohnen, insbesondere wenn die Produktionszeit knapp ist und schnell ansprechende 3D-Visualisierungen produziert werden müssen. Die Produkte sind in unterschiedlichen Preisklassen erhältlich, fast immer zu Preisen, zu denen sich eine Eigenproduktion kaum lohnt.

Im Unterschied zu den freien Ressourcen liegen die Sammlungen bereits im für den Einsatz optimierten nativen 3ds Max-Format vor. Sie werden mit zugewiesenen Materialien und Texturen vertrieben und müssen nur noch in die eigenen 3D-Szenerien eingefügt werden.

Wie auch bei den freien Ressourcen besteht die Schwierigkeit darin, die qualitativ besten Quellen zu fairen Preisen zu entdecken. Sie finden daher im Folgenden einige gute Quellen, nach Ressourcenkategorie sortiert, bei denen Sie Ihre Recherche beginnen sollten.

3D-Modelle

- http://www.evermotion.org – umfangreiche Auswahl zu fairen Preisen
- http://www.archvision.com/ – gute Auswahl an Bäumen und Personen
- http://www.dosch.de/ – gute Qualität und umfangreiche Auswahl zu guten Preisen
- http://www.sugar3d.com/ – hochwertige detaillierte Automobile, immer die aktuellsten Modelle
- http://www.the123d.com/ – gute Auswahl an Möblierung und Einrichtungsgegenständen
- http://www.xfrog.com/ – realistische 3D-Bäume
- http://www.turbosquid.com/ – enorme Auswahl an einzelnen 3D-Objekten

Audio

- http://www.dosch.de/ – übersichtliche, aber gute Auswahl an Audiodaten
- http://www.axyz-design.com/ – urbane Sounds für Architektur-Visualisierung

Texturen

- http://www.evermotion.org – umfangreiche Auswahl zu fairen Preisen
- http://www.ambientlight.co.uk/ – gute Auswahl an Texturen zu günstigen Preisen
- http://www.hyperfocaldesign.com/ – qualitativ hochwertige HDRI-Maps
- http://www.dosch.de/ – umfangreiche und hochwertige Auswahl an Texturen
- http://www.arroway.de/ – hochwertige Auswahl an Texturen

Materialien

- http://www.evermotion.org – mental ray-Materialsammlungen

Rich Photorealistic Content (RPC)

Eine besondere Ressourcen-Kategorie ist die Gruppe der so bezeichneten Rich Photorealistic Content oder auch RPC genannt. Wie der Name bereits andeutet, handelt es sich hierbei um verschiedene Inhalte, die auf Basis von Realbildaufnahmen erstellt und als fotorealistische 2D-Bilddateien vertrieben werden. Die Realbildaufnahmen bilden zum größten Teil Motive wie Personen, Bäume oder Pflanzen ab, mit denen Sie Ihre 3D-Visualiserung optisch aufwerten und realistischer gestalten können.

Diese Motive lassen sich nur bedingt oder unter großem Aufwand in ihrer ganzen Komplexität realistisch in 3D künstlich reproduzieren. Daher wird gerne auf RPC zurückgegriffen, die als Aufsteller in die 3D-Visualisierung eingebunden werden, ähnlich den lebensgroßen Pappaufstellern von Hauptdarstellern im Kino. RPC gibt es sowohl mit statischen Inhalten als auch in animierter Version, z.B. mit sich bewegenden Personen, die Sie in Ihre architektonische 3D-Visualisierung einbinden können.

Hier eine Auflistung der besten Quellen für RPC:

- http://www.archvision.com/ – umfangreiche und hochwertige Auswahl an RPC
- http://www.dosch.de/ – umfangreiche und hochwertige Auswahl an RPC
- http://www.greenlayers.com/ – animierte fotorealistische Personen in räumlicher Bewegung
- http://www.peopleimageinmotion.com/ – animierte fotorealistische 2D-Personen
- http://www.marlinstudios.com/ – animierte fotorealistische 2D-Personen
- http://www.got3d.com/ – umfangreiche Auswahl an RPC

Themenbezogene Gesamtszenen

- http://www.evermotion.org – umfangreiche hochwertige Auswahl zu fairen Preisen
- http://www.the123d.com/ – umfangreiche hochwertige Auswahl

Plug-Ins zur Generierung von Ressourcen

Neben den vordefinierten Ressourcen, die Sie frei oder kommerziell aus dem Internet beziehen können, gibt es auch als Plug-In bezeichnete Softwaremodule, die Ihre Produktionsumgebung 3ds Max um spezielle Funktionen erweitern oder ergänzen. Diese Plug-Ins erlauben es Ihnen, Ressourcen-Kategorien hoher Komplexität, wie z.B. 3D-Bäume, 3D-Pflanzen oder 3D-Gras, mithilfe von mathematischen Algorithmen parametrisiert zu realisieren und in Ihre 3D-Visualisierungen einzubinden.

Der Vorteil dieser Module, die entweder als eigenständiges Programm mit Anbindung an 3ds Max oder direkt innerhalb 3ds Max arbeiten, ist, dass Sie beispielsweise die vorgegebene Baumschablone einer Eiche dafür verwenden können, eine Vielzahl an Eiche-Variationen zu generieren und in der Szene zu verteilen, die sich computergeneriert in Größe, Farbe oder Jahreszeit deutlich unterscheiden.

Einige der Plug-Ins haben Sie bereits in dem Abschnitt über Texturgenerierung kennengelernt, wie die Texturgeneratoren *MaPZone* und *TextureMaker* oder das Material-Plug-In *NodeJoe*. Zusätzlich sind für architektonische 3D-Visualisierung folgende Softwaremodule von Vorteil:

Generatoren für 3D-Bäume

- http://www.bionatics.com/ – Produkt *EASYnat*, Marktführer
- http://www.onyxtree.com/ – als 3ds Max-Plug-In oder eigenständige GardenSuite mit Exportfunktion
- http://www.speedtree.com/ – Produkt *SpeedTreeMAX*
- http://www.e-onsoftware.com/ – Produkt *Vue 6 xStream*
- http://www.xfrogdownloads.com/ – mächtiges Produkt
- http://www.treegenerator.com/ – günstiges Produkt, aber ansprechende Ergebnisse

Generatoren für 3D-Pflanzen/-Vegetation

- http://www.onyxtree.com/flower.html – hochwertiger Generator für 3D-Pflanzen
- http://www.bionatics.com/ – Produkt *EASYnat*, Pflanzen
- http://www.e-onsoftware.com/ – Produkt *Vue 6 xStream*

- http://graphics.uni-konstanz.de/~luft/ivy_generator/ – Produkt *Ivy Generator*, kostenloser, aber atemberaubend realistischer Generator für Efeu-Gewächse
- http://www.antiflash.net/ – Produkt *SuperGrass*, kostenloser, aber guter Rasen-Generator für 3ds Max

Generatoren für Himmel

- http://www.e-onsoftware.com/ – Produkt *Ozone*, hochwertiger Himmelgenerator

Generatoren für Texturen

- http://www.mapzoneeditor.com/
- http://www.texturemaker.com/
- http://www.spiralgraphics.biz/ – Produkt *Genetica 2.5*

Generatoren für Materialien

- http://www.nodejoe.com/ – schematischer Material-Editor für 3ds Max für intuitivere Materialdefinitionen

Generatoren für Umgebungen/Landschaften

- http://www.planetside.co.uk/terragen/ – mächtiger Generator für Landschaften und Umgebungen

2.3 Modellierung

Nachdem die benötigten Ressourcen zusammengetragen worden sind, kann im Produktionsschritt »Modellierung« mit der Umsetzung des Hauptdarstellers, also der eigentlichen Architektur, begonnen werden. Nächstes Ziel ist es also, die zu vermarktende Immobilie oder einen Teilbereich davon als 3D-Modell in einer ausreichenden Detailstufe als dreidimensionales Modell vorzubereiten.

Vor dem Beginn der 3D-Modellierung ist es wichtig, die einzelnen Bereiche der Architektur zu definieren, welche für die gewählte Perspektive in der geplanten 3D-Visualisierung erforderlich sind. Es ist nicht notwendig, ein komplettes Gebäude in allen Details dreidimensional zu rekonstruieren, wenn lediglich Innenvisualisierungen von Wohn- oder Bürobereichen realisiert werden sollen. Andererseits macht es bei der Visualisierung einer Außenfassade ebenso wenig Sinn, alle Innenräume dreidimensional abzubilden, da sicherlich

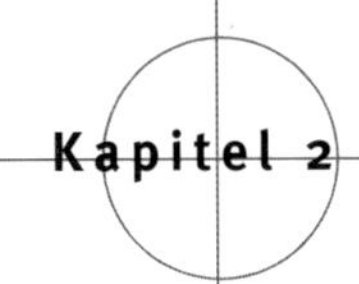

nicht alle Räume in der geplanten 3D-Perspektive sichtbar sein werden. Realisieren Sie ausschließlich 3D-Geometrie, die auch in Ihrer 3D-Perspektive sichtbar sein wird, Sie reduzieren so die investierte Produktionszeit und können sich auf die qualitative optische Verbesserung der 3D-Visualisierung konzentrieren.

Legen Sie bereits im Rahmen Ihres Produktionsplans vorher fest, welche 3D-Geometrien Sie wirklich für Ihre 3D-Perspektive benötigen, und konzentrieren Sie Ihre Produktionskapazität auf diese Bereiche.

Datenaustausch

Voraussetzung für eine zeitlich und inhaltlich effektive Umsetzung der 3D-Visualisierung ist die Existenz eines vollständigen und aktuellen Plansatzes für das zu realisierende Projekt. Der Plansatz sollte bereits während der Aufstellung des Produktionsplans, spätestens jedoch während der Vorbereitungsphase vom zuständigen Ansprechpartner angefordert werden, um die Produktion nicht zu unterbrechen und den im Produktionsplan aufgestellten Zeitplan einhalten zu können. Unmittelbar nach der Lieferung sollte der Plansatz auf Vollständigkeit, eventuelle Dateifehler und auf inhaltliches Verständnis überprüft werden. Gegebenenfalls müssen zusätzliche Pläne angefordert oder inhaltliche Fragen geklärt werden.

Zu einem möglichst vollständigen Plansatz gehören:

- Grundrisse (für jede Etage)
- Ansichten (aus allen Himmelsrichtungen)
- Schnitte
- Dachaufsicht
- Lageplan
- Freiraumanlagenplan
- Detailpläne (zu allen wichtigen Details)

Der Datenaustausch des Plansatzes will ebenfalls durchdacht und mit dem Lieferanten abgesprochen werden. Heutzutage können zwar nahezu alle CAAD-Konstruktionsprogramme[1] eine Vielzahl an

1. CAAD: Computer Aided Architectural Design bezeichnet Softwareprodukte wie z.B. Autodesk AutoCAD oder Revit; Nemetschek ALLPLAN, Graphisoft ARCHICAD etc.

Dateiaustauschformaten generieren, die Qualitäten der erzeugten Formate jedoch unterscheiden sich im Detail. Meist bereiten Exportfehler, die sich in fehlenden Objekten oder in nicht lesbaren Dateien bemerkbar machen, enorme Zeitverzögerungen. Es ist daher ratsam, sich ausreichend mit dem zuständigen Ansprechpartner abzusprechen und gemeinsam ein geeignetes Datenaustauschformat zu definieren.

Folgende Überlegungen spielen dabei eine Rolle:

- Liegen 2D- oder 3D-Inhalte vor, die zu einer 3D-Visualisierung verarbeitet werden sollen?
- Welche Dateiformate können vom Lieferanten exportiert werden und welche Einstellungsmöglichkeiten bietet die jeweilige Exportfunktion?
- Welche Exporteinstellungen sollten optimiert werden? Hier sollten von Ihnen entsprechende Vorschläge in Form von allgemein formulierten Tipps gemacht werden, z.B. nach Farbe oder Layer exportieren, Scheitelpunkte verschweißen etc.

Gängige Datenaustauschformate für einen optimalen Import der Daten in die Produktionssoftware 3ds Max finden Sie in der nun folgenden Auflistung. Diese Formate haben sich in der Praxis mehrfach bewährt und unterstützen sowohl 2D- als auch 3D-Daten.

Datenaustauschformate für die Praxis:

- DWG[1] (erste Wahl) – Das DWG-Format ist das primäre interne Speicherformat für in Autodesk AutoCAD erstellte Zeichnungsdateien. Das DWG -Format ist optimal für den Datenaustausch mit Autodesk 3ds Max geeignet, da die 3ds Max interne DWG-Importfunktion regelmäßig aktualisiert wird und somit bestmögliche Kompatibilität gewährleistet. Es unterstützt 2D- wie auch 3D-Daten sowie viele wichtige Elemente der Zeichnungsorganisation, wie z.B. Layer, Objektfarben, Objekthierarchien, Blöcke, Gruppierungen, Objektinstanzen, Bemaßungen etc., dien Ihnen während der Weiterverarbeitung enorme Zeit sparen
- DXF[2] (Alternative 1) – Das DXF-Format ist ein weiteres von Autodesk entwickeltes Datenaustauschformat, welches ursprünglich

1. DWG: Drawing (dt. Zeichnung)
2. DXF: Drawing Exchange Format (dt. Dateiaustauschformat)

speziell für den Austausch mit fremden CAD-Programmen entwickelt wurde. Da es sich um ein textbasiertes und somit für jeden Softwareentwickler lesbares Format handelt, das zudem noch gut dokumentiert wurde, hat es sich zum Quasistandard zwischen Produkten unterschiedlicher Softwarehersteller entwickelt. Es unterstützt 2D- wie auch 3D-Daten, aber nur einige Elemente der Zeichnungsorganisation, wie z.B. Objektfarben, Blöcke, Gruppierungen, Bemaßungen etc.

- 3DS[1] (Alternative 2) – Das 3DS-Format war ursprünglich das primäre native Speicherformat für in Autodesk 3D STUDIO DOS erstellte Zeichnungsdateien. Mit der Einführung der Windows-Version der Software wurde später das neue proprietäre MAX-Format eingeführt. Ähnlich wie beim DXF-Format entwickelte sich das 3DS-Format aber seinerzeit zum Quasistandard für den Datenaustausch zwischen 3D-Programmen, da es sich ebenfalls um ein lesbares und leicht verständliches Speicherformat handelt. Die Weiterentwicklung wurde aufgrund technologischer Divergenzen eingestellt. Es wird aber bisweilen noch immer von einer Vielzahl an 3D-Programmen unterstützt und in der Praxis verwendet. Es unterstützt 2D- wie auch 3D-Daten.

Falls kein gemeinsames Datenaustauschformat auf Anhieb gefunden werden kann, muss gegebenenfalls auf Konvertierungssoftware[2] zurückgegriffen werden, um Plansätze in ein für 3ds Max importierbares Format zu konvertieren.

Optimierung

Sowohl gelieferte 2D- als auch 3D-Daten müssen für die effektive Weiterverarbeitung in 3ds Max optimiert, d.h. gesäubert und umstrukturiert werden. Viele Pläne enthalten für 3D-Visualisierungen unnötige Informationen oder sind aufgrund unsauberer Zeichnungsweisen nicht besonders für den Import und die Weiterverarbeitung in der Produktionsumgebung 3ds Max geeignet.

Welche Optimierungen im Detail überprüft werden sollten, wird in den folgenden Absätzen beschrieben.

1. 3DS: 3D Studio
2. Konvertierungssoftware: z.B. MicroMouse.ca: AccuTrans3D; Okino.com: PolyTrans; RightHemisphere.com: DeepExploration; quick3D.org: quick3D Professional

Optimierung gelieferter 2D-Daten

Bei gelieferten 2D-Daten müssen unter anderem überflüssige Zeichnungsinformationen gelöscht und ungenaue Konstruktionslinien korrigiert werden. Erst nach einer Optimierung können die gelieferten Daten als Grundlage für die Konstruktion der Immobilie verwendet werden.

Da eine Optimierung von komplexen Plänen eine beachtliche Zeit in Anspruch nehmen kann, ist abzuwägen, ob bei übersichtlicheren Projekten ein Nachzeichnen der benötigten Elemente nicht effektiver ist, als die Originale aufwendig zu überarbeiten.

Durch die Optimierung der Daten sparen Sie sich jedoch in den meisten Fällen eine Menge Produktionszeit, da Sie sich nach der Optimierung nicht mehr mit unübersichtlichen, überladenen und fehlerbehafteten 2D-Daten quälen müssen, zudem reduzieren Sie die Anzahl der fehlerbedingten Programmabstürze gewaltig, da die meisten Fehler durch unsaubere Konstruktionszeichnungen entstehen. Die Arbeit innerhalb der Ansichtsfenster wird ebenfalls beschleunigt, da nicht mehr zu komplexe 2D-Daten angezeigt werden müssen. Die Zeit, die Sie also in die Optimierung von gelieferten Konstruktionsdaten investieren, zahlt sich in jedem Fall mehrfach aus.

Einer der größten Vorteile jedoch, die durch die Optimierung und Überarbeitung der gelieferten Zeichnungsdaten entsteht, ist, dass man sich intensiv mit dem architektonischen Aufbau der zu visualisierenden Immobilie auseinandersetzt und die jeweilige Architektur besser versteht. Die einzelnen baulichen Elemente und deren Anordnung kann genau nachvollzogen und später in der 3D-Modellierung leichter umgesetzt werden. Gleichzeitig wird das architektonische Verständnis geschärft.

Grundsätzlich gilt es, folgende Optimierungen durchzuführen:

- **Maßstab & Koordinatensystem:** Zeichnungsmaßstab bzw. Koordinatensystem prüfen und gegebenenfalls skalieren. Die Zeichnungseinheiten sollten dabei mit den Angaben der entsprechenden Bemaßung übereinstimmen.
- **Abstand zum Ursprung:** Große 2D-Pläne können aufgrund der großen Entfernung zwischen den 2D-Objekten und dem Zeichnungsursprung eine Fehlermeldung beim Importieren in 3ds Max verursachen. Alle 2D-Elemente sollten in einem solchen Fall nahe

an den Zeichnungsursprung (Koordinaten 0,0,0) innerhalb der CAAD-Software verschoben und erneut exportiert werden.

- **Nicht benötigte Zeichnungslayer:** Sie sollten deaktiviert bzw. eingefroren werden (Layer mit Texterläuterungen, Bemaßungen, Schraffuren, Symbolen etc.).
- **Benötigte Zeichnungslayer:** Sollten ebenfalls von unnötigen Informationen befreit werden, meist Beschriftungen, Bemaßungen, Schraffierung, Möblierungssymbole etc. Die benötigten Zeichnungslayer sollten inhaltsgemäß bezeichnet und farblich vereinheitlicht werden (meist reines Mauerwerk, Türen, Fenster, Böden etc. bezeichnen und einheitliche Layerfarbe zuweisen).
- **Polylinien:** Alle Zeichnungslinien sollten in Polylinien[1] umgewandelt werden, da diese den Splines[2] in 3ds Max sehr ähneln und dort fehlerfrei als zusammenhängende geschlossene Konturen importiert werden. Nur geschlossene Spline-Konturen lassen sich optimal in eine 3D-Festkörperoberfläche umwandeln (Extrudieren).
- **Liniendicke:** Wurde in der CAAD-Software ein Wert für Liniendicke für Linien definiert, kann dies zu Anzeigefehlern in 3ds Max führen. Stellen Sie daher für alle 2D-Linien in Ihrer CAAD-Software den Wert 0 ein.
- **Geschlossene Umrisse:** Alle Objektumrisse sollten verschlossen werden. Oftmals sind diese Umrisse, z.B. bei Wänden, nicht verschlossen, da nicht alle Punkte aufeinanderliegen. Aus diesen offenen oder unterbrochenen Konturen lassen sich in 3ds Max keine programmgestützten 3D-Objekte bilden.
- **Abstand zwischen 2D-Objekten auf einem Layer:** Sobald zwei 2D-Objekte auf dem gleichen Layer durch einen großen Abstand getrennt sind, treten nach dem Import in 3ds Max Anzeigefehler auf. Die 2D-Pläne werden unter Umständen zu klein im Ansichtsfenster dargestellt. Die Ursache liegt meist in »verschollenen« 2D-Objekten auf diesem Layer. Diese sollten in der CAAD-Software (z.B. mithilfe von ZOOM GRENZEN) gefunden und gelöscht werden.

1. Eine Polylinie ist ein Objekt, das aus einem oder mehreren verbundenen Liniensegmenten oder Kreisbogen besteht, aber dennoch als einzelnes Objekt behandelt wird.
2. Interne Beschreibung für zweidimensionale Konturen in 3ds Max

- **Platzhalter (Dummys) für Möblierung oder Lichtquellen:** Sind in den 2D-Grundrissen auch Informationen für die Positionierung von Lichtquellen oder anderer Möblierung vorhanden, sollten Platzhalter (sogenannte Dummys) gesetzt werden, die nach dem Import in 3ds Max automatisiert durch 3D-Objekte ersetzt werden können. Dies erspart Ihnen im Nachhinein zeitaufwendiges manuelles Platzieren von Objekten in der 3D-Szene.
- **Gesamtübersicht**: Alle optimierten Zeichnungsdateien des Plansatzes sollten innerhalb einer einzigen Datei strukturiert angeordnet und zusammenfasst werden. Dies verbessert die Übersichtlichkeit für die spätere Rekonstruktion und verhindert das häufige Wechseln zwischen Dateien während der Arbeit. Eine Beispielanordnung wird in der unten stehenden Grafik gezeigt.

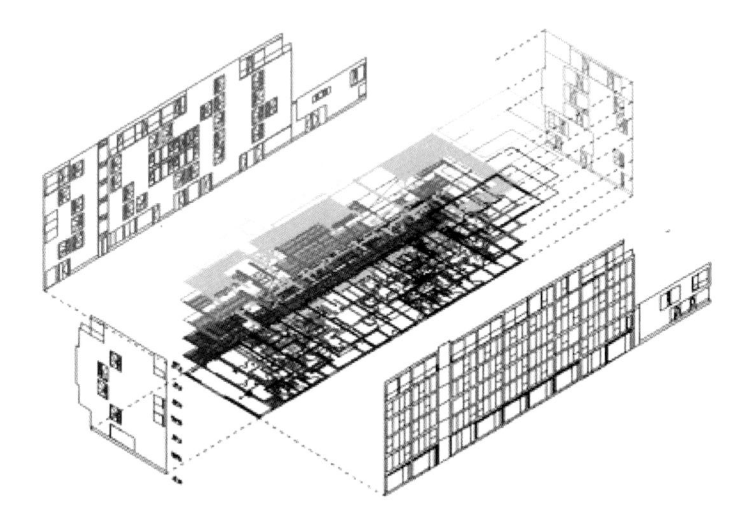

Abbildung 2.7
Anordnung der optimierten CAD-Daten

Optimierung gelieferter 3D-Daten

Auch gelieferte 3D-Pläne müssen auf bestimmte Kriterien hin überprüft und gegebenenfalls für die Weiterverarbeitung optimiert werden. Falsche Einstellungen beim Export der Daten oder unsauber programmierte Exportfunktionen verursachen in den generierten Daten häufig einige Fehler.

Zusätzlich sollte überprüft werden, ob die gelieferten 3D-Daten alle benötigten Geometriedetails beinhalten. Oft sind die Immobilien nur rudimentär in 3D nachgebildet worden. Details wie Attikas, Regenablaufrohre, Tür- und Fenstergriffe oder Brüstungen fehlen gänzlich.

Grundsätzlich gilt es folgende Kriterien zu überprüfen:

- **Fehlerbeseitigung in der 3D-Geometrie:** Doppelte Flächen (erkennbar am Flackern in den Perspektiv-Ansichten von 3ds Max) und sich schneidende oder gänzlich fehlende Geometrieflächen müssen berichtigt werden.
- **Flächenrichtung (Normalen):** Oft werden die 3D-Flächen zwar erstellt, zeigen nach dem Export jedoch in die falsche Richtung (Oberfläche zeigt nicht zur Kamera). Hier müssen Oberflächen-Normalen gewendet werden, die bestimmen, von welcher Richtung aus eine 3D-Fläche sichtbar ist.
- **Flächenglättung:** Oft erscheinen die 3D-Oberflächen nach dem Export hartkantig bzw. facettiert. Hier müssen die entsprechenden Oberflächen nachträglich mithilfe des Modifikators GLATT oder der Glättungsgruppen geglättet werden.
- **Prüfung der Detailstufe:** Prüfung auf gewünschte Detailstufe und gegebenenfalls Ergänzung um fehlende 3D-Objektdetails, wie z.B. Attikas, Regenrohre etc.
- **Nachbearbeitung der harten Kanten:** Harte Kanten sollten besonders an großformatigen 3D-Objekten wie Wänden oder Fassaden möglichst gemieden werden. Diese Kanten sind entsprechend abzukanten (engl. bevel), um den Realismus in der 3D-Visualisierung zu erhöhen.
- **3D-Objektorganisation:** Die in dem 3D-Plan gelieferten Objekte sollten für eine effektive Weiterverarbeitung strukturiert werden. Trennen, gruppieren oder sortieren Sie die einzelnen 3D-Objekte nach ihrem Objekttyp (Wände, Fensterrahmen, Glasfassade etc.) oder nach der später geplanten Oberfläche. Sie können sie für einen schnellen Zugriff auch sinngemäß bezeichneten Layern[1] oder Auswahlsätzen[2] zuweisen, um sie beispielsweise später bei der Materialvergabe leichter selektieren zu können.

Modellierungsansatz 2D oder 3D

Je nachdem, ob 2D- oder 3D-Daten zur Verarbeitung vorliegen, kann zwischen mehreren Verfahren für die Weiterverarbeitung der Konstruktionsdaten für die spätere 3D-Visualisierung gewählt werden. Für welches Verfahren Sie sich entscheiden, richtet sich hauptsäch-

1. Siehe auch 3ds Max-Hilfe »Organisieren einer Szene mit Layern«
2. Siehe auch 3ds Max-Hilfe »Verwenden von benannten Auswahlsätzen«

lich nach der Ihnen zur Verfügung stehenden Software sowie Ihrem Kenntnisstand beim Umgang mit den dort zur Verfügung stehenden Modellierungswerkzeugen.

Um zu bewerten, welches der vorgestellten Verfahren für Sie am besten geeignet ist, sollten Sie anhand eines kleinen Projektbeispiels die Vor- und Nachteile der vorgeschlagenen Verfahren durch Ausprobieren einmal kennenlernen.

In den folgenden Absätzen sind die wichtigsten Verfahren aufgelistet und kurz erläutert.

Grundlage 2D-Pläne: Modellierung in CAAD-Software

Dieses Verfahren setzt Kenntnisse im Umgang mit einer CAAD-Software[1] Ihrer Wahl voraus. Da CAAD-Software (wie z.B. Autodesk AutoCAD Architecture) speziell für das Konstruieren von architektonischen Inhalten entwickelt wurde, bietet sie gegenüber der allgemeinen Produktionssoftware 3ds Max einige Vorteile, wie beispielsweise genauere 3D-Konstruktionen, besseres Verschneiden von Volumenkörpern oder umfangreich vordefinierte 3D-Bibliotheken für Bauteile.

Die gelieferten 2D-Pläne werden, nach Optimierung und ihrer Zusammenführung in eine einzelne Zeichnungsdatei, in die CAAD-Software geladen, um anschließend mit den vorhandenen Werkzeugen ein 3D-Modell zu erarbeiten. Nach Fertigstellung des 3D-Modells kann es für das Weiterverarbeiten in 3ds Max über ein geeignetes Dateiformat gespeichert werden.

Ausführlichere Informationen zu diesem Thema finden Sie in dem noch kommenden Abschnitt »Architektonische 3D-Konstruktionen mithilfe von CAAD« auf Seite 71.

Grundlage 2D-Pläne: Modellierung in 3ds Max

Dieses Verfahren bietet sich an, wenn Ihnen für die 3D-Modellierung der Immobilie alternativ keine CAAD-Software zur Verfügung steht oder wenn Sie nur beschränkt Kenntnis zur Realisierung von 3D-Modellen innerhalb der CAAD-Software haben.

---

1. CAAD: Computer Aided Architectural Design bezeichnet Softwareprodukte wie z.B. Autodesk AutoCAD oder Revit; Nemetschek ALLPLAN, Graphisoft ARCHICAD etc.

Die gelieferten 2D-Pläne werden, nach Optimierung und ihrer Zusammenführung in eine einzelne Zeichnungsdatei, in die Produktionsumgebung 3ds Max geladen, um anschließend mit den vorhandenen Werkzeugen ein 3D-Modell zu erarbeiten. Nach Fertigstellung des 3D-Modells können Sie direkt mit der Inszenierung, der Beleuchtung und der Materialvergabe in 3ds Max beginnen.

Optional: 3ds Max bietet die Möglichkeit, Ihre optimierten 2D-DWG-Pläne mit der 3D-Produktionssoftware lediglich zu verknüpfen, anstatt sie vollständig zu importieren. Insbesondere wenn zeitgleich zur 3D-Modellierung an den zugrunde liegenden 2D-Plänen noch Veränderungen vorgenommen werden, bietet sich eine solche Verknüpfung an, da Veränderungen an den verknüpften Zeichnungsdateien automatisch in der Produktionssoftware 3ds Max mit aktualisiert werden. Ein erneutes Importieren der 2D-Daten entfällt.

Der Einsatz von verknüpften Zeichnungen kann bei überlegter Verwendung von bestimmten 3D-Konstruktionsmethoden in 3ds Max auch dazu genutzt werden, dass sich Veränderungen der verknüpften Daten direkt auf Ihre 3D-Modelle auswirken (z.B. bei Wandlängen oder -positionen). Bei diesem Verfahren dienen die verknüpften 2D-Pläne unmittelbar als Konstruktionsvorlage für Ihre 3D-Modelle. Auf die verknüpften 2D-Konturen werden direkt 3D-Generierungswerkzeuge (wie z.B. der Extrude-Modifikator) angewandt, die dann ein 3D-Objekt entstehen lassen. Verändert sich nun die Kontur-Grundlage, wird diese Veränderung automatisch auf das resultierende 3D-Objekt übertragen.

Nicht jede Art von Veränderungen kann jedoch auf diese Weise abgebildet werden. Modifikatoren, die die Topologie, also den internen Aufbau einer 3D-Geometrie bzw. die Anzahl und Anordnung der Scheitelpunkte oder Flächen, beeinflussen, führen nicht mehr zum gewünschten Ergebnis.

Detaillierte Informationen für die Arbeit mit verknüpften Daten finden sich in der Hilfe von 3ds Max.

Grundlage 2D-Skizzen: Modellierung in 3ds Max

Dieses Verfahren bietet sich an, wenn Ihnen für die 3D-Modellierung der Immobilie lediglich handgefertigte Entwurfsskizzen des Architekten zur Verfügung stehen. In einem solchen Fall werden die entsprechenden 2D-Skizzen zunächst digitalisiert und in einem Bildformat als JPEG (*.jpg) oder als Bitmap (*.bmp) gespeichert, sofern diese bereits nicht digital geliefert wurden. Die digitalisierten Skizzen werden auf gekreuzten 3D-Ebenen aufgetragen und entsprechend in der 3D-Produktionsumgebung platziert. Sie lassen sich so als Orientierungshilfe für die 3D-Rekonstruktion verwenden (vgl. Abbildung 2.8).

Diese Art der Rekonstruktion ist aufgrund der handskizzierte Vorlagen zwar etwas ungenau, liefert aber ansehnliche und schnelle Ergebnisse. Insbesondere wenn nicht viel Wert auf Fotorealismus gelegt wird, stellt dieses Verfahren für 3D-Modellierung eine gute Alternative dar.

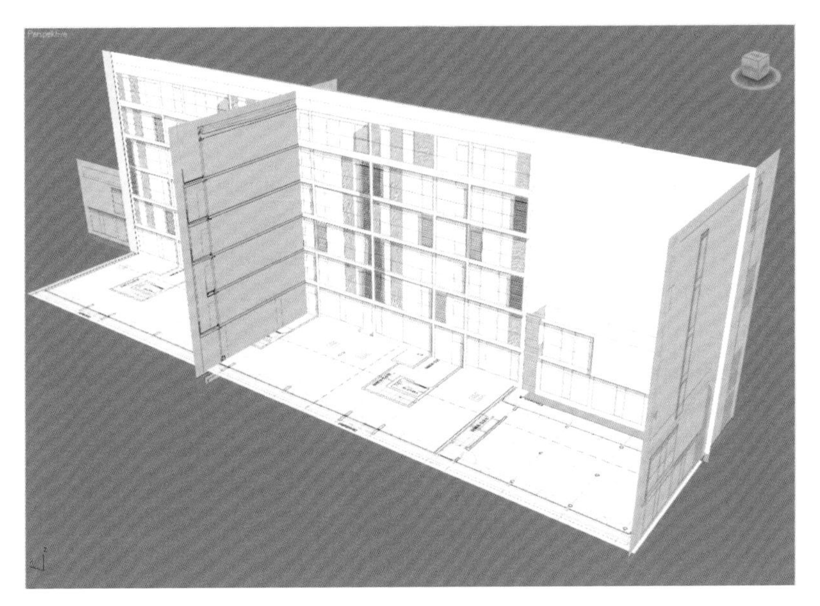

Abbildung 2.8
Gekreuzte 3D-Ebenen zum Konstruieren anhand von architektonischen Entwurfsskizzen

Grundlage 3D-Pläne: Optimierung in 3ds Max

Dieses Verfahren bietet sich an, wenn Ihnen für die 3D-Visualisierung der Immobilie direkt 3D-Pläne vom Architekten zur Verfügung gestellt werden. Bei diesem Verfahren entsteht selbstverständlich der geringste Produktionsaufwand, jedoch muss das gelieferte 3D-Modell, wie in einem der vorangegangenen Abschnitte detailliert beschrieben, erst optimiert und für die effektive Weiterverarbeitung in der Produktionsumgebung auch umstrukturiert werden. Zu Prüfen ist ebenfalls, ob der Detailgrad des gelieferten 3D-Modells den Anforderungen an Ihre 3D-Visualisierung genügt. Gegebenenfalls sind die fehlenden 3D-Objekte, wie Regenrohre, Raffstores oder Türklinken, mit Daten aus Ihrem zentralen Datenbestand zu ergänzen oder neu zu konstruieren.

Analog zu den 2D-Daten lassen sich auch die 3D-Daten optional mit der Produktionsumgebung 3ds Max verknüpfen, anstatt sie zu importieren. Für die Arbeit mit verknüpften 3D-Daten gelten ähnliche Prinzipien. Detaillierte Informationen diesbezüglich finden sich in der Hilfe von 3ds Max.

Für welches der beschriebenen Verfahren Sie sich letztlich entscheiden, hängt von mehreren Faktoren ab. Kriterien für die Entscheidung können folgende sein:

- **Arbeitsaufteilung**: Findet eine projektbezogene Arbeitsaufteilung statt, bei der Daten von einem internen Kollegen oder einem externen Architekten geliefert werden, werden die Produktionsschritte 2D-Konstruktion, 3D-Rekonstruktion und 3D-Visualisierung zwangsläufig voneinander getrennt.
- **Software**: Das wichtigste Kriterium für die Auswahl eines Verfahrens ist selbstverständlich die Frage, welche Software Ihnen für die Umsetzung zur Verfügung steht. Wenn Sie auf keine CAAD-Software zurückgreifen können, müssen Sie sich der Werkzeuge der Produktionsumgebung 3ds Max bedienen.
- **Kenntnisstand**: Ihr Kenntnisstand im Umgang mit der jeweiligen Produktionssoftware (ausgebildeter Bauzeichner effektiver im Umgang mit CAAD-Software, 3D-Artist schneller in 3ds Max). Vertiefen Sie Ihren Kenntnisstand in möglichst vielen Softwarepaketen, um die Vorteile der jeweiligen Produktionsumgebungen nutzen zu können und somit Ihre Produktionszeit zu verkürzen.
- **Präzision**: Ist eine hohe Präzision bei der 3D-Rekonstruktion der architektonischen Inhalte gefordert, sollte auf CAAD-Software zurückgegriffen werden.
- **Komplexität**: Die Komplexität der benötigten 3D-Modelle spielt ebenfalls eine wesentliche Rolle. Nicht jede CAAD-Software kann in akzeptabler Geschwindigkeit mit komplexen 3D-Modellen umgehen. In einem solchen Fall muss auf 3ds Max zurückgegriffen werden.

Wegen der hohen Anzahl am Markt erhältlicher 3D-Konstruktionssoftware und der sich daraus so zahlreich ergebenden Möglichkeiten, ein 3D-Modell innerhalb der jeweiligen Software zu erstellen, werden im Rahmen dieses Buches lediglich die allgemein zur Verfügung stehenden architektonischen 3D-Modellierungstechniken am

Beispiel des CAAD-Programms *Autodesk AutoCAD* erläutert, deren Einsatz sich in der Praxis mehrfach bewährt.

Die folgend aufgezeigten 3D-Modellierungstechniken lassen sich jedoch ohne Weiteres auch auf andere CAAD-Softwarepakete und auch auf Autodesk 3ds Max übertragen. Sie dienen ebenfalls als Orientierungshilfe für die Modellierung architektonischer Inhalte in alternativer CAAD-Software, da die für die Umsetzung benötigten 3D-Modellierungswerkzeuge wie Extrudieren, Boolean, Verschneiden, Aufprägen, Layer usw. größtenteils in allen Softwarepaketen zur Verfügung stehen, wenn nicht mit gleicher Werkzeug-Bezeichnung, so zumindest mit sinngemäß ähnlichen Begriffen. Allgemein geltende Modellierungsregeln, die folgend beschrieben werden (z.B. Trennung nach Material, Strukturierung nach Layern, Bereinigungen oder Ähnliches), kommen ebenfalls auch innerhalb alternativer CAAD-Softwarepakete zur Anwendung.

Architektonische 3D-Konstruktionen mithilfe von CAAD

Gastbeitrag verfasst von Dipl.-Ing. Tanja Köhler

Wenn Sie als Dienstleister für Architekturbüros oder Immobilienfirmen tätig sind, haben Sie die 2D-Daten oftmals nicht selbst erstellt, sondern erhalten ein Paket mit allen für das Gebäude relevanten Plänen, im günstigsten Fall im *DWG*-Format (*.dwg). Bestehen Sie ruhig darauf, die Daten im *DWG*-Format zu erhalten, denn andere Formate, im ungünstigsten Fall *PDF* (*.pdf) oder Bildformate wie *JPEG* (*.jpg), verursachen für Sie einen deutlichen Mehraufwand, da die Dateien dann erst konvertiert werden müssten bzw. als Bildformat nicht vektorisiert vorliegen und somit nicht direkt verwendet werden können. Aus jeder gängigen CAD-Software ist ein Export als *DWG* möglich!

Üblicherweise enthalten die Architektenpläne sehr viele Informationen, die für die 3D-Visualisierung nicht relevant sind. Deshalb sollten Sie die Pläne erst einmal »aufräumen«, bevor Sie mit der 3D-Modellierung loslegen. Oft hat eine AutoCAD-Zeichnung 20 oder mehr Layer, von denen Sie wirklich nur die wenigsten benötigen. Je weniger überflüssige Zusatzinformationen in den Plänen enthalten sind, umso klarer wird die eigentliche Struktur des Gebäudes (vgl. auch Abschnitt »Optimierung« auf Seite 62). Wie viele Layer Sie im Einzelfall benötigen, müssen Sie selbst entscheiden. Wer im Umgang mit

Architektenplänen routiniert ist, kann auch auf Layer, die z.B. Schraffuren oder Bemaßungen enthalten, leicht verzichten.

Bevor Sie mit dem »Bereinigen« der vorhandenen Pläne beginnen, sollten Sie ganz sicher sein, dass Sie die Pläne und somit das Gebäude wirklich verstanden haben! So vermeiden Sie unangenehme Überraschungen bei der Modellierung.

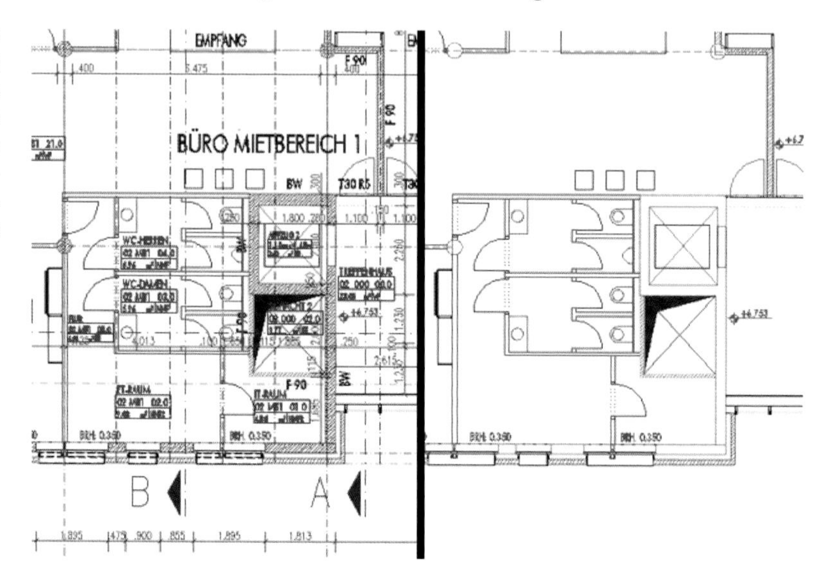

Abbildung 2.9
Links: Der Originalplan
Rechts: Der optimierte Plan mit ausgeschalteten Layern; es fehlen unter anderem die Layer Bemaßung, Text und Schnittachsen

Gerade für Nicht-Architekten ist es manchmal schwierig, die verschiedenen Linien und Schraffuren richtig zu interpretieren. Beginnen Sie mit den Ansichten und verschaffen Sie sich so einen ersten Eindruck vom Gebäude. Achten Sie auf Besonderheiten wie Versprünge in der Fassade oder auskragende Gebäudeteile, aber auch auf die Dachform. Vielleicht erkennen Sie bereits Regelmäßigkeiten in der Fassade (Anordnung der Fenster, rasterartige Fassadenelemente oder sich wiederholende Balkone), die ein modulares Modellieren begünstigen (mehr zu diesem Thema im Abschnitt »Tipps & Tricks« auf Seite 82). Nehmen Sie sich danach die Schnitte und Grundrisse vor, beginnen Sie hierbei beim Erdgeschoss und arbeiten Sie sich nach oben hin durch. Für eine komplette Visualisierung eines Gebäudes (innen und außen) sollten Sie von jedem Geschoss einen Grundriss vorliegen haben, alle Ansichten sowie die Dachaufsicht und mindestens einen Schnitt sowie einen Lageplan für die Umsetzung der Freiraumflächen und des Geländes. Bei hohem Detailgrad benötigen Sie eventuell zusätzlich Detailzeichnungen zu einzelnen Gebäudepunkten. Von außen ist ein Gebäude durch die

Ansichten in der Regel klar definiert, innen kann es manchmal etwas schwieriger werden. Achten Sie auf gestrichelte Linien in den Grundrissen, handelt es sich um Unterzüge oder existieren innenliegende Galerien oder einkragende Ebenen? Prüfen Sie die Raumhöhen in den Schnitten, dort können Sie auch die Fußbodendicke ablesen. Haben Sie die Treppensituation des Gebäudes verstanden? Besitzt das Gebäude ein zu modellierendes Untergeschoss, evtl. sogar mit Tiefgarage? Wie ist die Zufahrt gestaltet? Wenn Sie alle für Sie offenen Fragen ausreichend geklärt haben, können Sie mit der Modellierung beginnen.

CAAD-Software zur Architektur-Visualisierung

Die im CAD-Bereich weltweit meistbenutzte Software ist *Autodesk AutoCAD*. Neben der Basis-Software *AutoCAD* existieren mit *Autodesk AutoCAD Architectual Desktop* bzw. *AutoCAD Architecture* und *Autodesk Revit* erweiterte Versionen speziell für Architekturanwendungen. Im Folgenden werden die Programme kurz vorgestellt.

- **Autodesk AutoCAD:** Ein ganz großer Vorteil von *Autodesk AutoCAD* ist seine Präzision, nicht ohne Grund ist *Autodesk AutoCAD* die erste Wahl für technische Zeichnungen. Linien und Punkte können wirklich absolut exakt aufeinandergelegt werden und müssen dann nicht noch mal extra vereinigt werden (wie in Autodesk 3ds Max). Die 3D-Arbeit im freien Raum ist sicherlich nicht ganz so komfortabel wie in Autodesk 3ds Max, aber seit *Autodesk AutoCAD 2007* existiert ein überarbeiteter 3D-Modellierer und nun können die Volumenkörper benutzerfreundlich editiert werden. Griffe ermöglichen ein flexibles Verschieben von Eckpunkten, Flächen und Kanten, ohne dass dafür Befehle oder Werkzeuge verwendet werden müssen. Boolesche Operationen funktionieren einwandfrei, allerdings können später beim Export zu Autodesk 3ds Max auch hierbei Polygonfehler entstehen, die möglicherweise in 3ds Max noch bereinigt werden müssen (vgl. Abschnitt »Vorbereitung« auf Seite 84).
- **Autodesk AutoCAD Architecture (Architectual Desktop):** Hierbei handelt es sich um eine von Autodesk entwickelte spezielle Software für die Architektur-Visualisierung. Sie bietet neben allen Funktionen von *Autodesk AutoCAD* noch zusätzliche Bibliotheken mit vordefinierten Gebäudeobjekten (z.B. Wände, Fenster, Dächer). Allerdings lassen sich diese Objekte nicht immer exakt an die eigenen Vorstellungen anpassen, sodass doch immer mal

wieder ein Modellieren von Hand nötig sein wird. Ein großer Vorteil der 3D-Modellierung mit *AutoCAD Architecture* ist sicherlich die intelligente Beziehung zwischen den verschiedenen 3D-Elementen. Wenn also z.B. Fenstermaße geändert werden, passt sich die betroffene Wand automatisch an. Diesen Luxus können natürlich weder die Blöcke in *Autodesk AutoCAD* noch die Instanzen in Autodesk 3ds Max bieten!

3D-Modellierungstechniken

Das Erzeugen von komplexen 3D-Volumenkörpern geschieht in der Regel durch Vereinigung, Differenz und Verschneiden von 3D-Objekten (Boolesche Operationen). Hierzu gibt es mehrere grundlegende Techniken, die im Folgenden näher erläutert werden.

- **Box-Modeling:** Hier beginnen Sie mit einem einfachen 3D-Grundkörper, z.B. einer Box. Diese wird so lange unterteilt und transformiert, bis das gewünschte Objekt entsteht. Im Prinzip ähnelt die Vorgehensweise der eines Bildhauers, der mit einem einfachen Steinblock beginnt und diesen immer weiter bearbeitet und verfeinert, bis die Skulptur fertig ist.

Abbildung 2.10
Aus dem Grundkörper einer Box ist durch Schneiden und Verschiebung von Polygonen ein Gebäude entstanden

- **Poly-by-Poly-Modeling:** Hierbei entsteht der 3D-Volumenkörper durch eine Fläche, die schrittweise erweitert wird. Im Gegensatz zum Box-Modeling, wo vorhandene Polygone verändert werden, wird hier jedes einzelne Polygon von Hand erstellt, bis sich die gewünschte Form zusammengesetzt hat. Die Methode ist relativ aufwendig, aber gerade für organische Formen (z.B. geschwungene Fassaden oder Dächer) gut geeignet, sofern man passende Vorlagen (Grundriss und Ansichten) hat.

- **Poly-Extrusion:** Bei dieser Technik werden die 3D-Volumenkörper direkt aus 2D-Konturen durch Parallelverschiebung der Flächeneckpunkte im Raum erstellt. Der Verschiebungsvektor definiert die Länge der Verschiebung. In der Architektur-Visualisierung kann man sich das einfach so vorstellen, dass eine Wand im Grundriss mit der Wandhöhe extrudiert wird und dann als 3D-Wand im Raum steht. Die Wand muss als geschlossene Polylinie (Polygon) gezeichnet sein, damit eine Extrusion möglich ist.

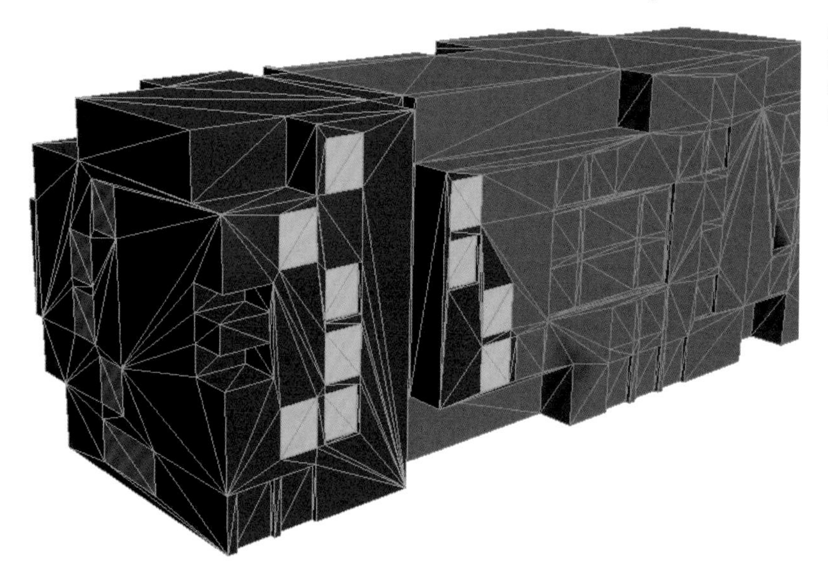

Abbildung 2.11
Polygon für Polygon entsteht das neue Gebäude

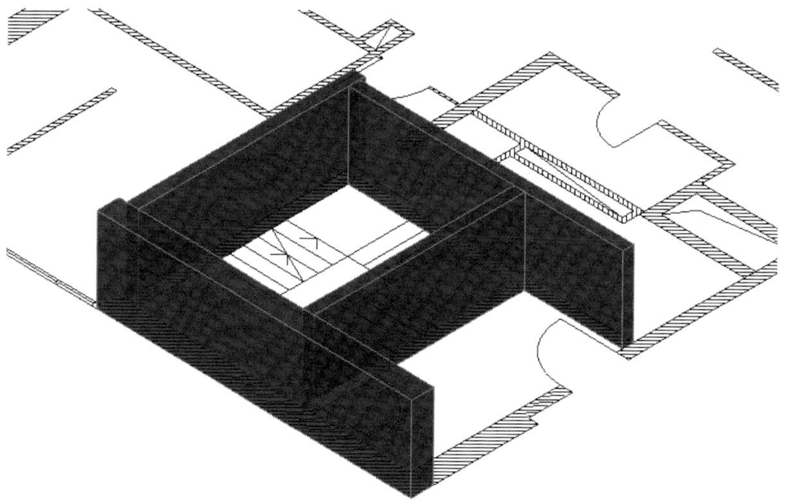

Abbildung 2.12
Extrudierte Wände auf einem Grundrissplan

Verfahren zur Architektur-Visualisierung

Im Bereich der Architektur-Visualisierung arbeitet man hauptsächlich mit dem *Extrudieren* von 2D-Flächen. Die beiden anderen 3D-Modellierungstechniken, *Box-Modeling* und *Poly-by-Poly-Modeling*, sind nur bedingt zu empfehlen, da diese Techniken hauptsächlich auf geschlossene Außenkörper abzielen und für Objekte, die ein komplexes Innenleben besitzen, schwierig anwendbar sind. Da jedes Gebäude jedoch anders ist, gibt es nicht das »richtige« Verfahren für die Visualisierung, sondern meist müssen mehrere Methoden parallel angewendet werden.

Im Folgenden werden drei gängige Vorgehensweisen zur architektonischen 3D-Modellierung erläutert. Diese beziehen sich allerdings auf die Erstellung des Gebäudegrundgerüsts. Es wird immer wieder vorkommen, dass Sie einzelne Gebäudedetails wie z.B. Treppengeländer, Armaturen etc. nachträglich auf ganz unterschiedliche Weise ergänzen werden.

Hinweis

Alle drei Verfahren können sowohl in einem CAD-Programm (z.B. *Autodesk AutoCAD*) als auch in einer 3D-Software (Autodesk 3ds Max) verwendet werden. Sofern Sie die Möglichkeit haben, sollten Sie für die Modellierung jedoch lieber auf *Autodesk AutoCAD* zurückgreifen, da insbesondere die Befehle für boolesche Operationen (Vereinigung, Differenz, Verschneiden usw.) akkurater und fehlerfreier arbeiten. Sollten Sie in 3ds Max arbeiten, verwenden Sie unbedingt das neue Werkzeug PROBOOLEAN im Menü ERSTELLEN > ZUSAMMENGESETZTE OBJEKTE > PROBOOLEAN, um Volumenkörper miteinander zu verschneiden, nicht das Standardwerkzeug BOOLESCH aus demselben Menü. PROBOOLEAN arbeitet akkurater und fehlerfreier!

Grundrissbasierte Modellierung

Diese Modellierungstechnik ist sehr gut geeignet, wenn Sie das Gebäude sowohl von innen als auch von außen visualisieren möchten. Das Verfahren funktioniert wie folgt: Sie modellieren alle Etagen des Gebäudes einzeln und setzen diese dann anschließend zusammen. Wenn Sie lediglich eine Außenvisualisierung benötigen, können Sie auch nur die äußeren Wände inklusive Türen und Fenstern modellieren und schichtweise zusammensetzen.

Für die Erstellung der einzelnen Etagen haben sich zwei Vorgehensweisen bewährt, die im Folgenden kurz erläutert werden.

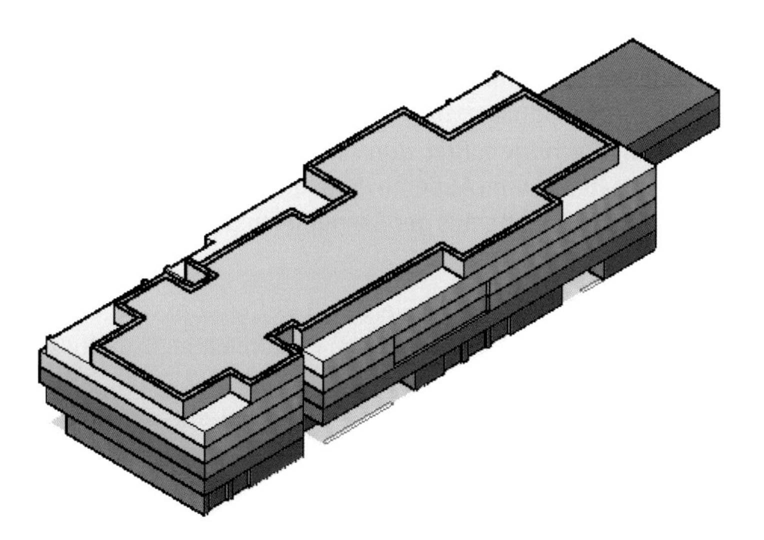

Abbildung 2.13
Geschichtete Etagen, Basismodell

Methode 1:

Sie können die Etage so aufbauen, dass Sie zunächst die äußere Außenwandlinie in eine geschlossene Polylinie (Polygon) umwandeln (gegebenenfalls auf separater Ebene nachzeichnen). Dasselbe machen Sie mit der inneren Außenwandlinie sowie allen Innenwänden. Bei den Innenwänden zeichnen Sie für jeden geschlossenen Raum ein neues Polygon (eine neue Polylinie). Türen und Fenster werden überzeichnet, da sie später separat ausgeschnitten werden. Dann extrudieren Sie das Außenwand-Polygon und die Innenwand-Polygone entsprechend der Raumhöhen, die Sie in den Schnitten oder Ansichten ablesen können.

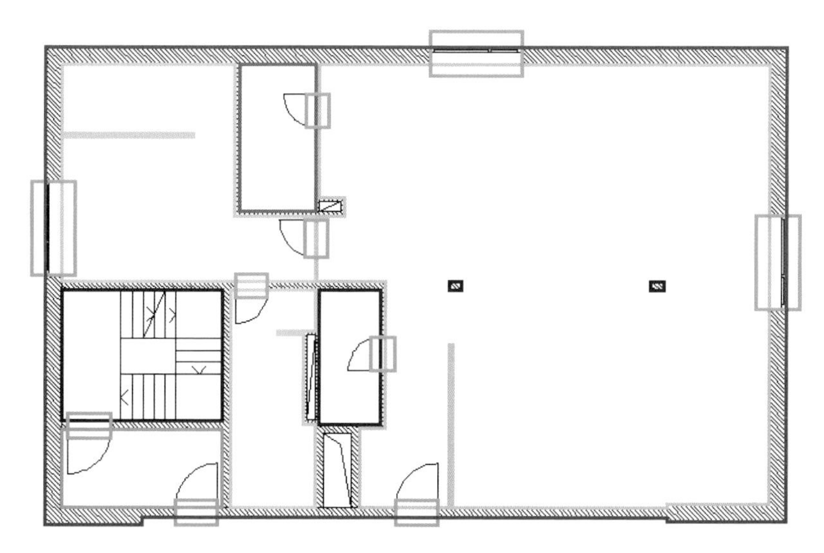

Abbildung 2.14
Die äußere Außenwandlinie ist rot dargestellt, die innere Außenwandlinie sowie die Innenwandlinien in Blautönen; die Fensterobjekte sind grün dargestellt

Das Innenwand-3D-Objekt ist bedingt durch die echten Stärken der Böden und Decken natürlich etwas niedriger als das Außenwand-3D-Objekt (siehe Abbildung 2.15). Nun verschieben Sie das Innenwand-3D-Objekt in der Höhe mittig zum Außenwand-3D-Objekt und subtrahieren das Innere vom Äußeren. So entsteht eine komplette Etage (inkl. Decke und Boden), aus der Sie nur noch die Fenster und Innentüren ausschneiden müssen.

Die Fenster und Türen können Sie als 3D-Körper (Box oder extrudiertes Rechteck) an den entsprechenden Positionen im Grundriss platzieren. Die Extrusionshöhe lesen Sie aus den Ansichten. Anschließend verschieben Sie die Boxen in der Höhe entsprechend ihrer Brüstungshöhe, die Sie ebenfalls den Ansichten entnehmen können. Alternativ ist die Brüstungshöhe auch in den Grundrissen neben dem entsprechenden Fenster zu finden (BRH). Die Türhöhen können Sie in den Schnitten ablesen. Üblicherweise sind die Türhöhen innerhalb der Etage gleich, andernfalls sind die Höhen auch in den Grundrissen gekennzeichnet. Wenn Sie die Fenster und Türen positioniert haben, können Sie diese vom Etagen-3D-Objekt subtrahieren. Da beim Verschneiden leicht Polygonfehler auftreten können, empfiehlt es sich, die zu subtrahierenden Fenster-/Türobjekte in der Tiefe etwas größer zu modellieren, als sie eigentlich sind (vgl. Abbildung 2.14).

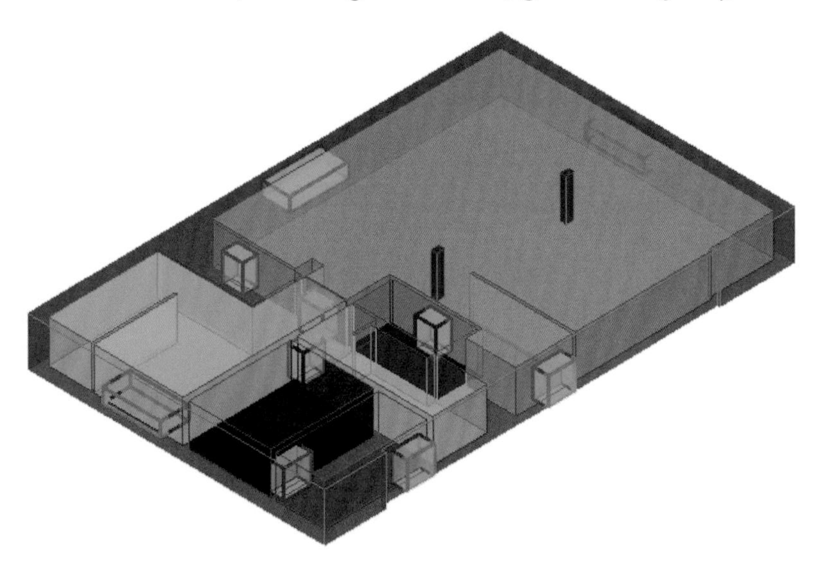

Abbildung 2.15
Die extrudierten Innenwand-3D-Objekte (Blautöne) liegen innerhalb des Außenwand-3D-Objekts (Rot); die Fenster- und Türobjekte, welche subtrahiert werden sollen, sind in Grün dargestellt

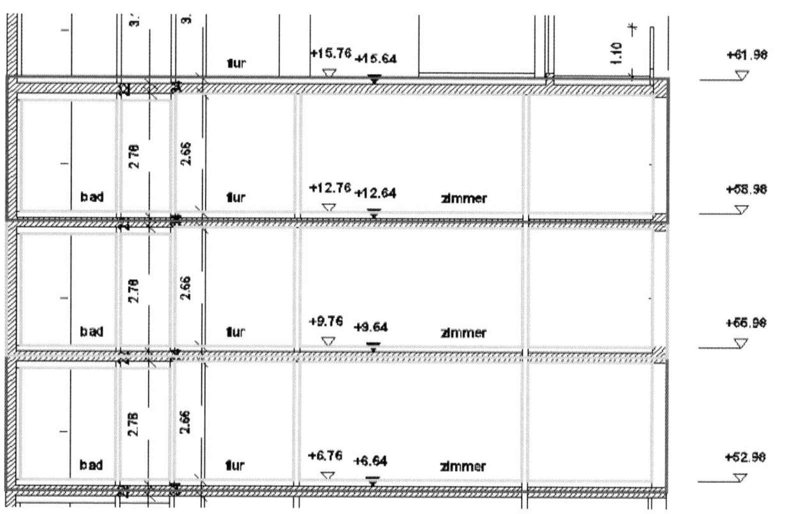

Abbildung 2.16
Die Außenwandobjekte (Rottöne) sind etwas höher als die Innenwandobjekte (Blau) und liegen hier mittig in der Betondecke; bei diesem Gebäude muss die Etage nur einmal modelliert werden und kann dann kopiert werden, da in diesem Fall drei Etagen exakt identisch sind

Anschließend können Sie noch die Bodenfläche(n) und die Deckenfläche(n) selektieren und als eigenständige Objekte auf eigenen Layer ablegen.

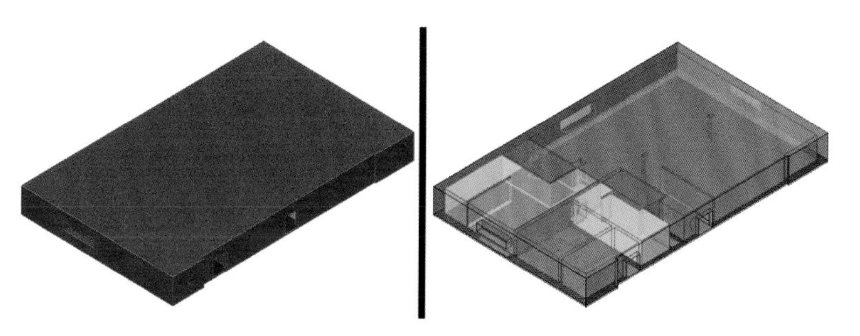

Abbildung 2.17
Links: die fertige 3D-Etage

Rechts: transparent gerendert

Die »Deckel«- und Bodenfläche des Außenwand-Objekts (rot) können Sie löschen

Methode 2:

Bei der alternativen Vorgehensweise extrudieren Sie erst die Wände (die Raumhöhe entnehmen Sie dem Schnitt) und modellieren dann noch Decken und Böden zusätzlich. Hierbei müssen Sie nur darauf achten, dass Sie die Scheitelpunkte der Außenwände vor dem Zusammensetzen der Etagen noch in der Höhe verschieben. Denn sonst liegen jeweils die Decke der einen Etage und der Boden der darüberliegenden Etage genau übereinander, was zu Darstellungsfehlern (Z-Fighting) führt. Die exakte Höhe können Sie in den Schnitten/Ansichten ablesen.

Für die Modellierung der Wände haben Sie zwei Möglichkeiten: Entweder Sie wandeln alle Wand-Grundrisslinien im AutoCAD-Plan in geschlossene Polylinien um oder Sie zeichnen die Linien als geschlossene Polylinien auf einem separaten Layer nach und extrudieren dann. Meist ist dies die schnellere Methode. Anschließend extrudieren Sie die Wände und schneiden die Fenster und Türen, wie oben bereits beschrieben, einfach aus. Zuletzt modellieren Sie die Decken- und die Bodenfläche, verschieben die Kanten der Innenwände in der Höhe (wie oben bereits geschildert) und setzen die Etagen zusammen. Falls das Gebäude auskragende Bauteile besitzt, ist ein Nacharbeiten (Boden) unumgänglich. Bei einfachen Gebäudeblöcken (z.B. Hochhäusern) können die Etagen jedoch ohne Schwierigkeiten übereinandergestapelt werden.

Ansichtbasierte Modellierung

Diese Vorgehensweise eignet sich sehr gut für blockartige Gebäude, wie sie heute in der modernen Stahl-Glas-Architektur häufig zu finden sind. Aber auch einfache Einfamilienhäuser können so leicht visualisiert werden. Gerade wenn Sie nur eine Ansicht des Gebäudes visualisieren wollen, führt diese Arbeitsweise schnell und einfach zu einem guten Ergebnis. Es ist auch eine sehr einsteigerfreundliche Technik, da Sie hauptsächlich in der Draufsicht oder Ansicht arbeiten können.

Abbildung 2.18
Das 3D-Modell mit aufgeprägten Linien

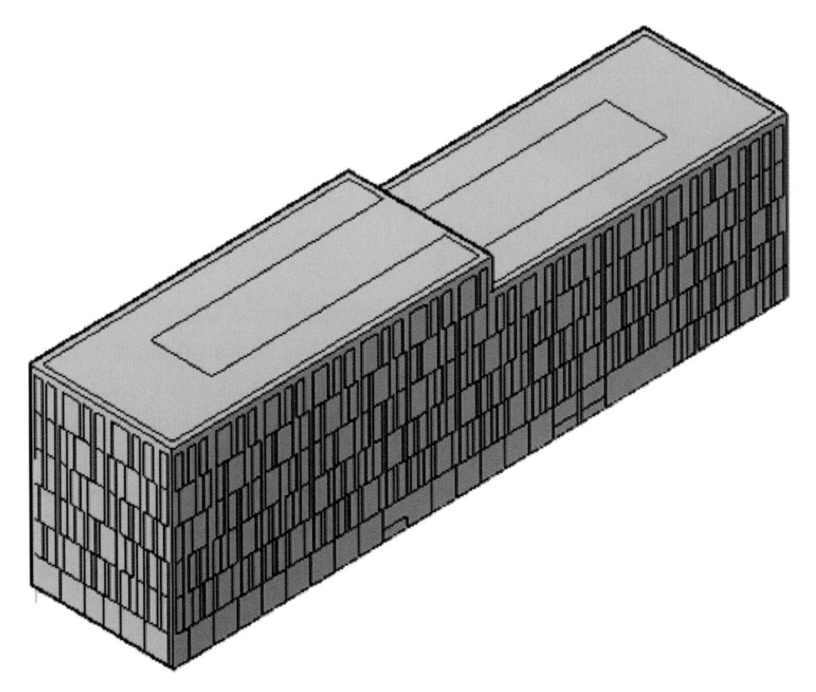

Bei dieser Modellierungsart liegt der Schwerpunkt allerdings auf der reinen Außenvisualisierung, die Innenräume können Sie bei Bedarf nachträglich grundrissbasiert einfügen. Sie modellieren alle Ansichten des Gebäudes einzeln und setzen diese dann anschließend zusammen. Für diese Technik benötigen Sie folglich alle Ansichten des Gebäudes inklusive der Dachaufsicht. Die Grundrisse sind nur relevant, wenn Sie das Gebäude nachträglich auch von innen visualisieren möchten.

Dieses Gebäude wurde in Autodesk AutoCAD modelliert. Hierbei wurden die Fenster einfach mit dem Befehl AUFPRÄGEN auf die Fassade (Polygonfläche) aufgedruckt und anschließend nach innen verschoben (seit Autodesk AutoCAD 2007 gibt es hierfür das komfortable Werkzeug KLICKZIEHEN). Beim Export zu Autodesk 3ds Max bleiben diese neuen Flächen erhalten und können dort einfach selektiert und texturiert werden. In diesem Fall bestehen die Fenster nur aus zwei Polygonen, d.h., die Fensterrahmen sind nicht extra modelliert, sondern werden über die Textur des Fensters dargestellt. Alternativ könnten die Flächen auch selektiert und ausgeschnitten werden und modulare 3D-Fenster mit Rahmen könnten eingesetzt werden.

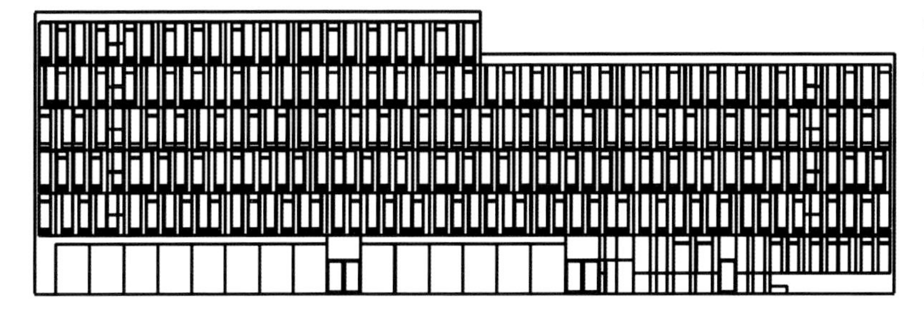

Abbildung 2.19
Ansichtsplan des Gebäudes

Kombinierte Modellierung

Diese Methode ist eine Kombination aus den beiden vorhergehenden Techniken. Das bedeutet, dass Sie diesmal direkt im dreidimensionalen Raum konstruieren, da Sie mit den im Raum angeordneten Grundrissen und Ansichten gleichzeitig arbeiten.

Die Methode bietet zwar optimale Kontrolle bei der Modellierung, da die Originaldaten direkt unter den neu konstruierten 3D-Daten liegen, allerdings können die vielen Linien auch sehr verwirrend sein. Achten Sie deshalb darauf, die einzelnen Grundrisse und Ansichten jeweils in eigenen Layern abzuspeichern, um diese bei Bedarf ausblenden zu können.

Bei sehr komplexen Gebäuden kann es zudem notwendig sein, zusätzlich noch die Schnitte an der entsprechenden Position im Raum zu platzieren. Die kombinierte Modellierung wird anhand eines Praxisbeispiels noch näher erläutert (siehe Abschnitt »3D-Konstruktionen in CAAD: Praxisbeispiel « auf Seite 83).

Welche der drei vorgestellten Modellierungsarten für Ihr Gebäude die richtige ist, hängt von verschiedenen Faktoren ab, unter anderem auch von Ihren Vorlieben bzw. Fertigkeiten in der jeweiligen Software. Ein entscheidender Faktor ist sicherlich auch die Komplexität des Gebäudes. Einen kubusartigen Bürokomplex kann man leicht ansichtbasiert modellieren, während man für einen organischen Museumsbau vermutlich eher die kombinierte Methode anwendet.

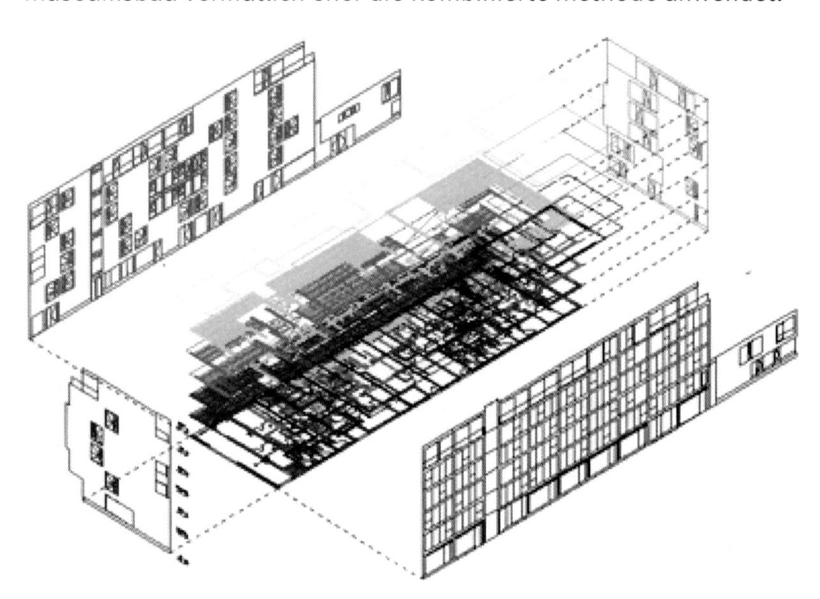

Abbildung 2.20
Grundrisse und Ansichten im Raum platziert

Tipps & Tricks

- **Modulares Modellieren:** Gebäude sind allein schon aus Kostengründen grundsätzlich modular aufgebaut. Kein Bauherr möchte unnötige Mehrkosten haben, weil z.B. jedes Fenster seines Gebäudes andere Maße hat. Auch ästhetische Aspekte spielen hierbei eine Rolle. Eine geordnete Fassade wirkt auf den Betrachter einfach ansprechender. Typische wiederholende Elemente sind Fenster, Türen, Balkone, Balkongeländer und Brüstungen, Fassadenverkleidungen, Fallrohre, Kamine und Schornsteine. Dasselbe gilt natürlich auch für die Innenräume, auch dort finden sich gleiche Elemente (z.B. Türen oder Badkeramik). Manchmal sind sogar komplette Etagen identisch und müssen nur ein einziges Mal modelliert werden (Hochhäuser, Bürotürme, vgl. auch Abbildung 2.16)!

- **Sauberes Modellieren:** Auch wenn es sich nach viel Arbeit anhört, sauberes Modellieren lohnt sich immer. Achten Sie schon während des Modellierens darauf, dass Sie orthogonale Kanten verwenden und aufeinanderliegende verschmolzene Scheitelpunkte. Unter Zeitdruck baut man schnell mal ein paar Kanten freihand, aber ein sauber modelliertes Objekt erleichtert die spätere Texturierungsarbeit ungemein und spart die Zeit dort wieder ein. Auch in Bezug auf das modulare Modellieren ist sauberes Arbeiten ganz wichtig, denn andernfalls passen Ihre Module nicht einwandfrei zusammen. Wenn Sie später noch einmal jedes Fenster kontrollieren und anpassen müssen, weil Sie unsauber gearbeitet haben, ist das erheblicher Mehraufwand, der leicht hätte vermieden werden können.
- **Texturbezogenes Modellieren:** Machen Sie sich bereits vor der Modellierung Gedanken darüber, wie Sie Ihr Modell texturieren möchten. Dementsprechend sollten Sie auch die polygonale Unterteilung des Gebäudes anpassen. So kann z.B. eine Fassade unter Umständen auch sehr großflächig unterteilt werden, wenn sich die Fassadenelemente wiederholen.
- **Reduzierte Innenräume:** Wenn Sie eine realistische Visualisierung planen, werden Sie bei Gebäuden vermutlich oftmals Innenräume modellieren müssen, auch wenn diese gar nicht betretbar sein sollen. Gerade bei Glasarchitektur können Sie das Innere nämlich nicht mehr realistisch über eine Textur vortäuschen. Doch hier kann es dann Sinn machen, die Innenräume sehr schematisch darzustellen, sich also vom echten Grundriss zu lösen und diesen sehr vereinfacht zu modellieren, da ja nur der Eindruck eines vorhandenen Innenraumes erweckt werden soll. Eventuell lässt sich auch dasselbe Innenmodell für alle Etagen verwenden.

3D-Konstruktionen in CAAD: Praxisbeispiel

Am Beispiel eines komplexen Wohngebäudes soll nun die kombinierte Modellierung erläutert werden. Für die kombinierte Modellierung benötigen Sie alle Grundrisse und Ansichten des gewählten Gebäudes.

Vorbereitung

Importieren Sie zunächst alle relevanten Layer der einzelnen Grundrisse und Ansichten in eine einzige Datei. Um von vornherein Programmabstürze durch defekte Dateien zu vermeiden, empfiehlt es sich, hierfür wirklich eine komplett neue Datei anzulegen und nicht etwa eine vorhandene Datei zu nutzen. Die Layer sollten als Block eingefügt werden, damit Sie alle Layer eines Grundrisses/einer Ansicht sofort auf einmal auswählen können, um diese z.B. zu verschieben oder zu drehen. So behalten Sie trotzdem weiterhin die Möglichkeit, einzelne Layer gezielt ein- und ausblenden zu können.

In dieser neuen Datei können bei Bedarf die Layer sinnvoll umbenannt werden, denn in Architektenplänen ist meist eine Nomenklatur vorgegeben, die für Außenstehende nicht immer offensichtlich ist. Für die zu erstellenden 3D-Objekte sollten Sie neue Layer erstellen. Achten Sie darauf, diese sinnvoll zu benennen, um sich auch später noch gut in der Datei zurechtzufinden. Dies ist besonders wichtig, wenn außer Ihnen noch andere mit der Datei arbeiten sollen. Da sich in Ihrer Datei vermutlich schon sehr viele Layer der Grundrisse und Ansichten befinden, sollten Ihre neuen 3D-Objekte-Layer am besten mit »_00_« in der Benennung beginnen, damit Sie einen schnelleren Zugriff ganz oben in der Layerliste darauf haben, wenn alle Layer alphabetischen zusammenhängend sortiert sind.

Wenn Sie die neuen Layer für die 3D-Objekte anlegen, unterteilen Sie diese in Bezug auf Texturunterschiede. Objekte mit verschiedenen Texturen (z.B. Außenwände, Innenwände, Fenster, Türen) sollten auch auf verschiedenen Layern liegen, da später beim Export zu Autodesk 3ds Max Objekte desselben Layers zu einem 3D-Netz/3D-Objekt zusammengefasst werden.

Setzen Sie nun die einzelnen Grundrisse und Ansichten gemäß den Planangaben zusammen. Die Grundrisse werden in den entsprechenden Höhenabständen (Raumhöhen) exakt übereinander geschoben und die Ansichten gemäß ihrer Ausrichtung (Nord, Ost, Süd, West) an der entsprechenden Seite am Grundriss bündig positioniert. Dafür müssen Sie die Ansichten natürlich im 3D-Raum um 90° aufstellen und dann jeweils so drehen und verschieben, bis sie sich genau an der richtigen Stelle vom Grundriss befinden. Sie können die Ansichten auch der besseren Übersicht wegen etwas vom Grundriss abrücken (siehe auch Abbildung 2.20).

Prüfen Sie in der Aufsicht, ob alle Grundrisslinien wirklich exakt übereinanderliegen. Gerade wenn Sie etagenweise modellieren wollen, ist es wichtig, dass die Etagen hinterher auch wirklich genau aufeinanderpassen. Dasselbe gilt auch für die Ansichten, überprüfen Sie auch hier, dass die gegenüberliegenden Ansichten (Süd-Nord, Ost-West) bei den entsprechenden Gebäudekanten wirklich deckungsgleich sind. Sollten Abweichungen vorhanden sein, korrigieren Sie grob nach.

Modellierung

Nun können Sie aufbauend auf den 2D-Linien im Raum die Wände konstruieren. Hierfür können Sie nach allen beschriebenen Vorgehensweisen arbeiten (vgl. Abschnitt »3D-Modellierungstechniken« auf Seite 74). Möglich ist nun auch die Poly-by-Poly-Methode, da Sie jetzt zwischen die Linien nur noch Flächen zeichnen müssten. Allerdings ist diese flächenbasierte Methode in einem CAD-Programm nicht immer möglich. Dann können Sie auch einfach grundrissbasiert und ansichtbasiert modellieren (vgl. Abschnitt »Verfahren zur Architektur-Visualisierung« auf Seite 76).

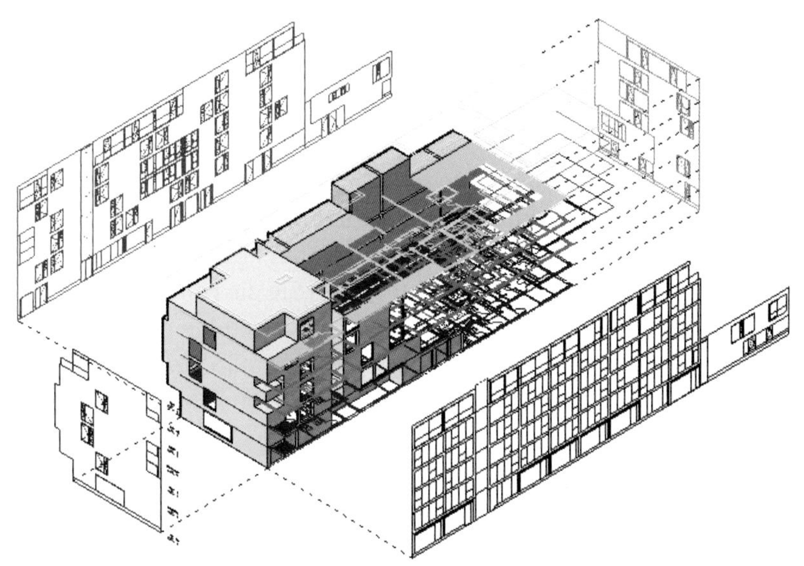

Abbildung 2.21
Nach und nach entsteht zwischen den Linien das 3D-Gebäude (Poly-by-Poly-Modeling)

Für die Innenmodellierung gehen Sie möglichst etagenweise vor. Zur besseren Übersicht sollten Sie einzelne Etagen auch auf separaten Layern ablegen (z.B. 00_Innenwände_03 für Innenwände der dritten Etage), damit Sie diese jederzeit ausblenden können. Wenn Sie sich für eine grundrissbasierte Modellierung entscheiden, können Sie die

Fassade einfach auf Ihr Schichtmodell aufprägen (Werkzeug AUFPRÄGEN). Alternativ könnten Sie auch die Fassadenflächen ansichtbasiert ergänzen, indem Sie die einzelnen Ansichten mit einer geschlossenen Polylinie nachzeichnen und diese Flächen dann einfach an der entsprechenden Stelle des Gebäudes platzieren. Achten Sie auf Versprünge in Ihrem Gebäude! Diese können Sie in den Ansichten nicht immer erkennen, hierfür müssen Sie unbedingt die Grundrisse mit den Schnitten abgleichen. Sie können die entsprechenden Stellen auch in den Ansichten markieren, damit Sie wissen, dass die Fassade dort nicht plan ist. Wenn Sie die Ansichten auf Ihr Schichtmodell aufprägen, können Sie die Gebäudeversprünge später herausmodellieren, indem Sie die entsprechenden Polygone nach innen bzw. nach außen verschieben.

In diesem Beispiel besitzt das Gebäude sehr große Fensterflächen. Diese haben hier jedoch keine modellierten Fensterrahmen. Wenn Sie die Fensterrahmen als 3D-Objekt benötigen, haben Sie bei der Erstellung mehrere Möglichkeiten: Sie können vorgefertigte Fensterobjekte benutzen (Autodesk AutoCAD Architecture und Autodesk 3ds Max verfügen über eine 3D-Objekte-Bibliothek). Diese besitzen allerdings meist sehr viele Polygone, sodass Sie sie je nach Zweck der Visualisierung (z.B. Echtzeit) noch reduzieren und anpassen müssen. Oder Sie modellieren eigene Fenster. Bei einer reinen Außenvisualisierung können Sie gut mit dem Werkzeug AUFPRÄGEN arbeiten. Prägen Sie die Fensterglasfläche und den Rahmen auf Ihre modellierte Außenwand auf. Selektieren und verschieben Sie anschließend beide Flächen entsprechend der Position des Fensters nach innen in die Wand. Dann verschieben Sie die Fensterglasfläche um die Breite des Rahmens nach innen. Kopieren Sie anschließend Ihr neues Fenstermodul an weitere Fenster gemäß der Ansicht. Mit derselben Methode können Sie natürlich auch die Türen erstellen.

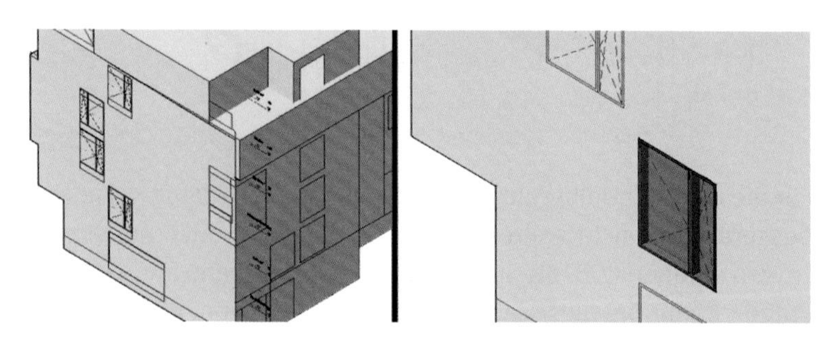

Abbildung 2.22
Links das Basismodell mit der platzierten Ansicht, rechts das neu erstellte Fenster

Für eine Innen- und Außenvisualisierung können Sie ebenfalls mit oben beschriebener Methode arbeiten. Dann müssen Sie das Fenster allerdings noch nach innen spiegeln bzw. von innen an die Innenwand anpassen.

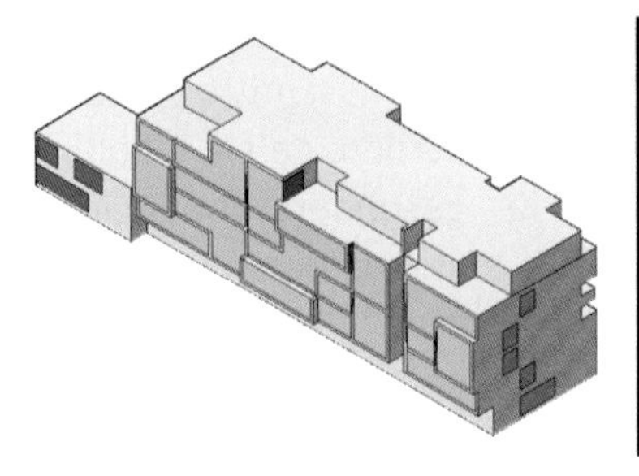

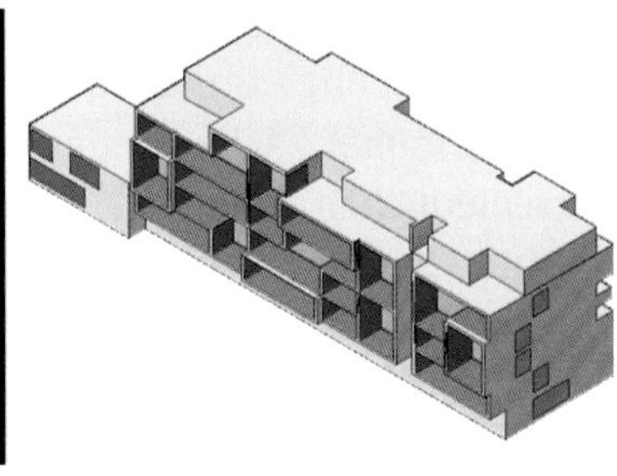

Abbildung 2.23
Das fertige Gebäude innen und außen

Export

Aufgrund von möglichen Fehleranfälligkeiten beim Import/Export zwischen Autodesk AutoCAD und Autodesk 3ds Max empfiehlt es sich, wirklich nur die reine 3D-Geometrie zu exportieren, d.h. im selben Vorgang keine 2D-Daten mit zu exportieren. Werden noch 2D-Daten für eine weitere Modellierung in Autodesk 3ds Max benötigt, können diese nachträglich in die 3D-Dateien in Autodesk 3ds Max importiert werden. Da XREFS und BLÖCKE in ihrer ursprünglichen Funktion in Autodesk 3ds Max nicht erhalten bleiben, sollten diese vor dem Export aufgelöst werden, um Exportfehler zu vermeiden. Mehr Information finden Sie im Abschnitt »Datenaustausch« auf Seite 60.

2.4 Inszenierung/ Bildkomposition

Nachdem die ersten drei Produktionsschritte »Produktionsplan«, »Ressourcensammlung« und »Modellierung« durchgeführt worden sind und alle Ressourcen für die 3D-Visualisierung nun vorliegen, kann damit begonnen werden, alle Objekte nach Vorgaben des erstellten Produktionsplans zu inszenieren, um eine gelungene Bildkomposition entstehen zu lassen.

In erster Linie geht es beim Produktionsschritt »Inszenierung« darum, alle wesentlichen 3D-Bildelemente in geeigneter Detailstufe innerhalb einer Gesamtszene anzuordnen und die einzelnen 3D-

Objekte dabei spannend miteinander in Beziehung zu setzen. All dies mit dem Ziel, die gewünschte positive Wirkung beim späteren Betrachter zu erzielen.

Der Produktionsschritt »Inszenierung« dient den noch folgenden Produktionsschritten »Beleuchtung«, »Materialvergabe« und »Rendering« als wichtige Grundlage. Diese Produktionsschritte sollten in jedem Fall immer nacheinander erarbeitet werden, da sie inhaltlich unterschiedlichen Zwecken dienen, die gesondert voneinander betrachtet und bewertet werden müssen. Während der *Inszenierung* definieren Sie die grundlegenden Eigenschaften Ihrer 3D-Visualisierung wie Bildformat, Kameraposition und Perspektivstärke, Objekttypen und Objektanordnung. Sie komponieren Ihr Bild mit dem Ziel, die Aufmerksamkeit des Betrachters auf bestimmte wichtige architektonische Bildinhalte zu lenken. Erst wenn Sie die reine Inszenierung, also die räumliche Anordnung der Objekte in Abhängigkeit von der Betrachterposition, abgeschlossen haben, sollten Sie damit beginnen, durch den zusätzlichen Einsatz einer geeigneten Beleuchtungssituation und geeigneter Materialien die gewünschte Bildwirkung zu unterstreichen.

Beginnen Sie mit einer leeren Grundszene in Ihrer Produktionsumgebung 3ds Max, die Sie nach den Vorgaben in Kapitel 3 »Richtige Vorkonfiguration der 3D-Software 3ds Max für optimale Renderergebnisse« optimal vorbereitet haben.

Bildformat

Die erste wichtige Kompositionsentscheidung, die Sie treffen müssen, ist die Festlegung auf ein geeignetes Bildformat. Für architektonische 3D-Visualisierung haben Sie die Wahl zwischen den folgenden vier Grundformaten, die in ihren jeweiligen Seitenverhältnissen variieren können:

- Querformat
- Hochformat
- Panoramaformat
- Quadratformat

Entscheidend für die Wahl des richtigen Formats für Ihre 3D-Visualisierung können zwei Faktoren sein. Zum einen haben Sie die Möglichkeit, durch den Einsatz des richtigen Bildformats die architektonischen Inhalte besser zur Geltung kommen zu lassen und deren Wirkung zu unterstreichen, beispielsweise für die Präsentation eines gewerblichen Hochhausgebäudes, das wie geschaffen ist für das Hochformat und auch nur dort optimal zur Geltung kommt. Zum anderen sollten Sie sich, sofern in diesem Stadium möglich, mit dem zuständigen Ansprechpartner für die Gestaltung der Vermarktungsbroschüren/-website absprechen (z.B. Print- oder Web-Agentur). Gegebenenfalls kann auf die dort geplanten Formate Rücksicht genommen werden, da die fertige 3D-Visualisierung später für die erfolgreiche Vermarktung in genau diesen Medien eingebunden wird. Ein Absprechen mit dem Ansprechpartner für die Gestaltung der Vermarktungsbroschüren/-website sollte jedoch nur stattfinden, wenn die architektonischen Inhalte sich sowohl im Hoch- als auch im Querformat ansprechend *inszenieren* lassen. Nehmen Sie keine Rücksicht auf die Gestaltung und das Layout der Vermarktungsbroschüren, wenn dadurch die architektonische Betonung negativ beeinflusst wird. In diesem Fall ist es sinnvoller das Design/Layout der Broschüre entsprechend anzupassen. Sehen Sie die Design-Vorgaben als wünschenswert, aber nicht als zwingend an.

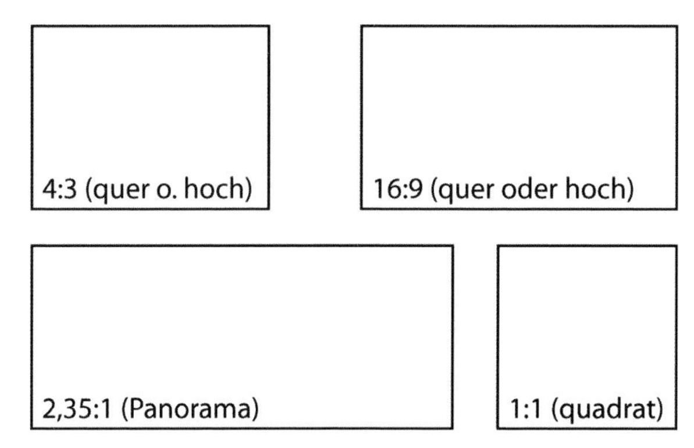

Abbildung 2.24
Diverse Bildformate mit unterschiedlichen Seitenverhältnissen

Mit der leeren Grundszene als Basis können Sie sich nun schrittweise die gewünschte Bildkomposition erarbeiten, die Sie idealerweise im Vorhinein im Rahmen des Produktionsplans vorskizziert haben. Definieren Sie mit den entsprechenden Mitteln Ihrer Produktionssoftware 3ds Max das gewählte Bildformat. Das Bildformat wird durch die Einstellungen im Renderer bestimmt (Menü RENDERN > RENDERN > Registerkarte ALLGEMEIN > Bereich AUSGABEGRÖSSE). Das Format wird in diesem Fall durch die entsprechende Eingabe von Höhe und Breite für das Ausgabebild vorgegeben.

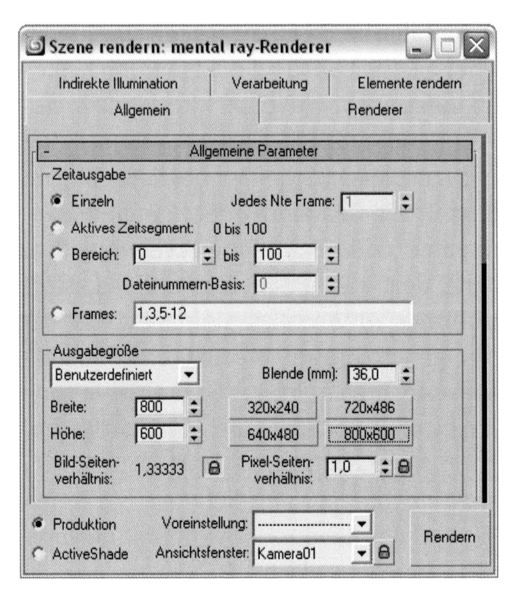

Abbildung 2.25
Dialogfenster für das Definieren des Ausgabeformats

Tipp

Mit dem Werkzeug DRUCKGRÖSSEN-ASSISTENT können Sie genormte Bildgrößen für die finale Bildberechnung der fertigen Druckversion Ihrer 3D-Visualisierung automatisch definieren lassen. Sie haben dort die Möglichkeit, Norm-Papiergrößen von DIN A4 bis DIN A0 jeweils im Hoch- oder Querformat in unterschiedlichen Auflösungsstärken (72 bis 600 dpi) auszuwählen.

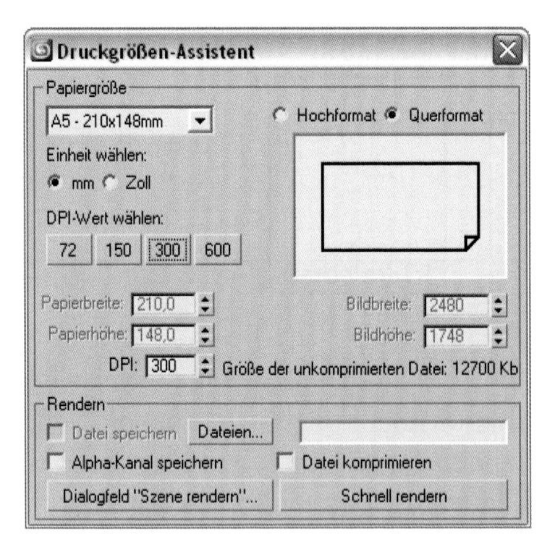

Abbildung 2.26
Dialogfeld DRUCKGRÖSSEN-ASSISTENT

Kamerastandpunkt

Bei der Inszenierung architektonischer Inhalte ist eine der wichtigsten Entscheidungen, die getroffen werden müssen, sicherlich die optimale Platzierung der Immobilie im Bild. Wie die Immobilie im Bild präsentiert wird, entscheidet der Kamerastandpunkt. Den späteren Betrachter durch eine unüberlegte Kamerapositionierung einfach in den Raum sehen zu lassen, führt sicher nicht zu den besten Ergebnissen. Machen Sie sich intensiv Gedanken darüber, welche architektonischen Perspektiven Sie am ansprechendsten finden. Experimentieren Sie mit Kameraposition und Kameraperspektive. Beratschlagen Sie sich falls möglich mit dem zuständigen Architekten oder anderen Projektbeteiligten und versuchen Sie anschließend allein oder gemeinsam im Team die folgenden Fragen zu beantworten.

Außenvisualisierungen

- Welche Fassade stellt die »Schokoladenseite« der Architektur dar?
- Welche Intention verfolgt der Architekt?
- Wo liegen die charakteristischen Merkmale der Architektur und wie können diese betont werden?
- Ist es vorteilhaft, die Immobilie lediglich angeschnitten darzustellen?
- etc.

Abbildung 2.27
Prominente Positionierung mit etwas Umgebung

Abbildung 2.28
Ungewöhnliche, aber markante Positionierung der Immobilie

Abbildung 2.29
Zentrale Positionierung der Immobilie

Innenvisualisierungen

- Welche sind die interessantesten Räume (meist nach Nutzung kategorisiert, wie Arbeiten, Wohnen, Essen, Schlafen etc.)?
- Von welchem Standpunkt aus lässt sich am meisten Raum wahrnehmen?
- Wie kann der Tageslicht-Einfall am ehesten verdeutlicht werden bzw. wo liegen die Raumöffnungen (Fenster, Eingänge etc.)?
- Wie viel soll vom Raum zu sehen sein? Ist es vorteilhaft, Räume anzuschneiden?
- Wie viel Raumtiefe (Perspektive, Objektverjüngung) soll erzeugt werden?
- etc.

Sobald Sie mithilfe der Überlegungen oder Gespräche entschieden haben, wo die architektonischen Schwerpunkte liegen, die präsentiert werden sollen, können Sie die rudimentäre Architektur in Ihre Grundszene laden und eine erste Kamera entsprechend positionieren und einstellen. Der folgende Schritt ist die genaue bildliche Justierung der architektonischen Bereiche, auf die die Aufmerksamkeit des späteren Betrachters gelenkt werden soll. An welcher Stelle genau wird der architektonische Schwerpunkt (z.B. die bodentiefen Fenster oder die auskragende Pfosten-Riegel-Glasfassade einer Immobilie) im Bild platziert, um ihn prominent zu platzieren?

Abbildung 2.30 Ausgewogene Inszenierung

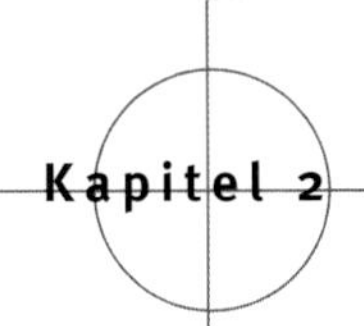

Abbildung 2.31
Inszenierung mit zu viel Raumtiefe

Abbildung 2.32
Inszenierung unausgewogen, etwas zu rechtslastig

Um diese Aufgabe optimal bewältigen zu können, sind Kenntnisse aus der klassischen Fotografie hilfreich. Im Laufe der technischen und künstlerischen Entwicklung in der Fotografie wurden Erfahrungen gesammelt und darauf aufbauend Regeln aufgestellt, mit deren Hilfe man Bildkompositionen und Bildwirkung gezielt beeinflussen und steuern kann. Diese Erfahrungen, die teilweise sogar auf mathematischen Erkenntnissen beruhen, lassen sich hervorragend auf Bildkompositionen in der 3D-Visualisierung übertragen. Die am häufigsten bewusst oder unbewusst angewandte Regel ist die Platzierung prominenter Objekte mithilfe des sogenannten *Goldenen Schnitts*. Diese Kompositionsregel besagt im Wesentlichen, dass das Platzieren des Hauptmotivs in der Bildmitte keine Spannung erzeugt. Sie empfiehlt stattdessen eine Platzierung der Hauptmotive an horizontalen und vertikalen Bildachsen, deren ideale Proportionierung in der Kunst und in der Architektur oft als Inbegriff für Ästhetik und Harmonie angesehen werden und deren genaue Lage mithilfe von mathematischen Verhältnissen ermittelt werden kann. Die mathematische Formel zur Berechnung des Goldenen Schnitts wurde für die praktische Anwendung im Laufe der Zeit vereinfacht. Bilden Sie jeweils drei gleich große horizontale und vertikale Unterteilungen im Bildformat und Sie erhalten die prominenten Bildachsen, an denen Sie ein Motiv ausrichten können.

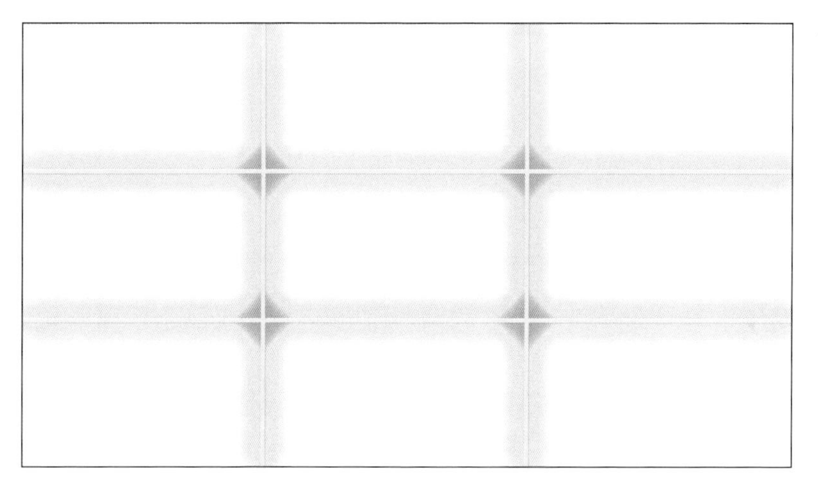

Abbildung 2.33
Bildachsen, die sich durch die Anwendung des Goldenen Schnitts ergeben

Legt man also sein Hauptmotiv an einem der so ermittelten Achsenschnittpunkte oder entlang einer der Achsen, erhält man eine prominente Platzierung, auf die die volle Aufmerksamkeit des Betrachters gelenkt wird. Experimentieren Sie an dieser Stelle mit Perspektive und Position so lange, bis Sie die ansprechendste Einstellung gefunden haben. Beginnen Sie erst anschließend damit, nach und nach die einzelnen Bildelemente (Ressourcen) in die Szene einfügen und sie dort zu platzieren.

Tipp

Ein außerordentlich lehrreiches und empfehlenswertes Buch zu diesem und anderen Themen der Bildgestaltung und Kompositionslehre ist im mitp-Verlag unter dem Titel *Bildkomposition und Bildwirkung in der Fotografie* mit der ISBN 978-3-8266-1753-9 erschienen (Autoren Gerhard Zimmert und Beate Stipanits).

Abbildung 2.34
Die Platzierung der tragenden Säule entlang der rechten vertikalen und der unteren horizontalen Achse sorgt für eine prominente Darstellung dieses wichtigen architektonischen Merkmals

Abbildung 2.35
Die Platzierung der Hausreihe entlang der unteren horizontalen Achse nach der Regel des Goldenen Schnitts

Perspektivstärke

Zu den markantesten Kriterien, die aus einem guten 3D-Rendering eine außergewöhnliche Arbeit machen, gehört die 3D-Perspektive, die Sie unterschiedlich stark ausgeprägt einstellen können. Die Perspektivstärke legt unter anderem fest, wie dreidimensional ein Raum wahrgenommen wird. Sie lässt kleine Räume größer erscheinen und kann auch dafür genutzt werden, große Räume nicht endlos erscheinen zu lassen.

Eine deutlich erkennbare räumliche Tiefe in Ihrer architektonischen 3D-Visualisierung trägt signifikant zur positiven Realitätsempfindung beim Betrachter bei. Ziel einer jeden Arbeit sollte also sein, möglichst viel räumliche Tiefe entstehen zu lassen. Die Perspektive wird dabei durch *Verjüngung* erreicht. Ein ausdrucksvolles Beispiel für räumliche Tiefe durch Verjüngung ist das Bild eines langen Flurs, an dessen Ende sich eine Tür befindet. Die Fluchten der jeweiligen Seitenwände des Flurs scheinen in der Verlängerung zusammenzulaufen und sich am Bildhorizont zu treffen. Diesen Effekt, der bei allen perspektivisch angeordneten Objekten im dreidimensionalen Raum auftritt, nennt man Verjüngung. Er ist wesentlich für räumliche Tiefe und sollte über die Wahl einer geeigneten Kameraperspektivstärke sorgfältig gewählt werden. Vergleichen Sie diesbezüglich die Abbildung 2.30 und Abbildung 2.31 und bewerten Sie die Wirkung der Perspektivstärken.

Kamerakorrektur

Starke Perspektiven haben in der architektonischen 3D-Visualisierung aber oft auch einen unerwünschten Nebeneffekt. Raum- oder Fassadenkanten scheinen mit zunehmender Höhe zusammenzulaufen. Die Immobilien wirken schräg und dadurch unnatürlich. Um diese Verjüngung in der Höhe zu korrigieren, bietet die Produktionssoftware 3ds Max das Werkzeug KAMERAKORREKTUR an. Die Perspektiv-Einstellungen der Kamera werden so verändert, dass in die Höhe laufende Raum- oder Gebäudekanten begradigt werden. Das erforderliche Korrekturausmaß hängt davon ab, wie stark die Kamera sich neigt. Beispielsweise benötigt eine Kamera, die vom Boden zum Dach eines hohen Gebäudes gerichtet ist, stärkere Korrekturen als eine Kamera, die nur leicht erhöht geradeaus blickt.

Dieser Effekt entsteht also immer dann, wenn die Kamera geneigt ist, also wenn die Kameraposition so gewählt ist, dass sie auf ein höher/tiefer gelegenes Ziel schaut (also nach oben/unten). Neben dem Werkzeug KAMERAKORREKTUR können Sie daher bei den sogenannten ZIELKAMERA-Objekten auch versuchen, die Höhe des Objekts KAMERAZIEL auf die Höhe der KAMERA zu setzen. Bei dem zweiten zur Verfügung stehenden Kameratyp, den FREIEN KAMERAS (Kamera-Objekte ohne einstellbaren Zielpunkt), vermeiden Sie einfach das Neigen oder das vertikale Rotieren der Kamera. Die vertikalen Raum- oder Gebäudelinien bleiben so immer parallel zueinander.

Eine einfache Kamerakorrektur kann auch nachträglich innerhalb einer Bildbearbeitungssoftware wie *Adobe Photoshop* oder der frei verfügbaren Software *Gimp* realisiert werden, indem das dort angebotene Werkzeug zur perspektivischen Transformation genutzt wird. Diese Vorgehensweise setzt aber eine hohe anfängliche Bildauflösung voraus, da während der perspektivischen Verzerrung einzelne Bildpunkte skaliert bzw. interpoliert werden müssen, um die vertikalen Gebäudekanten parallel zueinander auszurichten. Diese Vorgehensweise ist daher nur als Notlösung zu empfehlen.

Das Werkzeug KAMERAKORREKTUR finden Sie unter dem Menüpunkt MODIFIKATOREN > KAMERAS > KAMERAKORREKTUR.

Abbildung 2.36
Perspektive ohne Kamerakorrektur

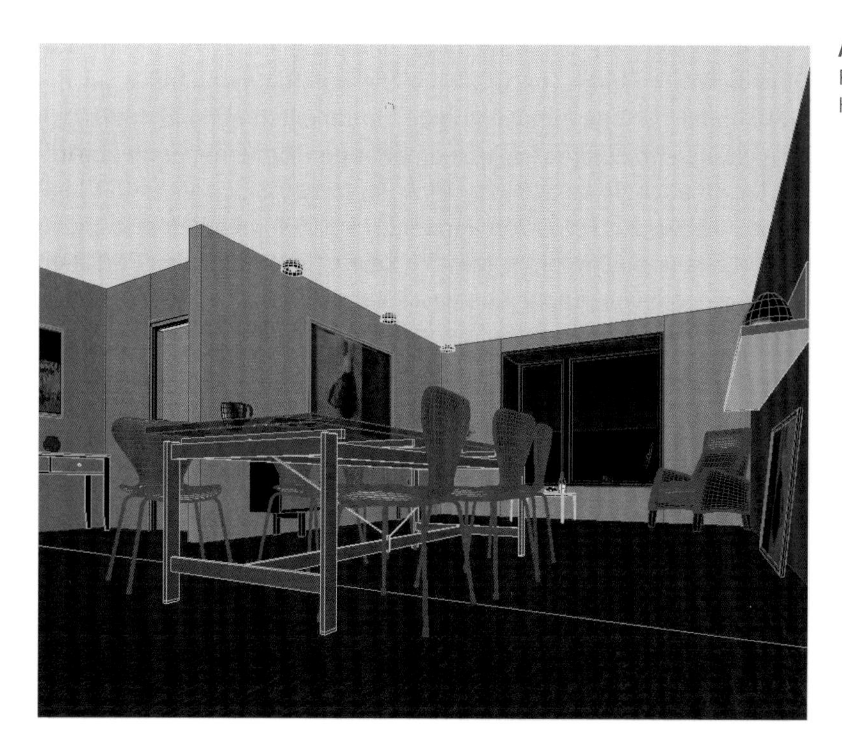

Abbildung 2.37
Perspektive mit Kamerakorrektur

Haupt- und Nebendarsteller

Nachdem der Hauptdarsteller, also die reine Immobilie, nach den Regeln des Goldenen Schnitts ansprechend positioniert wurde, kann damit begonnen werden, die einzelnen Füllelemente aus Ihrem vorbereiteten zentralen Datenbestand in die 3D-Szenerie zu laden und sie dort durchdacht zu positionieren. Platzieren Sie Ihre 3D-Objekte, also Ihre Nebendarsteller, immer schrittweise nacheinander und beginnen Sie mit den wichtigsten Inhalten zuerst, also mit denen, die für die Glaubhaftigkeit des Bildes wesentlich sind. In den Wohn-/Essbereich gehören beispielsweise immer Tische und Stühle, zu einer Gebäudefassade gehört meist immer ein wenig Begrünung und etwas Freiraummöblierung.

Nach der Ausrichtung des Hauptdarstellers (also Ihrer zu präsentierenden Immobilie) durch die entsprechende Positionierung einer Kamera stehen Sie zunächst einmal vor einem leeren 3D-Raum, den Sie schrittweise mit etwas Leben aufwerten müssen. Je nach zu präsentierender Architektur, z.B. Wohnräume, Küchen, Gebäudefassaden oder Einzelimmobilien, kann die Art der benötigten Nebendarsteller für das realistische Gestalten der 3D-Szenerie völlig unterschiedlich sein. Mal benötigen Sie Innenmöblierung für die Gestaltung der Wohnräume, mal brauchen Sie Freiraummöblierung, um die Freiraumflächen um eine Immobilie herum entsprechend realistisch zu gestalten. In einigen Projekten benötigen Sie ferner auch 2D-Aufsteller, oft auch *Billboards* oder *Rich Photorealistic Content* (RPC) genannt, die Sie mit Fotos von Personen oder Bäumen belegen und in der 3D-Szene platzieren, sofern Sie keine 3D-Modelle von Personen und Vegetation haben. In jedem Fall stehen Sie immer vor der individuellen Projektaufgabe, die folgenden Fragen zu beantworten:

- Welchen Typ von Möblierung verwende ich als Nebendarsteller, eher klassisch, aktuell, modern etc?
- Wie stark fülle ich meine 3D-Szenerie mit Nebendarstellern?
- Wie platziere ich die Objekte am ansprechendsten in meiner 3D-Szenerie?

Abbildung 2.38
Leerer Raum (Hauptdarsteller), den es zu inszenieren gilt

Art und Aktualität von Nebendarstellern

Welchen Typ von Möblierung Sie für das Aufwerten Ihrer 3D-Szenerie einsetzen, hängt von zwei wesentlichen Faktoren ab: dem Geschmack der Zielgruppe sowie der Aktualität des Möblierungsstils. Sie sollten sich mit der Wahl der Möbel daher immer an den regionalen Gegebenheiten orientieren und dabei berücksichtigen, was die potenzielle Zielgruppe ansprechend findet. Einen guten Eindruck über aktuelle Trends können Sie sich durch ein wenig Internet-Recherche erarbeiten. Studieren Sie die Produktinformationen prominenter Möbelhersteller und beschäftigen Sie sich ebenfalls mit den Produktinformationen Ihnen bekannter Möbel- oder Einrichtungshäuser. In Bezug auf die Aktualität lässt sich nur eine Schlussfolgerung ziehen: Kein potenzieller Interessent investiert in die präsentierte Immobilie, die mit Möblierung aus den 80er- oder 90er-Jahren ausgestattet worden ist. Bleiben Sie am Puls der Zeit, verfolgen Sie Trends und besuchen Sie Produkt- und Möbelmessen. Werten Sie Ihre 3D-Visualisierungen immer mit moderner Möblierung auf. Sollten Sie sich unsicher sein, halten Sie Rücksprache mit den zuständigen Projektplanern oder -entwicklern.

Es versteht sich von selbst, dass die gewählte Möblierung ebenfalls der Raumnutzung entsprechen muss. Ein Sofa in der Küche ist sicher für manche Situation spannend, hat dort aber nicht wirklich etwas verloren. Bedenken Sie, dass Sie mit der Wahl der Möblierung unterstreichen, in welcher Räumlichkeit Sie sich als Betrachter der 3D-Visualiserung befinden bzw. wie dieser Raum später genutzt werden soll.

Abbildung 2.39
Schlechte Inszenierung mit unpassenden klassischen Möbeln. Raumnutzungen sind nicht eindeutig

Abbildung 2.40
Bessere Inszenierung mit aktuellen modernen Möbel und eindeutiger Raumnutzung

Menge an Nebendarstellern

Haben Sie sich erst einmal für die Art der Möblierung entschieden, egal ob Außen- oder Innenmöblierung, Personen oder Vegetation, müssen Sie sich überlegen, wie stark Sie die 3D-Szenerie damit bestücken. Grundsätzlich gilt, weniger ist mehr, gerade bei auffälligen Möbelstücken.

Sie stehen hier vor der Aufgabe, Ihre 3D-Visualisierung mit Details aufzuwerten, nicht sie damit zu überfrachten. Ein paar Details sind zwar wünschenswert (vgl. Abschnitt »Grundlage für realistisch wirkende Renderings«), jedoch sollten Sie Ihre 3D-Szenerie nicht damit überfrachten. Schließlich wollen Sie nicht von Ihrem Hauptdarsteller, der zu vermarktenden Immobilie, ablenken. Platzieren Sie lieber kleine, gute sichtbare alltägliche Details in die Nähe der Kamera, so wie Sie etwas auch auf einem Foto erwarten würden. Positionieren Sie beispielsweise eine Zeitschrift auf dem Couchtisch oder einen Aktenordner und einen dezenten Fühlfederhalter auf dem Bürotisch. Ihre architektonischen Szenerien sollen zwar belebt wirken, jedoch nicht jahrelang bewohnt. Achten Sie darauf, die präsentierte Immobilie neuwertig erscheinen zu lassen, schließlich wird sie ja neu gebaut und so verkauft. Sie sollte daher auch so von Ihnen dargestellt werden.

Abbildung 2.41
Teilweise überladen wirkender Raum mit zu vielen Details, die von der Architektur ablenken

Platzierung der Nebendarsteller

Nun, wo Sie sich auf Art und Menge Ihrer Nebendarsteller festgelegt haben, müssen Sie sich mit der Platzierung der einzelnen 3D-Objekte auseinandersetzen. Das ausgewogene Verteilen der Nebendarsteller innerhalb der architektonischen 3D-Szenerie ist eine herausfordernde

Aufgabe. Schnell erscheint die 3D-Visualisierung durch unüberlegte Platzierung der Nebendarsteller unausgewogen oder unstimmig.

Die effektivste Methode der Inszenierung eines leeren 3D-Raums ist die der schrittweisen Annäherung an das Ergebnis. Beginnen Sie daher damit, die interessantesten Nebendarsteller nacheinander im 3D-Raum zu positionieren, und nehmen Sie sich dabei für jedes individuelle Objekt ausreichend Zeit, die Wirkung im Raum an unterschiedlichen Positionen zu bewerten. Sind Sie mit der Platzierung zufrieden, gehen Sie zum nächsten Objekt über. Die wichtigsten Darsteller sind natürlich die Objekte, die die Raumnutzung verdeutlichen, wie etwa die Tisch-Stühle-Kombination im Essbereich oder das Fahrzeug in der Tiefgarageneinfahrt an einer Gebäudefassade innerhalb einer architektonischen Außenszenerie.

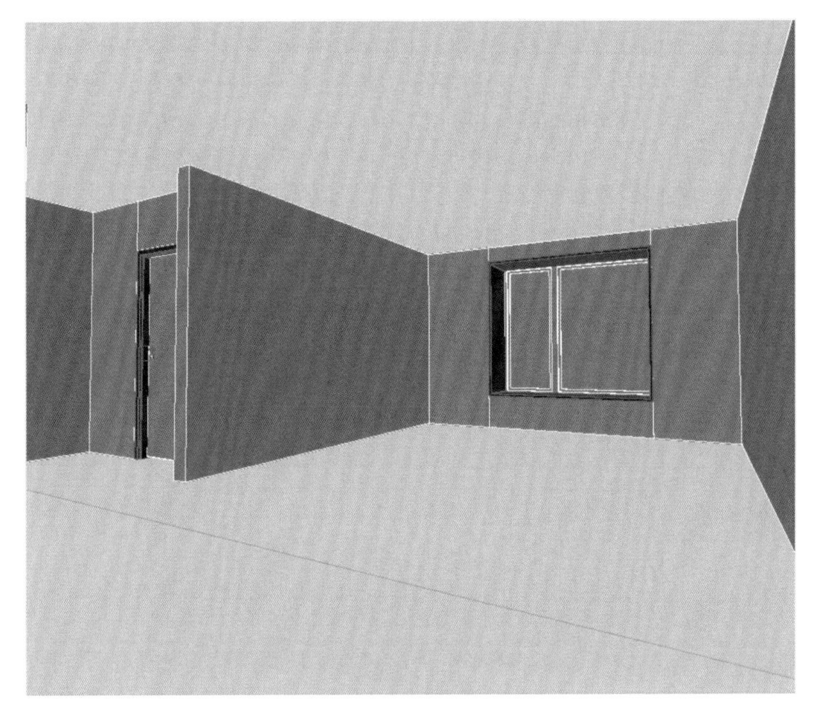

Abbildung 2.42
Eine nach der Regel des Goldenen Schnitts platzierte, jedoch leere Architektur während der Inszenierung

Achten Sie bei der Platzierung der Nebendarsteller auf folgende Regeln:

- **Bildausgewogenheit:** Durch die Platzierung des Hauptdarstellers nach der Regel des Goldenen Schnitts haben Sie Ihrer 3D-Visualisierung bereits eine Gewichtung gegeben. Die Aufmerksamkeit des Betrachters wird dabei bereits auf ein wesentliches

Merkmal der Architektur gelenkt (in Abbildung 2.42 beispielsweise auf das Fenster, der Raum scheint nach rechts zu kippen). Versuchen Sie, mit der Platzierung der Nebendarsteller das Bild ein wenig auszugleichen, indem Sie beispielsweise die Tisch-Stühle-Kombination nicht an die Wand, sondern im vorderen rechten Bereich des Bildes platzieren.

Abbildung 2.43
Bildausgewogenheit durch überlegte Platzierung einer Sitzgruppe

Abbildung 2.44
Mehr Realismus durch dezente Variation der Darsteller

- **Überlagerung:** Sorgen Sie dafür, dass sich möglichst viele Darsteller miteinander überlagern. (Vgl. Abbildung 2.45: Die rechte Stuhlreihe verdeckt den Tisch, der Tisch wiederum die linke Stuhlreihe und die Wand etc.) Durch Überlagerungen erzeugen Sie Raumtiefe.

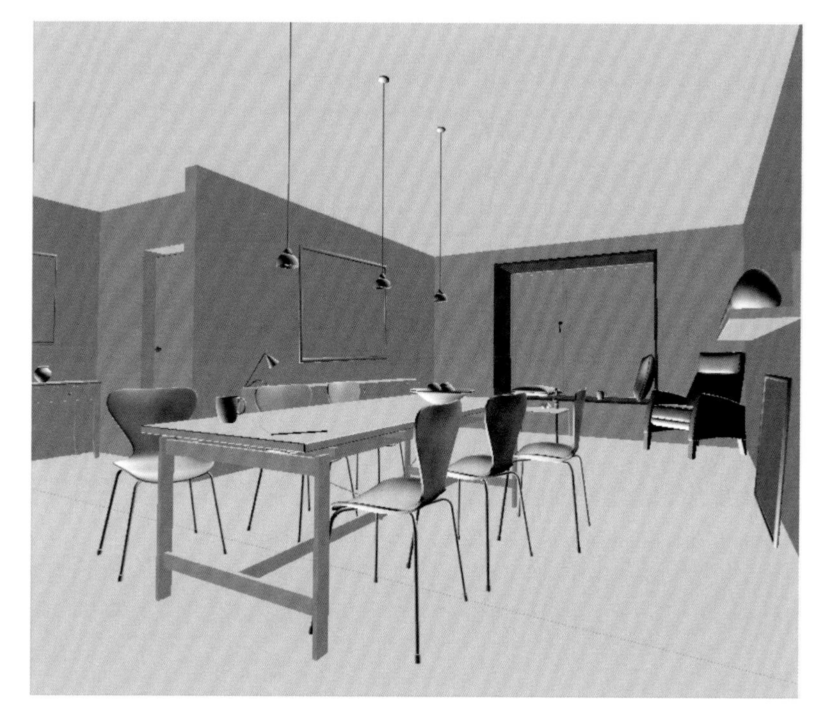

Abbildung 2.45
Durch Überlagerung der Darsteller wird die Raumtiefe betont

- **Goldener Schnitt:** Was für die prominente Platzierung des Hauptdarstellers gilt, gilt auch für die Platzierung der Nebendarsteller. Ordnen Sie wichtige Darsteller ebenfalls an den Kantenschnittpunkten an, die sich durch die Drittelteilung der Bildfläche ergeben (vgl. Abschnitt »Kamerastandpunkt« auf Seite 90), und verbessern Sie so Ihre 3D-Visualisierung.
- **Symmetrie:** Vermeiden Sie absolut symmetrisch oder parallel angeordnete Darsteller. Weder in der Realität noch in Katalogen werden Sie Stühle finden, die absolut symmetrisch und genau ausgerichtet um einen Tisch angeordnet sind. Selbst die Bilderrahmen an der Wand sollten nicht absolut genau ausgerichtet sein, meist sind sie es in der Realität auch nicht. Variieren bzw. rotieren Sie die einzelnen Darsteller etwas und erhöhen Sie damit die Glaubwürdigkeit Ihrer 3D-Visualisierung.

Abbildung 2.46
Unvorteilhafte Anordnung der Sitzgruppe, da zu viel Leerraum im vorderen Bildbereich entsteht

Abbildung 2.47
Unvorteilhafte Anordnung der Sitzgruppe, da zu viel vom Raum verdeckt wird

Hinweis

Aufgrund der Architektur und der eingestellten Perspektivstärke ist es gerade bei Produktionen von Innenraumszenerien der Fall, dass viel Boden oder Deckenflächen im Bild sichtbar sind und das Gesamtbild dadurch verschlechtert wird. Eine nachträgliche Korrektur des festgelegten Bildformats auf ein Panoramaformat (hier von dem Seitenlängenverhältniss 4:3 auf 16:9) trägt in diesem Fall wesentlich zur Verbesserung der Bildinszenierung bei, wie Abbildung 2.48 verdeutlicht.

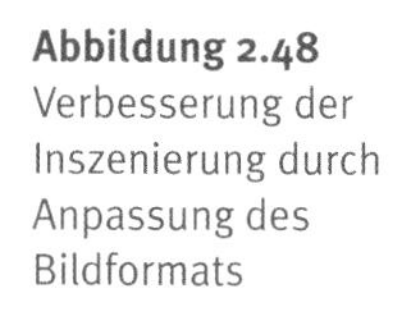

Abbildung 2.48
Verbesserung der Inszenierung durch Anpassung des Bildformats

Experimentieren Sie immer ein wenig mit der Szenerie. Inszenieren Sie zwei oder drei denkbare Situationen und entscheiden Sie sich dann für die, die Ihnen am besten gefällt, um diese im folgenden Produktionsschritt »Beleuchtung« mit einer ansprechenden Beleuchtungssituation auszustatten.

Die gleichen Regeln gelten selbstverständlich sowohl für Innenraumszenerien als auch für Außenszenerien!

Tipp

Auch zu diesem Thema ist das Buch vom mitp-Verlag mit dem Titel *Bildkomposition und Bildwirkung in der Fotografie* mit der ISBN 978-3-8266-1753-9 äußerst lehrreich (Autoren Gerhard Zimmert und Beate Stipanits).

Werkzeuge für Positionierung und Ausrichtung

Für die effektive Platzierung der Darsteller innerhalb Ihrer 3D-Szenerie bietet die Produktionssoftware 3ds Max einige nützliche Werkzeuge an, deren Verwendung Ihnen viel Zeit während der Erarbeitung dieses Produktionsschritts erspart.

Die wichtigsten dieser Werkzeuge werden im Folgenden vorgestellt:

- **Referenz-Koordinatensystem/Benutzerraster:** Das Referenz-Koordinatensystem steuert die Ausrichtung der Transformationsachsen, die Sie jeweils vor einer Transformation mit den drei unterschiedlichen Transformationswerkzeugen VERSCHIEBEN, ROTIEREN und SKALIEREN auswählen können und dann für die jeweilige Transformation verwenden.

Abbildung 2.49
Referenz-Koordinatensystem einstellen, z.B. auf individuelle Benutzerraster

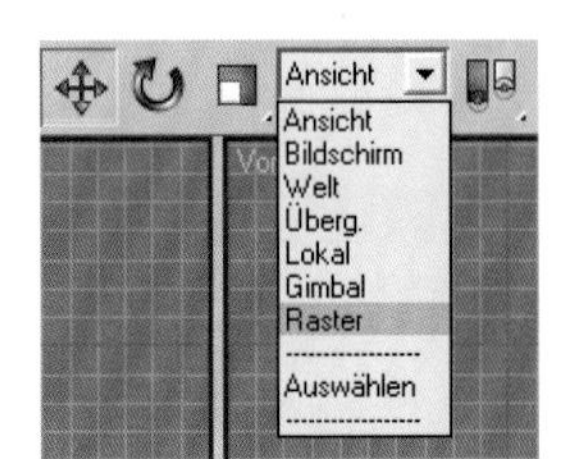

Meist arbeiten Sie in den Ansichten mit nicht rotierten orthogonalen Immobilienmodellen. In diesen Fällen entspricht die Achsenausrichtung des 3D-Modells, also das lokale Koordinatensystem der zu transformierenden 3D-Objekte, meist der Achsenausrichtung des Ansicht- bzw. Weltkoordinatensystems, das durch das Grundraster in den Ansichtsfenstern symbolisiert wird. Die Transformationen der 3D-Objekte finden in diesem Fall parallel zu den Konturen der Immobilie statt, die Positionierung der einzelnen Darsteller erfolgt problemlos. In einigen Fällen jedoch unterscheidet sich die Achsenausrichtung der zu positionierenden Darsteller von der Achsenausrichtung der Immobilie. In einem solchen Fall müssen Sie das Koordinatensystem des Darstellers an das der Immobilie angleichen, um z.B. einen Bilderrahmen exakt parallel zu einer Immobilienwand zu positionieren. Hier hilft Ihnen das Werkzeug BENUTZERRASTER. Anstelle des in den Ansichten dargestellten *Grundrasters* können Sie beliebig angeordnete *Benutzerraster* erstellen und aktivieren, an denen sich die durchzuführenden Transformationen von 3D-Objekten dann orientieren (vgl. Abbildung 2.50). Erstellen Sie ein Benutzerraster (Menü ERSTELLEN > HELFER > RASTER) und rotieren Sie es entsprechend dem Rotierungswinkel der gedrehten Immobilie und aktivieren Sie es im Menü ANSICHTEN > RASTER > RASTEROBJEKT AKTIVIEREN. Den genauen Rotationswinkel können Sie mit dem

Helfer-Werkzeug WINKELMESSER ermitteln (Menü ERSTELLEN > HELFER > WINKELMESSER; genaue Handhabung siehe 3ds Max-Hilfe Stichwort: *Winkelmesser*).

Vergessen Sie nicht das Referenz-Koordinatensystem vor der durchzuführenden Transformation auf das aktivierte Raster zu setzen (vgl. Abbildung 2.49), um die Transformationen auf das soeben individuell erstellte Benutzerraster einzustellen (siehe Abbildung 2.50).

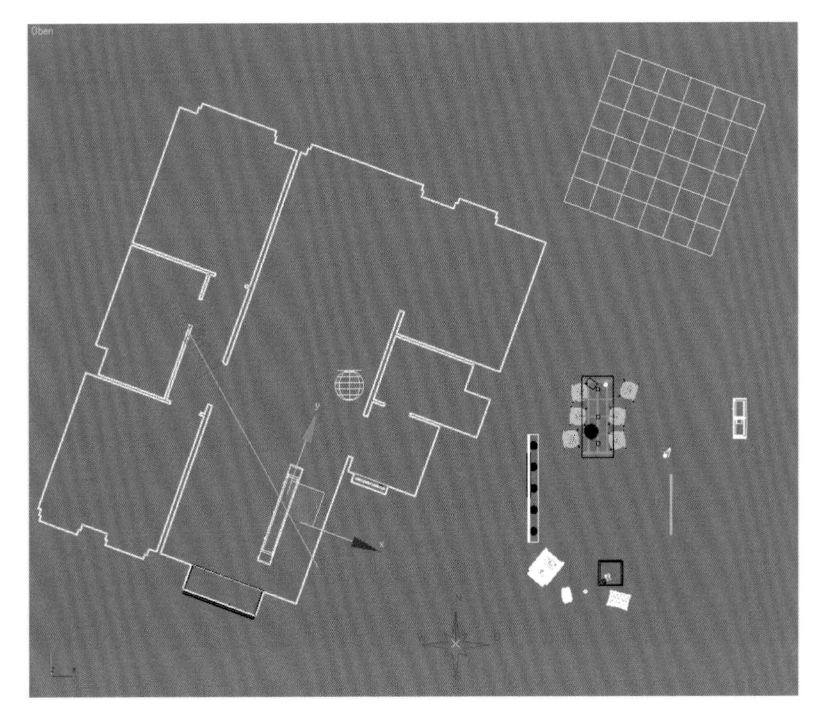

Abbildung 2.50
Aktives Benutzerraster ermöglicht die Orientierung der Transformationen entlang der Gebäudekonturen gedrehter Immobilien

- **Objektfang:** Verwenden Sie für die Positionierung der Darsteller die Programmfunktion OBJEKTFANG mit aktiver ACHSENBESCHRÄNKUNG. Dies ermöglicht es, die Darsteller exakt an 3D-Objektelementen wie Scheitelpunkten, Kanten, Flächen oder anderen Elementen benachbarter Darsteller auszurichten, ohne erst zeitaufwendig in die Detailsituationen heranzoomen zu müssen, um manuell zu positionieren (Objektfang einrichten über das Menü ANPASSEN > RASTER UND OBJEKTFANG EINRICHTEN).

  Mit aktivem OBJEKTFANG (Aktivierung durch Drücken der Taste [S]) wählen Sie einfach nur einen Scheitelpunkt eines Möbelstücks aus und schieben das gesamte 3D-Objekt dann, mit dem gewählten Scheitelpunkt als Ankerpunkt, auf ein Objektelement eines angrenzenden Darstellers, z.B. eines zweiten Scheitelpunkts oder eines Kantenmittelpunkts. Beide Anker-Scheitelpunkte werden exakt aufeinander positioniert (vgl. Abbildung 2.51). Eine aktive ACHSENBESCHRÄNKUNG beschränkt die jeweilige Transformation dabei auf nur eine angegebene Achse oder Ebene. So können Sie bequem Darsteller aneinander platzieren oder zentrieren.

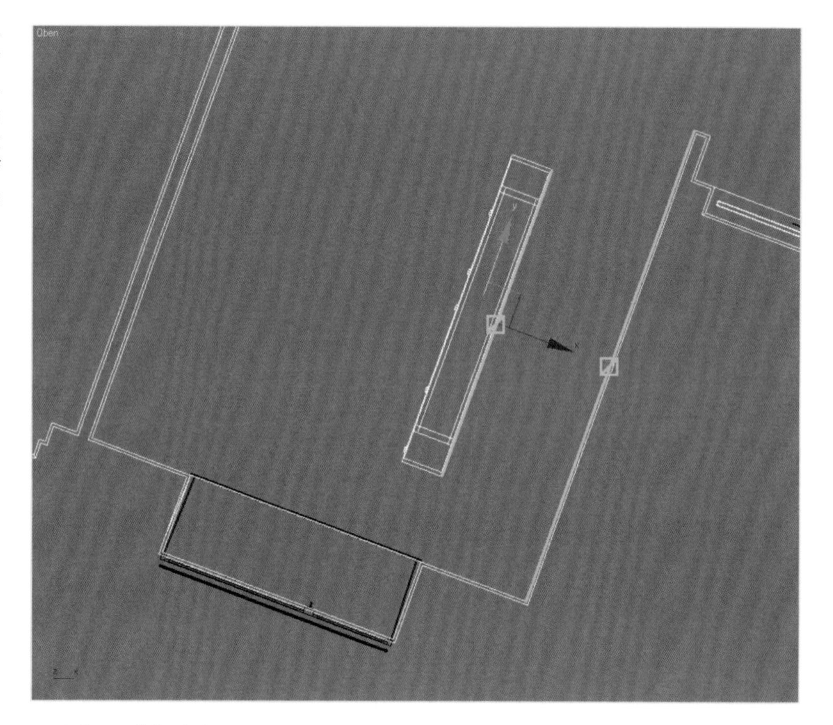

Abbildung 2.51
Platzierung der Darsteller mit aktivem Objektfang, hier Kantenmittelpunkt an Kantenmittelpunkt mit Achsenbeschränkung auf die y-Achse

Die zahlreichen Options- und Kombinationsmöglichkeiten von OBJEKTFANG und ACHSENBESCHRÄNKUNG ermöglichen letztendlich ein bequemes und effektives Arbeiten während des Produktionsschritts »Inszenierung«. Setzen Sie sich ein wenig mit diesen Werkzeugen auseinander, um langfristig gesehen die Produktionszeiten zu verringern.

- **Werkzeug Anordnung:** Das Werkzeug ANORDNUNG (Menü EXTRAS > ANORDNUNG) ermöglicht Ihnen das automatisierte Erstellen von ein-, zwei- und dreidimensionalen Objekt-Anordnungen, die Sie über entsprechende Transformationsparameter steuern können.

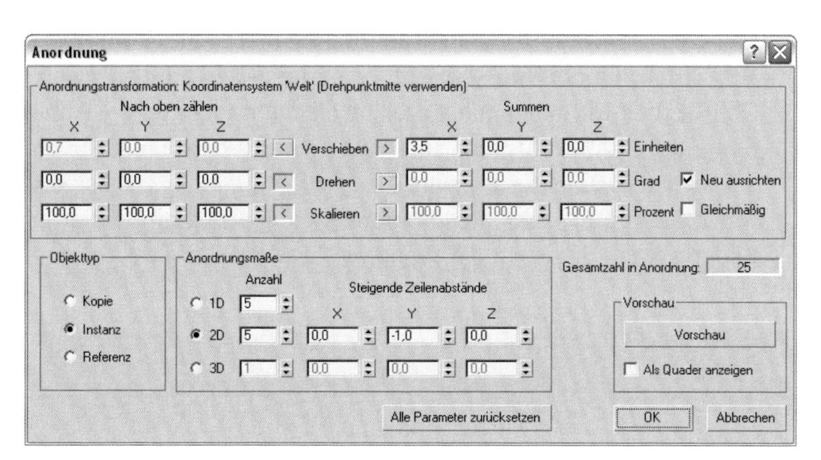

Abbildung 2.52
Dialogfenster mit Parametern für Anordnungen

Hilfreich ist dieses Werkzeug beispielsweise, wenn Sie mehrere Darsteller in Reihe oder im Verbund anordnen müssen, z.B. bei den Pfosten einer Pfosten-Riegel-Konstruktion einer Gebäude-Glasfassade oder bei Sitzreihen einer Innenraumszene. Sie können eine Vorschau der ANORDNUNG anzeigen, indem Sie die Option VORSCHAU aktivieren (siehe Abbildung 2.52). Bei aktivierter Vorschau werden die Ansichtsfenster in Echtzeit aktualisiert, wenn Sie die Anordnungsparameter ändern.

Abbildung 2.53
Eine Anordnung mehrerer Sitzreihen, schnell realisiert mit dem Werkzeug Anordnung

- **Werkzeug Normalen ausrichten:** Mit dem Werkzeug NORMALEN AUSRICHTEN können Sie effizient zwei Darsteller anhand zweier Oberflächen-Normalen (die lotrechte Flächentangente, vgl. Abbildung 2.54 blau und grün) ausrichten. Sie kleben damit sprichwörtlich die Objekte aneinander, in Abbildung 2.54 beispielsweise den für die Positionierung unvorteilhaft rotierten Bilderrahmen direkt an die Wand, wie in Abbildung 2.55 dargestellt.

Abbildung 2.54
Die beiden Oberflächen-Normalen zweier Darsteller, die aneinander ausgerichtet werden sollen

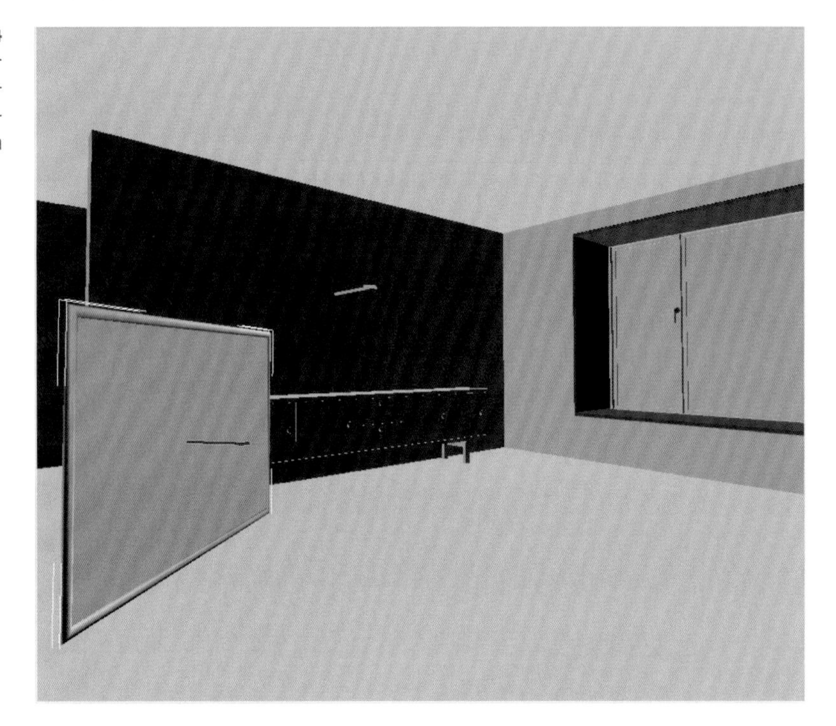

- **Werkzeug Abstand-Hilfsmittel:** Mit dem Werkzeug ABSTAND-HILFSMITTEL verteilen Sie Darsteller auf einem Pfad, der durch eine 3D-Konturlinie definiert wird (Menü EXTRAS > ABSTAND-HILFSMITTEL). Die verteilten 3D-Objekte können direkt als Instanzen des aktiven ausgewählten Darstellers angelegt werden. Veränderungen einer Objektinstanz wirken sich automatisch auf alle anderen Objektinstanzen aus.

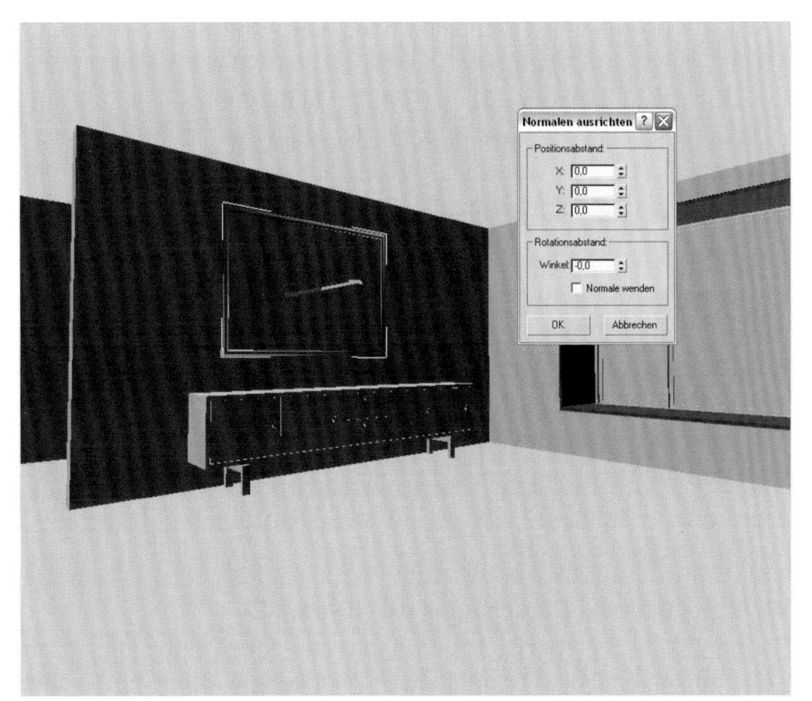

Abbildung 2.55
Die beiden mit dem Werkzeug Normalen ausrichten aneinander ausgerichteten Darsteller mit zusätzlicher Option zur Positionskorrektur

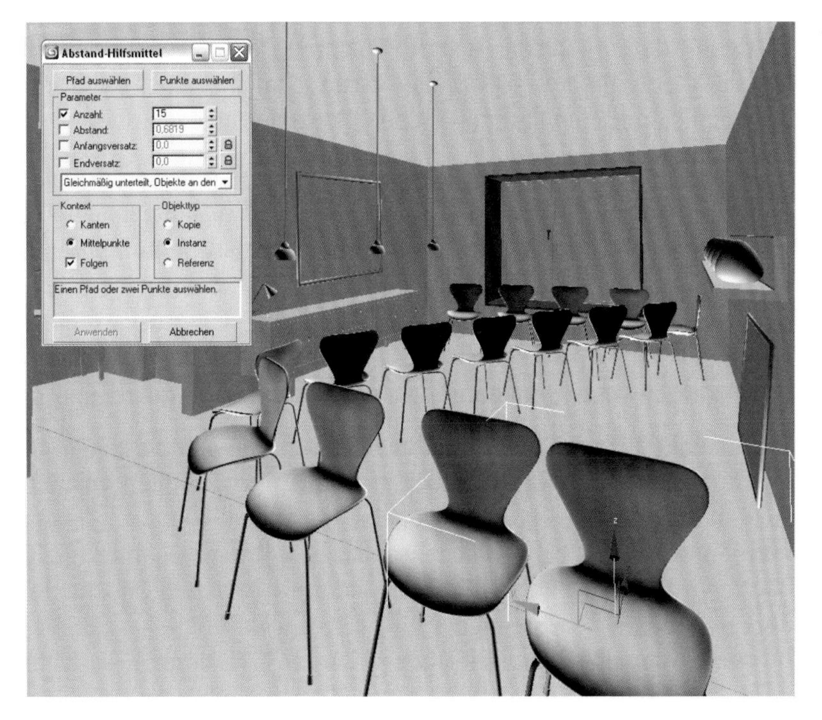

Abbildung 2.56
Das Abstand-Hilfsmittel hilft z.B. bei der Realisierung von kettenförmig aneinandergereihten Darstellern

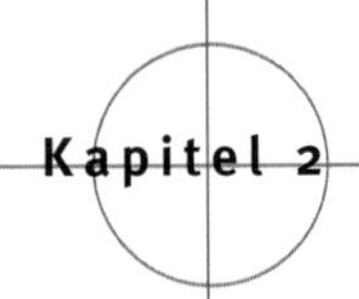

Sie definieren einen Pfad, indem Sie eine 3D-Konturlinie auswählen, die Sie mit dem Menü ERSTELLEN > KONTUREN > LINIE erstellt haben, und dann eine Reihe von Parametern einstellen. Sie können beispielsweise den Abstand zwischen den 3D-Objekten entlang des Pfades festlegen und zusätzlich bestimmen, ob die Drehpunkte der 3D-Objekte an der Tangente des Pfades ausgerichtet sind.

Die zahlreich zur Verfügung stehenden Werkzeuge für die Positionierung und Ausrichtung von Darstellern ermöglichen letztendlich ein bequemes und effektives Arbeiten während des Produktionsschritts »Inszenierung«. Setzen Sie sich ein wenig mit diesen Werkzeugen auseinander, um langfristig gesehen die Produktionszeiten zu verringern und mehr Zeit in die qualitative Verbesserungen Ihrer architektonischen 3D-Visualisierung zu investieren. Weitere Informationen zu allen Werkzeugen finden Sie auch in der 3ds Max-Hilfe.

Werkzeuge für die Organisation der 3D-Inhalte

Da für realistische 3D-Visualisierungen nicht selten eine hohe Anzahl an unterschiedlichen Darstellern (3D-Objekten) angelegt werden muss, um die Räume ansprechend auszustatten, sollten Sie sich ein wenig mit den organisatorischen Prinzipien einer 3D-Szenerie und der darin enthaltenen 3D-Objekte vertraut machen, um die Übersichtlichkeit und Handhabbarkeit der 3D-Szene zu gewährleisten.

Szenenzustände – Versionen einer Szene

Das Werkzeug SZENENZUSTAND ermöglicht es Ihnen unter anderem, unterschiedliche Variationen einer einzigen 3D-Szenerie innerhalb einer 3ds Max-Datei zu speichern und zu verwalten. Neben verschiedenen Beleuchtungs-, Kamera-, Material- und Umgebungseigenschaften können Sie insbesondere die Sichtbarkeit von Darstellern (3D-Objekten) als sogenannte SZENENZUSTÄNDE speichern.

Diese Funktion gibt Ihnen die Möglichkeit, zahlreiche *Inszenierungen* auszuprobieren, ohne dafür unterschiedliche Dateien anlegen zu müssen, die Sie getrennt voneinander zeitaufwendig pflegen müssen, sobald sich eine architektonische Gegebenheit ändert (z.B. der Versatz einer Wand). Sie können jederzeit zwischen verschiedenen architektonischen Inszenierungen wechseln und alle Inszenierungen innerhalb einer Datei pflegen und dabei Ihrer Kreativität freien Lauf lassen.

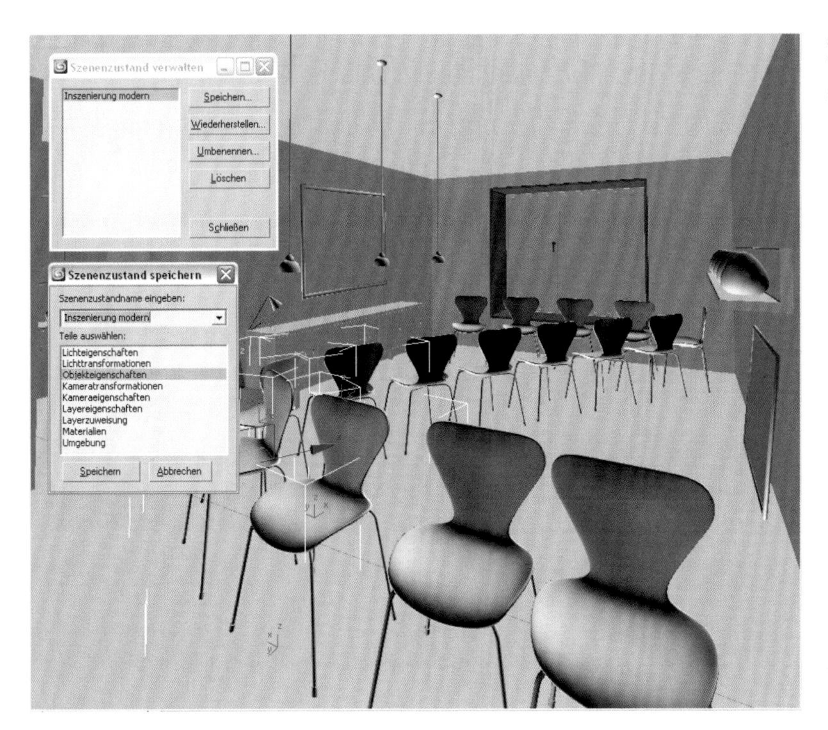

Abbildung 2.57
Verwaltung von Szenenzuständen für unterschiedliche architektonische Inszenierungen

Über das Menü EXTRAS > SZENENZUSTAND VERWALTEN können Sie einen Szenenzustand speichern und wiederherstellen. Die Szenenzustände werden in der 3ds Max-Datei gespeichert, erhöhen dabei aber die Dateigröße nicht. Beim Speichern eines Szenenzustands können Sie wählen, welche Aspekte Ihrer architektonischen 3D-Szenerie gespeichert werden sollen.

Weitere Hilfe zur Verwendung des Werkzeugs SZENENZUSTÄNDE finden Sie in der 3ds Max-Hilfe (Stichwort: *Szenenzustände*).

Auswahlsätze oder Layer für die Verwaltung von 3D-Objekten

Sollte es Ihnen mit der Zeit zu umständlich sein, jedes 3D-Objekt für die Inszenierung zeitaufwendig einzeln auswählen zu müssen, nutzen Sie die Möglichkeit, mehrere 3D-Objekte einer 3D-Szenerie nach Ihren eigenen individuell festgelegten Kriterien gleichzeitig auszuwählen.

Versuchen Sie von vornherein oder im Nachhinein, mithilfe der Werkzeuge BENANNTE AUSWAHLSÄTZE (Menü BEARBEITEN > BENANNTE AUSWAHLSÄTZE BEARBEITEN) oder LAYER (Menü EXTRAS > LAYER-MANAGER), Ihre 3D-Objekte gruppiert nach Ihren eigenen Kriterien, z.B. alle Bürostühle einer Innenraumszene oder alle 3D-Bäume einer Außenvisualisierung, mit einem Klick selektierbar zu machen.

Weitere Hilfe zur Verwendung der beiden Werkzeuge finden Sie in der 3ds Max-Hilfe (Stichwort: *Benannte Auswahlsätze* oder *Layer*).

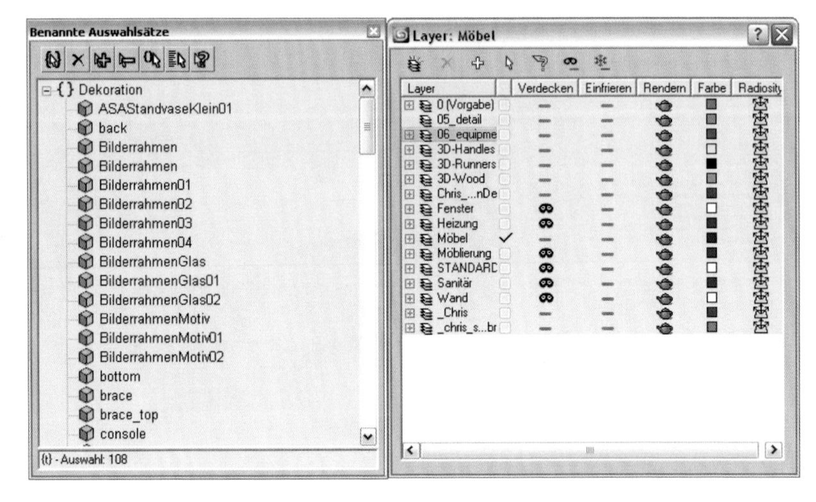

Abbildung 2.58
Dialogfenster für Benannte Auswahlsätze und Layer

Modus Auswahl isolieren

Durch das Werkzeug AUSWAHL ISOLIEREN lässt sich ein einzelnes selektiertes 3D-Objekt oder mehrere ausgewählte 3D-Objekte bearbeiten, während die restliche 3D-Szenerie kurzfristig verdeckt wird. Auf diese Weise können Sie verhindern, dass unbeabsichtigt andere Objekte ausgewählt werden, wenn Sie nur ein bestimmtes 3D-Objekt bearbeiten wollen. Sie können sich auf die Objekte konzentrieren, die Sie aktuell bearbeiten oder positionieren wollen, ohne von allen anderen 3D-Objekten abgelenkt zu werden.

Wenn Sie das Hilfsmittel AUSWAHL ISOLIEREN aktivieren (Menü EXTRAS > AUSWAHL ISOLIEREN), werden die isolierten Objekte in allen Ansichtsfenstern in der Mitte zentriert dargestellt. Sie werden im aktiven Ansichtsfenster so weit vergrößert, dass sie an die Grenzen des Ansichtsfensters heranreichen und Sie sie für die Bearbeitung bestmöglich im Blick haben.

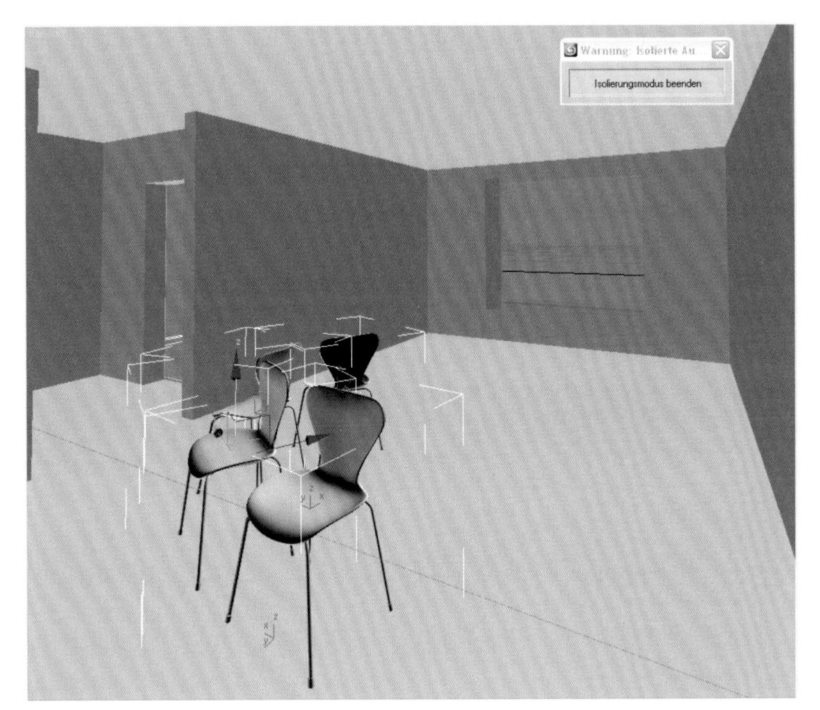

Abbildung 2.59
Das Werkzeug Auswahl isolieren isoliert Objekte für eine separate Bearbeitung temporär

Ein- und Ausblenden von Objekten

Ebenfalls im Hinblick auf die Übersichtlichkeit einer architektonischen 3D-Szenerie kann es erforderlich sein, bestimmte 3D-Objekte oder Objektgruppen längerfristig zu verdecken und andere einzublenden. Gerade wenn es beispielsweise um die Auswahl der Möblierung für eine Bürosituation geht, wo Sie unterschiedliche Möblierungsarten und Positionierungen von Darstellern ausprobieren wollen, können Sie die Funktion EINBLENDEN & VERDECKEN für 3D-Objekte nutzen.

Tipp

Denken Sie ebenfalls daran, dass Sie sehr komplexe Darsteller wie 3D-Bäume oder 3D-Automobile zeitweise verdecken können, um die Darstellungsgeschwindigkeit der Ansichtsfenster zu erhöhen.

Sie können zusätzlich, wie in Abbildung 2.60 ersichtlich, 3D-Objekte nach ihrer Kategorie, also nach Geometrie, Konturen, Lichtquellen, Kameras oder Helfer-Objekten, verdecken oder einblenden. Weitere Informationen diesbezüglich finden Sie auch in der 3ds Max-Hilfe (Stichwort: *Verdecken*).

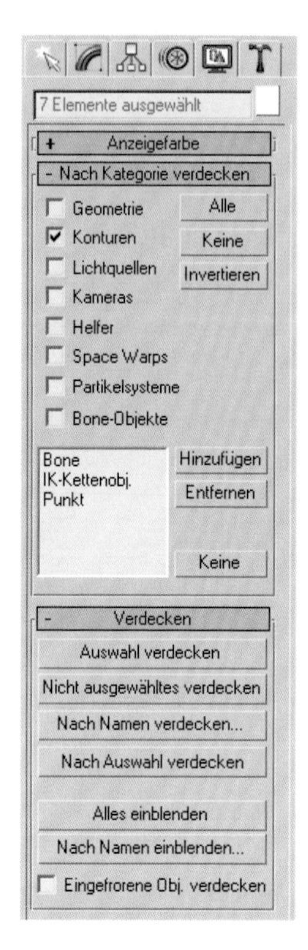

Abbildung 2.60
Das Dialogfenster für das Verdecken in der Anzeigepalette

Instanzen – identische architektonische 3D-Objekte

Sofern Sie mit einer hohen Anzahl des gleichen 3D-Objekts arbeiten wollen, dessen Eigenschaften bei jedem Exemplar exakt gleich sein sollen, sollten Sie Instanzen des 3D-Objekts anlegen, anstatt es zu kopieren. Die Instanzierung eines 3D-Objekts führt zu mehreren benannten 3D-Objekt-Kopien, die jedoch alle auf dem gleichen Original-3D-Objekt basieren. Ändern Sie die Eigenschaften des Originals oder einer Instanz, ändern sich alle Objektinstanzen entsprechend.

Optimal geeignet sind Instanzen für umfangreiche Gebäude- oder Bürosituationen, die oft mit zahlreichen Darstellern gleicher Ausführung ausgestattet werden, wie z.B. sich wiederholende Möblierung (Bürostühle, Schreibtische etc). Instanzen sparen nicht nur Arbeit bei der Konfiguration der Darsteller, sondern reduzieren ebenfalls den Speicherbedarf und die Berechnungszeit bei der finalen Bildberechnung.

Instanzen erstellen Sie, indem Sie beim Verschieben eines 3D-Objekts gleichzeitig die Taste `Shift` drücken. Größere Mengen von angeordneten Instanzen lassen sich ebenfalls bequem mit dem bereits im Abschnitt »Werkzeuge für Positionierung und Ausrichtung« auf Seite 107 erläuterten Werkzeug ANORDNUNG (Menü EXTRAS > ANORDNUNG) oder dem Abstand-Hilfsmittel (Menü EXTRAS > ABSTAND-HILFSMITTEL) realisieren.

Nähere Informationen über den Gebrauch von INSTANZEN finden Sie in der 3ds Max-Hilfe (Stichwort: *Instanzen*).

Abschließende Tipps für die Inszenierung

Tipp

Hier noch einige abschließende Tipps für die ansprechende Inszenierung Ihrer hochwertigen 3D-Visualisierung:

- **Kameraperspektive:** Versuchen Sie mit der überlegten Wahl der Kameraperspektive, etwas über die zu präsentierende Architektur auszusagen. Versuchen Sie, die besonderen Merkmale der Architektur in Ihrem Bild einzufangen, und versehen Sie damit die Präsentation mit einer Bildaussage, mit der sich der Betrachter näher beschäftigen kann.
- **Räume und Raumnutzung:** Greifen Sie möglichst viele Räume einer Architektur innerhalb Ihrer 3D-Visualisierung auf und versuchen Sie insbesondere die jeweiligen Raumnutzungen mithilfe geeigneter Darsteller in Ihrer 3D-Visualisierung sichtbar zu machen.
- **Raumtiefe:** Um Raumtiefe zu erzeugen, arbeiten Sie am besten mit Perspektivstärke und geeigneten Darstellern, die Sie in unterschiedlichen Tiefen im Raum anordnen und dadurch unterschiedlich tiefe Raumebenen schaffen.
- **Maßstäbe verdeutlichen:** Geben Sie dem späteren Betrachter Ihrer 3D-Visualisierung die Möglichkeit, die wahren Größenverhältnisse der Architektur optisch direkt zu erfassen. Denken Sie daher daran, immer einen entsprechenden Darsteller in die Szenerie mit einzubinden, dessen Maßstab dem Betrachter vertraut ist, wie beispielsweise Personen oder Automobile oder andere Alltagsgegenstände. In Bezug auf eine Person ist es viel einfacher möglich, die Größe eines Raums innerhalb einer 3D-Visualisierung intuitiv richtig einzuschätzen.
- **Unauffällige Details:** Verarbeiten Sie ein paar kleine, unauffällige Details in Ihrer 3D-Szenerie – Gegenstände oder Objekte, die auf den ersten Blick nicht wahrnehmbar sind, sondern erst beim näheren Hinsehen die Aufmerksamkeit des Betrachters erregen.

Das wertet Ihre 3D-Visualisierung auf und regt an, sich noch ein zweites, drittes oder viertes Mal mit ihr zu beschäftigen.

Sobald Sie den Produktionsschritt »Inszenierung« zufriedenstellend abgeschlossen haben, können Sie sich mit einer ansprechend und vollständig eingerichteten 3D-Szenerie dem nächsten Produktionsschritt, der »Beleuchtung«, widmen.

2.5 Beleuchtung

Zu den wichtigsten Themen in der architektonischen 3D-Visualisierung gehört die sorgfältige Ausleuchtung einer 3D-Szene. Sie beeinflusst maßgeblich die atmosphärische Stimmung einer 3D-Visualisierung und bestimmt, insbesondere in Kombination mit den Materialien, den Grad an Realismus. Je mehr Produktionszeit und Detailarbeit in die Realisierung einer Beleuchtungssituation investiert wird, umso hochwertiger wird die Qualität der architektonischen 3D-Visualisierung. Die hier investierte Produktionszeit rentiert sich zudem mehrfach, da auf bereits erstellte Beleuchtungssituationen bei zukünftigen Projekten wieder zurückgegriffen werden kann.

Während des Produktionsschritts »Beleuchtung« wird also sorgfältig daran gearbeitet, die gewünschte Beleuchtungssituation mithilfe der in der Produktionssoftware 3ds Max angebotenen Mittel stufenweise umzusetzen. Im Rahmen der Erstellung Ihres Produktionsplans haben Sie im Idealfall bereits grob vorskizziert, mit welcher Beleuchtungssituation Sie welche Stimmung beim Betrachter erzeugen wollen. Zum Beispiel eignet sich eine Beleuchtung mit freundlichem Tageslicht an einem sonnigen warmen Mittag besonders für die Präsentation einer hochwertigen Wohnimmobilie oder es soll eine Gewerbeimmobilie inklusive ihrer Gebäude- und Innenbeleuchtung als Highlight während der kühleren Abenddämmerung dargestellt werden, um den Betrachter in eine spezielle Stimmung zu versetzen.

Doch wie erzeugt man bestimmte Stimmungen mit Licht? Mit welchen Mitteln nimmt man über die Beleuchtung einer 3D-Szene Einfluss auf die Bildstimmung? Wie geht man am besten vor, um eine spezifische Beleuchtungssituation zu realisieren? Um diese Fragen zu beantworten, ist es notwendig, zu wissen, aus welchen Komponenten das Licht besteht und wie diese in einer 3D-Visualisierung wirken, welche möglichen Beleuchtungsszenarien es für architektonische 3D-Visualisierung gibt und wie Sie welche Lichtquellen-Objekte innerhalb 3ds Max nutzen, um diese Beleuchtungsszenarien umzusetzen.

In den folgenden Abschnitten werden daher die Grundkenntnisse zu den Themen

- Lichtfarben
- Lichtintensitäten (-stärke)
- Licht und Schatten
- Beleuchtungsszenarien für Architektur
- Lichtquellentypen
- Lichtberechnungsverfahren

vermittelt und anhand von anschaulichen Beispielbildern illustrativ erläutert. Zudem wird aufgezeigt, wie Sie sich am effektivsten eine spezifische Beleuchtungssituation erarbeiten und wie Sie dabei automatisierte Programmfunktionen der Produktionssoftware 3ds Max nutzen, um realistische Ergebnisse zu erzielen.

Stimmung durch Lichtfarben

Bei der Erzeugung von Stimmungen spielen die eingesetzten Lichtintensitäten, aber vor allem die Lichtfarben eine tragende Rolle. Um die Wirkung von Lichtfarben besser zu verstehen, ist es zunächst einmal notwendig, die reale Umgebung zu betrachten. Sobald Sie bei jeder sich bietenden Gelegenheit aufmerksam die unterschiedlichen Lichtsituationen zu verschiedenen Tageszeiten studieren, werden Sie erkennen, dass bestimmte Lichtfarben in Ihrer realen Umgebung unterschiedliche Atmosphären erzeugen. Beispielsweise sind in den Morgenstunden eher bläuliche, kühle Farbtöne wahrnehmbar, während zur sonnigen Mittagszeit gelbliche, neutralere Farbtöne die Umwelt beleuchten. Zu den Abendstunden werden dann rötliche, warme Farbtöne während der Abenddämmerung erkennbar. Doch was sind Lichtfarben eigentlich und wie lassen sich diese genau erfassen und beschreiben?

Die Lichtfarbe

Die Begriff *Lichtfarbe* stammt aus der Lehre der Fotometrie, der zahlenmäßigen Beschreibung von Licht und dessen Eigenschaften. Licht im physikalischen Sinn besteht aus elektromagnetischer Strahlung,

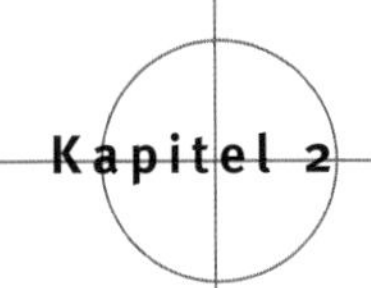

um etwas genauer zu sein, aus winzigen Photonen[1], die unterschiedliche Wellenlängen besitzen. Die unterschiedlichen Wellenlängen dieser Lichtphotonen sind die Ursache dafür, dass das menschliche Auge eine bestimmte kleinere Untermenge der elektromagnetischen Strahlung in unterschiedlichen Farben wahrnimmt, nämlich die Menge der sichtbaren Strahlung, das sogenannte sichtbare Lichtspektrum. Was umgangssprachlich unter dem Begriff »Spektral- oder Regenbogenfarben« zusammengefasst wird, stellt das Spektrum an Lichtfarben dar, die wir mit den physiologischen Eigenschaften des Auges wahrnehmen können. Es reicht von Violett über Blau, Grün, Gelb, Orange bis hin zu Rot.

Abbildung 2.61
Die Spektral- bzw. Regenbogenfarben stellen die Menge an sichtbarem Licht

Licht kann also in unterschiedlichen Farben wahrgenommen werden. Aufgrund der täglichen Erfahrung mit unserer realen Umgebung verbinden wir die zu einer bestimmten Tageszeit oder Situation dominierenden Lichtfarben gedanklich mit bestimmten Stimmungen. Warme, rötliche Lichtfarben erzeugen eine abendliche Stimmung, kühle, weiße oder bläuliche Farben hingegen erinnern an Bürobeleuchtungen. Helle, gelbliche Lichtfarben erinnern an starke Sonneneinstrahlung, z.B. an einen warmen sonnigen Mittag.

Lichtfarben werden also durch unsere Erfahrungen bestimmten Tageszeiten zugeordnet. Die Tageszeiten wiederum verbinden wir durch unsere Erfahrungen mit einer bestimmten Stimmung. Also lassen sich durch den gezielten Einsatz von Lichtfarben in einer architektonischen 3D-Visualisierung, durch die damit verbundene Assoziation von Tageszeiten, bestimmte Stimmungen beim Betrachter erzeugen, um so die zu präsentierenden Immobilien ins rechte »Licht« zu rücken.

Lichttemperatur – Zahlenwerte für Lichtfarben

Nachdem verdeutlicht wurde, dass sich mit unterschiedlichen Lichtfarben diverse Stimmungen erzeugen lassen können, bleibt nun die Frage, wie Lichtfarben exakt numerisch erfasst oder definiert wer-

1. Umgangssprachlich formuliert sind Photonen die Bausteine elektromagnetischer Strahlung, die man sich als winzige Lichtteilchen vorstellen kann. Photonen besitzen eine Wellenlänge, deren unterschiedliche Länge Licht in unterschiedlichen Farben erscheinen lässt.

den, um sie als Zahlenwert z.B. innerhalb einer 3D-Produktionssoftware verwenden zu können. An dieser Stelle hilft eine neue Einheit – die *Farbtemperatur*.

Wenn umgangssprachlich über Farben gesprochen wird, werden häufig die Begriffe warm oder kalt verwendet, um die intuitive Wirkung einer gewählten Farbe auf die Wahrnehmung zu beschreiben. Tatsächlich lassen sich mithilfe der Physik den diversen Lichtfarben entsprechende Temperaturzahlenwerte zuordnen. Um die Farbeigenschaft von Licht exakt beschreiben zu können, wurde in der Physik der Begriff der *Farbtemperatur* eingeführt. Die Farbtemperatur wird dabei in der physikalischen Einheit *Kelvin* gemessen (nicht in Grad Celsius). Vereinfacht beschrieben, erfolgt die Zuordnung einer Lichtfarbe zu einer entsprechenden Farbtemperatur mithilfe der Glüheigenschaften eines schwarzen Glühdrahtes, wie beispielsweise der in einer Glühbirne. Je heißer der Glühdraht erhitzt wird, umso heller leuchtet dieser. Mit steigender Temperatur beim Erhitzen ändert sich dessen Farbe von Rot über Orange in Gelb, bei bestimmten Materialien[1] über Weiß sogar in Grün, Blau und letztlich Violett – insgesamt also in die gesamte farbliche Bandbreite des sichtbaren Lichtspektrums. Dieser Zusammenhang zwischen denen sich im glühenden Draht widerspiegelnden Lichtfarben und den dabei vorhandenen Temperaturen im Draht lässt sich in Zuordnungstabellen zusammenfassen. Jeder Lichtfarbe wird dabei der entsprechende Temperaturzahlenwert in Kelvin zugeordnet. Es entsteht somit also ein direkter Zusammenhang zwischen Lichtfarbe und Farbtemperatur, der sowohl in der klassischen Fotografie als auch mittlerweile in der 3D-Visualisierung dazu verwendet wird, die Farbeigenschaften von Lichtquellen und somit auch alltäglicher Lichtsituationen mit einem einzigen Zahlenwert eindeutig zu beschreiben und zu definieren.

Die Farbtemperatur wird also verwendet, um zu bestimmen, welche Farbe eine natürliche oder künstliche Lichtquelle innerhalb der 3D-Produktionssoftware 3ds Max hat. Sie bestimmt jedoch in keiner Weise die Leuchtintensität der Lichtquelle, auch wenn bei der Verwendung der Begriffe Kerzenflamme, Glühlampe oder Sonnenlicht in

1. Eine Xenon-Lampe kann beispielsweise weißlich zum Leuchten gebracht werden, eine Phosphor-Quecksilber-Lampe erreicht sogar grünliche Farbspektren, da diese Materialien einen höheren Schmelzpunkt haben, also länger und somit stärker zum Glühen gebracht werden können.

der dargestellten Tabelle 2.1 eine akute Verwechslungsgefahr diesbezüglich besteht. Die Intensität einer Lichtquelle (also die Leuchtstärke) wird in einem separaten Zahlenwert definiert.

Tabellen, die beispielhaft einigen natürlichen und künstlichen Lichtquellen bestimmte Farbtemperaturen zuordnen, helfen bei der Umsetzung einer realistischen Beleuchtungssituation innerhalb Ihrer 3D-Visualisierung. Folgend finden Sie einige Beispiele als Orientierung.

Tabelle 2.1
Farbtemperaturen und Beispiele

Alltägliche Lichtquellen	Farbtemperatur (Kelvin)
Kerzenflamme	1750 K
Sonnenlicht bei Sonnenauf- oder -untergang	2000 K
Glühlampe (25W)	2500 K
Glühlampe (100W)	2850 K
Glühlampe (200W)	3000 K
Halogenlampe	3300 K
Leuchtstoff-/Neonröhre	4000 K
Flutlicht im Stadion	4800 K
Morgen- & Abendsonne	5250 K
Sonnenlicht bei wolkenarmem Himmel (mittags)	6000 K
Tageslicht bei bedecktem Himmel	6750 K

Stimmung durch kontrastreiche Lichtintensitäten

Neben der Kameraposition und der gewählten Perspektivstärke, die über die Brennweiten der Kamera eingestellt werden kann, bestimmen überlegt platzierte und konfigurierte Lichtquellen maßgeblich die Bildtiefe. Überlegt eingesetzt, erzeugen kontrastreiche Licht- und Schattenbereiche in den einzelnen Räumen und zwischen den einzelnen Szenenelementen Ihrer 3D-Visualisierung zusätzliche dreidimensionale Raumtiefe und Realismus.

Lichtkontraste sind für die Wahrnehmung von Realismus absolut wesentlich, seien es Helligkeits- oder Lichtfarbenkontraste. Versuchen Sie mithilfe der Beleuchtung immer ein breites Schattierungsspektrum mit gezielten Schattenverläufen und starken Hell-dunkel-Kontrasten zu erreichen. Arbeiten Sie Schattendetails heraus. Sie unterstreichen damit die Bildtiefe und erhöhen den Grad an Realismus, wie der direkte Vergleich der Abbildung 2.62 und Abbildung 2.63 verdeutlicht.

Abbildung 2.62
Negativ-Beispiel Lichtkontraste

Abbildung 2.63
Positiv-Beispiel Lichtkontraste

Lichter und deren Schatten

Zur Realisierung einer ansprechenden Beleuchtungssituation gehört selbstverständlich auch die Realisierung von harten oder weichen Schatten, denn dort, wo Lichtquellen beleuchten, werden naturgemäß immer Schatten in unterschiedlicher Ausprägung und Stärke geworfen. Schatten sind essenziell für die realistische Wahrnehmung einer architektonischen 3D-Visualisierung, denn sie stellen einen visuellen Bezug zwischen den 3D-Objekten und den Boden- oder Raumflächen her, auf denen die Objekte stehen (vergleichen

Sie diesbezüglich die beiden Abbildungen Abbildung 2.64 und Abbildung 2.65).

Abbildung 2.64
3D-Szenerie ohne Schatten; die 3D-Objekte scheinen förmlich zu schweben

Abbildung 2.65
Schatten erzeugen erst den optischem Bezug zwischen 3D-Objekt und Boden

Schatten sind Bereiche, die nicht oder nur wenig durch direktes oder indirektes Licht beleuchtet werden. Sie kommen in den unterschiedlichsten Ausprägungen vor, von hartkantig und intensiv bis hin zu weichkantig und dezent. Intensive, hartkantige Schatten werden durch intensive direkte Beleuchtung erzeugt, wie beispielsweise das Sonnenlicht oder starke Raumleuchten. Weiche dezente Schatten entstehen immer dann, wenn Bereiche aus unterschiedlichen Richtungen mit indirektem Licht diverser umgebender Lichtquellen beleuchtet werden. Dabei muss das indirekte Licht nicht zwangsläufig von Lichtquellen-Objekten abstammen, sondern kann auch Lichtenergie sein, die von hellen Wänden oder anderen Objekten innerhalb einer 3D-Szene reflektiert wurde. Die Berechnung solcher weichen Schatten/Schattierungen, die durch indirekte Beleuchtung entstehen, erfordert wesentlich mehr Berechnungszeit als die Berechnung von Schatten, die direkt durch ein Lichtquellen-Objekt generiert werden. Indirekte Beleuchtung wird auch als *Globale Beleuchtung* bezeichnet. Sie lässt sich mit speziellen Lichtberechnungsverfahren innerhalb der Produktionssoftware 3ds Max generieren, die im Abschnitt »Welche Lichtberechnungsverfahren stehen zur Verfügung?« auf Seite 147 noch ausführlich erläutert werden.

Wegen der erwähnten hohen Berechnungszeit bei der Berechnung *Globaler Beleuchtung* erzeugt jedes in 3ds Max zur Verfügung stehende Lichtquellen-Objekt zunächst nur einen direkten Schatten, der durch direkte Beleuchtung, auch *Lokale Beleuchtung* genannt, entsteht. Da es in 3ds Max unterschiedliche Berechnungsarten für die Erzeugung dieses direkten Schattenwurfs gibt, lassen sich diese separat für jedes Lichtquellen-Objekt einstellen. Die angebotenen Schattentypen können dabei von Lichtquellen-Objekt zu Lichtquellen-Objekt variieren. Zur Verfügung stehen die Schattentypen mit folgenden Eigenschaften:

- **Erweitertes Raytracing:** Diese Schatten-Berechnungsart unterstützt Objekt- oder Textur-Transparenzen. Die generierten Schatten werden entsprechend der Transparenz aufgehellt. Diese Berechnung schont den Speicher, ist für schnelle, aber akkurate Berechnungen ausgelegt und daher für komplexe Szenen mit vielen Lichtquellen oder 3D-Oberflächen zu empfehlen. Alle Szenendetails, auch dünnere 3D-Oberflächen, werden für den Schattenwurf erfasst, wie in Abbildung 2.66 (Stuhlgestell) gezeigt. Die Berechnung unterstützt jedoch keine weichen Schattenkanten.

Abbildung 2.66
Harte Schatten berechnet mit erweitertem Raytracing

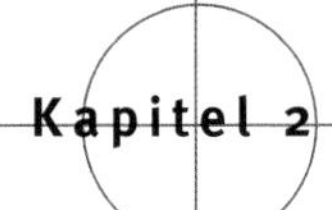

- **Flächenschatten:** Flächenschatten sind etwas langsamer zu berechnen als Schatten des Typs *Erweitertes Raytracing*, können dafür jedoch ansprechende lokale Objektschatten mit weichen Kanten erzeugen. Diese Berechnungsart unterstützt ebenfalls Objekt- oder Textur-Transparenzen und passt die geworfenen Schatten dafür in der Intensität an. Verschiedene Schatten-Emitter-Formate erzeugen unterschiedliche weiche Schattenformen. Typischerweise erzeugen Flächenschatten härtere, dunklere Schattenkerne in Objektnähe und laufen mit zunehmender Entfernung aus, wie in Abbildung 2.67 dargestellt.

Abbildung 2.67
Flächenschatten erzeugen härtere, dunklere Schattenkerne in Objektnähe und laufen mit zunehmender Entfernung aus

- **mental ray-Schatten-Maps:** MENTAL RAY-Schatten-Maps sind vereinfachte Methoden zur Berechnung von Schatten und daher in ihrer Berechnung sehr schnell. Sie berechnen die Schatten nicht so akkurat wie die auf *Raytracing* basierenden Methoden und unterstützen auch keine Objekt- oder Textur-Transparenzen. Bei qualitativ niedrig eingestellten Schattenparametern gehen Details verloren (siehe Stuhlgestelle in Abbildung 2.68). Charakteristisch für Schatten-Maps ist eine gleichmäßig weich gezeichnete Schattenkante.
- **Raytrace-Schatten:** Der Typ *Raytrace-Schatten* ist eine ältere und einfachere Form der Berechnung als das erwähnte *Erweitertes Raytracing*. Diese Berechnungsart bietet vergleichsweise weniger Optionen und ist während der Berechnung langsamer. Die Ergebnisse entsprechen denen der Berechnungsart *Erweitertes Raytracing* (siehe Abbildung 2.66).

Abbildung 2.68
Weiche Schatten erzeugt durch Schatten-Maps; Details (s. Stuhlgestelle) können verloren gehen

- **Schatten-Maps:** Diese Berechnungsart ist die einfachste Form des Schattenwurfs. Sie erzeugt zwar weiche Schattenkanten, ist dabei jedoch nicht sehr akkurat, beansprucht viel Speicher und unterstützt zudem keine Objekt- oder Textur-Transparenzen.

Prüfen Sie bei der Erstellung eines Lichtquellen-Objekts, ob die voreingestellten Berechnungsarten und -parameter für den Schattenwurf in ihren Ergebnissen Ihren Vorstellungen entsprechen. Passen Sie Berechnungsart und Parameter gegebenenfalls an, denken Sie jedoch dabei an die Berechnungsgeschwindigkeiten und -qualitäten. Die am häufigsten anzupassenden Parameter beziehen sich meist auf die Schattenintensität und die Schattenfarbe. Detaillierte Informationen zu den vorgestellten Schatten-Berechnungsarten finden sich in der 3ds Max-Hilfe (Stichwort: *Schatten*).

Die grundlegenden Bausteine einer spezifischen Beleuchtungssituation sind also Lichtquellen mit überlegt definierten Werten für Lichtfarbe und Lichtintensität und den richtigen Schattenwurfparametern. Welche Beleuchtungsszenarien sich mit diesen Bausteinen realisieren lassen, wird im folgenden Abschnitt erläutert.

Fünf Beleuchtungsszenarien für Architektur

In der professionellen architektonischen 3D-Visualisierung haben sich fünf Beleuchtungsszenarien durchgesetzt, die in der Praxis oft Verwendung finden und an denen man sich gut orientieren kann. Das jeweils eingesetzte Beleuchtungsszenario hängt von der Tageszeit und dem Ort ab, die für die zu realisierenden 3D-Visualisierung relevant sein sollen.

Die folgenden Beschreibungen der einzelnen Beleuchtungsszenarien dienen als erster grober Leitfaden für die Umsetzung, Jedes Beleuchtungsszenario wird schrittweise realisiert und während der Umsetzung individuell verfeinert, indem Anzahl, Position und Eigenschaften der Lichtquellen variiert und die Auswirkungen in der 3D-Szenerie bewertet werden.

- **Beleuchtungsszenario Außenperspektive-Tag:** Mithilfe von geeigneten Lichtquellen und Lichtberechnungsverfahren wird versucht, die Tageslichtsituationen zu unterschiedlichen Tageszeiten realistisch nachzuahmen. Charakteristisch für dieses Szenario ist der Einsatz von zwei intensiven Lichtquellen aus gegensätzlichen Richtungen mit kräftigen scharfkantigen Schatten und typischen Lichtfarben bzw. -temperaturen (helles Gelb für die Sonne und helles Blau für den Himmel).
- **Beleuchtungsszenario Außenperspektive-Abend:** Mithilfe von geeigneten Lichtquellen und Lichtberechnungsverfahren wird versucht, die Lichtsituation zur Abenddämmerung realistisch nachzuahmen. Charakteristisch für dieses Szenario ist der Einsatz von zwei schwachen Lichtquellen aus gegensätzlichen Richtungen (für Abendsonne und Himmel) in typisch rötlichen Farbtönen, die mit stärkeren Lichtquellen für z.B. äußere Fassadenbeleuchtung oder die innere Raumbeleuchtung kombiniert werden.
- **Beleuchtungsszenario Innenperspektive-Tag:** Mithilfe von geeigneten Lichtquellen und Lichtberechnungsverfahren wird versucht, die Tageslichtsituationen zu unterschiedlichen Tageszeiten in Innenräumen realistisch nachzuahmen. Charakteristisch für dieses Szenario ist der Einsatz von zwei intensiven Lichtquellen aus gegensätzlichen Richtungen außerhalb der Räume, die Sonne und Himmel simulieren. Durch diese Lichtquellen werden die Innenräume lediglich durch Öffnungen, wie Fenster oder Türen, direkt beleuchtet. Idealerweise wird hier mit Verfahren für die Berechnung indirekter Beleuchtung[1] eine automatische Ausleuchtung der Innenräume simuliert, die das diffuse Sonnen- und Himmelslicht auch in das Innere der Räume trägt. Alternativ oder zusätzlich können mehrere überlegt platzierte und konfigurierte

1. Lichtberechnungsverfahren für indirekte Beleuchtung in 3ds Max: Globale Illumination, Radiosity oder Final Gather – nähere Informationen finden Sie folgend in diesem Buch sowie in der 3ds Max-Hilfe.

Lichtquellen im Inneren zusätzlich für eine akkurate Raum- und Wandbeleuchtung sorgen.

- **Beleuchtungsszenario Innenperspektive-Abend:** Mithilfe von geeigneten Lichtquellen und Lichtberechnungsverfahren wird versucht, die Lichtsituation zur Abenddämmerung in Innenräumen realistisch nachzuahmen. Charakteristisch für dieses Szenario ist der Einsatz einer schwachen Lichtquelle außerhalb der Räume, die Abendsonne, Mondlicht oder Stadtlicht simuliert. Durch diese Lichtquelle werden die Innenräume lediglich durch Öffnungen, wie Fenster oder Türen, direkt schwach beleuchtet. Idealerweise wird auch hier mit Verfahren für die Berechnung indirekter Beleuchtung eine automatische Ausleuchtung der Innenräume simuliert, die das direkte rötliche Licht der Abendsonne, aber insbesondere das der Haupt-Lichtquellen im Rauminneren auch in die Raumbereiche trägt, die nicht direkt durch die Lichtquellen angestrahlt werden.
- **Beleuchtungsszenario Studiobeleuchtung:** Dieses Beleuchtungsszenario stammt ursprünglich aus dem Bereich der Produktvisualisierung. Im Zusammenhang mit architektonischer Visualisierung wird dieses Szenario eingesetzt, um die zu präsentierende Architektur innerhalb von modellhaften Gesamtübersichten aus der Vogelperspektive (Immobilien und Umgebung auf einem Plateau) zu präsentieren. Mithilfe von geeigneten Lichtquellen und Lichtberechnungsverfahren wird versucht, die Lichtsituation innerhalb eines Fotostudios realistisch nachzuahmen. Charakteristisch für dieses Szenario ist der Einsatz mehrerer weißer Lichtquellen, die mit diffusem Licht und weichen Schatten die Architektur auf dem 3D-Modellplateau von allen Seiten regelmäßig ausleuchten.

Welche unterschiedlichen Lichtquellen/ -typen stehen zur Verfügung?

Um die aufgezeigten Beleuchtungsszenarien umzusetzen, stehen innerhalb der Produktionssoftware 3ds Max unterschiedliche Lichtquellen-Objekte zur Verfügung. Diese unterschiedlichen Lichtquellen-Objekte simulieren reale Lichtquellen wie Sonne, Himmel, Haus-, Büro- oder Studiobeleuchtung. Dabei gibt es, aufgrund der voranschreitenden technischen Entwicklung der Lichtquellen-Objekte und

Lichtberechnungsverfahren in 3ds Max, mittlerweile zwei Klassen von Lichtquellen-Objekten, die Standard-Lichtquellen und die photometrischen Lichtquellen.

Standard-Lichtquellen

Standard-Lichtquellen gehören zu den weniger komplexen Lichtquellen-Objekten. Sie simulieren zwar gleichermaßen alle Grundarten von realen Lichtquellen, verfügen jedoch nicht über physikalisch gestützte Intensitäts-, Farb- oder Lichtverteilungswerte – ein markanter Nachteil, wenn es um die Umsetzung fotorealistischer 3D-Visualisierung geht. Dennoch können durch eine geschickte Anwendung dieser Standard-Lichtquellen ansprechende optische Ergebnisse realisiert werden. Folgende Standard-Lichtquellen stehen in der Produktionssoftware 3ds Max zur Auswahl:

- **Spotlicht:** Ein Spotlicht erzeugt einen gebündelten Lichtstrahl, vergleichbar mit dem einer Taschenlampe oder eines Scheinwerfers.
- **Richtungslicht:** Ein Richtungslicht erzeugt gleichmäßig parallel verlaufende Lichtstrahlen und simuliert so das Licht einer weit entfernten Lichtquelle, wie etwa das der Sonne.
- **Omnilicht:** Ein Omnilicht erzeugt von einem Punkt aus gleichmäßig in alle Richtungen verlaufende Lichtstrahlen. Es simuliert so Punktlichter wie Glühbirnen oder Kerzenflammen.
- **Himmelslicht:** Ein Himmelslicht simuliert auf reduzierte Weise das Tageslicht, indem es Licht von einer Kuppel über der 3D-Szene ins Innere ausstrahlt und die Objekte gleichmäßig von allen Seiten beleuchtet.
- **Flächenomnilicht** (MENTAL RAY): Bei diesem Typ handelt es sich um eine Weiterentwicklung von normalen Omnilichtquellen, die nur unter Verwendung des Produktionsrenderers MENTAL RAY qualitativ bessere Ergebnisse erzielen. Das Flächenomnilicht erzeugt Lichtstrahlen, die von einem Volumenobjekt, wie einer Kugel oder einem Zylinder, gleichmäßig in alle Richtungen ausgestrahlt werden. Insbesondere die Schattenverläufe werden durch den Einsatz von Flächenlichtern verbessert, da weichere Schatten erzeugt werden als mit reinen Omnilichtern.
- **Flächenspotlicht** (MENTAL RAY): Bei diesem Typ handelt es sich um eine Weiterentwicklung von normalen Spotlichtquellen, die nur unter Verwendung des Produktionsrenderers MENTAL RAY qualita-

tiv bessere Ergebnisse erzielen. Das Flächenspotlicht erzeugt Lichtstrahlen, die von einer rechteckigen oder runden Fläche gleichmäßig in eine Richtung ausgestrahlt werden. Wie beim Flächenomnilicht werden insbesondere die Schattenverläufe durch den Einsatz eines Flächenlichts verbessert, da weichere Schatten erzeugt werden als mit normalen Spotlichtern.

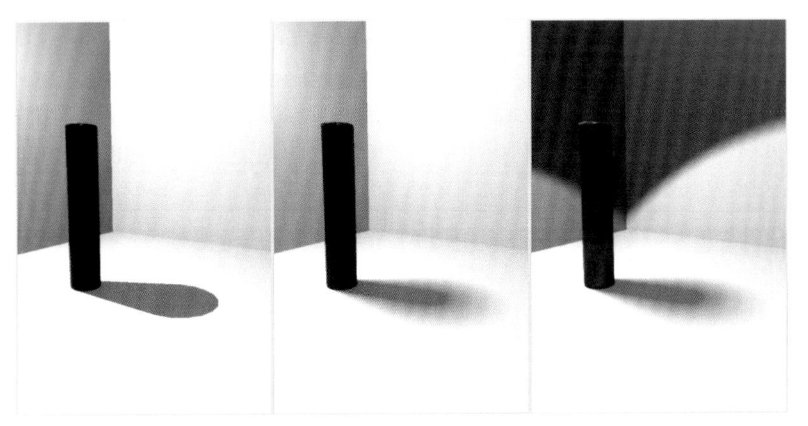

Abbildung 2.69
Vergleich der Schattenwürfe bei Lichtquellen Standard, Flächenomnilicht, Flächenspotlicht (v.l.n.r)

Standard-Lichtquellen werden heutzutage nur noch selten für professionelle architektonische 3D-Visualisierung verwendet, da die Verwendung der fortgeschritteneren *Photometrischen Lichtquellen* qualitativ deutlich bessere Ergebnisse erzielt. Die Einrichtung einer realistisch wirkenden Beleuchtungssituation ausschließlich mit Standard-Lichtquellen ist zudem deutlich aufwendiger, da reale Lichtsituationen oder Lichtverteilungen in Räumen umständlich simuliert werden müssen und dafür kaum Lichtberechnungsverfahren genutzt werden können, die das vorhandene Licht in den Räumen verteilen (vgl. Abschnitt »Welche Lichtberechnungsverfahren stehen zur Verfügung?« auf Seite 147). Dennoch kann die Verwendung von Standard-Lichtquellen für die Visualisierung einfacher 3D-Szenerien sinnvoll sein, da die Berechnung von Standard-Lichtquellen wegen ihrer geringeren Komplexität wesentlich schneller durchgeführt werden kann. Wenn weniger Wert auf Fotorealismus gelegt wird, können durch den Einsatz von Standard-Lichtquellen Renderzeiten und somit Produktionszeiten reduziert werden.

Tipp

Stellen Sie insbesondere bei den Standard-Lichtquellen die Lichtabnahme immer entsprechend ein, um das Licht mit zunehmender Entfernung an Intensität gegen 0 abnehmen zu lassen. Dadurch erhöhen Sie die Glaubwürdigkeit Ihrer Lichter und reduzieren ebenfalls die Renderzeiten bei der finalen Bildberechnung, da nach vollständiger Lichtabnahme (Intensität = 0) dann keine Berechnungen mehr stattfinden müssen, auch keine zeitintensive Schattenberechnung zu der jeweiligen Lichtquelle.

Photometrische Lichtquellen

Die Klasse der *Photometrischen Lichtquellen* verwendet photometrische, also auf physikalischen Eigenschaften von Licht basierende Lichtwerte, mit denen die Beleuchtungssituation einer architektonischen 3D-Visualisierung realistischer simuliert werden kann. Sie verfügt unter anderem über physikalisch gestützte Zahlenwerte für Lichtintensität, Lichtfarbe und vor allem die Lichtverteilung einer Lichtquelle.

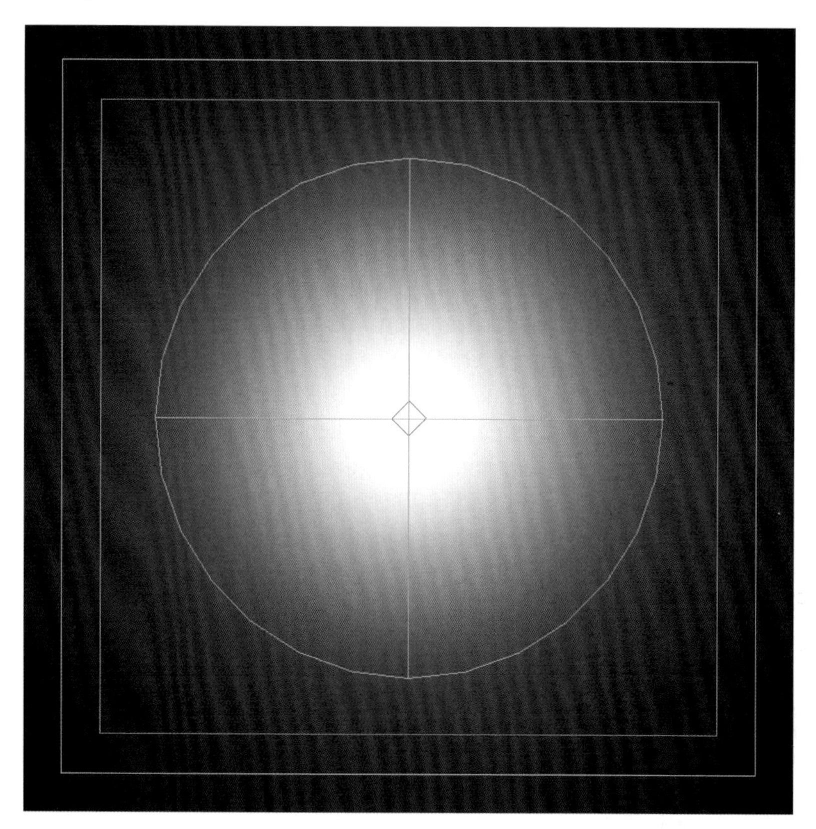

Abbildung 2.70
Absolut gleichmäßige und daher isotrope Lichtverteilung eines Omnilichts

Nicht jede Lichtquelle strahlt gleichmäßig die gleiche Menge an Licht in bestimmte Richtungen aus, wie bei den sogenannten isotropen Lichtquellen (siehe Abbildung 2.70). Vielmehr variiert die Lichtverteilung der diversen Lichtquellensorten deutlich voneinander. Wandstrahler und Nachttischleuchten unterscheiden sich beispielsweise deutlich in der Form des geworfenen Lichtkegels und der jeweiligen

Lichtintensität innerhalb dieses Lichtkegels (vgl. Abbildung 2.71). Um die genaue Lichtverteilung von Lichtquellen exakt beschreiben zu können, arbeitet die Lichtindustrie mit dreidimensionalen Lichtverteilungsnetzen,[1] die geometrisch genau beschreiben, in welche Richtung die jeweilige Lichtquelle mit welcher Lichtintensität ausstrahlt. Das populärste Format für den Austausch solcher Lichtverteilungsdaten ist das IES-Format.[2] Bei den sogenannten IES-Dateien handelt es sich um industriell vorgefertigte Lichtquellen-Schablonen, die auf realen Lichtmesswerten basieren und die von vielen führenden Leuchtenherstellern für die einzelnen Leuchten aus deren Produktsortimenten frei zum Herunterladen angeboten werden (siehe Abschnitt »Freie Ressourcen aus dem Internet« auf Seite 52 > »Photometrische Daten« auf Seite 53). Diese IES-Schablonen lassen sich innerhalb der Produktionssoftware 3ds Max einladen und somit jeder beliebigen photometrischen Lichtquelle zuordnen.

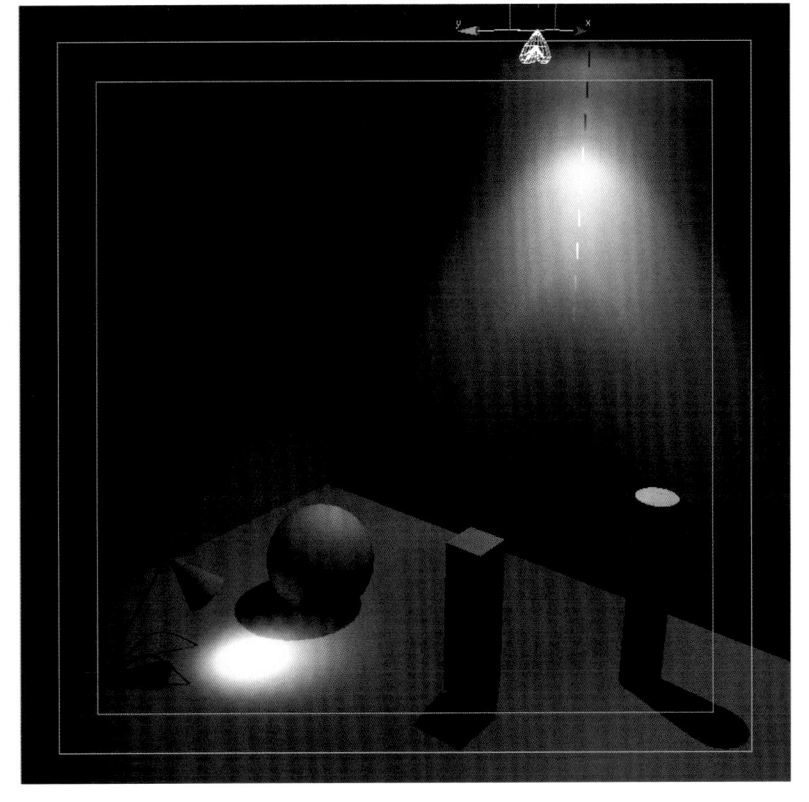

Abbildung 2.71
Unregelmäßige photometrische Lichtverteilung bestimmt auch IES-Daten

1. Nähere Informationen diesbezüglich finden sich in der 3ds Max-Hilfe (Stichwort: Photometrische Netze).
2. IES = Illuminating Engineering Society; nähere Infos unter http://www.iesna.org

In Kombination mit physikalischen Zahlenwerten für die Lichtfarben und Lichtintensitäten produzieren photometrische Lichtquellen wirklichkeitsgetreue Ergebnisse und sind daher ideal für die Reproduktion realistischer Beleuchtungssituationen innerhalb architektonischer 3D-Visualisierung geeignet. Sie sollten für hochwertige Produktionen den Standard-Lichtquellen vorgezogen werden.

Die folgenden photometrischen Lichtquellen-Objekte stehen Ihnen für die Realisierung Ihrer Beleuchtungssituation innerhalb der Produktionssoftware 3ds Max zur Verfügung:

- **Photometrisches Punktlicht:** Ein photometrisches Punktlicht emittiert von einem angegebenen Punkt aus die Lichtstrahlen in alle Richtungen. Anders als bei den bereits kennengelernten Standard-Punktlichtern, den Omnilichtquellen, können den photometrischen Punktlichtquellen photometrische Lichtverteilungsnetze zugewiesen werden, die die isotrope Lichtverteilung[1] im Raum ersetzen und stattdessen mithilfe des angegebenen Netzes die Verteilung der Lichtintensität in die unterschiedlichen Richtungen im 3D-Raum steuern. Zudem können für photometrische Punktlichter physikalische Werte für Lichtstärke und Lichtfarbe angegeben werden.

Abbildung 2.72
Photometrisches Punktlicht für die Simulation von kugelförmigen Leuchtkörpern

- **Photometrisches Linearlicht:** Ein photometrisches Linearlicht emittiert die Lichtstrahlen entlang einer Linie in alle Richtungen, wie etwa eine Leuchtstoffröhre. Anders als bei den bereits

1. Gemeint ist hier die gleichmäßige Verteilung in alle Richtungen im Raum.

kennengelernten Standard-Richtungslichtern können den photometrischen Linearlichtquellen ebenfalls photometrische Lichtverteilungsnetze zugewiesen werden, die die isotrope Lichtverteilung[1] im Raum ersetzen und stattdessen mithilfe des angegebenen Netzes die Verteilung der Lichtintensität in die jeweilige Richtungen im 3D-Raum steuern. Zudem können für photometrische Linearlichter physikalische Werte für Lichtstärke und Lichtfarbe angegeben werden.

Abbildung 2.73
Photometrisches Linearlicht für die Simulation von länglichen Röhrenlichtern

- **Photometrisches Flächenlicht:** Ein photometrisches Flächenlicht emittiert die Lichtstrahlen von einer rechteckigen Fläche und simuliert so das Licht einer größeren flächigen Lichtquelle, wie etwa das einer Leuchtwand. Anders als bei den bereits kennengelernten Standard-Flächenlichtern können den photometrischen Flächenlichtquellen ebenfalls photometrische Lichtverteilungsnetze zugewiesen werden, die die isotrope Lichtverteilung[2] im Raum ersetzen und stattdessen mithilfe des angegebenen Netzes die Verteilung der Lichtintensität in die jeweiligen Richtungen im 3D-Raum steuern. Zudem können für photometrische Flächenlichter physikalische Werte für Lichtstärke und Lichtfarbe angegeben werden. Es werden insbesondere die Schattenverläufe durch den Einsatz eines Flächenlichts verbessert, da weichere Flächenschatten erzeugt werden als mit photometrischen Punkt- oder Linearlichtern.

1. Gemeint ist hier die gleichmäßige parallele Verteilung im Raum.
2. Gemeint ist hier die gleichmäßige parallele Verteilung im Raum.

Abbildung 2.74
Photometrisches Flächenlicht (hier Kreis) mit typischem Schattenwurf

- **IES-Sonne:** Bei der IES-SONNE handelt es sich um ein Lichtquellen-Objekt, das auf physikalischer Basis das Sonnenlicht für die beiden Lichtberechnungsverfahren LICHT-TRACING und RADIOSITY simuliert, die letztlich die Berechnung des indirekten Lichts in der 3D-Szene durchführen (siehe Abschnitt »Welche Lichtberechnungsverfahren stehen zur Verfügung?« auf Seite 147). Die IES-Sonne sollte am besten nur mit diesen beiden Lichtberechnungsverfahren eingesetzt werden, da für den Einsatz der MENTAL RAY-eigenen Lichtberechnungsverfahren FINAL GATHER und GLOBALE LLUMINATION das Lichtquellen-Objekt MR-SONNE vorgesehen ist und dort bessere Ergebnisse liefert. Dieses Lichtquellen-Objekt sollte zudem vorzugsweise in Kombination mit dem speziellen Tageslichtsystem von 3ds Max verwendet werden, wo es zusammen mit dem IES-HIMMEL atmosphärische Tageslichtszenarien simuliert (siehe Abschnitt »Tageslichtsysteme (Standard und mental ray)« auf Seite 139 im weiteren Verlauf dieses Buches).

Tipp

Die physikalische Skalierung der logarithmischen Belichtungssteuerung sollte beim Einsatz von IES-Sonne in Kombination mit der Licht-Tracing-Berechnung oder der Radiosity-Berechnung der hellsten Lichtquelle (also der IES-Sonne) angeglichen werden (90.000 candela), um akkurate Ergebnisse zu produzieren.

- **IES-Himmel:** Bei dem IES-HIMMEL handelt es sich um ein Lichtquellen-Objekt, das auf physikalischer Basis charakteristische Atmosphäreneffekte für die beiden Lichtberechnungsverfahren LICHT-TRACING und RADIOSITY simuliert, die letztlich die Berechnung des indirekten Lichts in der 3D-Szene durchführen. Der IES-HIM-

MEL sollte am besten nur mit diesen beiden Lichtberechnungsverfahren eingesetzt werden, da für den Einsatz der MENTAL RAY-eigenen Verfahren FINAL GATHER und GLOBALE LLUMINATION das Lichtquellen-Objekt MR-HIMMEL vorgesehen ist und dort bessere Ergebnisse liefert. Dieses Lichtquellen-Objekt sollte vorzugsweise in Kombination mit dem speziellen Tageslichtsystem von 3ds Max verwendet werden, wo es zusammen mit der IES-SONNE atmosphärische Tageslichtszenarien simuliert (siehe Abschnitt »Tageslichtsysteme (Standard und mental ray)« auf Seite 139 im weiteren Verlauf dieses Buches).

- **mr-Sonne und mr-Himmel (mental ray):** Die beiden Lichtquellen MR-SONNE und MR-HIMMEL wurden entworfen, um in der Kombination mit dem Produktionsrenderer MENTAL RAY absolut realistische Tageslichtsimulationen und exakte atmosphärische Darstellungen in Beleuchtungsszenarien zu unterschiedlichen Tageszeiten zu ermöglichen. Zusammen mit dem Material MR-PHYSISCHER HIMMEL, das für die Darstellung eines realistischen Himmelbildes zu verschiedenen Tageszeiten in der 3D-Szenerie sorgt, entstehen die qualitativ hochwertigsten Produktionsergebnisse für architektonische 3D-Visualisierung innerhalb der Produktionssoftware 3ds Max.

Tageslichtsysteme (Standard und mental ray)

Das Tageslichtsystem in 3ds Max generiert die für eine Beleuchtungssituation bei Tageslicht benötigten Lichtquellen-Objekte innerhalb eines automatischen Systems, das dem geografisch korrekten Winkel der Sonne über der Erde an einem wählbaren Ort zu einer wählbaren Zeit entspricht. Der genaue Ort, das Datum und die Tageszeit können exakt angegeben werden. Auch die Nordrichtung lässt sich über eine Kompassrose justieren, um diese mit der Nordrichtung der zu beleuchtenden Architektur in Einklang zu bringen.

Das Tageslichtsystem ist also behilflich bei dem Erstellen und der Positionierung der entsprechenden Lichtquellen-Objekte für eine Beleuchtungssituation bei Tageslicht. Welche spezifischen Lichtquellen-Objekte das Tageslichtsystem für die Lichtberechnung dabei verwendet, ist frei wählbar. Es kann in Kombination mit den beiden Lichtquellen-Objekten MR-SONNE und MR-HIMMEL eingesetzt werden, wenn die Bildberechnung mit dem Produktionsrenderer MENTAL RAY erfolgt. Ebenso kann das Tageslichtsystem in Kombination mit den beiden Lichtquellen-Objekten IES-SONNE und IES-HIMMEL zum Einsatz kommen, wenn die Bildberechnung mit dem Standard-Renderer VORGABE SCANLINE erfolgen soll (siehe auch Abschnitt »Übung für Produktionsrenderer ›Vorgabe Scanline‹ (Radiosity)« auf Seite 180). Die Intensität, die Farbe und die Position der jeweiligen Lichtquelle werden dabei immer automatisch über die Tageszeit gesteuert.

Tipp

Da also die Position der Sonne und die Intensität direkt über das Datum und die Tageszeit gesteuert werden (vgl. Abbildung 2.75) und diese beiden Parameter im 3ds Max animierbar sind, können auf einfache Art und Weise auch Studien über Sonnenstand oder Schattenwürfe durchgeführt werden.

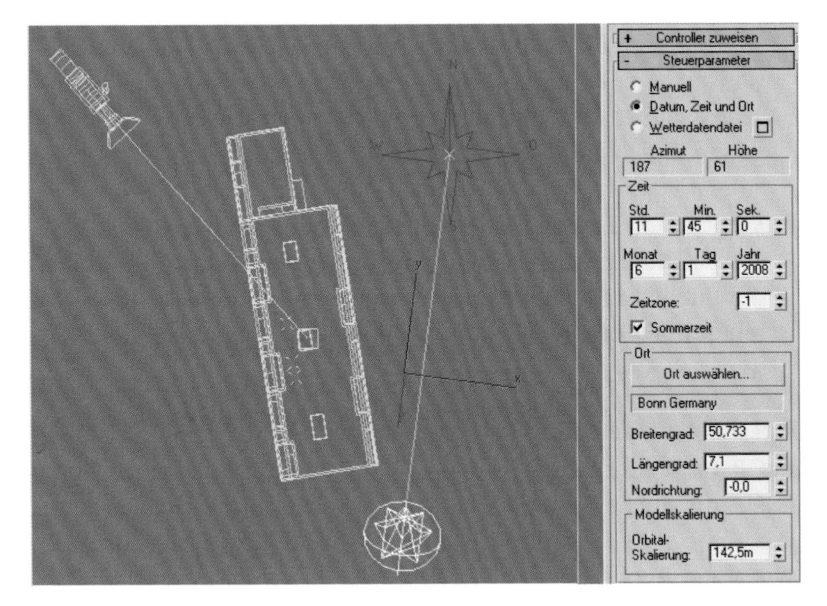

Abbildung 2.75
Das über ein Zeitsystem steuerbare Tageslichtsystem

Die Lichtquelle HDRI (High Dynamic Range Image)

Bei der HDRI-Lichtquelle handelt es sich um eine spezielle Lichtquelle zur realistischen Beleuchtung von 3D-Szenarien. Die Abkürzung HDRI steht dabei für die Begriffe *High Dynamic Range Image* und bezeichnet vereinfacht ausgedrückt digitale Bilddateien, die aufgrund ihrer erweiterten Speicherstruktur nicht nur die reinen Farbinformationen pro Bildpunkt (Pixel) zum Zeitpunkt der Fotografieaufnahme beinhalten, sondern diese zusätzlich mit Informationen zur vorherrschenden Lichtsituation mit hohem Dynamikbereich für Helligkeit und Kontrast verbinden, der sogenannten Luminanz.

HDR-Bilder werden unter anderem mit speziellen Kameras aufgenommen, die automatisiert eine 360°-Rundumaufnahme generieren und so die vollständige Bild- und Lichtsituation am Ort erfassen.

Um eine 3D-Szene entsprechend von allen Seiten realistisch auszuleuchten, können diese HDR-Bilddaten dann den Himmelslichtern in 3ds Max als bildliche Lichtquelle dienen, da durch den Luminanzwert pro Pixel genau bekannt ist, wie viel Licht von diesem Punkt ausgeht.

HDRIs können alternativ auch auf manuelle Weise mithilfe von Digitalkameras und verspiegelten Kugeln produziert werden. www.blochi.com/HDRI/

Der als Dynamikbereich (engl. Dynamic Range) bezeichnete Teil eines HDR-Bildes beschreibt dabei den im Bild gespeicherten Bereich zwischen dem hellsten und dem dunkelsten Helligkeitswert innerhalb dieses Bildes, der sogenannten Luminanz. Bei herkömmlichen Bilddateien, die in den Formaten JPG oder BMP bespeichert sind, können für die Helligkeitsinformation eines Bildpunktes (Pixel) beispielsweise lediglich 256 (2^8) unterschiedliche Werte gespeichert werden. Ein HDR-Bild hingegen kann über 4.294.967.297 (2^{32}) unterschiedliche Helligkeitswerte pro Pixel speichern, einen Helligkeits- und Kontrastumfang also, der durchaus geeignet ist, die Intensitätsunterschiede zwischen der intensiven Sonne und den einzelnen Intensitätskontrasten eines dunklen, lediglich durch das Tageslicht beleuchteten Hochhauszimmers innerhalb des gleichen Bildes deutlich unterscheidbar abzubilden.

Dieser hohe Dynamikbereich bzw. die darin enthaltene Menge an unterschiedlichen Lichtintensitäten ermöglicht es nun, die HDR-Bilder als künstliche sphärische Umgebung innerhalb der Produktionssoftware 3ds Max zu deklarieren und diese als globale allumfassende Lichtquelle für architektonische 3D-Visualisierung zu verwenden.

Die HDR-Bilder, üblicherweise in den Dateiformaten OpenEXR (*.exr) oder Radiance-Image (*.hdr), werden dabei dem Textur-Kanal einer photometrischen Himmelslichtquelle zugewiesen. Sie werden so zu einer HDRI-Lichtquelle und können direkt für die Beleuchtung der 3D-Szene verwendet werden. Diese HDRI-Lichtquelle beleuchtet die ganze 3D-Szene von allen Seiten (360°). Sie beinhaltet die wesentlichen Beleuchtungsinformationen, nämlich die Lichtintensität und die Lichtfarbe einer Sonne als Hauptlichtquelle sowie die beiden diesbezüglichen Werte des umgebenden Himmels, der für die diffuse Umgebungsbeleuchtung aus der entgegengesetzten Richtung sorgt. Dieselbe absolut realistische Beleuchtungssituation, die bei der Aufnahme des HDR-Bildes vorzufinden war, wird in der 3D-Szene künstlich reproduziert.

HDR-Bilddateien wurden explizit mit der Absicht entwickelt, die gegebene Beleuchtungssituation an bestimmten Orten zu bestimmten Zeiten digital aufzuzeichnen, um diese Daten dann für die Ausleuchtung computergenerierter Bilder nutzen zu können – eine Technik, die in der 3D-Fachwelt als *Image based Lighting* bezeichnet wird.

So verlockend diese spezielle Art der Beleuchtung einer 3D-Szene auch klingt, so sorgfältig ist der Einsatz von Image Based Lighting abzuwägen. Da durch die unveränderbaren HDR-Bilder die Beleuchtungssituation zu einem bestimmten Zeitpunkt fest vorgegeben wird, ist es bei diesem Verfahren nicht möglich, die Lichtfarben oder Lichtintensitäten unanhängig für jede Lichtquelle (Sonne oder Himmel) separat den eigenen Wünschen entsprechend einzustellen. Meist ist es schwer, passende HDR-Bilder mit der gewünschten Lichtstimmung zu finden, da diese erschwerend in einer außerordentlich hohen Bildauflösung (z.B. 4096 x 4096 Pixel) vorliegen müssen, um qualitativ hochwertige optische Ergebnisse zu erreichen. Die HDR-Bilder erzeugen zudem keine harten Schatten, wie sie typischerweise bei intensiver Sonneneinstrahlung zu beobachten sind. Harte Schatten müssen also immer zusätzlich mit anderen Lichtquellen erzeugt werden.

Der größte Nachteil besteht jedoch in der außerordentlich langen Renderzeit und somit auch Produktionszeit, die ein Rendering mit Image Based Lighting zur Berechnung benötigt. Die vergleichsweise hohe Renderzeit, die unter Umständen für das Berechnen architektonischer Standbild-Perspektiven noch in Kauf genommen werden könnte, macht jedoch die Realisierung einer architektonischen 3D-Animation, die aus mehreren tausend Einzelbildern bestehen kann, mit der Rechenkapazität heutiger handelsüblicher Rechner in akzeptabler Produktionszeit nahezu unmöglich.

Glühlicht – nachträglich sichtbarer Lichteffekt

Bei dem Effekt *Glühlicht/Lichtenergie* handelt es sich nicht um ein Lichtquellen-Objekt im eigentlichen Sinne, sondern um eine besondere bildliche Aufwertung von architektonischen 3D-Visualisierungen, die das subtile Glühen stark beleuchteter 3D-Oberflächen bei heller Lichteinstrahlung simuliert. Mithilfe des Effekts *Lichtenergie* kann der 3D-Visualisierung innerhalb der Postproduktion auf schnelle Art und Weise eine ansprechende Atmosphäre verliehen werden, siehe Abschnitt »Postproduktion« auf Seite 317 > »Effekt ›Lichtenergie‹« auf Seite 326.

Verwalten mehrerer Lichtquellen

Die Produktionssoftware 3ds Max bietet besondere Werkzeuge, die es erlauben, die Fülle von unterschiedlichen Lichtquellen-Objekten zentral zu verwalten und zu steuern. Da für realistische Beleuchtungssituationen nicht selten eine hohe Anzahl an unterschiedlichen Lichtquellen angelegt werden muss, um die diversen photometrischen Leuchten aus der realen Welt zu simulieren, sollten Sie sich ein wenig mit folgenden organisatorischen Prinzipien für Lichtquellen-Objekte vertraut machen.

Lichtliste

Die Lichtliste ist ein Werkzeug, das alle innerhalb einer 3D-Szene vorhandenen Lichtquellen-Objekte auflistet und die Möglichkeit gibt, eine Reihe von Lichtquellen-Eigenschaften gruppiert oder individuell an einer zentralen Stelle zu steuern. Angezeigt werden sowohl Standard- als auch photometrische Lichtquellen, für die sich im einzelnen Lichtobjektname, Lichtintensität, Lichtfarbe, Schattentyp und -parameter sowie für die Standard-Lichtquellen auch der Lichtverfall einstellen lässt. Sie bietet einen hervorragenden Gesamtüberblick über alle Lichtobjekte und ermöglicht zusätzlich das bequeme Selektieren einer einzelnen Lichtquelle, ohne in den Ansichtsfenstern zeitaufwendig navigieren zu müssen.

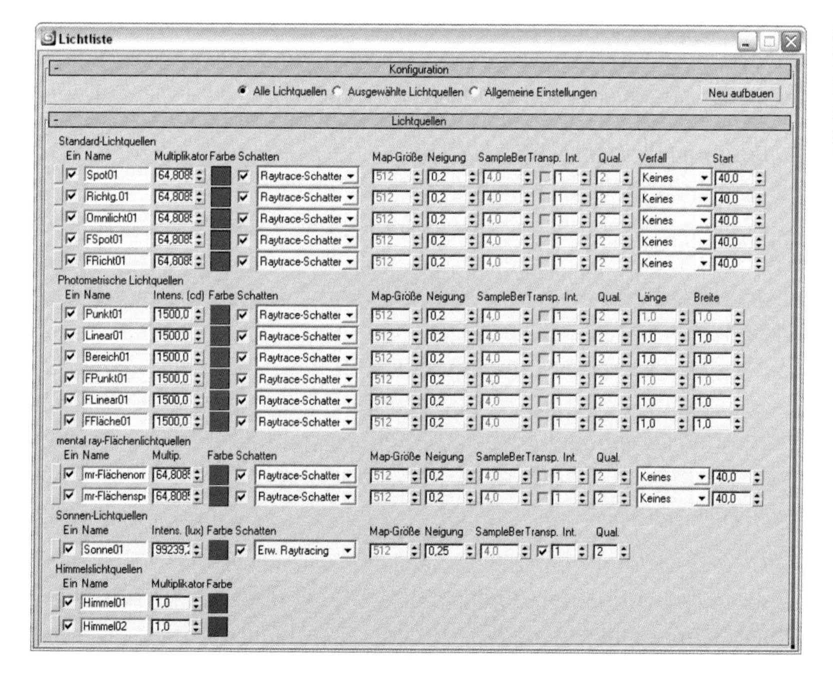

Abbildung 2.76
Das Werkzeug LICHTLISTE als organisatorisches Hilfsmittel bei der Handhabung von Licht

Die Lichtliste ist über das Menü EXTRAS > LICHTLISTE aufrufbar und kann bis zu 150 individuelle Lichtquellen verwalten (Instanz-Lichtquellen-Objekte zählen dabei nicht).

Instanzen von Lichtquellen-Objekten

Sofern Sie mit einer hohen Anzahl des gleichen Lichtquellen-Objekts arbeiten wollen, dessen Parameter bei jedem Exemplar exakt gleich sein sollen, sollten Sie Instanzen der jeweiligen Lichtquellen anlegen. Die Instanzierung einer Lichtquelle führt zu mehreren benannten Lichtquellenkopien, die jedoch alle auf dem gleichen Original-Lichtquellen-Objekt basieren. Ändern Sie die Eigenschaften des Originals oder einer Instanz, ändern sich alle Objektinstanzen entsprechend.

Optimal geeignet sind Instanzen für umfangreiche Gebäude- oder Bürobeleuchtungen, die oft mit zahlreichen Leuchten gleicher Ausführung illuminiert werden. Instanzen sparen nicht nur Arbeit bei der Konfiguration der Lichtquellen, sondern reduzieren ebenfalls den Speicherbedarf und die Zeit bei der finalen Bildberechnung.

Instanzen erstellen Sie, indem Sie beim Verschieben eines Lichtquellen-Objekts gleichzeitig die Taste `Shift` drücken. Größere Mengen von angeordneten Instanzen lassen sich ebenfalls bequem mit dem Werkzeug ANORDNUNG (Menü EXTRAS > ANORDNUNG) realisieren.

Nähere Informationen über den Gebrauch von ANORDNUNGEN finden Sie in der 3ds Max-Hilfe (Stichwort: *Instanzen* und *Anordnung*).

Baugruppen für Lichtquellen

Die Kombination aus einem Lichtquellen-Objekt und einem dazu passenden geometrischen 3D-Lampengehäuse bezeichnet man als Baugruppe. Da es sich bei den Lichtquellen-Objekten lediglich um unsichtbare Emitter-Objekte handelt, wird für ansprechende architektonische 3D-Visualisierungen passend zur Lichtquelle auch immer das passende Lampengehäuse für die Darstellung in der 3D-Visualisierung benötigt. Um unsichtbare Lichtquellen-Objekte mit passenden Lampengehäusen zu einem verwaltbaren Objekt zu kombinieren, wurden in der Produktionssoftware 3ds Max daher die BAUGRUPPEN eingeführt.

Eine Besonderheit bei der Arbeit mit BAUGRUPPEN ist, dass sich bestimmte Lichtquellen-Eigenschaften direkt über das Baugruppen-Objekt steuern lassen, da diese bei der Erstellung der BAUGRUPPE mit dem gruppierten Lichtquellen-Objekt vernetzt werden. Die Baugruppe lässt sich zudem als ein einzelnes 3D-Objekt positionieren und auch instanzieren. Das getrennte Positionieren und Justieren von 3D-Geometrie und Lichtquelle entfällt, eine enorme Vereinfachung bei der Arbeit mit mehreren Lichtquellen.

Tipp

Fertige BAUGRUPPEN werden von einigen Leuchtenherstellern unter dem Begriff »i-drop« frei zum Download angeboten (siehe Abschnitt »Freie Ressourcen aus dem Internet« auf Seite 52). Nähere Informationen über den Gebrauch von BAUGRUPPEN und finden Sie in der 3ds Max-Hilfe (Stichwort: *Baugruppen, Verwenden, i-drop*).

Gruppierung von Lichtquellen über Layer

Die Einrichtung und Bearbeitung einer umfangreichen Beleuchtungssituation kann unübersichtlich und zeitraubend sein. Immer dann wenn Lichtquellen-Objekte mit der visuellen Anzeige von Beleuchtungskegel, Reichweitemarkierungen oder Verteilungsnetzen im Anzeigefenster dargestellt werden, wird es mit zunehmender Anzahl von Lichtquellen nahezu unmöglich, die 3D-Geometrien und die Lichtquellen voneinander zu unterscheiden.

Nutzen Sie daher das Layersystem der Produktionssoftware 3ds Max und gruppieren Sie alle Lichtquellen-Objekte gleicher Ausführung auf einem separaten Layer. Sie haben so jederzeit die Möglichkeit, einzelne Leuchtentypen ein- und auszuschalten und können bequem die Auswirkung einzelner Leuchten auf Ihre Beleuchtungssituation besser bewerten. Zudem steigt die Übersichtlichkeit innerhalb Ihrer 3D-Szene, da nur die Lichtobjekte als im Ansichtsfenster sichtbar definiert werden können, die Sie gerade auch tatsächlich bearbeiten.

Nähere Informationen über den Gebrauch des Layersystems und der zur Verfügung stehenden Funktionen finden Sie in der 3ds Max-Hilfe (Stichwort: *Layer*).

Belichtungssteuerung für photometrische Lichter

Die Belichtungssteuerung ist ein wesentliches Element bei der Arbeit mit physikalisch akkuraten photometrischen Lichtwerten. Sie muss immer dann eingesetzt werden, wenn mit photometrischen Lichtquellen und professionellen Lichtberechnungsverfahren wie RADIO-

SITY, FINAL GATHER oder GLOBALE ILLUMINATION gearbeitet wird, die im weiteren Verlauf dieses Buches noch ausführlich erläutert werden.

Das Licht der Mittagssonne im Sommer entspricht beispielsweise ungefähr einer photometrischen Lichtstärke von 100.000 Candela. In der Fotometrie und somit beim Rendern wird also, aufgrund einer linearen Berechnung, mit hohen Zahlenwerten für hohe Lichtstärken gearbeitet, die die Beschreibung einer unendlich hohen Bandbreite von Lichtnuancen ermöglichen (ähnlich dem hohen Dynamikbereich bei HDRI, vgl. Abschnitt »Die Lichtquelle HDRI (High Dynamic Range Image)« auf Seite 140). Diese Werte würden ohne eine Stauchung des Dynamikbereichs auf den auf 256 Schattierungsnuancen beschränkten Monitoren gänzlich überzeichnet werden bzw. fast wie ein reines Schwarz-Weiß-Bild wirken.

Bei der klassischen Fotografie müssen solche über die Kameralinse eingefangenen hohen Lichtstärken, z.B. die der Sonne, auf ein für das menschliche Auge wahrnehmbares Maß bzw. auf ein für den ISO-Film aufnehmbares Maß reduziert werden. In der Fotografie verhindert die sogenannte Belichtungssteuerung einer Kamera die sich aus der hohen Sonnenlichtstärke ergebende Überbelichtung des Filmes über die Einstellungen für Blende und Verschlusszeit.

In der 3D-Visualisierungssoftware 3ds Max übernimmt diese Aufgabe die digitale Programmfunktion BELICHTUNGSSTEUERUNG, die die errechneten hohen Dynamikbereiche des Lichtes einer künstlichen Sonne auf ein am Monitor darstellbares Maß übersetzt. Wie der Film einer Kamera nur eine begrenzte Bandbreite an Lichtnuancen aufnehmen kann, eine Eigenschaft, die durch seine ISO-Empfindlichkeit beschrieben wird, so kann auch ein Monitor nur eine fest definierte Bandbreite von 256 unterschiedlichen Lichtnuancen darstellen.

Das Optionsmenü für die BELICHTUNGSSTEUERUNG ist in der Produktionssoftware 3ds Max unter dem Menü RENDERN > UMGEBUNG > Dialogfeld UMGEBUNG UND EFFEKTE > Registerkarte UMGEBUNG > Rollout BELICHTUNGSSTEUERUNG zu finden.

Hinweis

Grundsätzlich sollten Sie für die Produktion von hochwertigen 3D-Visualisierungen und die Realisierung von realistischen Belichtungssituationen mit der BELICHTUNGSSTEUERUNG vom Typ LOGARITHMISCHE BELICHTUNGSSTEUERUNG arbeiten. Diese orientiert sich bei der Anpassung der Werte an Helligkeit und Kontrast und daran, ob die 3D-Szene sich im Freien bei Tageslicht abspielt, und ordnet dementsprechend photometrische Werte den 256 Werten pro Farbkanal (RGB =

Rot, Grün und Blau) des Monitors zu. Mit der LOGARITHMISCHEN BELICHTUNGSSTEUERUNG erzielen Sie die naturgetreusten Ergebnisse.

Abbildung 2.77
Das Dialogfeld zur Belichtungssteuerung

Nähere Erläuterungen zum Thema Belichtungssteuerung und den damit zusammenhängenden physikalischen Hintergründen finden sich in Kapitel 3 »Richtige Vorkonfiguration der 3D-Software 3ds Max für optimale Renderergebnisse« sowie in der 3ds Max-Hilfe (Stichwort: *Belichtungssteuerung*).

Welche Lichtberechnungsverfahren stehen zur Verfügung?

Nachdem in den vorherigen Abschnitten die wichtigsten Grundkenntnisse über die unterschiedlichen Lichtquellen-Objekte, deren Eigenschaften und deren Wirkung auf die 3D-Szene dargelegt wurden, müssen nun die zur Verfügung stehenden Lichtberechnungsverfahren erklärt werden, die das Licht der Lichtquellen im 3D-Raum verteilen und letztlich so für eine realistische Ausleuchtung der 3D-Szene sorgen. Wie auch bei den Lichtquellen an sich, existieren für die Lichtberechnungsverfahren zwei Klassen von Licht, direktes und indirektes Licht, zwischen denen beim Berechnungsvorgang unterschieden wird. Folgend eine kurze Erläuterung.

Lichtklassen: Direktes und indirektes Licht

Die Lichtberechnungsverfahren, oder erklärender formuliert: die Lichtverteilungsverfahren, unterscheiden bei der Berechnung der Lichtsituation einer 3D-Szene zwischen den beiden Lichtklassen

- direktes Licht und
- indirektes Licht.

Wie die Bezeichnung bereits vermuten lässt, berücksichtigt jede Lichtberechnung im ersten Schritt lediglich jenes Licht auf 3D-Objektoberflächen, das direkt, also ohne Hindernisse zwischen Lichtquelle und 3D-Oberfläche, unmittelbar von einer Lichtquelle angestrahlt wird. Diese Art von Beleuchtung wird als direkte Beleuchtung bezeichnet. Eine Taschenlampe beispielsweise, die in einem geschlossenen schwarzen Raum mit matten Raumoberflächen direkt eine Wand anstrahlt, verursacht einen hellen Lichtkegel an der Wand. Dieser Lichtkegel entsteht durch die unmittelbare Einwirkung von direktem Licht. Man spricht in diesem Fall von direkter oder lokaler Beleuchtung. Da die Wand durch ihre schwarze Oberfläche den größten Anteil an direktem Licht absorbiert, wird bei diesem Beispiel kein Licht reflektiert, das die nebenstehenden Wände im Raum indirekt beleuchten könnte.

Abbildung 2.78
Beleuchtung ausschließlich mit direktem Licht

Würde es sich bei dem Raum jedoch um einen Raum mit weißen Wänden handeln, die das auftreffende direkte Licht zu einem wesentlichen Anteil zurück in den Raum reflektieren würden, würde man dieses Phänomen als indirekte Beleuchtung und das sichtbare schwächere Licht auf den nebenstehenden Wänden und im Raum als indirektes Licht bezeichnen. In diesem Fall spricht man von indirekter oder globaler Beleuchtung.

Vereinfacht dargestellt verteilen einige Lichtberechnungsverfahren beim Berechnungsprozess der Beleuchtungssituation einer 3D-Szene die von der jeweiligen Lichtquelle ausgestrahlte Lichtintensität in Form von Lichtenergie im 3D-Raum. Ausgehend von der jeweiligen photometrischen Lichtquelle wird dabei, dem Lichtverteilungsnetz der Lichtquelle entsprechend, eine bestimmte Energiemenge in Form von energiegeladenen Photonen in die festgelegten Richtungen ausgestrahlt. Die Flugbahn der Photonen wird dann sukzessive verfolgt. Sobald die Photonen auf 3D-Oberflächen treffen, geben sie einen Teil ihres Lichtenergieniveaus ab, in dem sie die entsprechende 3D-Fläche beleuchten, direktes Licht wird sichtbar. Die überschüssige Energie wird mit dem Photon reflektiert und weiter verfolgt, bis sie auf die nächste 3D-Fläche trifft. Dort verliert das Photon erneut an Energie, beleuchtet die Fläche, aber diesmal deutlich schwächer. Indirektes Licht wird sichtbar. Dieser Prozess wiederholt sich so lange, bis das Photon seine gesamte Energie im 3D-Raum verteilt hat, oder es eine bestimmte festgelegte Zeitspanne lang auf keine 3D-Fläche mehr trifft. Diese und ähnliche Arten von Beleuchtungsberechnung einer 3D-Szene, die sowohl die direkte als auch die indirekte Beleuchtung von Objekten abbilden, werden in der Fachwelt mit dem Oberbegriff *globale Beleuchtung* bezeichnet (engl. Globale Illumination – GI).

Die von der Lichtquelle in Form von Photonen ausgehende Energie verteilt sich im 3D-Raum. In erster Stufe als direkte Beleuchtung auf der ersten Fläche, in zweiter Stufe dann als indirekte Beleuchtung auf benachbarten Flächen.

Abbildung 2.79
Zusätzliche Beleuchtung durch indirektes bzw. reflektiertes Licht an die benachbarten Oberflächen

Für diese Lichtberechnung mit Berücksichtigung der indirekten Beleuchtung eignen sich lediglich photometrische Lichter, da diese mit physikalischen Werten für Lichtenergien umgehen können. Verwendet man Standardlichtquellen zusammen mit solchen Verfahren, werden diese intern in entsprechende photometrische Lichtquellen umgewandelt, sind jedoch durch diesen willkürlichen Automatismus aber nicht optimal einstellbar.

Tipp

Verwenden Sie daher immer photometrische Lichtquellen mit den in den folgenden Abschnitten beschriebenen Lichtverteilungsverfahren für die Generierung indirekter Beleuchtung (*globale Beleuchtung*). Selbstverständlich benötigt die Berechnung einer globalen Beleuchtung wesentlich mehr Rechenzeit als die weniger komplexe Berechnung der direkten Beleuchtung (*lokale Beleuchtung*), da viel mehr berechnet werden muss. Die entstehenden Beleuchtungssituationen mit photometrischen Lichtquellen sind aber deutlich realistischer und erhöhen die Qualität der architektonischen 3D-Visualisierung enorm, da sie wiedergeben, wie Licht sich in unserer realen Umgebung tatsächlich verhält.

In der Produktionssoftware 3ds Max ist im Auslieferungszustand die Berechnung von indirektem Licht, die in dieser Produktionssoftware sogenannte *erweiterte Beleuchtung* deaktiviert. Sie muss erst aktiviert werden, in dem man eines der folgend beschriebenen globalen Lichtberechnungsverfahren in den entsprechenden Menüs in Kombination mit dem passenden Produktionsrenderer (MENTAL RAY oder VORGABE SCANLINE) auswählt. Wie man dabei genau vorgeht, zeigen die Übungen am Ende des Abschnitts »Übungen – Beleuchtung mit dem 3ds Max-Tageslichtsystem« auf Seite 178.

Renderer »Vorgabe Scanline«

Im Auslieferungszustand von 3ds Max sind alle Lichtverteilungsverfahren, die die Berechnung von indirektem Licht berücksichtigen, deaktiviert. Aktiv ist lediglich die Vorgabe-Lichtberechnung, die in Zusammenarbeit mit dem Produktionsrenderer VORGABE SCANLINE ausschließlich die Beleuchtung der 3D-Szene mit direktem Licht der jeweiligen Lichtquellen berücksichtigt, ganz gleich, ob es sich dabei um Standard-Lichter oder photometrische Lichter handelt.

Eine qualitativ hochwertige 3D-Visualisierung lässt sich nur erschwert und mit hohem zeitlichem Aufwand realisieren, wenn Sie in diesem Vorgabe-Modus für die Lichtberechnung bleiben. So muss beispielsweise die Verteilung von Licht im 3D-Raum aufwendig durch überlegte Platzierung zusätzlicher Fülllichter simuliert werden, die ausschließlich dafür angelegt werden müssen, um als Ersatz für indirekt reflektiertes Licht zu agieren. Diese beleuchten dann die benachbarten 3D-Oberflächen mit abgeschwächtem Licht und hellen zu dunkle Raum- oder Objektbereiche auf, immer da, wo das direkte Licht der Hauptlichtquelle nicht hinkommt. Erschwerend kommt hinzu, dass solche Fülllichter für jede erdenkliche Perspektive realisiert werden müssen, wenn beispielsweise Animationen geplant sind. Eine herausfordernde Aufgabe, die nicht ohne Weiteres zu bewältigen ist.

Die Verwendung von *erweiterter Beleuchtung*, also den sogenannten globalen Beleuchtungsverfahren, ist daher unbedingt empfehlenswert, wenn Sie qualitativ hochwertige 3D-Visualisierungen produzieren wollen. Um die Lichtberechnung von indirektem Licht in der Szene zu berücksichtigen, muss zunächst ein explizites globales Lichtberechnungsverfahren aktiviert werden. Welche Verfahren es gibt, wie diese sich voneinander unterscheiden und wie sie richtig eingestellt werden, um ansprechende optische Ergebnisse zu produzieren, wird in den nächsten Abschnitten erläutert.

Licht-Tracer

Lichtberechnungsverfahren speziell für den Renderer VORGABE SCANLINE!

Bei dem LICHT-TRACER handelt es sich um ein vereinfachtes Verfahren, das lediglich zur Nachahmung von indirekter Lichtverteilung entwickelt wurde. Die Berechnung basiert nicht auf physikalischen Prinzipien oder mit korrekten fotometrischen Lichtwerten. Der LICHT-TRACER deutet, durch den überlegten Einsatz von Standard-Lichtquellen mit weichen Schattenverläufen und anderen Tricks, die Verteilung von indirektem Licht in offenen 3D-Räumen nur an. Der LICHT-TRACER eignet sich daher gut für eine erste schnelle Ausleuchtung von hellen 3D-Szenen im Freien, wie z.B. für architektonische Außenperspektiven, da er sich vergleichsweise einfach einrichten lässt. Ein gravierender Nachteil ist die langsame Berechnung, die mit dem Produktionsrenderer VORGABE SCANLINE durchgeführt wird.

Für eine ansprechende Berechnung wird lediglich ein Standard-Himmelslicht benötigt, das die Szene dann mithilfe des LICHT-TRACER mit weichen Schattenverläufen ausstattet und so die optische Wirkung indirekter Lichtverteilung ansatzweise nachahmt.

Achtung

Der LICHT-TRACER kann lediglich mit dem Produktionsrenderer VORGABE SCANLINE verwendet werden und benötigt zur korrekten Funktionsweise mindestens das Standard-Himmelslicht oder das Tageslichtsystem, in dem das Standard-Himmelslicht integriert ist. Er erzeugt optisch ansprechende, wenn auch keine perfekten Ergebnisse, errechnet aber keine fotometrisch akkurate Beleuchtungssituation und eignet sich deshalb auch nicht für den Einsatz von photometrischen Lichtquellen-Objekten, die mit Lichtverteilungsnetzen (IES-Dateien) ausgestattet sind.

Abbildung 2.80
Rudimentäre schnelle Beleuchtung mit dem LICHT-TRACER

Der LICHT-TRACER kann bedingt auch für die Beleuchtung von architektonischen Innenszenen verwendet werden, jedoch liefert das folgend beschriebene Lichtberechnungsverfahren RADIOSITY hierbei deutlich bessere Ergebnisse.

Radiosity

Lichtberechnungsverfahren speziell für den Renderer VORGABE SCANLINE!

Zu der Gruppe der Verfahren für die Berechnung *globaler Beleuchtung* gehört das Lichtberechnungsverfahren RADIOSITY. Speziell für die Zusammenarbeit mit dem Produktionsrenderer VORGABE SCANLINE entwickelt, können mit diesem Verfahren präzise photometrische Lichtsimulationen durchgeführt werden. Das Verfahren beruht auf physikalischen Prinzipien der Lichtverteilung und generiert daher äußerst realistische Ergebnisse. Individuelle Beleuchtungssituationen für architektonische 3D-Visualisierung können so naturgetreu mit dem Produktionsrenderer VORGABE SCANLINE simuliert werden.

Wie bereits angedeutet, berücksichtigt RADIOSITY die Übertragung von Lichtenergie und Lichtfarben zwischen den diversen Objekten einer 3D-Szene. Durch die Wechselwirkung aller Objektoberflächen der 3D-Szene wird die Beleuchtungssituation errechnet. Die Berechnung basiert dabei auf der Verteilung von bereits erläuterten Photonen (vgl. Abbildung 2.108), die von den vorhandenen photometrischen Lichtquellen ausgehen und mit Lichtenergie geladen sind. Abhängig von der Beschaffenheit der reflektierenden 3D-Oberflächen, die über die Materialien definiert werden, werden die geladenen Photonen unterschiedlich stark zurück in den 3D-Raum reflektiert. Je nach Reflexions-, Farb- und Luminanzwert des entsprechenden Materials, werden die Photonen mit veränderten Lichtenergieniveau und Lichtfarbwert zurück in den 3D-Raum gestreut und übertragen so das Licht der Lichtquelle indirekt auf benachbarte 3D-Oberflächen. Wegen dieser Vorgehensweise eignet sich RADIOSITY gleichermaßen für die Ausleuchtung architektonischer Außenperspektiven als insbesondere auch für die realistische Ausleuchtung architektonischer Innenperspektiven, da die Lichtenergie der äußeren photometrischen Lichtquellen (Sonne & Himmel) über die Photonen ins Innere der Räumlichkeiten getragen werden.

Wegen der aufwendigeren Berechnungen ist RADIOSITY unter Umständen erheblich langsamer als der LICHT-TRACER, dafür aber physikalisch genauer und mit deutlich besseren optischen Ergebnissen. Neben dem qualitativen Vorteil bietet die RADIOSITY einen markanteren Vorteil gegenüber anderen globalen Lichtberechnungsverfahren, auch gegenüber moderneren wie FINAL GATHER, die in den nächsten Abschnitten noch erläutert werden. Die Berechnung mit RADIOSITY wird immer für die gesamte 3D-Szene noch vor dem Rendering[1] durchgeführt, sie ist also nicht abhängig von Standpunkt und Blickwinkel des Betrachters. Die Beleuchtungssituation muss daher nur einmal berechnet werden und beinhaltet dann detaillierte Lichtverhältnisse für jeden erdenklichen Standpunkt in der 3D-Szene. Berücksichtigt werden dabei alle 3D-Objekte der 3D-Szene, für die die Lösungsqualität global oder individuell über entsprechende Objekteigenschaften separat eingestellt werden kann. Die letztlich errechnete RADIOSITY-Lösung wird innerhalb des sogenannten RADIOSITY-Netzes, einer feinteiligeren Kopie der originalen 3D-Geometrien, innerhalb der 3DS-MAX-DATEI gespeichert. Das RADIOSITY-Netz kann optional in den Ansichtsfenstern zur Begutachtung angezeigt werden.

Nach erfolgter einmaliger Berechnung kann die Beleuchtungssituation (bzw. Radiosity-Lösung) also für jede erdenkliche Kamerapers-

1. Finale Bildberechnung und Ausgabe im Ausgabefenster

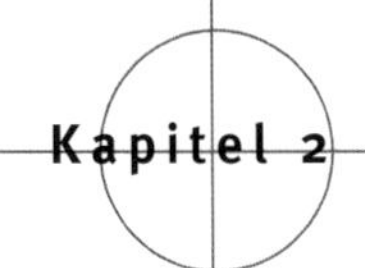

pektive einer architektonischen 3D-Szenerie verwendet werden, auch für Animationen (Kamerafahrten), solange keine 3D-Objekte umpositioniert werden oder sich die Eigenschaften der Lichtquellen ändern. Die Renderzeiten und somit die Produktionszeiten für architektonische 3D-Visualisierungen unterschiedlichen Standpunktes werden so auf ein Minimum reduziert, ein entscheidender Vorteil.

Doch wie funktioniert das Verfahren im Detail und was gibt es bei der Realisierung der eigenen Beleuchtungssituation zu beachten? Diese Fragen werden in den folgenden Abschnitten erläutert.

Radiosity – Funktionsweise

Um RADIOSITY für hochwertige architektonische 3D-Visualisierungen optimal einsetzen zu können, muss deren Funktionsweise im Detail verstanden werden. Einmal den Anforderungen entsprechend eingerichtet, läuft die Berechnung der globalen Beleuchtung einer 3D-Szene mit dem RADIOSITY-Verfahren immer nach folgendem Schema ab. Eine detaillierte Beschreibung der Vorgehensweise zur Generierung einer ansprechenden RADIOSITY-Lösung folgt im Abschnitt »Übung für Produktionsrenderer »Vorgabe Scanline« (Radiosity)« auf Seite 180.

- **Aktivierung und Einrichtung der Radiosity:** Innerhalb der Produktionssoftware 3ds Max wird der Produktionsrenderer VORGABE SCANLINE ausgewählt und die ERWEITERTE BELEUCHTUNG im RADIOSITY-Modus aktiviert und eingerichtet.
- **Generierung der Messpunkte:** Je nach definiertem Wert für RADIOSITY-NETZERSTELLUNGSPARAMETER wird automatisiert eine feinteiligere Netzunterteilung aller vorhandenen 3D-Geometrien vorgenommen, die als Kopie der originalen 3D-Objektnetze gespeichert werden. Der Wert kann global, also für alle 3D-Objekte gleichzeitig, oder individuell pro 3D-Objekt eingestellt werden. Die einzelnen Scheitelpunkte des neuen 3D-RADIOSITY-Netzes bilden dann die Messpunkte für die Ermittlung der jeweiligen Beleuchtung der 3D-Oberflächen.
- **Streuung der Photonen:** Ausgehend von den vorhandenen photometrischen Lichtquellen werden entsprechend mit Lichtenergie geladene Photonen in den 3D-Raum emittiert. Definierte photometrische Lichteigenschaften, wie Lichtfarbe, Lichtintensität und das Lichtverteilungsnetz (IES-Daten) der jeweiligen Lichtquelle, werden bei der Emission berücksichtigt.

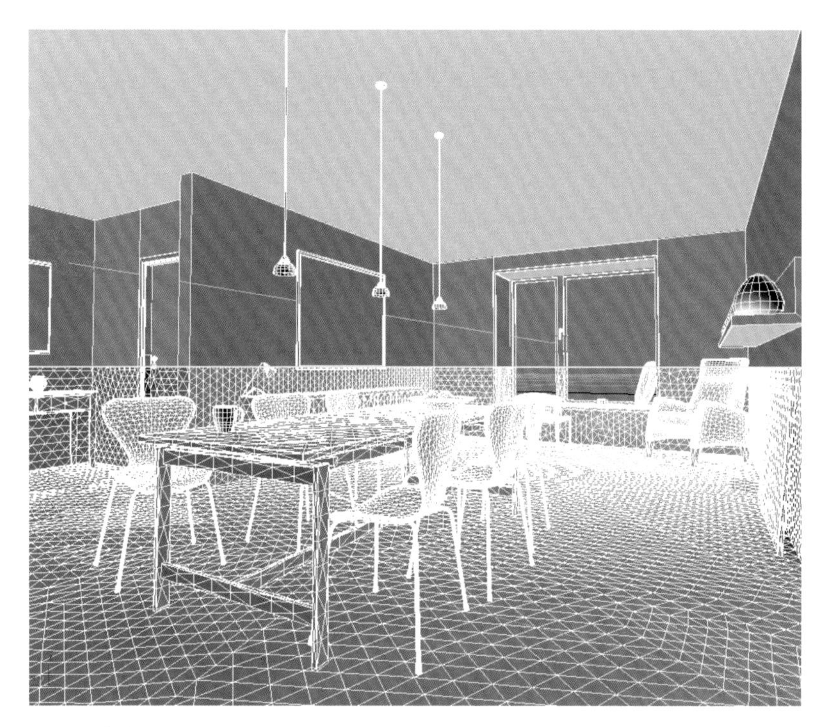

Abbildung 2.81
Messpunkte sind durch die Feinheit des RADIOSITY-Netzes steuerbar

- **Verfolgung der Photonen:** Die emittierten Photonen werden programmintern verfolgt. Bei Kollision mit den 3D-Oberflächen geben die Photonen einen Teil Ihrer Lichtenergie an die Messpunkte des angelegten 3D-RADIOSITY-Netzes ab. Die dabei errechneten Lichtwerte werden in den nächstliegenden Messpunkten (Scheitelpunkten) akkumuliert gespeichert.
- **Reflexion der Photonen:** Nach erfolgter Lichtwertberechnung erfolgt, abhängig von den im Material definierten Eigenschaften für Reflexion, Streuung oder Eigenluminanz, eine Reflexion der Photonen in den 3D-Raum, wo sie bei weiteren Kollisionen nach und nach ihre gesamte Lichtenergie an die 3D-Szene abgeben.
- **Wiederholung der Streuung/Verfolgung/Reflexion:** Der beschriebene Prozess der Streuung, Verfolgung und Reflexion der Photonen findet so lange statt, bis der eingestellte Wert für die AUSGANGS-QUALITÄT erreicht ist (einstellbar im Menü RENDERN > ERWEITERTE BELEUCHTUNG > RADIOSITY). Durch diese Mehrfachreflexion der Photonen an den unterschiedlichen 3D-Oberflächen der 3D-Szene wird die Lichtenergie der photometrischen Lichtquellen im gesamten 3D-Raum verteilt und so nach und nach eine realistische Beleuchtungssituation mit indirekter Beleuchtung generiert.

Abbildung 2.82
Nahezu ausgereifte Beleuchtungssituation mit RADIOSITY

- **Berücksichtigung der Belichtungssteuerung:** Da die Berechnung der globalen Beleuchtung mit dem RADIOSITY-Verfahren mit linearen photometrischen Werten (HighDynamicRange) erfolgt, müssen diese Werte auf ein am Bildschirm darstellbares Maß umgerechnet werden (vgl. auch Abschnitt »Beleuchtung« auf Seite 120 > »Belichtungssteuerung für photometrische Lichter« auf Seite 145). Ist die Radiosity-Lösung erst einmal berechnet, kann die Belichtungssteuerung interaktiv angepasst werden (Menü RENDERN > UMGEBUNG > Registerkarte UMGEBUNG > Bereich BELICHTUNGSSTEUERUNG).
- **Anzeige der Radiosity:** Ist der Wert für die Ausgangsqualität erreicht, wird die errechnete Lösung, nach Berücksichtigung der Belichtungssteuerung, letztlich im Ansichtsfenster angezeigt und mit der 3ds Max-Datei gespeichert.

Die oben erläuterte Funktionsweise der RADIOSITY-Berechnung beschreibt die einzelnen programminternen Schritte, die bis zur optischen Ausgabe dieser errechneten globalen Beleuchtungssituation innerhalb Ihrer 3D-Szene durchgeführt werden. Die Kenntnis dieser Schritte ermöglicht es Ihnen nun, mit den richtigen Einstellungen im entsprechenden Optionsmenü, genauen Einfluss auf die Berechnung einer RADIOSITY-Lösung zu nehmen.

Abbildung 2.83
Anzeige der aktuellen RADIOSITY-Lösung im Ansichtsfenster

Eine RADIOSITY-Berechnung kann grob oder fein durchgeführt werden. Die Qualität lasst sich dabei im Optionsmenü (RENDERN > ERWEITERTE BELEUCHTUNG > RADIOSITY > Rollout RADIOSITY-VERARBEITUNGSPARAMETER) über den Wert AUSGANGSQUALITÄT steuern. Ist durch wiederholte Streuung und Verfolgung der Photonen die definierte Ausgangsqualität erreicht, kann diese durch zusätzliche Verfeinerungswiederholungen, bei denen eventuelle Fehler oder überhöhte Lichtwerte korrigiert werden (Kontrastregulierer), noch verfeinert werden. Ein interaktiver Filter sorgt letztlich für eine Rauschreduzierung (Weichzeichner) innerhalb der errechneten Lösung.

Hinweis

Grundvoraussetzung für realistische Berechnungen von globalen Beleuchtungssituationen mit dem RADIOSITY-Verfahren ist die korrekte Einstellung metrischer System-Einheiten innerhalb der Produktionssoftware 3ds Max sowie die erforderliche Aktivierung der LOGARITHMISCHEN BELICHTUNGSSTEUERUNG, die die errechneten hohen photometrischen Lichtwerte auf ein am Bildschirm darstellbares Maß umrechnet (vgl. auch Abschnitt »Beleuchtung« auf Seite 120 > »Belichtungssteuerung für photometrische Lichter« auf Seite 145).

Achtung

Bei der Verwendung der Belichtungssteuerung in Kombination mit dem RADIOSITY-Verfahren und dem Produktionsrenderer VORGABE

SCANLINE ist unbedingt darauf zu achten, den Wert für PHYSIKALISCHE SKALIERUNG in den Belichtungssteuerungsoptionen auf die hellste photometrische Lichtquelle der 3D-Szene einzustellen (z.B. für die IES-SONNE auf 90.000 cd). Die Belichtungssteuerung beeinflusst sowohl die RADIOSITY-Ausgabe im Ansichtsfenster als auch die finale Bildberechnung (Rendering).

Wie Sie im Detail für Ihre eigene architektonische 3D-Visualisierung eine solche Beleuchtungssituation innerhalb der Produktionssoftware 3ds Max umsetzen, welche Einstellungsmöglichkeiten Sie im Optionsmenü haben und wie Sie diese für optimale Ergebnisse bestimmen, wird Ihnen im Abschnitt »Übung für Produktionsrenderer »Vorgabe Scanline« (Radiosity)« auf Seite 180 ausführlich erklärt.

Radiosity – Materialien

Um die physikalischen Eigenschaften einer 3D-Oberfläche für die akkurate Berechnung der globalen Beleuchtungssituation mit RADIOSITY steuern zu können, stehen innerhalb der Produktionssoftware 3ds Max zwei besondere Materialtypen zur Verfügung:

- ARCHITEKTUR-MATERIAL
- ERWEITERTE BELEUCHTUNG ÜBERGEHEN

Die RADIOSITY-Materialien lassen sich nicht mit dem Renderer MENTAL RAY verwenden.

Diese speziellen Materialtypen werden nur von dem RADIOSITY-Verfahren in Kombination mit dem Produktionsrenderer VORGABE SCANLINE unterstützt.

Das spezielle ARCHITEKTUR-MATERIAL sollten Sie verwenden, wenn Sie neue Materialien für Beleuchtungssituationen höchster Präzision in Verbindung mit photometrischen Lichtquellen und dem RADIOSITY-Verfahren erstellen möchten. Das Architektur-Material wurde, wie die Bezeichnung bereits vermuten lässt, speziell für die vereinfachte Realisierung architektonischer 3D-Oberflächenbeschreibungen entwickelt. Über sogenannte VORLAGEN werden automatisch voreingestellte Materialeigenschaften aufgerufen, die z.B. den realen Oberflächentypen wie Mauerwerk, Kunststoff, Metall, Stein, Gewebe oder Wasser entsprechen. Diese Vorlagen können dann mit individuellen Texturen oder anderen Eigenschaften verfeinert werden und ermöglichen so die Realisierung qualitativ hochwertiger Ergebnisse.

Das Material ERWEITERTE BELEUCHTUNG ÜBERGEHEN ergänzt in seiner Anwendung bereits in der Vergangenheit von Ihnen definierte Standard-Grundmaterialien um bestimmte Eigenschaften und gibt Ihnen die Möglichkeit, nachträglich für diese älteren Materialien die RADIOSITY-Eigenschaften wie *Reflexion*, *Farbverlauf*, *Durchlässigkeit* oder *Luminanz* einer 3D-Oberfläche wunschgemäß einzustellen. Es verhält sich dabei wie eine Art Hüllenmaterial, das über das ursprüngliche Material gelegt wird.

Hinweis

Wie Sie diese zusätzlichen RADIOSITY-Materialien korrekt anwenden und einstellen, können Sie im Detail unter dem Stichwort *Erweiterte Beleuchtung übergehen* oder *Architekturmaterial* in der 3ds Max-Hilfe nachlesen.

Ob Sie sich für die Realisierung Ihrer Beleuchtungssituation für das RADIOSITY-Verfahren entscheiden sollten oder ob Sie lieber eines der folgend beschriebenen Verfahren verwenden sollten, wird im Abschnitt »Richtige Kombination aus Lichtquellen und Lichtberechnungsverfahren« auf Seite 174 erläutert.

Globale Illumination

Lichtberechnungsverfahren speziell für den Renderer MENTAL RAY!

Ebenfalls zu der Gruppe der Verfahren für die Berechnung *globaler Beleuchtung* (also die Beleuchtung mit indirektem, von anderen Oberflächen reflektiertem Licht) gehört das Lichtberechnungsverfahren GLOBALE ILLUMINATION. Speziell für die Zusammenarbeit mit dem Produktionsrenderer MENTAL RAY entwickelt, können mit diesem Verfahren präzise photometrische und somit physikalisch akkurate Lichtsimulationen durchgeführt werden. Das Verfahren beruht auf physikalischen Prinzipien der Lichtverteilung und generiert daher äußerst realistische Ergebnisse. Individuelle Beleuchtungssituationen für architektonische 3D-Visualisierung können so mit dem Produktionsrenderer MENTAL RAY naturgetreu simuliert werden.

Hinweis

Die Funktionsweise ähnelt stark der Funktionsweise des bereits erläuterten RADIOSITY-Verfahrens für den Produktionsrenderer VORGABE SCANLINE. Das GLOBALE ILLUMINATION-Verfahren für MENTAL RAY berücksichtigt ebenfalls die Übertragung von Lichtenergie und Lichtfarben zwischen den diversen Objekten einer 3D-Szene. Lediglich die Speicherung der Lichtwerte erfolgt innerhalb einer optimierten dreidimensionalen Punktwolke, der sogenannten PHOTONEN-Map, die sich auch als Datei auf der Festplatte zur Wiederverwendung speichern lässt.

Durch die Wechselwirkung aller Objektoberflächen der 3D-Szene wird die Beleuchtungssituation errechnet. Die Berechnung basiert dabei auf der Verteilung von Photonen, die von den vorhandenen photometrischen Lichtquellen ausgehen und mit Lichtenergie geladen sind. Abhängig von der Beschaffenheit der reflektierenden 3D-Oberflächen, die auch bei diesem Verfahren über die Materialien definiert werden, werden die geladenen Photonen unterschiedlich stark zurück in den 3D-Raum reflektiert. Je nach Reflexions-, Farb- und Luminanz-Eigenschaften des entsprechenden Materials, werden die Photonen mit verändertem Lichtenergieniveau und Lichtfarbwert zurück in den 3D-Raum gestreut und übertragen so das Licht der Lichtquelle indirekt auf benachbarte 3D-Oberflächen.

Wegen dieser Vorgehensweise eignet sich das GLOBALE ILLUMINATION-Verfahren gleichermaßen für die Ausleuchtung architektonischer Außenperspektiven als insbesondere auch für die realistische Ausleuchtung architektonischer Innenperspektiven, da die Lichtenergie der äußeren photometrischen Lichtquellen (MR-SONNE & MR-HIMMEL) über die Photonen ins Innere der Räumlichkeiten getragen werden.

Tipp

Das GLOBALE ILLUMINATION-Verfahren wird häufig in Kombination mit dem im folgenden Abschnitt erläuterten FINAL GATHER-Verfahren angewandt, da die sich ergänzende Zusammenarbeit dieser beiden Verfahren, durch die Halbierung der Qualitätseinstellungen bei den einzelnen Verfahren, die qualitativ hochwertigsten Produktionsergebnisse in vertretbaren Renderzeiten bietet (siehe Abschnitt »Final Gather«).

Final Gather

Lichtberechnungsverfahren speziell für den Renderer MENTAL RAY!

FINAL GATHER, oder kurz auch FG genannt, ist ein Verfahren zur Ergänzung und Verbesserung einer bereits vorhandenen Beleuchtungssituation. Die vorhandenen Lichtenergien auf 3D-Oberflächen werden verfeinert, indem die unmittelbare Umgebung der jeweiligen 3D-Oberflächen analysiert wird. Die Wechselwirkung des Lichtes zwischen den 3D-Objekten verbessert auf diese Weise die ursprüngliche Beleuchtungssituation im Detail.

FINAL GATHER wird häufig als globales Illuminationsverfahren bezeichnet und in diesem Zusammenhang fälschlicherweise mit physikalisch akkuraten Lichtverteilungsverfahren wie RADIOSITY oder dem im vorigen Abschnitt erläuterten Verfahren GLOBALE ILLUMINATION gleichgesetzt. FINAL GATHER und GLOBALE ILLUMINATION sind jedoch zwei gänzlich unterschiedliche Verfahren zur Simulation von realistischen Beleuchtungssituationen und müssen daher deutlich unterschieden und verstanden werden. FINAL GATHER ist kein Verfahren zur physikalisch akkuraten Berechnung und Verteilung von Licht im Raum, sondern erzeugt lediglich eine verbesserte optische Annäherung einer gegebenen Beleuchtungssituation durch die Betrachtung der lokalen Lichtverhältnisse aus dem Blickfeld der Kameraperspektive heraus.

FINAL GATHER wurde ursprünglich als Ergänzung zum globalen Illuminationsverfahren GLOBALE ILLUMINATION des Produktionsrenderers MENTAL RAY entwickelt und optimiert. Es sollte die zeitaufwendige Berechnung der realistischen globalen Illumination einer 3D-Szene beschleunigen und, begrenzt auf das Blickfeld der Kamera, qualitativ verbessern.

Die hier zugrunde liegende Idee ist leicht verständlich. Durch die Begrenzung der Beleuchtungsdetailverbesserung auf das Sichtfeld der Kamera genügt für die Generierung von qualitativ hochwertigen Ergebnissen die Berechnung einer gröberen und daher weniger zeitintensiven globalen Illuminationslösung im ersten Schritt, die anschließend durch das FINAL GATHER-Verfahren lediglich für das Blickfeld der Kamera nachgebessert wird.

Umgangssprachlich wird also eine grobe, aber dennoch physikalisch akkurate Beleuchtung mit GLOBALER ILLUMINATION errechnet, die das direkt auf 3D-Oberflächen auftreffende Licht als reflektiertes indirektes Licht auf anderen 3D-Oberflächen einer 3D-Szene rudimentär verteilt. Anschließend wird diese Lösung lokal, also nur für die durch das Blickfeld der Kamera sichtbaren 3D-Oberflächen, nachgebessert und verfeinert. Die Abhängigkeit der gewählten Kameraperspektive ist dabei unter anderem verantwortlich für die hohe Zeitersparnis beim Rendern, da keine hochdetaillierte reine globale Beleuchtung (die naturgemäß die Wechselwirkung des Lichtes zwischen allen Objekten einer Szene berücksichtigen muss) errechnet werden muss, sondern nur für die 3D-Oberflächen, die durch die Kamera tatsächlich sichtbar sind.

In Kombination mit GLOBALE ILLUMINATION liefert das an sich nicht auf physikalischen Prinzipien der Lichtverteilung aufbauende FINAL GATHER trotzdem annähernd physikalisch akkurate Beleuchtungssituationen, da es in diesem Fall auf eine grob vorgerechnete physikalisch akkurate globale Illuminationslösung aufbaut.

Die Kombination von FINAL GATHER mit GLOBALE ILLUMINATION ist daher vergleichbar mit der im Abschnitt »Radiosity« auf Seite 152 beschriebenen Kombination von RADIOSITY und der ERNEUTEN SAMMLUNG VON

LICHT für den Produktionsrenderer VORGABE SCANLINE. Die Vorgehensweise beider Verfahren bei der Berechnung der Beleuchtungssituation einer Szene ist ähnlich. Zunächst wird eine grobe physikalisch akkurate Berechnung durchgeführt (RADIOSITY beim VORGABE SCANLINE bzw. GLOBALE ILLUMINATION bei MENTAL RAY), anschließend wird die lokale Beleuchtungssituation durch eine detailliertere Betrachtung der Lichtverteilung aus der Sicht der Kamera vorgenommen, um die optische Qualität zu erhöhen (ERNEUTE SAMMLUNG VON LICHT beim VORGABE SCANLINE bzw. FINAL GATHER bei MENTAL RAY). Ein gewichtiger Vorteil gegenüber dem RADIOSITY beim Produktionsrenderer VORGABE SCANLINE ist die deutlich höhere Berechnungsgeschwindigkeit und -qualität, die der Einsatz des Produktionsrenderers MENTAL RAY mit den Verfahren FINAL GATHER und GLOBALE ILLUMINATION mit sich bringen.

Hinweis

FINAL GATHER arbeitet nach dem Prinzip der Strahlenverfolgung, dem sogenannten RAYTRACING-Verfahren, um technisch die lokale Beleuchtungssituation detaillierter zu erfassen. Es erfordert daher die Aktivierung dieser programminternen Berechungsmethoden im Produktionsrenderer MENTAL RAY, die jedoch als Vorgabeeinstellung bei Auslieferung der Produktionssoftware 3ds Max aktiviert sein sollte (unter Menü RENDERN > RENDERN > Dialogfeld SZENE RENDERN > Registerkarte RENDERER > Rollout RENDER-ALGORITHMEN > Bereich RAYTRACING). Auch die dort auffindbaren Einstellungen für die TRACE-TIEFE, umgangssprachlich formuliert wie oft die in die Szene gesendeten Strahlen (Rays) verfolgt und ausgewertet werden, sollten überprüft und optimal eingestellt werden. Nähere Informationen hierzu finden Sie in der 3ds Max-Hilfe (Stichwort: *Render-Algorithmen*).

Durch die technische Weiterentwicklung des FINAL GATHER-Verfahrens kann es jedoch mittlerweile auch unabhängig, also ohne den zusätzlichen Einsatz mit GLOBALE ILLUMINATION, eingesetzt werden, um optisch akzeptable Ergebnisse bei der Berechnung von Beleuchtungssituationen zu erzielen. Verantwortlich dafür sind die zwischenzeitlich implementierten Mehrfachreflexionen im FINAL GATHER-Verfahren, die es erlauben, das Licht einer zugrunde liegenden einfachen direkten Beleuchtung lokal auf umliegende 3D-Oberflächen zu übertragen, ohne GLOBALE ILLUMINATION für diese Lichtverteilung einsetzen zu müssen. Jedoch handelt es sich bei reinem Einsatz von FINAL GATHER dann um keine physikalisch akkurate Lichtberechnung mehr, sondern lediglich um eine optische Annäherung.

Achtung

Um den Faktor der definierten Mehrfachreflexionen erhöht sich dabei auch die Renderzeit für die Berechnung qualitativ hochwertiger Beleuchtungssituationen, da die Berechnung der Mehrfachreflexionen deutlich aufwendiger ist.

Professionelle Ergebnisse können mit dem kombinierten Einsatz von FINAL GATHER mit GLOBALE ILLUMINATION wesentlich schneller und qualitativ hochwertiger realisiert werden. Beide Verfahren sollten daher immer kombiniert eingesetzt werden. GLOBALE ILLUMINATION für die grobe physikalische akkurate Verteilung von Lichtenergie in der 3D-Szene, FINAL GATHER zur optischen lokalen Verbesserung!

FG-Verfahren im Detail

Wie ansatzweise bereits verdeutlicht, berücksichtigt das FINAL GATHER-Verfahren lediglich die Übertragung von Lichtwerten von 3D-Objekt zu 3D-Objekt und nicht von der Lichtquelle in den 3D-Raum, wie es bei den globalen Illuminationsverfahren RADIOSITY oder GLOBALE ILLUMINATION der Fall ist. FINAL GATHER berechnet daher keine eigene akkurate physikalische Beleuchtungssituation, sondern ergänzt bzw. verbessert eine vorhandene Beleuchtung, die entweder aus direkter Lichteinwirkung durch Standard- oder photometrischen Lichtquellen bestehen kann (siehe Abbildung 2.84) oder alternativ auch aus einer auf photometrischen Lichtquellen aufbauenden GLOBALE ILLUMINATION-Lösung (siehe Abbildung 2.85).

Das FINAL GATHER-Verfahren errechnet die Beleuchtungssituation einer 3D-Szene in drei Phasen:

- **Grundlagenberechnung für FG:** Berechnung des direkten Lichtes auf den sichtbaren 3D-Oberlächen als Grundlage für FINAL GATHER *ODER* alternativ Berechnung einer groben GLOBALE ILLUMINATION-Lösung für hochwertigere Ergebnisse (vgl. Abbildung 2.84 *ODER* Abbildung 2.85).
- **FG-Vorberechnung:** Vorberechnung von FINAL GATHER-Punkten (FG-PUNKTE) auf den 3D-Oberflächen. Diese bilden den Ausgangspunkt für die nachfolgende Phase, der detaillierteren Berechnung der Lösung und dienen dazu, die durch die erste Phase vorgegebene grundlegende Beleuchtungssituation zu erfassen (siehe Abbildung 2.89).
- **Detaillierte Berechnung während des Renderings:** ausgehend von den ermittelten FG-PUNKTEN werden weitere Strahlenbündel,

die sogenannten FG-RAYS, in die 3D-Szene gestreut, um im Detail die unmittelbare lokale Beleuchtung detaillierter zu ermitteln.

FG-Phase 1: Grundlagenberechnung für Final Gather

Die FINAL GATHER-Funktion benötigt als Grundlage eine gegebene einfache oder komplexe Beleuchtungsausgangssituation, die dann im Detail ergänzt bzw. verbessert werden kann. Diese grundlegende Beleuchtungssituation wird innerhalb der ersten Phase errechnet.

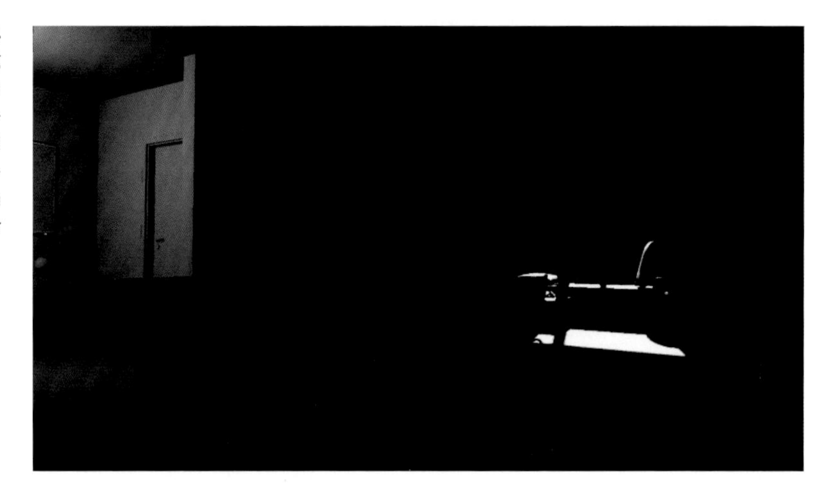

Abbildung 2.84
Ausgangsbeleuchtung besteht lediglich aus dem einfallenden direkten Sonnenlicht am Fenster und eines diffusen Himmelslichtes an der linksseitigen Nebenzimmertür

Abbildung 2.85
Die auf der Grundlage von reiner direkter Beleuchtung errechnete FINAL GATHER-Lösung

Ob die Ausgangsbeleuchtung lediglich aus direkter Beleuchtung mit Standard-Lichtquellen besteht oder zusätzlich auch eine komplexere indirekte Beleuchtung beinhaltet, die mit photometrischen Lichtquellen und einem globalen Illuminationsverfahren wie dem GLOBALE ILLUMINATION-Verfahren von MENTAL RAY berechnet wurde, ist für die reine Funktionalität zunächst irrelevant.

Hier spielt jedoch der qualitative Aspekt eine Rolle, da das FINAL GATHER-Verfahren dafür ausgelegt wurde, die Beleuchtungssituation zu verbessern, die ihm als Grundlage vorgegeben wird. Umgangssprachlich ausgedrückt bedeutet dies: je besser die Grundlage, desto besser das Ergebnis. Aus einfachen Beleuchtungssituationen werden bessere Ergebnisse gemacht und aus komplexen Beleuchtungssituationen werden hochwertige Ergebnisse errechnet!

Abbildung 2.86
Ausgangsbeleuchtung besteht aus einer komplexeren Grundlage, die mit dem GLOBALE ILLUMINATION-Verfahren errechnet wurde, um Lichtintensitäten im Vorhinein grob physikalisch zu verteilen

Abbildung 2.87
Die auf der Grundlage einer mit GLOBALE ILLUMINATION vorberechneten Lichtverteilung errechnete FINAL GATHER-Lösung

Tipp

Da es sich beim FINAL GATHER-Verfahren um keine physikalisch akkurate globale Illuminationslösung handelt, können auch die technisch veralteten Standard-Lichtquellen verwendet werden, da diese ebenfalls direktes Licht auf den 3D-Oberflächen erzeugen. Für hochwertige Produktionsergebnisse sollte hier aber auf den Einsatz von photometrischen Lichtquellen nicht verzichtet werden, da diese durch ihre bereits in den vorigen Abschnitten erläuterten Eigenschaften die besseren Produktionsergebnisse erzielen.

Die von der Kameraperspektive aus sichtbare direkte oder indirekt erzeugte Lichtenergie auf den 3D-Oberflächen wird in den nächsten beiden Phasen des FINAL GATHER-Verfahrens verwendet, um die Beleuchtungssituation zu erweitern und zu verbessern.

FG-Phase 2: FG-Vorberechnung

Nachdem in der ersten Phase die zugrunde liegende Ausgangsbeleuchtungssituation errechnet wurde, wird dieses Ergebnis mit der Durchführung der folgenden beiden Phasen im Detail ergänzt und verbessert.

Um detailliertere lokale Berechnungen durchführen zu können, muss die FINAL GATHER-Funktion, ausgehend von der Kameraperspektive, die bestehende Beleuchtungssituation zunächst erfassen. Von der Kameraperspektive aus ausgehend deshalb, da auf diese Weise die aufwendigen Berechnungen auf die 3D-Oberflächen reduziert werden, die tatsächlich von der Kamera, also vom Betrachter gesehen werden. Unnötige Berechnungen für nicht sichtbare Bereiche werden vermieden und die Produktionszeiten werden dadurch reduziert.

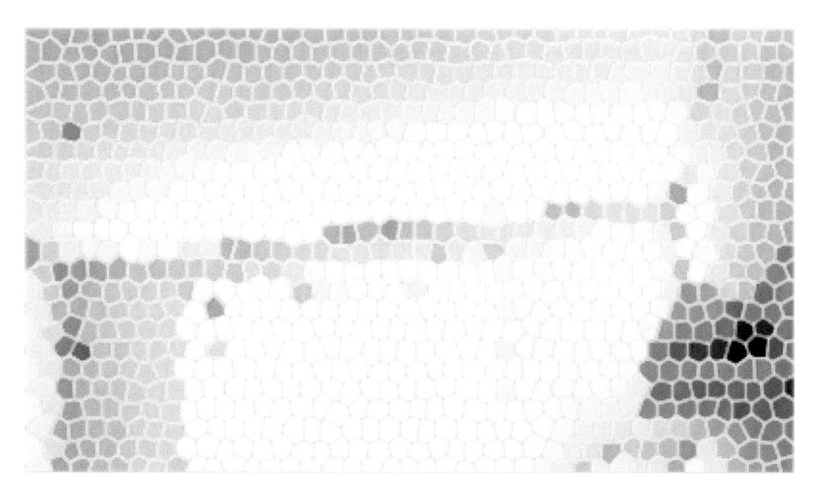

Abbildung 2.88
Hexagonales Raster während der FG-Vorberechnungen

Um die vorgegebene Ausgangsbeleuchtungssituation optisch zu erfassen, werden mithilfe eines sich der 3D-Szene anpassenden hexagonalen 2D-Rasters an der Kamera sogenannte FG-EYERAYS von jedem Rasterpunkt aus in die 3D-Szenerie gesandt. Mithilfe dieser

FG-EyeRays, die in Abhängigkeit von der Kameraperspektive aus in die Szene projiziert werden, werden die Kollisionspunkte der FG-EyeRays mit den sichtbaren 3D-Oberflächen in der 3D-Szene ermittelt. Diese Kollisionspunkte auf den 3D-Oberflächen, den sogenannten FG-Punkten, bilden die Startpunkte für die nachfolgende Phase 3, die eine detailliertere Berechnung der ursprünglich vorgegebenen Lösung errechnet.

Die Anzahl der FG-Punkte, also die Feinheit des Rasters und somit die Qualität der Beleuchtungssituation, kann über die beiden Werte FG-Punktdichte und Interpolieren über Anzahl der FG-Punkte (optional auch über die wählbare Radius Interpolationsmethode) beeinflusst werden. Die Anpassung des zugrunde liegenden 2D-Rasters für die FG-EyeRays an die 3D-Geometrie, also die gehäufte Verteilung der Punkte an Stellen der sichtbaren 3D-Szene, die über den meisten geometrischen Detailreichtum verfügen und letztlich einer exakteren Betrachtung durch die Final Gather-Funktion bedürfen, passiert weitgehend automatisch durch die Final Gather-Funktion.

Abbildung 2.89
Automatische Verteilung der FG-Punkte an Stellen, die einer intensiveren Berechnung bedürfen

Der Wert für die Anfängliche FG-Punktdichte definiert die Ausgangsdichte des Rasters, das sich über das gesamte sichtbare Kamerabild erstreckt. Je höher die Anfängliche FG-Punktdichte gewählt wird, desto mehr FG-Punkte werden angelegt. Dies erhöht die Qualität, letztlich aber auch die Rendering- und somit auch die Produktionszeiten.

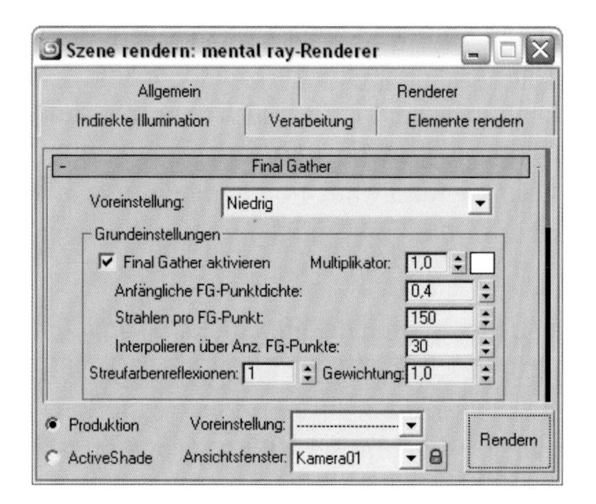

Abbildung 2.90
Einstellungen FINAL GATHER mit definierbarem Wert für ANFÄNGLICHE FG-PUNKTDICHTE

Tipp

Mithilfe der DIAGNOSE-Funktion im Produktionsrenderer MENTAL RAY ist es möglich, die berechneten FG-Punkte optisch sichtbar zu machen, um deren Verteilung besser bewerten zu können und entsprechende Optimierungen vorzunehmen. Die Funktion muss über das Menü RENDERN > RENDERN > Registerkarte VERARBEITUNG > Bereich DIAGNOSE explizit aktiviert werden. Die anfänglichen FG-PUNKTE werden auf einer übergeordneten Bildebene im Ausgabefenster als grüne Punkte dargestellt.

FG-Phase 3: Detaillierte Berechnung während des Renderings

Während der dritten und letzten Phase finden die zeitaufwendigsten Berechnungen statt, die die Qualität der Beleuchtungssituation letztlich entscheidend verbessern.

Nachdem mithilfe der FG-PUNKTE in Abhängigkeit der Kameraperspektive und angepasst an die 3D-Geometrie die vorgegebene Beleuchtungssituation über ein Raster sozusagen stichpunktartig erfasst wurde, kann an diesen Stellen mit der Verfeinerung der Beleuchtungssituation begonnen werden.

Ausgehend von den ermittelten FG-PUNKTEN auf den 3D-Oberflächen werden ein oder mehrere Strahlen (Strahlenbündel), die sogenannten FG-RAYS, hemisphärisch, also von dem jeweiligen FG-PUNKT aus in unterschiedliche Richtungen, in die 3D-Szene gestreut, um die lokale Beleuchtungssituation in dieser Region genauer zu erfassen. Je höher die Anzahl der FG-RAYS dabei ist, umso genauer kann die lokale Situation erfasst und bewertet werden. Die Anzahl der FG-RAYS kann mit dem Wert STRAHLEN PRO FG-PUNKT definiert werden. Auch hier gilt: Mehr FG-RAYS bedeuten höhere Render- und somit auch Produktionszeiten.

Abbildung 2.91
Die FG-Schritte im Detail – hier hemisphärische Streuung der Primary-FG-Rays

Im Detail werden die ausgesandten FG-RAYS verfolgt, bis sie auf weitere umliegende 3D-Oberflächen stoßen. Sobald eine Kollision der FG-RAYS mit einer neuen illuminierten Oberfläche erfolgt, wird ein entsprechender Lichtenergiewert für diesen FG-PUNKT zurückgeliefert, sofern nur ein FG-RAY von diesem FG-PUNKT aus ausgesandt wurde. Wurden mehrere FG-STRAHLEN, also Strahlenbündel, hemisphärisch ausgesandt, wird ein interpolierter Wert aller Strahlen als Lichtwert für den aussendenden FG-PUNKT gespeichert. Alle gesammelten Werte werden innerhalb einer dreidimensionalen Datenstruktur gespeichert. Sie ist vergleichbar mit einer Punktwolke in dem jeweiligen 3D-Raum, deren einzelne Punkte die FG-PUNKTE auf den 3D-Oberflächen darstellen und denen Lichtwerte an diesen Positionen zugeordnet sind.

Die Strahlenverfolgung und Lichtwertermittlung für die ersten, von dem FG-PUNKT ausgehenden FG-RAYS, den sogenannten Primary-FG-Rays, wird mindestens bis zur Kollision mit einer ersten 3D-Oberfläche durchgeführt. Um noch detailliertere Ergebnisse zu erhalten, können sogenannte Mehrfachreflexionen über den Wert STREUFARBENREFLEXIONEN aktiviert werden (vgl. Abbildung 2.127 rechts). In der Voreinstellung auf 0 gesetzt, kann durch Erhöhung dieses Wertes angegeben werden, wie oft ein von einem FG-PUNKT aus ausgesandter FG-RAY reflektiert und mit neuen 3D-Oberflächen kollidieren darf, um zusätzliche Lichtwerte zu sammeln, die in der dreidimensionalen Punktwolke, der sogenannten FINAL GATHER-Map (optional speicherbar in einer erweiterbaren Datei *.fgm), dann akkumuliert gespeichert werden.

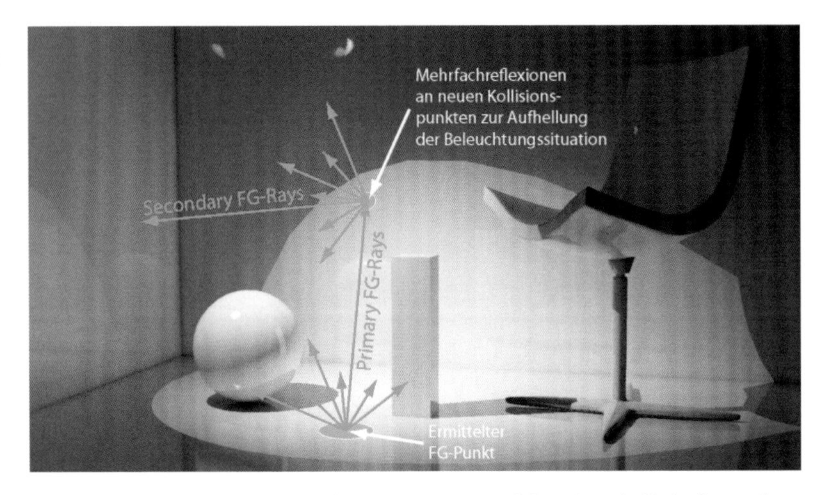

Abbildung 2.92
FG-Verfahren mit Mehrfachreflexionen

Tipp

Die Lebensdauer von reflektierten FG-Strahlen ist definierbar über den Wert für TRACE-TIEFE oder einen FALLOFF-Wert. Durch Anpassung dieser Werte können Sie Renderzeiten reduzieren.

Problematischer Einsatz von Final Gather in Animationen

Achtung

Der Einsatz von FINAL GATHER für die Berechnung von Animationen ist ohne besondere Optimierungen zunächst problematisch.

Wie erläutert wird die durch die FINAL GATHER-Funktion errechnete Beleuchtungssituation innerhalb einer dreidimensionalen Punktwolke für den 3D-Raum gespeichert, der sogenannten FINAL GATHER-Map. Diese FINAL GATHER-Map wird in Abhängigkeit des Blickfeldes der Kamera auf die 3D-Szene gespeichert. Für 3D-Oberflächen, die aus dem aktuellen Blickfeld nicht sichtbar sind oder durch andere verdeckt werden, werden daher keine Beleuchtungsdaten gesammelt. Ändert sich nun die Kameraposition oder die Position einzelner 3D-Objekte während einer Animation, kommen diese unterbelichteten Bereiche, für die keine detaillierte Berechnungen vorgenommen werden konnte, zum Vorschein und werden als dunkle Flecken in der finalen Bildberechnung wahrgenommen.

Um diese Problematik zu umgehen, müssen weitere Beleuchtungsinformationen für die über die Zeit in der Animation sichtbar werdenden neuen 3D-Oberflächen gesammelt werden. Es müssen also, verteilt über die gesamte Anzahl der Bilder (engl. Frames) in der Animation, neue FINAL GATHER-Momentaufnahmen gemacht werden, um eine möglichst komplette dreidimensionale FINAL GATHER-Map (Punktwolke) für diese 3D-Szene zu erhalten. Diese vollständigere

FINAL GATHER-Map kann dann letztlich als Grundlage für die Animationsberechnung verwendet werden.

Abbildung 2.93
Fehlende FG-Informationen führen zu Darstellungsfehlern in Animationen

Um diese vollständigere FINAL GATHER-Map zu realisieren, müssen einige manuelle Einstellungen vorgenommen werden. Anders als bei der einmaligen Berechnung der FINAL GATHER-Map für ein Standbild, kann die Erfassung der komplexeren FINAL GATHER-Map nicht im Arbeitsspeicher stattfinden, sondern muss auf eine FINAL GATHER-Map-Datei (*.fgm) umgeleitet werden. Nur so lassen sich die Lichtwerte aus den unterschiedlichen Kamerablickfeldern innerhalb einer Punktwolke akkumulieren. Die Datei lässt sich im Menü RENDERN > RENDERN > Registerkarte INDIREKTE ILLUMINATION > Bereich FINAL GATHER-MAP anlegen oder auswählen. Folgende Schritte sind nötig:

1. **Final Gather-Map-Datei anlegen**

   FINAL GATHER-Map-Datei anlegen bzw. einen Speicherort auf der Festplatte auswählen.

2. **Momentaufnahmen über die Animationsdauer**

   Mit festem Intervall die gesamte Animation berechnen lassen (z.B. alle 15 oder alle 25 Bilder), um die entsprechenden Lichtwerte der 3D-Oberflächen zu akkumulieren. Die Berechnung der »Momentaufnahmen« kann mit reduzierter Qualitätseinstellung für das Sampling erfolgen (vgl. Abschnitt »Problematischer Einsatz von Final Gather in Animationen« auf Seite 170). Der Wert für das Intervall ist abhängig von der Geschwindigkeit, mit der sich die Kamera oder die Darsteller innerhalb der 3D-Szenerie bewegen. Höhere Geschwindigkeiten erfordern geringere Intervalle, um eine ausreichend gute FINAL GATHER-Map zu generieren. Gute Werte für architektonische 3D-Animationen liegen zwischen 15 und 25 Frames.

3. **Final Gather-Map-Datei fixieren**

   Die mit den akkumulierten Werten gespeicherte FINAL GATHER-Map-Datei mit der Option NUR LESEN (FG EINFRIEREN) fixieren, um festzulegen, dass lediglich die vorgerechneten Werte beim Rendering für alle Bilder der Animation verwendet werden.

4. **Vollständige Animation rendern**

   Mit der fixierten FINAL GATHER-Map-Datei die gesamte Animation, also diesmal alle Bilder, rendern lassen. Die Beleuchtungssituation wird aus der FINAL GATHER-Map-Datei herausgelesen.

Tipp

Das Vorberechnen der FINAL GATHER-Map-Datei kann mit geringen Qualitätseinstellungen für das Sampling pro Pixel durchgeführt werden. Dieser Trick beschleunigt das Berechnen der FINAL GATHER-Map-Datei wesentlich, muss jedoch in der finalen Bildauflösung durchgeführt werden, um korrekte Bildergebnisse zu erzielen. Mithilfe einer FINAL GATHER-Map-Datei lassen sich auf diese Weise auch unterschiedliche Beleuchtungssituationen anlegen und ausprobieren, zwischen denen man dann für das finale Rendering wählen kann.

Ambient Occlusion (Umgebungsokklusion)

Kein Lichtberechnungsverfahren, sondern Materialeigenschaft für MENTAL RAY-Materialien!

Bei der sogenannten AMBIENT OCCLUSION (dt. Umgebungsokklusion/-verdeckung, frei übersetzt) handelt es sich nicht um ein Verfahren zur Lichtberechnung oder Lichtverteilung, sondern um eine spezielle Materialeigenschaft, deren Aktivierung für eine Verdunklung von 3D-Oberflächen sorgt. Da der Begriff jedoch meist im Zusammenhang mit dem Thema Beleuchtung genannt und die Eigenschaft dort auch verwendet wird, wird an dieser Stelle ebenfalls kurz auf AMBIENT OCCLUSION eingegangen.

Die Materialeigenschaft AMBIENT OCCLUSION sorgt für eine optische Verdunklung von 3D-Oberflächen, die in mehr oder weniger spitzem Winkel zueinander stehen, wie beispielsweise an Kerben, Rillen oder Ecken. Mit ihrer Hilfe können 3D-Raumkonturen oder 3D-Objektkonturen visuell verstärkt werden, aber insbesondere ansprechende Kontaktschatten zwischen 3D-Oberflächen realisiert werden.

Abbildung 2.94
Beleuchtung mit (u.) und ohne (o.) Umgebungsokklusion

Mit AMBIENT OCCLUSION lassen sich daher optimal die kleinen Details einer 3D-Szene hervorheben, die mit GLOBALER ILLUMINATION oder FINAL GATHER nur unter übermäßig aufwendigen Berechnungen darstellbar wären. AMBIENT OCCLUSION wird daher gerne als Ergänzung oder Verfeinerung dieser beiden Lichtberechnungsverfahren eingesetzt, da der Materialeffekt sich außerordentlich schnell berechnen lässt.

Tipp

GLOBALE ILLUMINATION, FINAL GATHER und UMGEBUNGSOKKLUSION sollten immer in Kombination verwendet werden, da sich so zügig qualitativ hochwertige Beleuchtungssituationen für Ihre 3D-Visualisierungen realisieren lassen. Verwenden Sie GLOBALE ILLUMINATION für eine schnelle allgemeine Verteilung der Lichtenergie auf physikalischer Basis, FINAL GATHER um die errechnete GLOBALE ILLUMINATION-Lösung zu verfeinern und durchschnittlich ausgeprägte Details zu erzeugen, und letztlich UMGEBUNGSOKKLUSION, um durchschnittlich ausgeprägten, Details mit detaillierten Kontaktschatten zu ergänzen.

UMGEBUNGSOKKLUSION ist nur für Materialien des Produktionsrenderers MENTAL RAY verfügbar. Ausführliche Informationen finden Sie in der 3ds Max-Hilfe (Stichwort: *Umgebungsokklusion*).

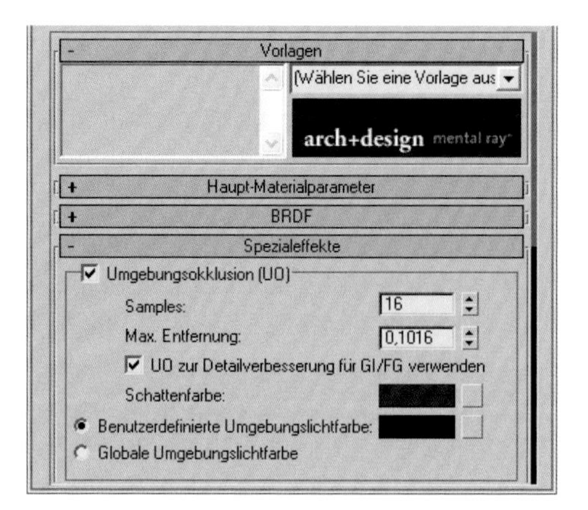

Abbildung 2.95
Die Materialeigenschaft UMGEBUNGSOKKLUSION (AMBIENT OCCLUSION) des ARCH & DESIGN-Materials

Richtige Kombination aus Lichtquellen und Lichtberechnungsverfahren

Nachdem in den letzten Abschnitten ausführlich die wichtigsten Kenntnisse über die zur Verfügung stehenden Lichtquellen-Objekte sowie über die nutzbaren Lichtberechnungsverfahren und deren Eigenschaften und Wirkungen auf die 3D-Szene dargelegt wurden, stellt sich die wichtige Frage, welche dieser einzelnen Elemente in welcher Kombination eingesetzt werden können oder sollten, um qualitativ hochwertige architektonische 3D-Visualisierungen zu produzieren.

Die Produktionssoftware 3ds Max bietet durch den außerordentlich hohen Funktionsumfang, der über die langjährige Entwicklungszeit implementiert und erweitert wurde, eine Vielzahl von nutzbaren Beleuchtungstechnologien, die aber nicht beliebig miteinander kombiniert zum Einsatz kommen können. Neuere Lichtberechnungsverfahren setzen für gute Ergebnisse beispielsweise photometrische Lichtquellen-Objekte voraus. FINAL GATHER kann z.B. keine globale Beleuchtungssituation verbessern, die mit dem RADIOSITY-Verfahren errechnet wurde. Der LICHT-TRACER arbeitet nicht mit dem Produktionsrenderer MENTAL RAY zusammen, sondern benötigt den Produktionsrenderer VORGABE SCANLINE usw.

Welche Lichtquellen-Objekte oder Lichtberechnungsverfahren Sie miteinander kombinieren sollten, um bestmögliche optische Ergebnisse für Ihre architektonische 3D-Visualisierung oder 3D-Animation zu produzieren, wird in den folgenden Abschnitten erläutert.

Grundsatzentscheidung

Bevor Sie mit der Umsetzung einer der in Abschnitt »Fünf Beleuchtungsszenarien für Architektur« auf Seite 129 vorgestellten fünf Beleuchtungsszenarien für Architektur oder einer darauf aufbauenden individuell verfeinerten Lichtplanung beginnen, haben Sie eine grundsätzliche Fragestellung zu beantworten: Soll eine fotorealistische 3D-Visualisierung oder eine weniger realistische Entwurfs- oder Wettbewerbsvisualisierung umgesetzt werden? Diese entscheidende Frage bestimmt, welche Lichtquellen-Objekte mit welchen Lichtberechnungsverfahren und mit welchem Produktionsrenderer eingesetzt werden müssen.

Wollen Sie lediglich Entwurfs- oder Wettbewerbsvisualisierungen realisieren, genügt unter Umständen die Verwendung von Standard-Lichtquellen, deren Beleuchtung sich schnell berechnen lässt. Benötigen Sie qualitativ hochwertige und realistische Bilder für die Vermarktung der Immobilie, müssen Sie den Fotorealismus durch den Einsatz von photometrischen Lichtquellen in Verbindung mit GLOBALER ILLUMINATION und dem Produktionsrenderer MENTAL RAY realisieren.

Im Folgenden werden die zur Verfügung stehenden Ansätze näher erläutert.

Die einfache schnelle Lösung

Soll lediglich eine grobe Entwurfs- oder Wettbewerbsvisualisierung umgesetzt werden, genügt unter Umständen der Einsatz einfacherer Funktionen, wie Standard-Lichtquellen in Kombination mit dem Produktionsrenderer VORGABE SCANLINE.

Merkmale dieser Lösung:

- Produktionsrenderer VORGABE SCANLINE
- Standard-Lichtquellen mit entsprechender Justierung
- Keine erweiterte Beleuchtung (indirektes Licht)

Da in diesem Buch hauptsächlich die Produktion qualitativ hochwertiger architektonischer 3D-Visualisierung erläutert werden soll, folgt hier nur kurz eine grobe Beschreibung der Vorgehensweise zur ersten Orientierung. Eine detaillierte Beschreibung diesbezüglich findet sich in den 3ds Max-Lehrgängen (Stichwort: *Beleuchtung*).

Vorgehensweise:

- Positionierung und Ausrichtung von Standard-Lichtquellen (einzelne Lichtquellen-Objekte oder Tageslichtsystem)
- Bestimmung der Lichtintensität und Lichtfarbe
- Aktivierung von Lichtabnahme und Lichtabfall (vgl. 3ds Max-Hilfe)
- Aktivierung der Schatten und wählen des Schattentyps (vgl. 3ds Max-Hilfe)
- Individuelle Justierung der einzelnen Parameter

Tipp

Soll eine einfache Außenvisualisierung bei *Tageslicht* umgesetzt werden, kann statt der Standard-Lichtquellen alternativ auch der LICHT-TRACER eingesetzt werden. Zwar liefert der LICHT-TRACER keine physikalisch akkurate und daher fotorealistische Beleuchtungssituation, da er nicht mit photometrischen Werten arbeitet, jedoch realisiert er durch die Simulierung weicher Schattierungen trotzdem ansprechende visuelle Ergebnisse. Eine ausführliche Beschreibung bezüglich Anwendung und Justierung findet sich in der 3ds Max-Hilfe (Stichwort: *Licht-Tracer*).

Die ansprechendere Lösung mit globaler Beleuchtung (indirektes Licht)

Soll eine gute, aber nicht unbedingt fotorealistische 3D-Visualisierung umgesetzt werden, sollte mit Verfahren zur Berechnung von globalen Beleuchtungssituationen gearbeitet werden. Der Einsatz von photometrischen Lichtquellen sowie dem RADIOSITY-Verfahren in Kombination mit dem Produktionsrenderer VORGABE SCANLINE produziert für diesen Zweck geeignete Ergebnisse.

Merkmale:

- Produktionsrenderer VORGABE SCANLINE
- Photometrische Lichtquellen und/oder Tageslichtsystem
- Erweiterte Beleuchtung: RADIOSITY-Verfahren
- RADIOSITY-Materialien: ARCHITEKTUR-MATERIAL oder ERW. BELEUCHT. ÜBERGEHEN
- Aktive logarithmische Belichtungssteuerung
- RADIOSITY wird vollständig vor dem Rendering durchgeführt und gilt, unabhängig vom Blickfeld der Kamera, für die gesamte 3D-Szene (vorteilhaft für Berechnung von 3D-Animationen)

Eine detaillierte Beschreibung der Vorgehensweise für die Realisierung dieser komplexeren Beleuchtungssituation finden Sie im Abschnitt »Übungen – Beleuchtung mit dem 3ds Max-Tageslichtsystem« auf Seite 178.

Übung

Die hochwertige fotorealistische Lösung mit professioneller globaler Beleuchtung

Soll eine hochwertige fotorealistische architektonische 3D-Visualisierung umgesetzt werden, müssen die Verfahren GLOBALE ILLUMINATION und FINAL GATHER und UMGEBUNGSOKKLUSION (engl. Ambient Occlusion) kombiniert mit dem Produktionsrenderer MENTAL RAY für die Berechnung der globalen Beleuchtungssituation ausgewählt und eingestellt werden.

Merkmale:

- Produktionsrenderer MENTAL RAY
- Photometrische Lichtquellen und/oder Tageslichtsystem (mit MR-SONNE & MR-HIMMEL von MENTAL RAY)
- Erweiterte/globale Beleuchtung:
  - GLOBALE ILLUMINATION (GI) zur allgemeinen Verteilung der Lichtenergie
  - FINAL GATHER (FG) für durchschnittlich ausgeprägte Schattierungsdetails
  - AMBIENT OCCLUSION (Materialeigenschaft) für feine detaillierte Kontaktschatten
- Aktive logarithmische Belichtungssteuerung
- MENTAL RAY-Materialien (ARCH & DESIGN)

Eine detaillierte Beschreibung der Vorgehensweise für die Realisierung dieser fotorealistischen Beleuchtungssituation finden Sie im Abschnitt »Übungen – Beleuchtung mit dem 3ds Max-Tageslichtsystem« auf Seite 178.

Übung

Image Based Lighting (IBL) mit HDR-Bildern

Wie bereits im Abschnitt »Die Lichtquelle HDRI (High Dynamic Range Image)« auf Seite 140 ausführlich erklärt, besteht noch die Möglichkeit, eine absolut realistische Beleuchtungssituation mithilfe von sogenannten HDR-Bildern (engl. HDRI – High Dynamic Range Image) zu realisieren. Dieses Verfahren nennt sich *Image Based Lighting* (IBL). Leider übertrifft derzeit der Nachteil der zu langsamen Berechungsgeschwindigkeit dieses Verfahrens den großen Vorteil der hohen Realitätsnähe. Der Einsatz ist daher nur für Projekte kleinen Umfangs zu empfehlen und auch hier nur bedingt für Außendarstellungen einsetzbar.

Merkmale:

- Produktionsrenderer VORGABE SCANLINE
- Standard-Lichtquelle Himmelslicht mit HDR-Bild als Himmelsfarbe im Textur-Map-Slot (vgl. 3ds Max-Hilfe)
- HDR-Bild im Textur-Map-Slot der Umgebung
- Erweiterte Beleuchtung: LICHT-TRACER mit einem Wert für Anzahl der Reflexionen >= 1
- Berechnung erfolgt sehr langsam, insbesondere bei umfangreicheren architektonischen 3D-Szenen!

Tipp

Alternativ kann auch der deutlich schnellere Produktionsrenderer MENTAL RAY für die Realisierung von Beleuchtungsszenarien mit *Image Based Lighting* verwendet werden! Wählen Sie MENTAL RAY als Produktionsrenderer und aktivieren Sie FINAL GATHER statt des LICHT-TRACER. Weisen Sie den 3D-Oberflächen statt Standardmaterialien besser MENTAL RAY-Materialien zu, die eine bessere optische Qualität liefern.

Ergänzende nützliche Informationen zum Thema HDRI finden Sie im Internet unter http://www.aversis.be/hdri/index.htm.

Übungen – Beleuchtung mit dem 3ds Max-Tageslichtsystem

Nach dem Sie die grundsätzliche Entscheidung getroffen haben, welche der fünf Beleuchtungsszenarien für Architektur Ihrem Projekt am besten entspricht und Sie sich anschließend für die in der Produktionssoftware 3ds Max zur Verfügung stehenden geeigneten Kombinationsmöglichkeiten aus Lichtquellentypen und Lichtberechnungsverfahren entschieden haben, können Sie mit der konkreten Realisierung der Beleuchtung beginnen.

Unabhängig davon, ob gänzlich individuelle Beleuchtungssituationen ohne Bezug auf die hier vorgestellten Vorgehensweisen umgesetzt werden, gibt es drei allgemeine Regeln, die Ihnen die Umsetzung einer qualitativ hochwertigen Beleuchtung für Ihre 3D-Szene deutlich vereinfachen.

- **Neutrales Material:** Verwenden Sie bei der Realisierung der Beleuchtungssituation unbedingt ein neutrales, mattes, weißes oder hellgraues Material für alle Objekte Ihrer 3D-Szene. Ein neutrales homogenes Material (z.B. matt weiß) ermöglicht Ihnen eine deutlich bessere optische Bewertung der Beleuchtung, da keine störenden Farbkontraste, Spiegelungen oder Glanzlichter die Bewertung und Justierung der Beleuchtung negativ beeinflussen. Sie können auf diese Weise die Anzahl und die Ausprägung von Schatten und Schattierungen aller 3D-Oberflächen deutlicher wahrnehmen und beurteilen.

  Beachten Sie unbedingt auch die festgelegte Reihenfolge im Produktionsplan (erst Beleuchtung, dann Materialien) und ersparen Sie sich so eine Verschwendung Ihrer Produktionszeit für langwierige Test-Renderings bei der Justierung von Beleuchtung, die durch die Materialeigenschaften verfremdet oder undeutlich dargestellt wird.

  Mithilfe eines neutralen Materials haben Sie zusätzlich Vorteile bei der Verwirklichung eines hohen Schattierungsspektrums mit ausgeprägten Schattenverläufen und starken Hell-Dunkel-Kontrasten. Die Kontraste zwischen direkter und indirekter Beleuchtung können optimiert werden. Die Schattendetails lassen sich besser herausarbeiten und erhöhen so den Realismus Ihrer 3D-Visualisierung.

Abbildung 2.96
Ohne Materialien fällt die neutrale Bewertung von Licht & Schatten wesentlich einfacher

- **Sukzessives Einfügen von Lichtquellen:** Beginnen Sie nicht wahllos mit dem Einfügen von unterschiedlichen Lichtquellen, sondern gehen Sie strukturiert vor. Starten Sie mit den jeweils schwächsten Lichtquellen für Ihre Beleuchtung, beispielsweise der Decken- oder Wandbeleuchtung eines Innenraums, und bewerten und justieren Sie die Auswirkungen. Fügen Sie anschließend die etwas stärkere Umgebungsbeleuchtung (z.B. das Himmelslicht) in die 3D-Szene, justieren Sie diese und bewerten Sie die Auswirkungen. Letztlich können Sie dann die stärksten Lichtquellen, beispielsweise das Sonnenlicht, zu Ihrer Beleuchtungssituation hinzufügen. Da Sie die schwächeren Lichtquellen bereits einzeln optimal justiert haben, ergänzen sich alle Lichtquellen so zu einer optimalen realistischen Beleuchtungssituation. Würden Sie mit einer stärkeren Lichtquelle beginnen, wäre Ihnen die optimale Justierung der schwächeren Lichtquellen nicht möglich!
- **Organisation von Lichtquellen:** Fügen Sie die einzelnen Lichtquellen-Objekte nicht unorganisiert in Ihre 3D-Szene ein. Verwenden Sie für eine optimale Arbeit mit den Lichtquellen die Werkzeuge LICHTLISTE, INSTANZEN, LAYER und BAUGRUPPEN, die im Abschnitt »Beleuchtung« auf Seite 120 > »Verwalten mehrerer Lichtquellen« auf Seite 143 näher beschrieben sind. Insbesondere wenn Ihre Beleuchtungssituation aus außerordentlich vielen Lichtquellen besteht, leidet die Produktionsgeschwindigkeit und die Übersichtlichkeit andernfalls enorm.

Die folgenden Übungen vertiefen die im Abschnitt »Beleuchtung« auf Seite 120 bisher vermittelten Kenntnisse und verdeutlichen an zwei konkreten Beispielen, wie eine ansprechende Beleuchtungssituation für hochwertige architektonische 3D-Visualisierung schrittweise umgesetzt werden kann.

Achtung

Um die Übungsschritte besser nachvollziehen zu können, finden Sie im Ordner *Beleuchtung* und *Beleuchtung\mentalray* auf der beiliegenden *DVD* die entsprechenden unbearbeiteten und die bearbeiteten 3D-Szenerien sowohl für die Übung für VORGABE SCANLINE als auch für die Übung für MENTAL RAY.

Übung

Übung für Produktionsrenderer »Vorgabe Scanline« (Radiosity)

Der Einsatz von photometrischen Lichtquellen sowie dem RADIOSITY-Verfahren in Kombination mit dem Produktionsrenderer VORGABE SCANLINE produziert gute Beleuchtungssituationen in akzeptabler

Zeit. Diese Kombination aus photometrischen Lichtquellen, der erweiterten Beleuchtung RADIOSITY und dem Standard-Renderer VORGABE SCANLINE sollte dann eingesetzt werden, wenn der Einsatz von MENTAL RAY aus den unterschiedlichsten Gründen nicht möglich oder nicht erwünscht ist.

Für qualitativ hochwertigere Ergebnisse ist die Kombination aus PHOTOMETRISCHEN LICHTQUELLEN, GLOBALER BELEUCHTUNG, FINAL GATHER und MENTAL RAY deutlich empfehlenswerter und wird in der sich dieser Übung anschließenden Übung schrittweise dargelegt.

Schrittweise Demonstration der Vorgehensweise:

1. **Monitorkalibrierung** für beste Farb- und Mittelgrautonwertwiedergabe

   Falls nicht schon geschehen, sollte eine Monitorkalibrierung am Produktionsmonitor durchgeführt werden. Voraussetzung für jede genaue Farb- und Schattierungsdefinition bei Projektumsetzungen ist eine optimal kalibrierte Darstellung am Produktionsmonitor. Detaillierte Erläuterungen zum Hintergrund und Vorgehensweise finden sich in Kapitel 3 dieses Buches.

2. Produktionsrenderer **Vorgabe Scanline** und die **Erweiterte Beleuchtung** (RADIOSITY) aktivieren

   (ANPASSEN > UMSCHALTEN ZWISCHEN BENUTZER- UND STANDARD-UI > DESIGNVIZ)

   Über das Werkzeug UMSCHALTER ZWISCHEN BENUTZER- UND STANDARD-UI können Sie die Programmvorgaben so ändern, dass Sie für die Erarbeitung ansprechender Beleuchtungssituationen mit dem RADIOSITY-Verfahren optimal angepasst sind. Die Standardeinstellungen für verschiedene Funktionen in 3ds Max werden hier zentral gesteuert. Wählen Sie unter AUSGANGSEINSTELLUNGEN FÜR HILFSMITTELOPTIONEN den Eintrag DESIGNVIZ aus. Unter anderem wird Folgendes eingestellt:

   - **Material-Editor:** Wird direkt mit Architektur-Materialien gefüllt, die Reflexions- und Durchlässigkeitswerte für RADIOSITY-Berechnungen anzeigen und zudem für die Verarbeitung durch RADIOSITY optimiert worden sind.
   - **Tageslichtsystem:** Als optimale Vorgabe direkt auf IES-SONNE und IES-HIMMEL eingestellt.

- **Rendern:** Die Bildberechnung erfolgt mit dem Renderer Vorgabe Scanline, dem Radiosity-Verfahren sowie aktiver Belichtungssteuerung.
- **Klonen:** Als Vorgabe werden Objektinstanzen erstellt.

Prüfen Sie zusätzlich, ob die generelle Berücksichtigung der erweiterten Beleuchtung aktiviert ist (Rendern > Rendern > Registerkarte Allgemein > Bereich Erweiterte Beleuchtung).

Abbildung 2.97
Werkzeug Umschalter zwischen Benutzer- und Standard-UI für die komfortable Auswahl zwischen Standard- oder mental ray-Technologien

Achtung

3. **System-Einheiten** einrichten und prüfen.

(Anpassen > Einheiten einrichten > System-Einheiten einrichten)

Um physikalisch akkurate Lichtberechnungen durchführen zu können, müssen die System-Einheiten korrekt eingestellt werden und die Maßstäbe der einzelnen 3D-Objekte ebenfalls auf Stimmigkeit hin überprüfen werden (vgl. Kapitel 3 »Richtige Vorkonfiguration der 3D-Software 3ds Max für optimale Renderergebnisse«). Stellen Sie die Einheiten auf Meter bzw. metrisch ein.

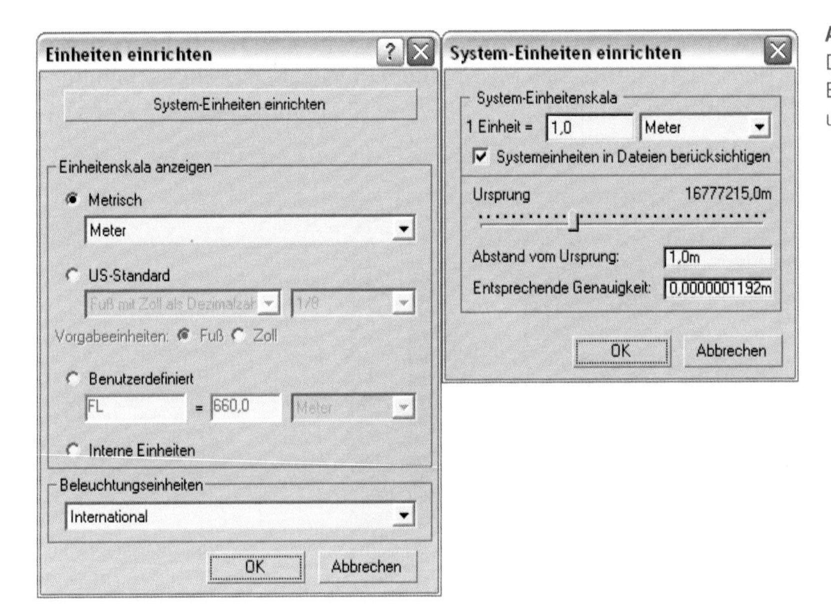

Abbildung 2.98
Die Dialogfelder für die Einrichtung der Anzeige- und System-Einheiten

4. Helles **homogenes Radiosity-Material** (Architektur-Material) definieren und allen 3D-Oberflächen zuweisen

   (Menü RENDERN > MATERIAL-EDITOR)

   Ein homogenes neutrales Material ermöglicht Ihnen eine deutlich bessere optische Bewertung der Beleuchtung, da keine störenden Farbkontraste, Spiegelungen oder Glanzlichter die Bewertung und Justierung der Beleuchtung negativ beeinflussen.

   Selektieren Sie mit der Maus eine Materialkugel (*Architektur-Material*) und wählen Sie aus dem Rollout VORLAGEN die Vorlage IDEALE STREUFARBE. Stellen Sie den Farbwert auf reines Weiß ein, indem Sie im Rollout PHYSIKALISCHE EIGENSCHAFTEN auf das Farbfeld STREUFARBE klicken und über den Farbregler die Farbe wählen. Weisen Sie das Material allen Objekten in der 3D-Szene zu, indem Sie über die AUSWAHL-ÜBERSICHT (Menü EXTRAS > AUSWAHL-ÜBERSICHT) alle Geometrie-Objekte wählen und anschließend beispielsweise die Materialkugel aus dem Material-Editor mit der Maus auf eines der markierten Objekte ziehen oder das entsprechende MATERIAL-ZUWEISEN-SYMBOL im Material-Editor benutzen.

   Hinweis

   Erst im Anschluss an die vollständige Realisierung der Beleuchtungssituation sollten die benötigten anderen Materialien definiert und den 3D-Objekten zugewiesen werden. Dafür können Sie dann die beiden RADIOSITY-Materialtypen ARCHITEKTUR-MATERIAL

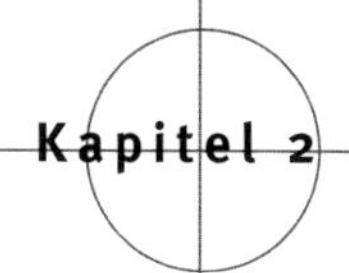

und ERWEITERTE BELEUCHTUNG ÜBERGEHEN verwenden, mit denen sich Ihren 3D-Oberflächen die richtigen physikalischen Materialeigenschaften für Reflexion, Farbverlauf, Eigenluminanz und Transparenz zuweisen lassen.

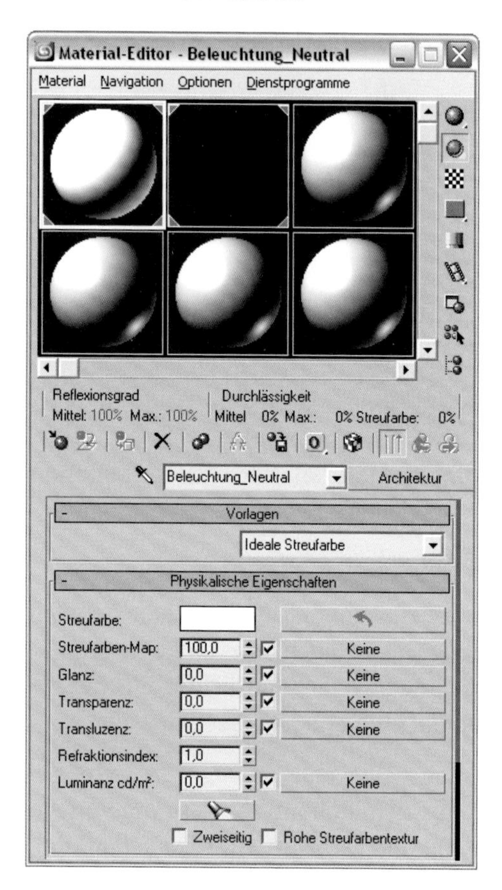

Abbildung 2.99
Material-Editor mit neutral weißem Radiosity-Architektur-Material

5. Für eine individuelle Beleuchtungssituation einzelne **photometrische Lichtquellen-Objekte** in der 3D-Szene platzieren und einrichten und/oder Tageslichtsituationen alternativ mit dem **Tageslichtsystem** realisieren (mit IES-SONNE & IES-HIMMEL als Lichtquellenunterobjekte für das RADIOSITY-Verfahren).

   (Menü ERSTELLEN > LICHTQUELLEN > TAGESLICHTSYSTEM)

   Bei Verwendung des TAGESLICHTSYSTEMS die Nordrichtung, den Ort, das Datum und die jeweilige Tageszeit definieren. Insbesondere bei Innenraumszenerien möglichst so, dass viel direktes Sonnenlicht der Mittagssonne durch die jeweiligen Fenster- oder Türöffnungen in den Raum strahlt.

In dieser Beispielszene wird das Tageslichtsystem verwendet. Um die Ergebnisse nachvollziehen zu können, finden Sie auf der beiliegenden *DVD* im Ordner *Beleuchtung* die fertig umgesetzte 3D-Szenerie, die Sie öffnen und individuell anpassen können.

Beispiel

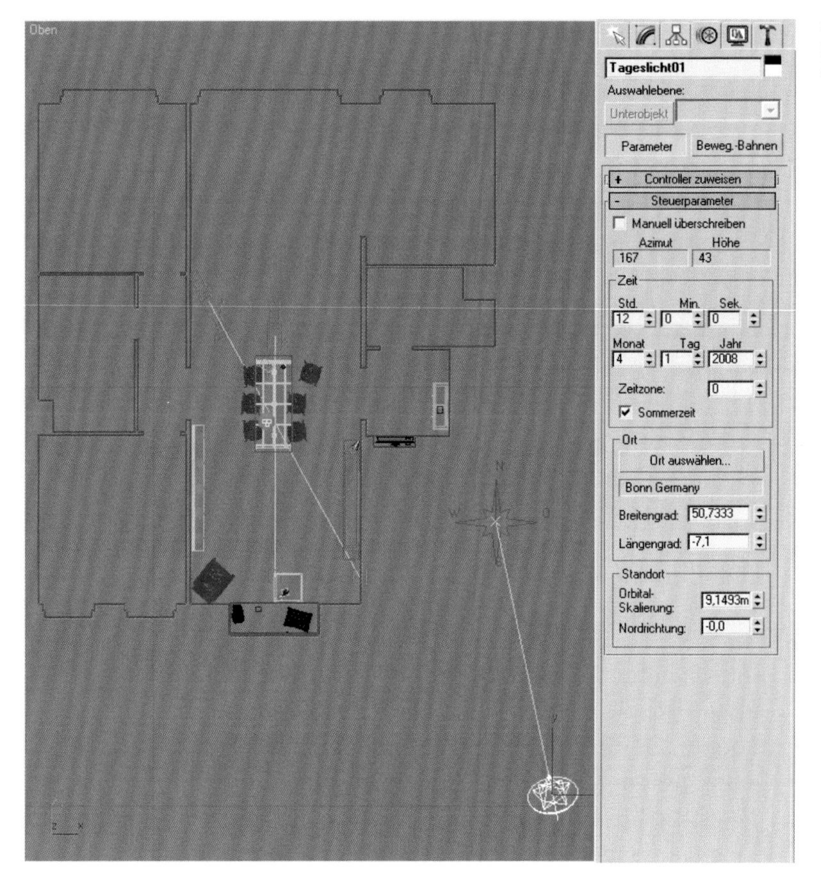

Abbildung 2.100
Beispielhaftes Setup für Tageslichtsystem

Für eine optimale Bewertung der Schattierungen müssen Sie die **Lichtfarbe der Hauptlichtquelle** (z.B. IES-SONNE, wie in Abbildung 2.101 gezeigt) auf Weiß einstellen. Die durch die Tageszeit voreingestellte Lichtfarbe (Hellgelb) wirkt oftmals zu übersättigt und lässt die Beleuchtungssituation vergilbt und nicht hochwertig erscheinen. Anschließend den gewünschten **Schattentyp definieren**, z.B. ERW. RAYTRACE-SCHATTEN für harte Schatten bei starker Sonneneinstrahlung oder Flächenschatten für weichere Schatten bei diffuser Sonneneinstrahlung. Den Wert für SCHATTENNEIGUNG auf 0,0m reduzieren, da dieser oftmals Fehldarstellungen bei der Bildberechnung verursacht.

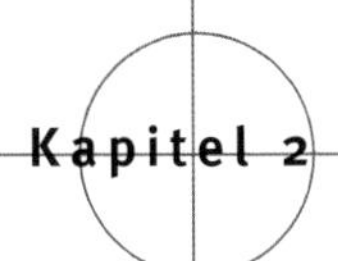

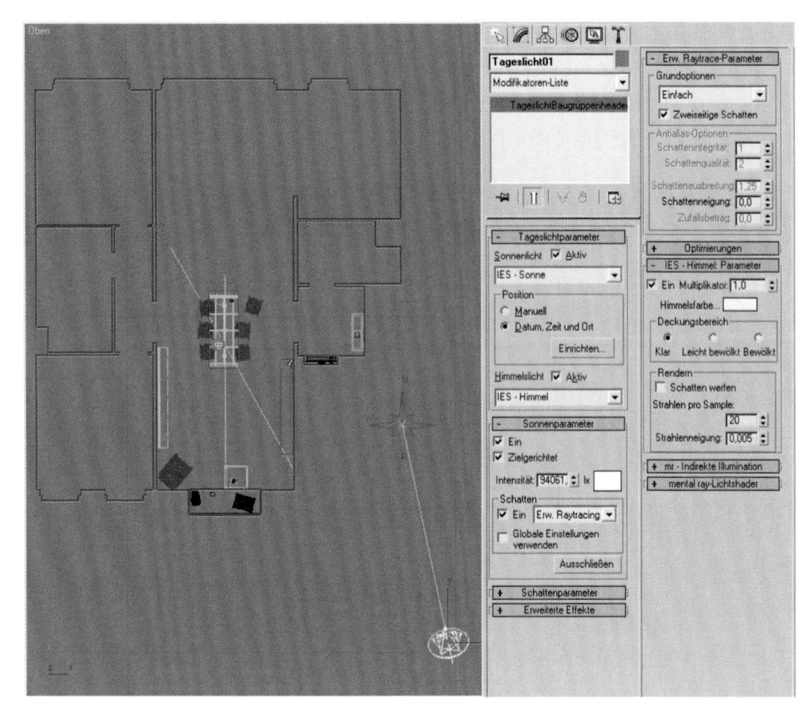

Abbildung 2.101
IES-Sonne des Tageslichtsystems mit nachjustierter Lichtfarbe, Schattentyp und Schattenneigung

6. **Logarithmische Belichtungssteuerung** aktivieren und einstellen.

   (Menü RENDERN > UMGEBUNG > Rollout BELICHTUNGSSTEUERUNG)

   Um die hohen HDR-Werte der intensiven linear berechneten photometrischen Lichtquellen, wie beispielsweise die einer IES-Sonne, auf ein am Monitor wahrnehmbares Maß zu reduzieren, muss die logarithmische Belichtungssteuerung mit der Option TAGESLICHT AUSSEN aktiviert werden (vgl. auch Abschnitt »Beleuchtung« auf Seite 120 > »Belichtungssteuerung für photometrische Lichter« auf Seite 145).

   Zusätzlich muss der Wert für PHYSIKALISCHE SKALIERUNG auf die Intensität der stärksten Lichtquelle eingestellt werden, um die Umrechnung von HDR-Werten auf jeweils 256 RGB-Werte zu optimieren (im Falle der IES-Sonne auf ca. 94.000cd/lx). Die Werte für HELLIGKEIT, KONTRAST und MITTLERE TÖNE für diese beispielhafte Innenraumszene wie in der Abbildung 2.102 dargestellt einstellen.

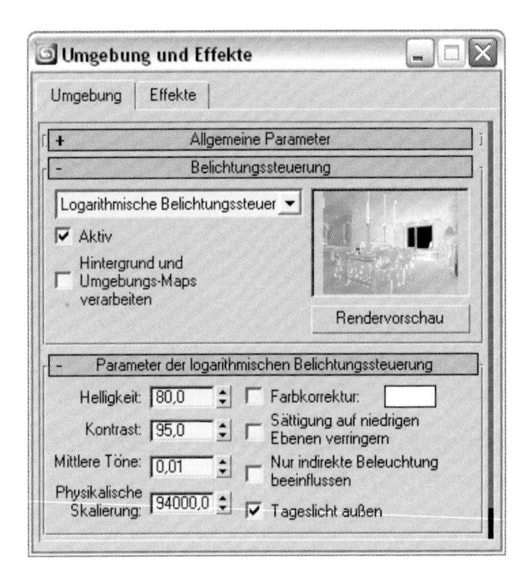

Abbildung 2.102
Das Dialogfeld der Belichtungssteuerung

Abbildung 2.103
Links: Logarithmische Belichtungssteuerung mit Standardeinstellungen

Rechts: Individuelle Einstellungen für HELLIGKEIT, KONTRAST und MITTLERE TÖNE

Die Einstellungen der Parameter für die logarithmische Belichtungssteuerung haben maßgeblichen Einfluss auf die Darstellung der errechneten RADIOSITY-Lösung. Passen Sie die Werte für HELLIGKEIT, KONTRAST und MITTLERE TÖNE so an, dass möglichst viele kontrastreiche Schattierungsverläufe und Schattendetails sichtbar werden. Je nach Art der 3D-Visualisierung (Außen- oder Innenszene) sowie der Positionierung der Lichtquellen-Objekte können für optimale Ergebnisse die notwendigen Einstellungen hier stark variieren.

7. Eine **Kamera platzieren**, die Ihnen einen guten Überblick über die zu präsentierenden Bereiche der Immobilie für die Bewertung der Beleuchtung liefert (Menü ERSTELLEN > KAMERAS > FREIE KAMERA). Gegebenenfalls bei den Kameraparametern (über die MODIFIKATORPALETTE) den Wert für LINSE auf 15 oder 20 reduzieren, um das sichtbare Blickfeld zu vergrößern.

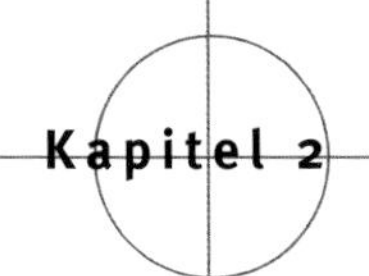

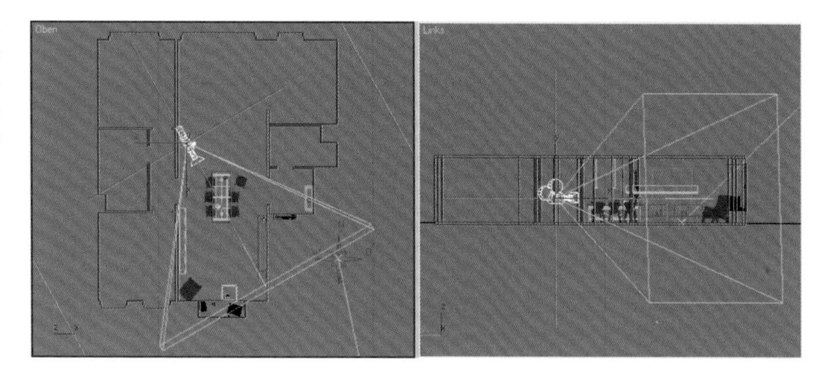

Abbildung 2.104
Test-Kamera für die Beurteilung der Beleuchtungssituation positionieren

8. Das Lichtberechnungsverfahren **Radiosity aktivieren bzw. öffnen,** um die Verarbeitungsparameter für die RADIOSITY-Berechnung optimal einzustellen.

   (RENDERN > ERWEITERTE BELEUCHTUNG > RADIOSITY)

   Falls nicht schon geschehen, die RADIOSITY als erweiterte Beleuchtung auswählen und mit einem Häkchen aktivieren. Anschließend die einzelnen Parameter für diese beispielhafte Innenraumszene wie folgend erläutert einstellen.

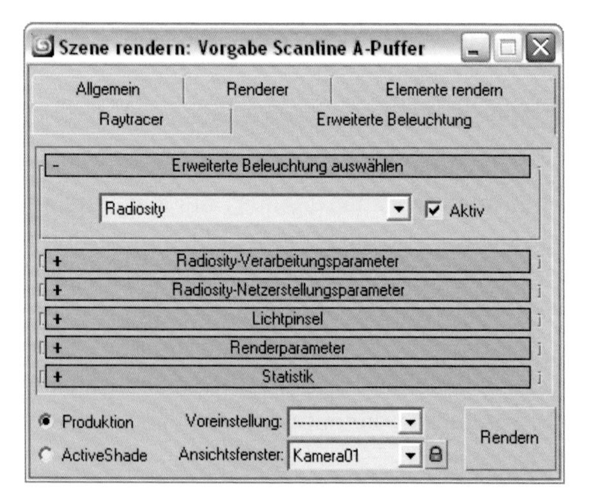

Abbildung 2.105
Einstellungen ERWEITERTE BELEUCHTUNG mit aktiver RADIOSITY

9. Für Generierung der notwendigen Messpunkte die **Radiosity-Netzerstellungsparameter** wie in Abbildung 2.106 einstellen. Alle vorhandenen 3D-Oberflächen werden so innerhalb einer separaten Netzkopie mit 0,1m großen Unterteilungen verfeinert.

   Die Unterteilungseinstellung kann dabei global für alle 3D-Objekte oder individuell für ausgewählte 3D-Objekte über deren Objekteigenschaften eingestellt werden. Je feiner die Netzunterteilung, umso besser die Qualität aber umso zeitintensiver die Berechnung. Die einzelnen Scheitelpunkte der Netzkopie bilden die Messpunkte für die errechnete RADIOSITY-Lösung und speichern diese über die jeweilige Scheitelpunktfarbe. Je feiner dieses Netz unterteilt ist, umso feiner wird die RADIOSITY-Lösung und somit die Beleuchtungssituation der 3D-Szenerie

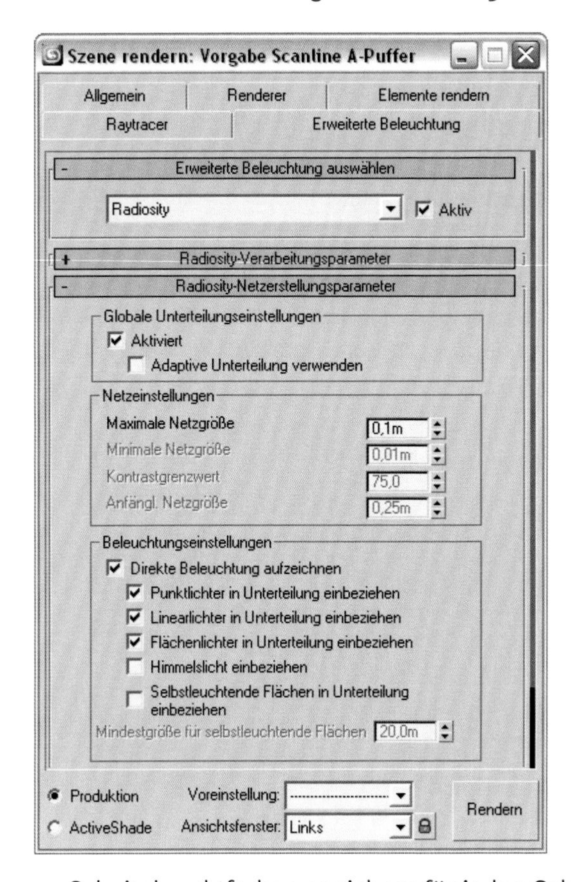

Abbildung 2.106
Einstellungen RADIOSITY-NETZERSTELLUNGSPARAMETER

Scheitelpunktfarben speichern für jeden Scheitelpunkt einer 3D-Oberfläche einen Farbwert, der über die Anzahl der gesamten Scheitelpunkte der 3D-Oberfläche interpoliert wird. Ist der Nachbar eines weißen Scheitelpunktes schwarz, so entsteht zwischen diesen ein interpolierter Farbverlauf von Weiß nach Schwarz. Diese Eigenschaft wird genutzt, um die gemessenen Lichtwerte der RADIOSITY-Lösung zu speichern, um diese bei der finalen Bildberechnung wieder abzurufen und darzustellen.

Abbildung 2.107
Oben: 3D-Oberflächen vor der RADIOSITY-Berechnung

Unten: Nach der RADIOSITY-Berechnung sichtbare unterteilte Netzkopien aller Objekte

Die einzelnen Scheitelpunkte der Netzkopie bilden die Messpunkte für die errechnete RADIOSITY-Lösung und speichern diese in dem Wert für Scheitelpunktfarben

Das Unterteilungsnetz ist so fein gewählt, dass die Verläufe nach der Berechnung insgesamt gleichmäßig erscheinen

10. **Ausgangsqualität** einstellen.

Mit dem Wert für Ausgangsqualität wird das grundlegende Aussehen der Beleuchtung in der Szene prozentual festgelegt. Die Verteilung der diffusen Beleuchtung wird so lange wiederholt, bis die RADIOSITY-Lösung im Hinblick auf die Energieverteilung bis zu einem bestimmten Prozentsatz präzise ist. Die erreichte Berechnung kann mit dem Schalter ANHALTEN jederzeit unterbrochen, bewertet und fortgesetzt werden (zu sehen in Abbildung 2.211). Stellen Sie den Wert wie ebenfalls in Abbildung 2.211 dargestellt auf 79 % ein.

Abbildung 2.108
Vergleich definierter Ausgangsqualitäten

Oben: Ausgangsqualität auf 40 % – für einige Messpunkte konnten noch nicht genügend Lichtwerte ausgewertet werden, die Lösung erscheint unregelmäßig und bedarf weiterer Berechnung

Unten: Ausgangsqualität auf 80 % – für fast alle Messpunkte konnten ausreichend Lichtwerte ermittelt werden; die verbleibenden leichten Unregelmäßigkeiten können mithilfe von Verfeinerungswiederholungen und Weichzeichnen-Filtern ausgebessert werden

11. **Verfeinerungswiederholungen** einstellen.

Die Verfeinerungswiederholung erfolgt nach der Berechnung der Ausgangsqualität und beeinflusst die errechnete Lösung, indem eine automatische Kontrastangleichung bei zu hell oder zu dunkel geratenen benachbarten Lichtwerten an den einzelnen Messpunkten durchgeführt wird, z.B. bei hellen Flecken im Bild. Zu hohe Kontrastabweichungen werden ausgeglichen und bewirken so, insbesondere bei kleinen Objekten oder bei zu grob gewählten Netzunterteilungsparametern, eine Verbesserung der Ausgangsqualität, wie in Abbildung 2.109 an den Stühlen deutlich erkennbar ist.

Abbildung 2.109
Verfeinerungswiederholungen verbessern insbesondere die Darstellung kleinerer Objekte, für die die gewählte Netzunterteilung noch zu grob ist; im unteren Bild ist eine deutliche Qualitätsverbesserung an der Tasse, den Stuhlbeinen und am Sessel erkennbar

Stellen Sie diesen Wert wie in Abbildung 2.111 dargestellt auf **2** ein.

12. **Filter** für indirekte Beleuchtung einstellen (interaktiv).

    Die Filter für indirekte und direkte Beleuchtung sind interaktive Hilfsmittel, deren Auswirkungen unmittelbar in den Ansichtsfenstern angezeigt werden, ohne neue Berechnungen zu erfordern. Sie bewirken ein Weichzeichnen der durch Ausgangsqualität und Verfeinerungswiederholung errechneten Lösung, um grobkörnige Bereiche optisch zu verbessern. Schattierungsdetails gehen jedoch bei hohen Werten dabei verloren.

    Stellen Sie diese Werte, wie in Abbildung 2.111 dargestellt, auf jeweils **1** ein.

Abbildung 2.110
Oben: Die interaktiven Filter erlauben ein Weichzeichnen der gesamten RADIOSITY-Lösung und reduzieren so die letzten Unregelmäßigkeiten, insbesondere an großflächigen Objekten wie Wände und Böden

Unten: Ein zu hoher Filterwert kann jedoch auch unerwünschte Überzeichnungseffekte erzeugen, zu sehen am Bilderrahmen an der linken Raumwand

13. **Radiosity-Berechnung** starten (STARTEN).

Nachdem die wichtigsten Parameter für eine qualitativ hochwertige Berechnung der RADIOSITY-Lösung eingestellt sind, kann die Berechnung mit STARTEN veranlasst werden. Je nach gewählten Qualitätseinstellungen und Produktionshardware kann die Berechnung etwas dauern.

Grundsätzlich sollten Sie die aufgezeigte Reihenfolge AUSGANGSQUALITÄT, VERFEINERUNGSWIEDERHOLUNGEN und FILTER beibehalten, da die jeweiligen Berechnungen aufeinander aufbauen. Versuchen Sie, sukzessive jeden der einzelnen Schritte für sich separat zu optimieren und nähern Sie sich auf diese Weise den hochwertigen Ergebnissen, die Sie im Ansichtsfenster interaktiv bewerten können.

Abbildung 2.111
Einstellungen RADIOSITY-VERARBEITUNGSPARAMETER

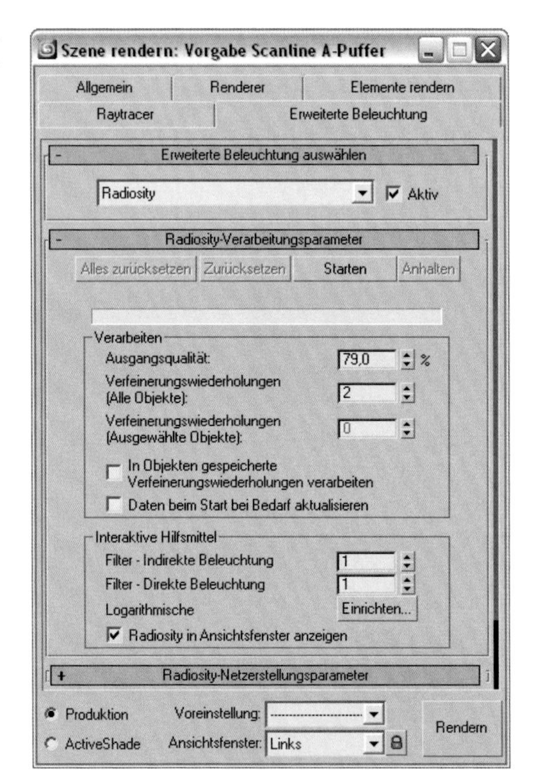

14. **Indirekte Illumination neu sammeln** (optional).

Um aus guten RADIOSITY-Ergebnissen, die Sie bereits in der jetzigen Form direkt für das Rendering verwenden können, qualitativ hochwertige Ergebnisse zu produzieren, können Sie optional veranlassen, die bislang errechnete RADIOSITY-Beleuchtungssituation zusätzlich für jeden einzelnen Pixel während des Renderings nochmals im Detail zu betrachten. Die finale Bildberechnung nimmt jedoch sehr viel mehr Zeit in Anspruch.

Insbesondere die Darstellung kleinerer 3D-Oberflächen, die während der RADIOSITY-Lösung nicht ausreichend berücksichtigt wurden, weil die RADIOSITY-Netzunterteilung zu grob war, können mit der Aktivierung der Option INDIREKTE ILLUMINATION NEU SAMMELN aufgewertet werden. Die Beleuchtungssituation wird mit feinen zusätzlichen Kontaktschatten zwischen den 3D-Oberflächen verfeinert (vgl. Abbildung 2.113 und Abbildung 2.114).

Stellen Sie die Werte für STRAHLEN PRO SAMPLE und FILTERRADIUS wie in Abbildung 2.112 dargestellt auf die Werte **32** und **3,2** ein. Insbesondere eine höhere Anzahl der Strahlen in Kombination mit einem passenden Filterradius kann die Qualität der Beleuchtungssituation, aber auch die Produktionszeit deutlich erhöhen. Experimentieren Sie schrittweise ein wenig mit diesen Werten und versuchen Sie beispielsweise auch die Werte **256** und **10**.

Nähere Infos in der 3ds Max-HILFE (Stichwort: *Renderparameter Radiosity*).

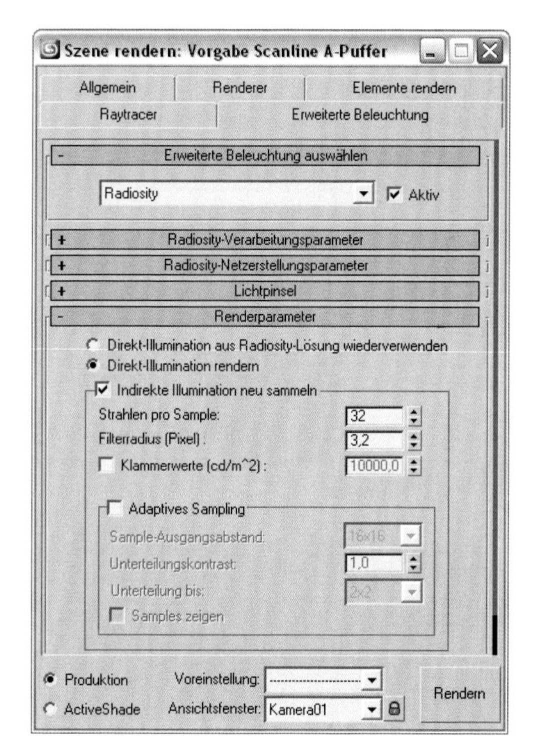

Abbildung 2.112
Einstellungen RADIOSITY-RENDERPARAMETER

15. **Finale Bildberechnung** (Rendering) starten.

Nachdem alle nötigen Einstellungen für die Berechnung einer hochwertigen Beleuchtungssituation vorgenommen wurden, kann das finale Bild mit dem Produktionsrenderer VORGABE SCANLINE errechnet werden. Testen Sie wahlweise ein Rendering mit und eins ohne die erläuterte Option INDIREKTE ILLUMINATION NEU SAMMELN und bewerten Sie die Ergebnisse.

Abbildung 2.113
Finales Rendering der Beleuchtungssituation, Option INDIREKTE ILLUMINATION NEU SAMMELN deaktiviert

Abbildung 2.114
Finales Rendering der Beleuchtungssituation mit aktivierter Option INDIREKTE ILLUMINATION NEU SAMMELN

16. Lösungsansätze für Verbesserung der Qualität

Welche Ansätze gibt es, um die berechnete RADIOSITY-Beleuchtungssituation abweichend von den hier angegebenen Beispielwerten zu verbessern?

Lösungsansatz Netzerstellungsparameter: Die Unterteilungseinstellungen für die Netzerstellungsparameter können verfeinert werden, um die Anzahl der Messpunkte zu erhöhen. Kleinere Unterteilungseinstellungen bewirken genauere, feinteiligere Ergebnisse. Dieser Ansatz ist gut geeignet für die Realisierung von 3D-Animationen. Zwar dauert die anfängliche Berechnung länger, dafür muss diese aber nur einmalig vorgenommen werden und gilt dann für die gesamte 3D-Szene. Bei der Erhöhung der Netzerstellungsparameter bitte ebenfalls den Filterwert für die direkte und die indirekte Beleuchtung anpassen.

Netzunterteilungsparameter können alternativ für vergleichsweise kleine 3D-Objekte individuell in deren Objekteigenschaften definiert werden. Diese Vorgehensweise können Sie immer dann verwenden, wenn die RADIOSITY-Lösung bei den großflächigen 3D-Geometrien zufriedenstellend ist, jedoch für die vergleichsweise zu kleinen 3D-Objekte noch Rechenbedarf besteht.

Abbildung 2.115
Finale Bildberechnung mit erhöhten Werten für das erneute Sammeln der indirekten Illumination (Strahlen=256, Filter=8)

Lösungsansatz Indirekte Illumination neu sammeln: Die Option INDIREKTE ILLUMINATION NEU SAMMELN kann mit höherer Anzahl von Strahlen und Filterung aktiviert werden, um für jeden Bildpunkt (Pixel) während des Renderings, die errechnete Lösung nochmals ausführlicher zu überprüfen und zu verfeinern. Versuchen Sie die Werte Strahlen 256 und Filter 8.

Da diese Berechnung sehr zeitintensiv ist und pro Bild durchgeführt werden würde, eignet sich der Ansatz eher für Einzelbilder (nicht für Animationen).

Übung

Übung für Produktionsrenderer »mental ray (GI & FG)«

Der Einsatz von photometrischen Lichtquellen in Kombination mit dem Produktionsrenderer MENTAL RAY mit seinen beiden professionellen Lichtberechnungstechnologien GLOBALE ILLUMINATION und FINAL GATHER produzieren für architektonische 3D-Visualisierung die hochwertigsten Ergebnisse in der geringsten Produktionszeit. Sie sind bei Produktionen der Kombination aus VORGABE SCANLINE und RADIOSITY-Verfahren vorzuziehen, da wesentlich detailreichere und realistischere Beleuchtungssituationen realisiert werden können.

Die folgende Übung erläutert die Realisierung einer hochwertigen Beleuchtungssituation anhand des bereits während der RADIOSITY-Übung gezeigten Beispiels. Da die gleiche Szene verwendet wird, können die Qualität der Ergebnisse sowie die benötigte Produktionszeit direkt miteinander verglichen werden.

Schrittweise Demonstration der Vorgehensweise:

1. **Monitorkalibrierung** für beste Farb- und Mittelgrautonwertwiedergabe.

   Falls nicht schon geschehen, sollte eine Monitorkalibrierung am Produktionsmonitor durchgeführt werden. Voraussetzung für jede genaue Farbdefinition bei Projektumsetzungen ist eine optimal kalibrierte Darstellung am Produktionsmonitor. Detaillierte Erläuterungen zum Hintergrund und zur Vorgehensweise finden sich in Kapitel 3 »Richtige Vorkonfiguration der 3D-Software 3ds Max für optimale Renderergebnisse«.

2. Produktionsrenderer **mental ray** aktivieren.

   (ANPASSEN > UMSCHALTEN ZWISCHEN BENUTZER- UND STANDARD-UI > DESIGNVIZ.MENTALRAY)

Über das Werkzeug UMSCHALTER ZWISCHEN BENUTZER- UND STANDARD-UI können Sie die Programmvorgaben so ändern, dass Sie für die Erarbeitung hochwertiger Beleuchtungssituationen mit den MENTAL RAY-Verfahren optimal angepasst sind. Die Standardeinstellungen für verschiedene Funktionen in 3ds Max werden hier zentral gesteuert. Wählen Sie unter AUSGANGSEINSTELLUNGEN FÜR HILFSMITTELOPTIONEN den Eintrag DESIGNVIZ.MENTALRAY aus. Unter anderem wird Folgendes eingestellt:

- **Material-Editor:** Wird direkt mit Arch & Design-Materialien (mi) gefüllt, die Reflexions- und Durchlässigkeitswerte für MENTAL RAY-Berechnungen anzeigen und für die Verarbeitung durch MENTAL RAY besonders optimiert sind.
- **Tageslichtsystem:** Als optimale Vorgabe auf MR-SONNE und MR-HIMMEL eingestellt.
- **Rendern:** Die Bildberechnung erfolgt mit dem MENTAL RAY-Renderer sowie aktiver vordefinierter Belichtungssteuerung.
- **Klonen:** Als Vorgabe werden Objektinstanzen erstellt.

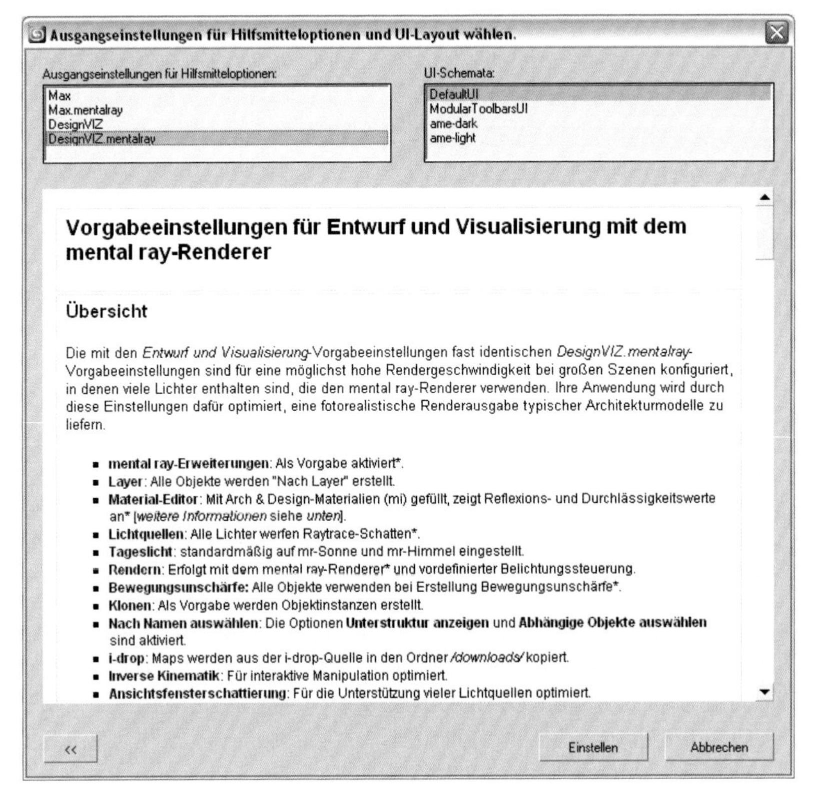

Abbildung 2.116
Werkzeug UMSCHALTER ZWISCHEN BENUTZER- UND STANDARD-UI für die komfortable Auswahl zwischen Standard- oder MENTAL RAY-Technologien

Achtung

3. **System-Einheiten** einrichten und prüfen.

   (ANPASSEN > EINHEITEN EINRICHTEN > SYSTEM-EINHEITEN EINRICHTEN)

   Um physikalisch akkurate Lichtberechnungen mit photometrischen Lichtquellen durchführen zu können, müssen die System-Einheiten korrekt eingestellt werden und die Maßstäbe der einzelnen 3D-Objekte ebenfalls auf Stimmigkeit hin überprüft werden (vgl. Kapitel 3 »Richtige Vorkonfiguration der 3D-Software 3ds Max für optimale Renderergebnisse«).

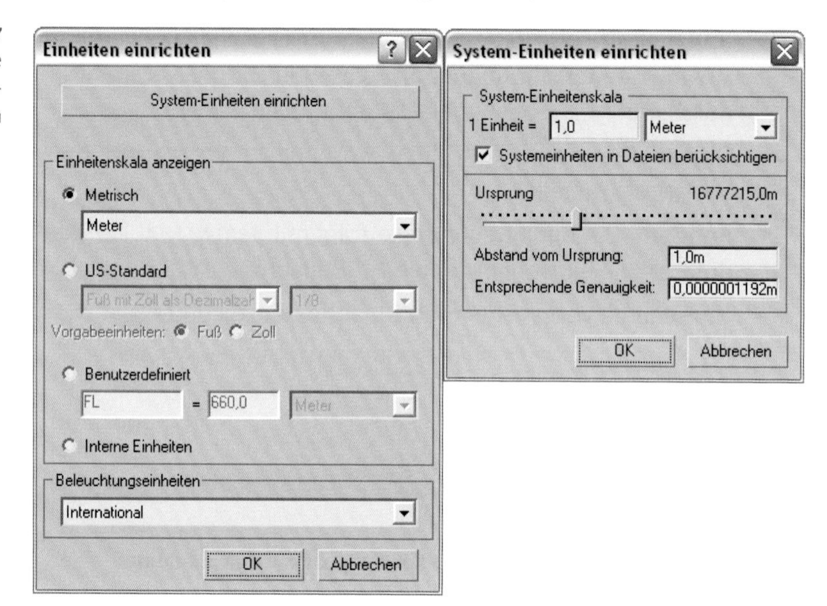

Abbildung 2.117
Die Dialogfelder für die Einrichtung der Anzeige- und System-Einheiten

4. Helles, **homogenes mental ray-Material** (Arch & Design) definieren und allen 3D-Oberflächen zuweisen.

   (Menü RENDERN > MATERIAL-EDITOR)

   Ein homogenes, neutrales Material ermöglicht Ihnen eine deutlich bessere optische Bewertung der Beleuchtung, da keine störenden Farbkontraste, Spiegelungen oder Glanzlichter die Bewertung und Justierung der reinen Beleuchtung negativ beeinflussen.

   Selektieren Sie mit der Maus eine Materialkugel (Arch & Design) und wählen Sie aus dem Rollout VORLAGEN die Vorlage MATTE OBERFLÄCHE. Stellen Sie den Farbwert der Streufarbe auf reines Weiß ein, indem Sie im Rollout HAUPT-MATERIALPARAMETER auf das Farbfeld der STREUFARBE klicken und über den Farbregler die Farbe wählen. Weisen Sie das Material allen Objekten in der 3D-Szene zu, indem Sie über die AUSWAHL-ÜBERSICHT (Menü EXTRAS > AUSWAHL-ÜBERSICHT) alle 3D-Geometrie-Objekte wählen und anschließend beispielsweise die Materialkugel aus dem Material-Editor mit der Maus auf eines der markierten Objekte ziehen oder das entsprechende Symbol im Material-Editor MATERIAL DER AUSWAHL ZUWEISEN links über der Pipette benutzen.

Hinweis

Erst im Anschluss an die vollständige Realisierung der Beleuchtungssituation sollten die anderen benötigten Materialien für die 3D-Oberflächen definiert und den 3D-Objekten zugewiesen werden. Sie sollten dann dafür immer den Materialtyp ARCH & DESIGN (MR) verwenden, mit dem sich Ihren 3D-Oberflächen die richtigen physikalischen Materialeigenschaften für Reflexion, Farbverlauf, Eigenluminanz und Transparenz zuweisen lassen.

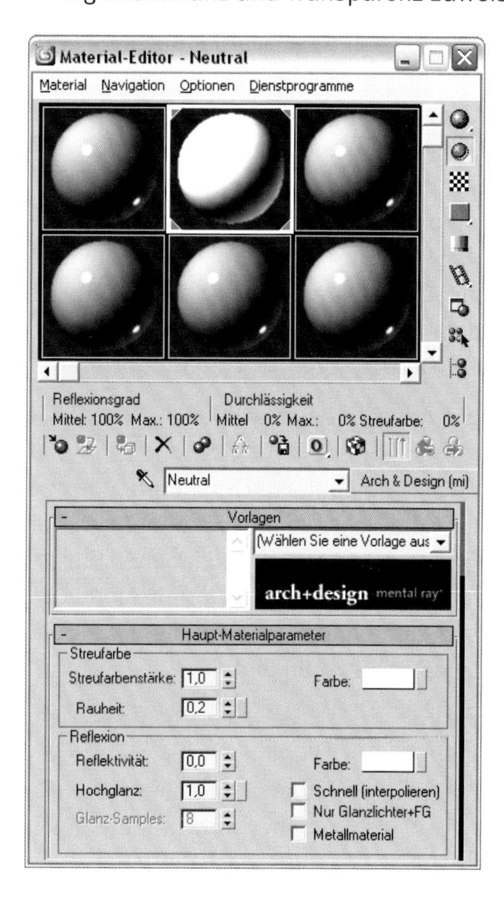

Abbildung 2.118
Material-Editor mit neutral weißem MENTAL RAY-ARCH & DESIGN-Material

5. Für eine individuelle Beleuchtungssituation platzieren Sie einzelne **photometrische Lichtquellen-Objekte** in der 3D-Szene und richten diese ein. Alternativ oder zusätzlich können Sie eine Tageslichtsituation mit dem **Tageslichtsystem** realisieren, so wie es in dieser Übung gezeigt wird. Sofern Sie das Werkzeug UMSCHALTER ZWISCHEN BENUTZER- UND STANDARD-UI verwendet haben, sollte das Tageslichtsystem automatisch mit den richtigen Lichtquellen-Objekten MR-SONNE & MR-HIMMEL ausgestattet sein, andernfalls stellen Sie die beiden Typen über die entsprechenden Auswahlboxen entsprechend Abbildung 2.122 ein.

   (Menü ERSTELLEN > LICHTQUELLEN > TAGESLICHTSYSTEM)

   Bei Verwendung des Tageslichtsystems die Nordrichtung, den Ort, das Datum und die jeweilige Tageszeit wie in Abbildung 2.121 gezeigt definieren. Grundsätzlich gilt bei Innenraumszenerien, die Lichtquellen-Objekte möglichst so einzurichten, dass viel direktes Sonnenlicht der Mittagssonne durch die jeweiligen Fenster- oder Türöffnungen in den Raum strahlt, das letztlich für die Lichtverteilung von indirektem Licht im Raum genutzt werden kann. Experimentieren Sie im Anschluss an diese Übung ein wenig mit unterschiedlichen Tages- und Jahreszeiten, um die unterschiedlichen Ergebnisse zu bewerten. Insbesondere das Tageslichtsystem ist so angelegt, dass zu unterschiedlichen Zeiten die Lichtstärken und Lichtfarben stark variieren, um der jeweiligen Zeit entsprechend realistische Ergebnisse zu produzieren.

Tipp

Für sonnige, helle Beleuchtungssituationen wählen Sie für Standorte in Mitteleuropa am besten Tageszeiten zwischen 11 Uhr und 13 Uhr in den Monaten April bis Juni. Sollte die Sonnenrichtung zu diesen Zeiten nicht direkt in die Fenster- und Türöffnungen der dargestellten architektonischen 3D-Szene zeigen, können Sie die reine Richtung über den Wert NORDRICHTUNG im Optionsmenü des Tageslichtsystems anpassen, ohne dabei die Lichtintensität oder Lichtfarbe des Tageslichtsystems zu verändern.

Sofern Sie das Werkzeug UMSCHALTER ZWISCHEN BENUTZER- UND STANDARD-UI nicht verwendet haben, werden Sie beim Anlegen eines Tageslichtsystems unter Umständen gefragt, ob Sie die spezielle MR-PHYSISCHER-HIMMEL-Umgebungsmap automatisch Ihrer 3D-Szene hinzufügen wollen. Sie sollten sich dafür entscheiden, da diese automatisch generierte Umgebungs-Textur dazu verwendet wird, die Lichtfarbe des Himmels des Tageslichtsystems zu definieren, die Sie andernfalls manuell einstellen müssen, um hochwertige Ergebnisse zu produzieren. Das Tageslichtsystem steuert die Himmelsfarben und -intensitäten über HDR-Werte.

Hinweis

Die Eigenschaften der MR-PHYSISCHER-HIMMEL-Map können angezeigt und angepasst werden, indem diese Map aus dem Fenster UMGEBUNG in einen freien Slot im MATERIAL-EDITOR kopiert wird.

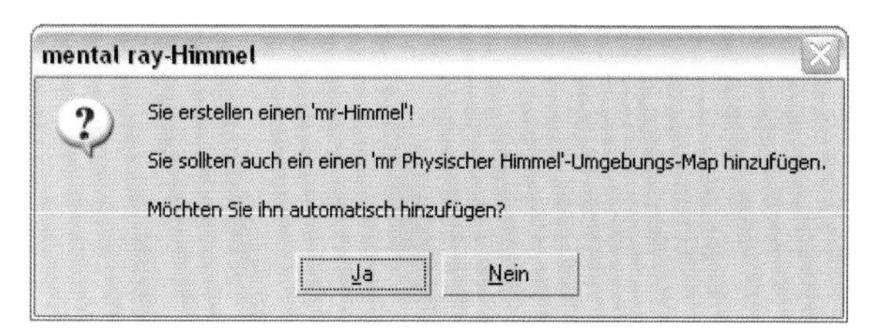

Abbildung 2.119
Frage-Dialogfeld für die Einbindung einer physikalisch akkuraten Himmel-Textur als Umgebung für die Beleuchtung

Hinweis

Die Kompassrose und der Wert für Orbitalskalierung, die bei der Erstellung des Tageslichtsystems dargestellt werden, beeinflussen lediglich die Darstellung der Symbole des Tageslichtsystems im Ansichtsfenster und haben keine Auswirkungen auf die Beleuchtung.

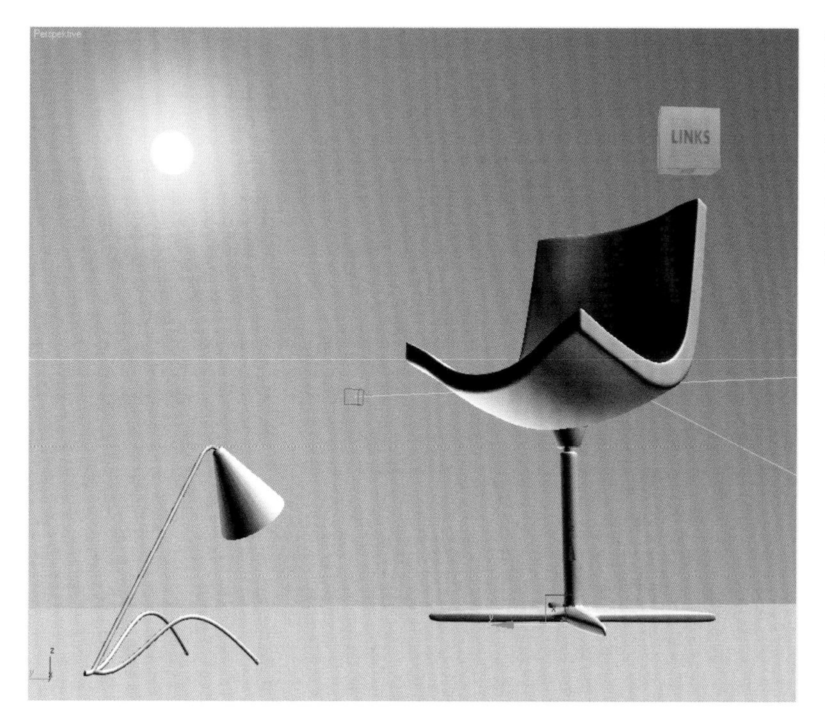

Abbildung 2.120
Der MR-HIMMEL-SHADER generiert für die akkurate Berechnung der Beleuchtungssituation automatisch einen HDRI-Himmel, der Lichtintensität und -farbe an die Szenerie abgibt

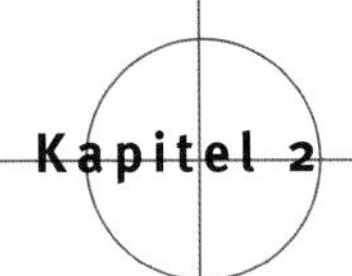

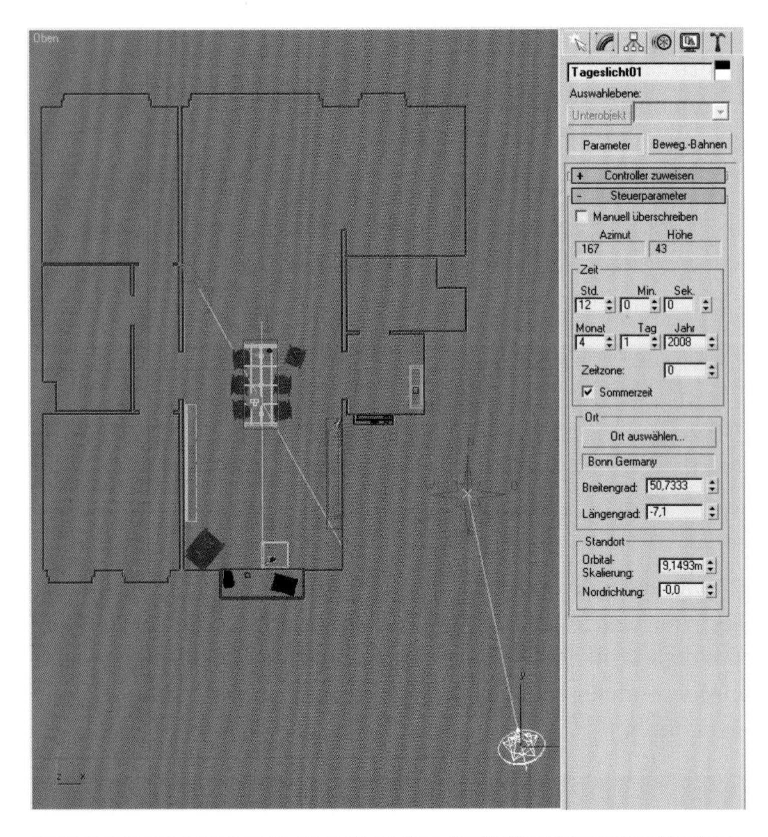

Abbildung 2.121
Beispielhaftes Setup für Tageslichtsystem

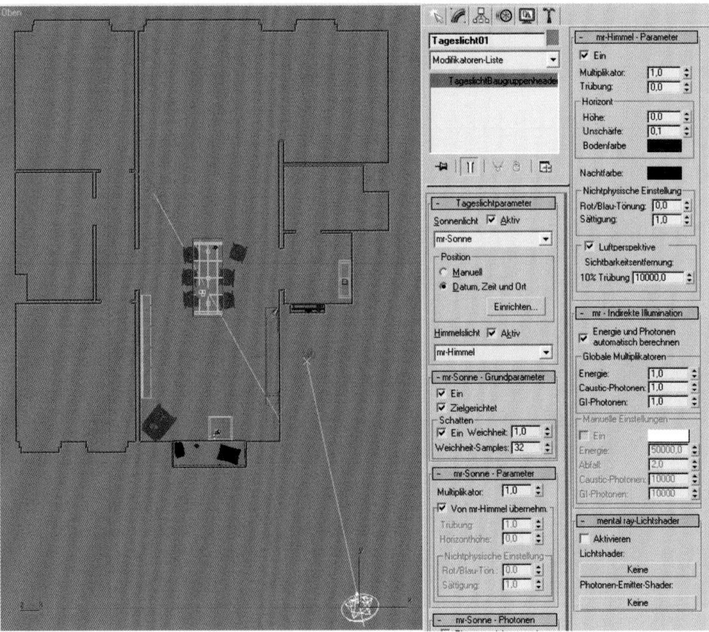

Abbildung 2.122
Tageslichtsystem mit MR-SONNE und MR-HIMMEL

6. **Logarithmische Belichtungssteuerung** aktivieren und einstellen.

   (Menü Rendern > Umgebung > Rollout Belichtungssteuerung)

   Um die hohen HDR-Werte der intensiven, linear berechneten, photometrischen Lichtquellen, wie beispielsweise die einer mr-Sonne, auf ein am Monitor wahrnehmbares Maß zu reduzieren, muss die logarithmische Belichtungssteuerung mit der Option Tageslicht aussen aktiviert werden (vgl. auch Abschnitt »Belichtungssteuerung für photometrische Lichter« auf Seite 145). Sofern Sie nicht das Werkzeug Umschalter zwischen Benutzer- und Standard-UI verwendet haben, aktivieren Sie dieses bitte und stellen die Werte für Helligkeit, Kontrast und Mittlere Töne für diese beispielhafte Innenraumszene wie in der Abbildung 2.123 dargestellt entsprechend ein.

Tipp

Für eine optimale Bewertung der Schattierungen aktivieren Sie die Option **Farbkorrektur** der logarithmischen Belichtungssteuerung und stellen sie auf einen hellgelben Farbwert (RGB 255/255/210) ein. Die durch die Tageszeit voreingestellte hellgelbe Lichtfarbe wirkt oftmals zu übersättigt und lässt die errechnete Beleuchtungssituation vergilbt und nicht hochwertig erscheinen. Dieser Filter reduziert die Sättigung des hellgelblichen Sonnenlichtes und ermöglicht so eine bessere Beurteilung der Beleuchtungssituation.

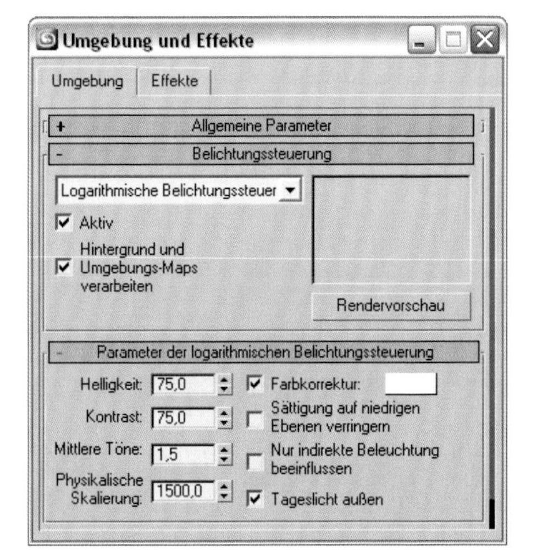

Abbildung 2.123
Das Rollout der Belichtungssteuerung mit Werten für mental ray mit aktiver Globaler Illumination, Final Gather und Ambient Occlusion

Tipp

Experimentieren Sie im Anschluss an die Übung ein wenig mit den Einstellungen der Belichtungssteuerung. Die Einstellungen der

Parameter für die logarithmische Belichtungssteuerung haben maßgeblichen Einfluss auf die Darstellung der errechneten Beleuchtungssituation. Sie sind direkt abhängig von den Ergebnissen der Globale Illumination- und der Final Gather-Berechnung. Beginnen Sie zunächst immer mit den Standardeinstellungen und passen Sie die Werte für Helligkeit, Kontrast, Mittlere Töne erst nach der Konfiguration von Globale Illumination und von Final Gather so an, dass möglichst viele kontrastreiche Schattierungsverläufe und Schattendetails sichtbar werden. Je nach Art der 3D-Visualisierung (Außen- oder Innenszene) sowie der Positionierung der Lichtquellen-Objekte können für optimale Ergebnisse die notwendigen Einstellungen hier stark variieren.

Abbildung 2.124
Links: Logarithmische Belichtungssteuerung mit Standardwerten

Rechts: Individuelle Einstellungen für Helligkeit, Kontrast und Mittlere Töne

7. Platzieren Sie eine **Kamera**, die Ihnen einen guten Überblick über die zu präsentierenden Bereiche der Immobilie für die Bewertung der Beleuchtung liefert.

   (Menü Erstellen > Kameras > Freie Kamera)

   Gegebenenfalls bei den Kameraparametern (über die Modifikatorpalette) den Wert für Linse auf 15/20 reduzieren, um das sichtbare Blickfeld zu vergrößern.

Abbildung 2.125
Test-Kamera für die Beurteilung der Beleuchtungssituation positionieren

8. Soll eine **hochwertige architektonische 3D-Visualisierung** umgesetzt werden, müssen die Verfahren GLOBALE ILLUMINATION und FINAL GATHER und UMGEBUNGSOKKLUSION kombiniert mit dem Produktionsrenderer MENTAL RAY für die Berechnung der globalen Beleuchtungssituation ausgewählt und eingestellt werden. Sie erhalten so die besten Ergebnisse mit den geringsten Produktionszeiten (siehe auch Abschnitt »Die hochwertige fotorealistische Lösung mit professioneller globaler Beleuchtung« auf Seite 177).

   Sie sollten sich bei der Einrichtung der unterschiedlichen Verfahren unbedingt an folgende Grundregeln halten:

   - **Grob/Feiner/Detailreich:** Mit allen drei Verfahren (GLOBALE ILLUMINATION, FINAL GATHER, UMGEBUNGSOKKLUSION) können unabhängig voneinander ansprechende Produktionsergebnisse erzielt werden, jedoch ermöglicht nur der durchdachte Einsatz der Verfahren in Kombination miteinander die Realisierung der hochwertigsten Beleuchtungssituationen in geringsten Produktionszeiten. Verwenden Sie jeweils nacheinander GLOBALE ILLUMINATION, um die Lichtenergie der photometrischen Lichtquellen grob im Raum homogen zu verteilen, benutzen im Anschluss daran FINAL GATHER, um die GI-Lösung zu verfeinern, und verwenden Sie letztlich die Materialeigenschaft AMBIENT OCCLUSION (Umgebungsokklusion), um Schattierungsdetails und Kontaktschatten zwischen allen 3D-Oberflächen zu generieren. Da die Berechnungen aufeinander aufbauen, bedarf jedes Verfahren für sich weniger zeitlich aufwendiger Parameter (z.B. wenig oder keine Mehrfachreflexionen für FINAL GATHER). Die Produktionszeiten werden so enorm reduziert und die Ergebnisse deutlich verbessert.
   - **Separates Konfigurieren und Optimieren:** Konfigurieren und optimieren Sie die beiden Lichtberechnungsverfahren GLOBALE ILLUMINATION und FINAL GATHER immer separat, um die jeweiligen Ergebnisse objektiv beurteilen und justieren zu können. Beginnen Sie mit der Optimierung der Parameter für GLOBALE ILLUMINATION bei gänzlich deaktiviertem FINAL GATHER, da FINAL GATHER auf die Ergebnisse der GLOBALE ILLUMINATION aufbaut und diese erst sorgfältig justiert werden müssen, und aktivieren Sie erst anschließend FINAL GATHER, um die gröbere GLOBALE ILLUMINATION-Lösung zu verbessern. Aktivieren Sie letztlich die

Materialeigenschaft Umgebungsokklusion, um die einzelnen Ergebnisse im Detail zu ergänzen.

- **Schrittweise Justierung:** Erhöhen Sie die Werte der einzelnen Parameter, ausgehend von den voreingestellten Standardwerten, immer um kleine Schritte und nähern Sie sich so dem optimalen Ergebnis. Diese Vorgehensweise ermöglicht es Ihnen, die Auswirkungen der einzelnen Parameter besser zu verstehen und infolgedessen optimal einzustellen.
- **Speicherung der Zwischenergebnisse:** Optional existiert die Möglichkeit, eine errechnete Globale Illumination- oder Final Gather-Beleuchtung in einer sogenannten Photonen- bzw. Final Gather-Map zu speichern, um nach einmaliger und zufriedenstellender Fertigstellung der jeweiligen Lösung die erneute Berechnung vor jedem Test-Rendering zu verhindern. Eine Menge Produktionszeit sparen Sie damit auch während des sich dem Produktionsschritt »Beleuchtung« anschließenden Schrittes »Materialvergabe«. Eine ausführliche Beschreibung diesbezüglich finden Sie in der 3ds Max-Hilfe (Stichwort: *Photonen-Map* oder *Final Gather-Map*).

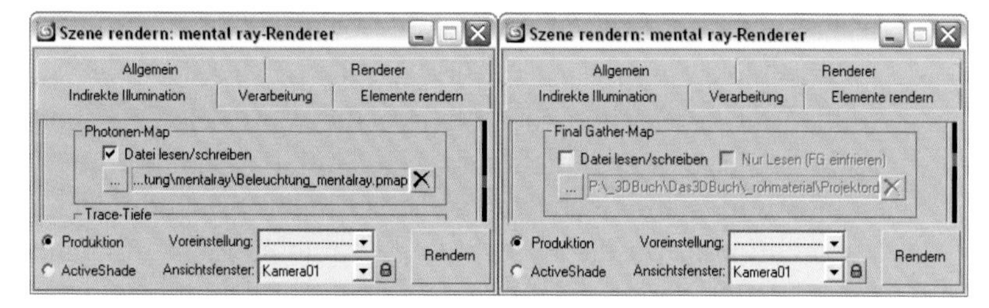

Abbildung 2.126
Speicherung von Photonen- oder Final Gather-Maps spart Zeit bei der finalen Bildberechnung

- **Qualitativ reduzierte Test-Renderings:** Führen Sie die Test-Renderings in vergleichsweise geringer Bildauflösung (z.B. 800x600 Pixel) und mit niedrigen Qualitätseinstellungen (Sampling-Werten, vgl. Abschnitt »Rendering« auf Seite 279) durch, da diese mit zeitintensiven Berechnungen letztlich nur die Bild- bzw. Kantenschärfe beeinflussen, jedoch nicht maßgeblich die Qualität der Beleuchtungssituation. Sie sparen sich so endlose Produktionszeit.

9. Aktivieren bzw. öffnen Sie nun zunächst das **Lichtverteilungsverfahren globale Illumination**, um die Verarbeitungsparameter für die erste grobe Berechnung der indirekten Beleuchtung optimal einzustellen, auf die im Anschluss die Final Gather-Berechnungen aufbauen.

(Menü RENDERN > RENDERN > Dialogfeld SZENE RENDERN > Registerkarte INDIREKTE ILLUMINATION > Rollout CAUSTICS UND GLOBALE ILLUMINATION)

Falls nicht schon geschehen, das MENTAL RAY-spezifische GLOBALE ILLUMINATION-Verfahren (GI) für die physikalisch akkurate Berechnung der Beleuchtung mit einem Häkchen aktivieren. Anschließend die einzelnen GI-Parameter für diese beispielhafte Innenraumszene wie in Abbildung 2.127 (links) dargestellt einstellen.

Tipp

Die einzelnen Parameter sind in der 3ds Max-Hilfe sowie in den mit der Produktionssoftware gelieferten Lehrgängen ausführlich erläutert. Nehmen Sie sich, parallel zur Übung, die Beschreibungen zur Hand, um die Auswirkungen auch theoretisch nachvollziehen zu können und zukünftig selbstständig optimale Werte für individuelle 3D-Szenen einstellen zu können.

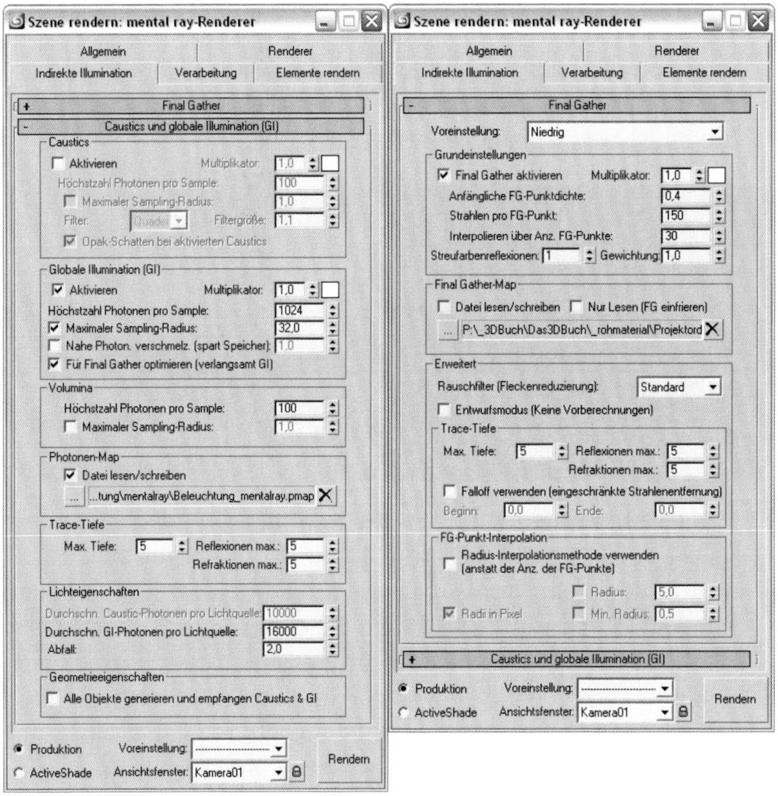

Abbildung 2.127
Links: GLOBALE ILLUMINATION-Einstellungen für die beispielhafte Innenraumszenerie

Rechts: FINAL GATHER-Einstellungen für die beispielhafte Innenraumszenerie

Das Ziel ist es zunächst, ausgehend von den Standardwerten, mit GLOBALE ILLUMINATION eine homogene diffuse Lichtverteilung in-

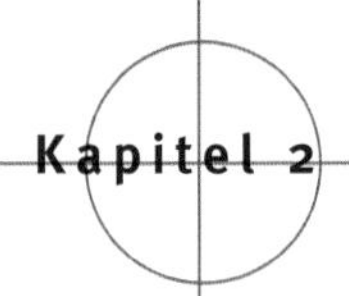

nerhalb der Innenraumszene zu erstellen, die nicht unbedingt mit vielen Schattierungsdetails ausgestattet sein muss. Diese werden im Anschluss durch FINAL GATHER (das zu diesem Zeitpunkt noch deaktiviert ist) und UMGEBUNGSOKKLUSION der 3D-Szene hinzugefügt.

Achtung

Jeder 3D-Artist, der bei der individuellen Justierung der Parameter für die GLOBALE ILLUMINATION über den Wert MULTIPLIKATOR stolpert, stellt sich die Frage, warum die Beleuchtung der 3D-Szenerie ausschließlich mit der GLOBALEN ILLUMINATION so dunkel erscheint und ob es daher ratsam ist, den MULTIPLIKATOR-Wert zu erhöhen.

Der dem MULTIPLIKATOR zugewiesene Standardwert **1** führt zu einem physikalisch richtigen Beleuchtungsergebnis. Die Ursachen für eine zu dunkel wirkende Lichtverteilung, besonders in Innenraumszenen, liegen meist in zu kleinen oder zu wenig ausgeleuchteten Raumöffnungen, durch die nur wenig direkte Lichtenergie (Photonen) der äußeren Lichtquellen MR-SONNE und MR-HIMMEL in den Raum dringen kann, um diesen indirekt zu illuminieren, so wie in dieser Beispielszene.

Abbildung 2.128
Die reine GLOBALE ILLUMINATION-Lösung mit und ohne angepasster Belichtungssteuerung

Links: Standard- Belichtungssteuerung

Rechts: Individuelle Belichtungssteuerung

Verbessert werden kann die Beleuchtungssituation in solchen Fällen durch zusätzliche unsichtbare Lichtquellen-Objekte (z.B. MR-Flächenlichter) im Rauminneren, durch zusätzliche Raumöffnungen (durch die Lichtenergie eindringen kann, auch wenn diese nicht im Bild liegen) oder letztlich durch die Anpassung der logarithmischen Belichtungssteuerung, die einen maßgeblichen Einfluss auf die Intensität und die Ausprägung der Beleuchtung hat und in ihrer Auswirkung ungefähr der Blendenjustierung einer Fotokamera entspricht. Erst wenn die Anpassung der Werte für die Belichtungssteuerung nicht den gewünschten Effekt zeigen, sollten zusätzliche Lichtquellen oder Raumöffnungen zur Verbesserung der Beleuchtungssituation umgesetzt werden. Die Abbildung 2.128 verdeutlicht diesen Sachverhalt. Erhöhen Sie möglichst nicht den MULTIPLIKATOR, da dieser die Renderzeiten unnötig ansteigen lässt.

10. Aktivieren bzw. öffnen Sie im nächsten Schritt das **Lichtberechnungsverfahren Final Gather**, um die Verarbeitungsparameter für die verfeinerte Berechnung der indirekten Beleuchtung optimal einzustellen, die im Anschluss mit der Materialeigenschaft UMGEBUNGSOKKLUSION noch weiter perfektioniert wird.

    (Menü RENDERN > RENDERN > Dialogfeld SZENE RENDERN > Registerkarte INDIREKTE ILLUMINATION > Rollout FINAL GATHER)

    Falls nicht schon geschehen, das MENTAL RAY-spezifische FINAL GATHER-Verfahren für die Verfeinerung der mit GI realisierten groben Beleuchtung mit einem Häkchen aktivieren. Anschließend die einzelnen FINAL GATHER-Parameter für diese beispielhafte Innenraumszene wie in Abbildung 2.127 (rechts) dargestellt einstellen. Da die Lichtenergie mithilfe der GLOBALEN ILLUMINATION bereits im 3D-Raum verteilt wurde, genügen für die Realisierung hochwertiger Ergebnisse bereits niedrige Parameterwerte, die zudem bequem mithilfe der FINAL GATHER-Vorlage *Entwurf* oder *Niedrig* ausgewählt werden können. Lediglich der Wert für STREUFARBENREFLEXIONEN, der bei der ausschließlichen Verwendung von FINAL GATHER als Lichtberechnungsverfahren üblicherweise um den Wert 4-5 liegt und damit eine vier- bis fünffache Berechnungszeit benötigt, wurde für diese beispielhafte Innenraumszene auf 1 erhöht, um eine freundlichere Beleuchtungssituation zu erhalten. Die Produktionszeit kann so erheblich reduziert werden.

Abbildung 2.129
Vergleich zwischen einer groben GI-Lösung und der Verfeinerung mit FINAL GATHER

Tipp

Auch die einzelnen Parameter für FINAL GATHER sind in der 3ds Max-Hilfe sowie in den mit der Produktionssoftware gelieferten Lehrgängen ausführlich erläutert. Nehmen Sie sich, parallel zur Übung, die Beschreibungen zur Hand um die Auswirkungen auch theoretisch nachvollziehen zu können und zukünftig selbstständig optimale Werte für individuelle 3D-Szenen einstellen zu können.

11. Öffnen Sie im letzten Schritt den Material-Editor und aktivieren Sie für Ihr helles, **homogenes mental ray-Material** (Arch & Design) die Materialeigenschaft UMGEBUNGSOKKLUSION (engl. AMBIENT OCCLUSION), um die Verarbeitungsparameter für die Generierung von Schattendetails und Kontaktschatten auf Material-Ebene optimal einzustellen und somit der bereits ansprechenden Beleuchtungslösung aus GLOBALER ILLUMINATION und FINAL GATHER den letzten Schliff zu geben.

    (Menü RENDERN > MATERIAL-EDITOR > beliebiges ARCH & DESIGN-Material > Rollout SPEZIALEFFEKTE)

    Falls nicht schon geschehen, die ARCH & DESIGN-spezifische Materialeigenschaft UMGEBUNGSOKKLUSION für die Verfeinerung der mit GI und FINAL GATHER realisierten Beleuchtung mit einem Häkchen aktivieren. Anschließend die einzelnen UMGEBUNGSOKKLUSION-Parameter für diese beispielhafte Innenraumszene wie in Abbildung 2.130 dargestellt einstellen.

    Da die Lichtenergie mithilfe der GLOBALEN ILLUMINATION bereits im 3D-Raum verteilt und durch FINAL GATHER zusätzlich verfeinert wurde, genügen für die Realisierung hochwertiger Ergebnisse bereits niedrige Parameterwerte. Denken Sie jedoch daran, die Aktivierung von UMGEBUNGSOKKLUSION auch bei der Definition der realen Materialien im nächsten Produktionsschritt »Materialvergabe« vorzunehmen. Nicht alle Materialien benötigen dabei diese aktive Materialeigenschaft. Versehen Sie als Erstes die Materialien für die großflächigen 3D-Oberflächen, wie Wände, Böden und Decken, und arbeiten Sie sich anschließend zu den kleinteiligeren 3D-Objekten vor, um im Einzelfall zu beurteilen, ob die Auswirkungen wesentlich zur Verbesserung der Qualität Ihrer 3D-Visualisierung beitragen.

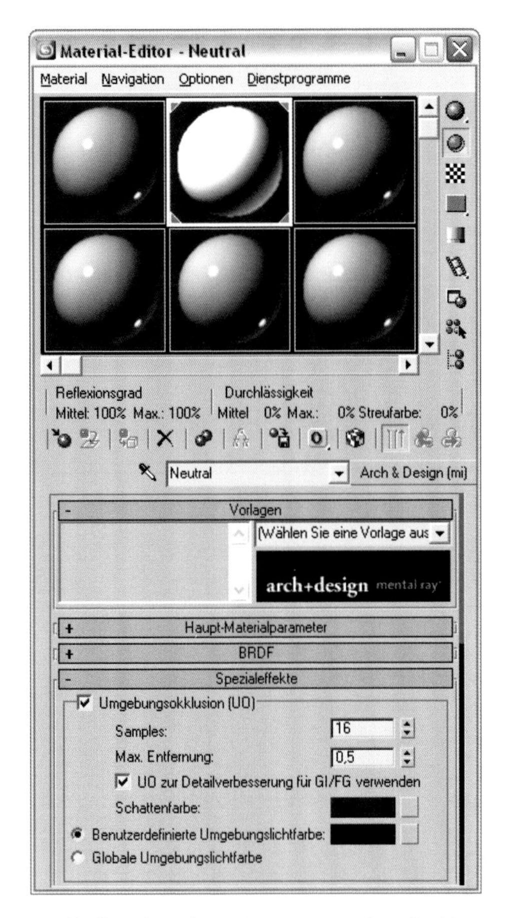

Abbildung 2.130
Arch & Design-Material mit aktiver Umgebungsokklusion

Tipp

Auch die einzelnen Parameter für die Umgebungsokklusion sind in der 3ds Max-Hilfe sowie in den mit der Produktionssoftware gelieferten Lehrgängen ausführlich erläutert. Nehmen Sie sich, parallel zur Übung, die Beschreibungen zur Hand, um die Auswirkungen auch theoretisch nachvollziehen zu können und zukünftig selbstständig optimale Werte für individuelle 3D-Szenen einstellen zu können.

Nach dem die Realisierung einer hochwertigen Beleuchtungssituation mit den in der Produktionssoftware zur Verfügung stehenden Lichtberechnungsverfahren ausführlich erläutert wurde, werden im nächsten Produktionsschritt die idealerweise bereits im Produktionsplan festgelegten Materialien für die einzelnen 3D-Oberflächen realisiert. Wie letztlich die Kombination aus Beleuchtungssituation und fertigen Materialien aussehen kann, verdeutlicht Abbildung 2.132.

Abbildung 2.131
Vergleich der Beleuchtung mit und ohne die Materialeigenschaft der Umgebungsokklusion; insbesondere im Bereich der Raumecken und Möbelkonturen sind erhebliche Verbesserungen sichtbar

Abbildung 2.132
Kombination aus realisierter Beleuchtungssituation und Materialien

2.6 Materialvergabe

Nachdem die Produktionsschritte »Modellierung«, »Inszenierung« und »Beleuchtung« erfolgreich erarbeitet wurden, kann im Anschluss mit der Umsetzung des Produktionsschrittes »Materialvergabe« begonnen werden.

Während der Realisierung des Produktionsplans wurden idealerweise bereits die nun zu erarbeitenden Materialien für die diversen sichtbaren 3D-Oberflächen der 3D-Szenerie bestimmt und in der Ressourcenliste zusammengefasst. Diese Liste dient nun als Vorlage für die Definition der einzelnen Materialien.

Wie in den ersten Abschnitten bereits kurz erläutert, gibt es einen Unterschied zwischen den beiden Begriffen Material und Textur, die gerne verwechselt bzw. miteinander gleichgesetzt werden. Zur Erinnerung: Der Begriff Textur beschreibt pixelbasierte oder prozedurale Bilddateien, die die grundlegende farbliche Oberfläche (z.B. die STREUFARBE) definieren. Die Texturen können den Materialien innerhalb unterschiedlicher Eigenschaft-Kanäle zugewiesen werden. Die Materialien beschreiben mithilfe der Texturen dann die expliziten Oberflächeneigenschaften, wie Glanz- Reflexions-, Refraktions-, Luminanz-, Transparenz- oder Transluzenz-Eigenschaften, die letztlich für den Realismus einer 3D-Oberfläche sorgen.

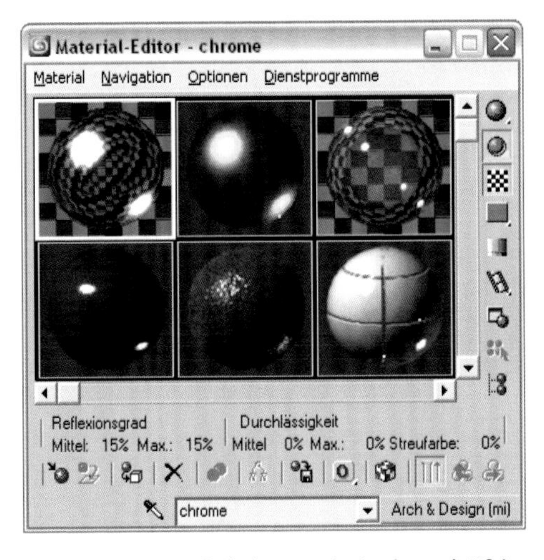

Abbildung 2.133
Der Material-Editor mit unterschiedlichen Materialien

In diesem Produktionsschritt beschäftigen Sie sich nicht damit, die einzelnen Texturressourcen[1] für Ihre Materialien[2] zu recherchieren oder selbst zu generieren, idealerweise haben Sie dies bereits während des vorangegangenen Produktionsschrittes »Zusammenstellung oder Generierung der benötigten Ressourcen« erarbeitet. Während dieses Produktionsschrittes geht es ausschließlich um die sorgfältige Definition der Materialien und deren Oberflächeneigenschaften sowie deren effektive Zuweisung zu den 3D-Objekten innerhalb der Produktionssoftware 3ds Max.

In den folgenden Abschnitten wird zunächst auf theoretische Grundlagen und die wesentlichen Aspekte eingegangen, die für die Umsetzung hochwertiger Materialdefinitionen für architektonische 3D-Visualisierungen relevant sind. Im Anschluss folgen praktische Beispiele und Tipps, insbesondere für die konkrete Realisierung von architektonischen Oberflächen, wie Glas, Naturstein, Holz, Boden- und Wandfliesen, Verschalungen, Metalle, Klinker, Putz oder Rasen, innerhalb der Produktionssoftware 3ds Max. Ein Schwerpunkt wird dabei auf die Realisierung von Materialien mit dem MENTAL RAY-Shader ARCH & DESIGN liegen, weil sich mit diesem, in Kombination mit dem Produktionsrenderer MENTAL RAY, die hochwertigsten Produktionsergebnisse erzielen lassen, wie die folgenden Abbildungen unterstreichen.

1. Vereinfacht beschrieben meint der Begriff »Texturen« die rein farbliche Beschreibung einer Oberfläche, als Farbwertangabe oder als bildliche Beschreibung in Form einer oder mehrerer Texturdateien.
2. Mit »Materialien« ist die gesamte Definition einer Oberfläche gemeint, die zusätzlich zur Textur auch Oberflächeneigenschaften wie Glanz, Reflexion, Transparenz oder Rauheit enthält und definiert – gegebenenfalls über weitere Texturen.

Theorie zur Materialdefinition

Das beste Training für die Definition von realistischen 3D-Oberflächen ist die aufmerksame Beobachtung der Oberflächen in der realen Umgebung. Nur wenn die Oberflächeneigenschaften einer spezifischen realen Oberfläche, z.B. eines architektonischen Materialmusters einer Fassade, von Ihnen im Detail, bezüglich ihrer Eigenschaften wie Farbe, Reflexion oder Transparenz, erkannt und analysiert wurde, sind Sie in der Lage, die jeweilige Oberfläche über die richtige Definition der Materialeigenschaften virtuell, aber trotzdem naturgetreu innerhalb der Produktionssoftware 3ds Max nachzuahmen. Dabei ist es von Vorteil, das Verhalten der unterschiedlichen Oberflächen unter verschiedenen Lichteinwirkungen zu studieren, um beurteilen zu können, wie sich das entsprechende Material bei den verschiedenen Beleuchtungssituationen der architektonischen 3D-Visualierung verhält.

Oftmals liegen nicht für alle umzusetzenden Oberflächen reale Muster vor, die für die Beurteilung begutachtet werden können. In solchen Fällen ist eine intensive Recherchearbeit nach entsprechendem Bildmaterial, die den oftmals wagen textlichen Beschreibungen der Planer entsprechen – wie z.B. normaler Sichtbeton, anthrazitfarbener Naturstein oder rotbrauner Klinker – die beste Lösung. Je genauer und intensiver Ihre Recherche ist, je mehr bildliche Vorlagen Sie also sammeln, an denen Sie sich bei der Nachahmung der Oberfläche orientieren können, umso besser werden Ihre Produktionsergebnisse bei der Nachbildung der Farben und Texturen. Gute Quellen für die Recherchen können sein:

- Musterfotografien vom Planer/Architekten
- Internetseiten der Oberflächen-Hersteller
- Google Bildsuche
- etc.

Sobald Sie die Charakteristika der zu realisierenden Oberflächen ausreichend studiert haben, und wissen, welche Eigenschaften die geforderten Oberflächen insbesondere auszeichnen, können Sie mit dem virtuellen Entwerfen des Materials innerhalb der Produktionssoftware 3ds Max beginnen.

Materialien tragen neben der Beleuchtung den größten Anteil zum Realismus Ihrer 3D-Visualisierung bei. Sie simulieren über Oberflächenfarbe, -struktur und andere Materialeigenschaften das Verhalten der 3D-Oberfläche wie in der realen Umgebung. Die grundlegendste Eigenschaft eines Materials wird dabei durch seine Streufarbe definiert, die durch einen Farbwert oder eine Textur (Bilddatei oder prozedurale Textur) festgelegt werden kann.

Die **Streufarbe** legt das offensichtliche Aussehen der Oberfläche fest, das auf den ersten Blick wahrgenommen wird. Während des Materialentwurfs definierte Farben und Texturen können unter Umständen bei der finalen Bildberechnung durch die Einwirkung der Beleuchtung oder anderer Bildeffekte stark verfälscht werden. Prüfen Sie in solchen Fällen individuell, ob die jeweilige Farbverfälschung durch die Lichteinwirkung dabei der Realität entspricht, und passen Sie sie gegebenenfalls an, sofern die Darstellung unrealistisch wirkt.

Abbildung 2.134
Die Streufarbe kann durch Farbwerte oder Texturen definiert werden

Haben Sie diese grundlegende Eigenschaft *Streufarbe* erst einmal farbecht umgesetzt, folgt anschließend die Verfeinerung des Materials durch die Bestimmung folgender weiterer Materialeigenschaften wie:

- **Reflexion:** Mit diesen Werten bestimmen Sie die Reflexionsstärke sowie die Intensität des herkömmlichen Glanzlichts auf einer Oberfläche.

Abbildung 2.135
Unterschiedliche Werte für Reflexionen

- **Transparenz/Refraktion:** Mit diesen Werten bestimmen Sie die Ausprägung der Transparenz sowie Stärke der Refraktion an Oberflächen. Transparenz und Refraktion sind voneinander abhängige Werte. Refraktionen beschreiben die Stärke, mit der einfallende Lichtstrahlen an transparenten Oberflächen gebrochen/abgelenkt werden. Nicht transparente Oberflächen besitzen keine Refraktion.

Abbildung 2.136
Der Refraktionswert Hochglanz bestimmt die Klarheit des Objekts

Abbildung 2.137
Der Refraktionswert Transparenz bestimmt die Durchlässigkeit des Lichtes

- **Transluzenz:** Mit dem Wert für Transluzenz bestimmen Sie, in Kombination mit aktiver Transparenz, wie lichtdurchlässig das Volumen eines 3D-Objekts ist. Sie können damit Oberflächen simulieren, die beispielsweise halbtransparenten Materialien wie eloxiertes Glas (umgangssprachlich Milchglas) oder Kerzenwachs entsprechen.

Abbildung 2.138
Mit dem Wert TRANSLUZENZ können Sie eine besondere voluminöse Art der Transparenz erzeugen, wie bei eloxiertem Glas oder Kerzenwachs

- **Relief:** Mithilfe eines Wertes sowie einer Textur für Relief, können Sie feinste Oberflächenstrukturen simulieren, die Sie andernfalls nur mit hohem Aufwand als 3D-Geometrie umsetzen müssten, wie beispielsweise die fein strukturierte Oberfläche einer Orange, einer Raufasertapete oder die eines Natursteins.

Abbildung 2.139
Mithilfe eines Reliefs können feinste Strukturen auf Oberflächen simuliert werden

- **Anisotropie:** Mit dem Wert für Anisotropie bestimmen Sie die Form des Glanzlichtes bzw. der Reflexion einer Oberfläche. Sie können runde Glanzlichter oder gestreckte Glanzlichter erzeugen, die insbesondere die Eigenschaften von gebürsteten Oberflächen, wie gebürstete Metalle oder Holzböden, simulieren.

Abbildung 2.140
Unterschiedliches ANISOTROPIE-Werte erzeugen diverse Glanzlichtformen

Bei vielen Projektumsetzungen können Ihnen die zuständigen Planer/Architekten nicht für alle in der architektonischen 3D-Visualisierung sichtbaren Oberflächen die passenden Materialien vorgeben. Insbesondere für die Realisierung von architektonischen Innenraumszenerien wird Ihnen als 3D-Artist eine Menge Kreativität abverlangt. Sie sind nicht nur als Lichtplaner oder Raumausstatter gefordert, indem Sie sich um ansprechende Beleuchtung und Möblierung für die gesamte 3D-Szene kümmern, sondern Sie müssen sich zudem genau überlegen, mit welcher farblichen Gestaltung Sie die 3D-Visualisierung ausstatten wollen. Idealerweise haben Sie sich bereits während der Erstellung des Produktionsplanes damit befasst, welche dominierenden Farben Sie für die unterschiedlichen Oberflächen Ihrer 3D-Szene verwenden wollen, um ein harmonisches und farblich aufeinander abgestimmtes Gesamtbild zu erzeugen.

Das Farbkonzept trägt zwar nicht maßgeblich zum Realismus der 3D-Visualisierung bei, jedoch bestimmt es tonangebend über Atmosphäre und Stimmung. Welche Farben wollen Sie in Kombination einsetzen? Verwenden Sie eher warme oder kalte Farbtöne? Zarte Farben, lebendige Farben, kräftige Farben oder lieber nur ruhige Grautöne? Und welche Farben passen am besten zueinander?

Die Realisierung eines globalen Farbkonzeptes für die *Oberflächenfarben*, aber auch für die *Texturen* in Ihrer 3D-Visualisierung, hilft Ihnen enorm, ein farblich harmonisches und somit ansprechendes Gesamtbild zu erzeugen. Folgende Regeln helfen Ihnen, ein stimmiges Farbkonzept für Ihre Materialien zu realisieren:

- **Farbkonzept bereits im Produktionsplan:** Überlegen Sie sich bereits während der Umsetzung Ihres Produktionsplanes ein passendes Farbkonzept für Ihre 3D-Visualisierung. Das ermöglicht Ihnen eine objektive Planung der Farben, ohne die Details wie Möblierung oder Beleuchtung zu kennen, und erspart Ihnen zudem Produktionsstopps durch sich wiederholende zeitintensive Test-Renderings für das ziellose Ausprobieren diverser Farben.
- **Bekannte Farben/Trendfarben:** Versuchen Sie Ihre 3D-Visualisierung mit Farben auszustatten, die sowohl Sie als auch der spätere Betrachter Ihrer 3D-Visualisierung aus Ihrer realen Umgebung kennen. Jede Farbgebung, die man an Möbeln oder Wänden schon einmal in Prospekten, Broschüren oder im Kaufhaus gesehen hat, kommt einem realistisch vor. Orientieren Sie sich dabei beispielsweise an den vorgegebenen Trendfarben von Farb- oder Möbelherstellern, die Sie bequem im Internet recherchieren können (siehe Abschnitt »Farben/Farbharmonien« auf Seite 54).
- **Wenige Farben:** Versuchen Sie, möglichst wenige unterschiedliche Grundfarben zu verwenden. Definieren Sie ein bis zwei Grundfarbtöne, mit denen Sie Akzente setzen und die die grundsätzliche Farbgebung Ihres Bildes bestimmen sollen (z.B. für eine fliederfarbene Hauptwand im Wohn-/Essbereich). Orientieren Sie die Wahl Ihrer Grundfarbe dabei an der möglichen Zielgruppe der zu vermarktenden Immobilie, z.B. ruhige Farben für Büroräume oder lebendige Farben für Wohnräume. Ergänzen Sie die wenigen Grundfarben dann durch Farbharmonien, also mit einer kleinen Anzahl von zusätzlichen Farben, die besonders mit den ausgewählten Grundfarben harmonieren.

Abbildung 2.141
Unüberlegt eingesetzte und viele unterschiedliche Farben produzieren schlechte Ergebnisse

- **Farbharmonien:** Farbharmonien sind Gruppierungen von Farben, die besonders gut zueinander passen bzw. miteinander harmonieren. Verwenden Sie diese Farbharmonien, um Farbvariationen zu finden, die gut zu Ihrer ausgewählten Grundfarbe der 3D-Visualisierung passen. Zahlreiche Werkzeuge im Internet erleichtern Ihnen dabei die Arbeit (siehe Abschnitt »Farben/Farbharmonien« auf Seite 54).

Abbildung 2.142
Ausgewählte Farbharmonie gut zueinander passender Farben für die 3D-Visualisierung

Abbildung 2.143
Die auf Basis der definierten Farbharmonie realisierte 3D-Visualisierung wirkt wesentlich ansprechender

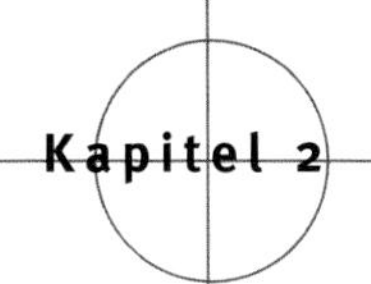

Farben als Basis für Materialien

Der Realität entsprechende und naturgetreue Farben für Ihre 3D-Visualisierung zu definieren ist keine leichte Aufgabe. Was auf Ihrem Produktionsmonitor ansprechend und richtig aussieht, kann auf dem Monitor des späteren Betrachters Ihrer 3D-Visualisierung anders, ja sogar falsch aussehen.

Die Farbdarstellung an Monitoren hängt von vielen unterschiedlichen Faktoren ab. Die Farbdarstellung ist, bedingt durch die unterschiedliche Bauweise und Technologie der Geräte, von Monitor zu Monitor anders. Sie wird durch die Leuchtstärke und die Gamma-Einstellungen der einzelnen Geräte sowie durch äußere Faktoren beeinflusst, wie beispielsweise der aktuellen Raumbeleuchtung am Monitor. Wie ist es also möglich, naturgetreue Farben für architektonische 3D-Visualisierungen zu definieren, die annähernd den Farben der realen Umgebung entsprechen? Und wie können Farben aus der realen Umgebung anhand von Zahlenwerten in die Produktionssoftware 3ds Max eingegeben werden?

Das menschliche Auge unterscheidet rund zehn Millionen Farbnuancen. Um es zu ermöglichen, mithilfe von Zahlen exakt auszudrücken, welche Farbnuance aus dieser großen Menge an Farben gemeint ist, wurden durch die Farbindustrie sogenannte Farbsysteme eingeführt. Diese Farbsysteme wurden standardisiert, mit Namen und Zahlenwerten versehen und sorgen so weltweit für eine gemeinsame Sprache, wenn es um Farben geht. Nahezu alle Hersteller – seien es Mode- oder Produktdesigner, Grafiker oder Architekten, Konstrukteure oder Künstler, Maler oder Raumausstatter – arbeiten mit Farbsystemen, die es ihnen ermöglichen, Farbtöne aus der realen Umgebung exakt zu bestimmen und auszuwählen. Einige der bekanntesten Farbsysteme sind folgende:

- RAL (RAL Classic, RAL Design) – http://www.ral.de/
- PANTONE – http://www.pantone.de/
- STO (StoColor System) – http://www.sto.com/
- BRILUX SCALA – http://www.brillux.de/

Mithilfe der normierten Farbsysteme, die von nahezu allen Herstellern zur normierten Kolorierung ihrer Produkte herangezogen werden, ist es also möglich, die Farbe einer Oberfläche (z.B. eines architektonischen Produkts oder einer Wandfarbe) exakt zu benennen und als Zahlenwert abzulesen. Sie können so der Software bereits mitteilen, welche Farbe genau gemeint/gewünscht ist!

Wie aber ist es möglich, eine normierte Farbe exakt am Monitor wiederzugeben, insbesondere wenn es gravierende Darstellungsabweichungen an den individuellen Monitoren gibt? Die Lösung ist denkbar einfach. Für jede professionelle Produktion von hochwertigen architektonischen 3D-Visualisierungen ist die Farbdarstellung des Produktionsmonitors mit geeigneter Hardware zu kalibrieren, um zu gewährleisten, dass die Farbdarstellung an diesem Monitor der Norm entsprechend eingestellt ist. An einem kalibrierten Monitor entspricht dann die dargestellte Farbe bestmöglich der echten, mithilfe von normierten Farbsystemen eingegebenen Farbe aus der realen Umgebung (vgl. auch Kapitel 3, Abschnitt »Monitor-Farbkalibrierung für beste Rendering-Qualität«).

Hinweis

In der Produktionssoftware 3ds Max können Farbwerte als sogenannte RGB-Werte im Dialogfeld FARBAUSWAHL eingetragen werden. Wenn Sie sich ein wenig mit den angebotenen Farbsystemen auseinandersetzen, werden Sie feststellen, dass die Zahlenwerte dort nicht als RGB-Werte angegeben sind, die Sie in 3ds Max verwenden können. Der im RAL Classic Farbsystem normierte Farbton *Signalrot* wird z.B. mit dem Zahlenwert *RAL3001* beschrieben, ein *Himmelblau* mit *RAL5015*. Die unterschiedlichen Werte müssen erst in RGB-Werte übersetzt werden, bevor Sie diese für die Farbdefinition von Materialien in 3ds Max verwenden können.

Eine bestmögliche Übersetzung erreichen Sie, indem Sie die ebenfalls normierte Software der Farbsystemhersteller installieren. Für die gängigsten Designprogramme wie Adobe Photoshop und Adobe Illustrator, aber auch 3ds Max sind dort übersetzte Farbvorlagen für die jeweilige Software enthalten, die für die Darstellung an sRGB Monitoren optimiert wurden. Nicht alle Hersteller bieten diesbezüglich ihre Software kostenlos an, daher sind die folgenden beiden Verfahren eine gute Alternative, die entsprechenden Farben der Farbsysteme ohne Software manuell zu übersetzen:

Tipp

- **Digitale PDF-Testdatei als Kopiervorlage (z.B. für RAL Classic):** Recherchieren Sie im Internet nach einer digitalen Vorlage, die Sie sich am kalibrierten Monitor anzeigen lassen können und die alle Farben des gewünschten Farbsystems enthält. Für das RAL-Classic-Farbsystem finden Sie beispielsweise eine solche Testdatei, indem Sie in der Google-Suchmaschine nach den Begriffen »ral classic testdatei« suchen (Ergebnis z.B.: http://pvcremont.com/sRGB%20Testdatei.pdf).

Diese PDF-Testdatei können Sie in Ihrer Bildbearbeitungssoftware einlesen und die entsprechenden RGB-Werte über den einzelnen Farbfeldern mit der Farb-Pipette abgreifen (Werkzeug zum Aufnehmen eines Farbwertes in der Bildbearbeitungssoftware).

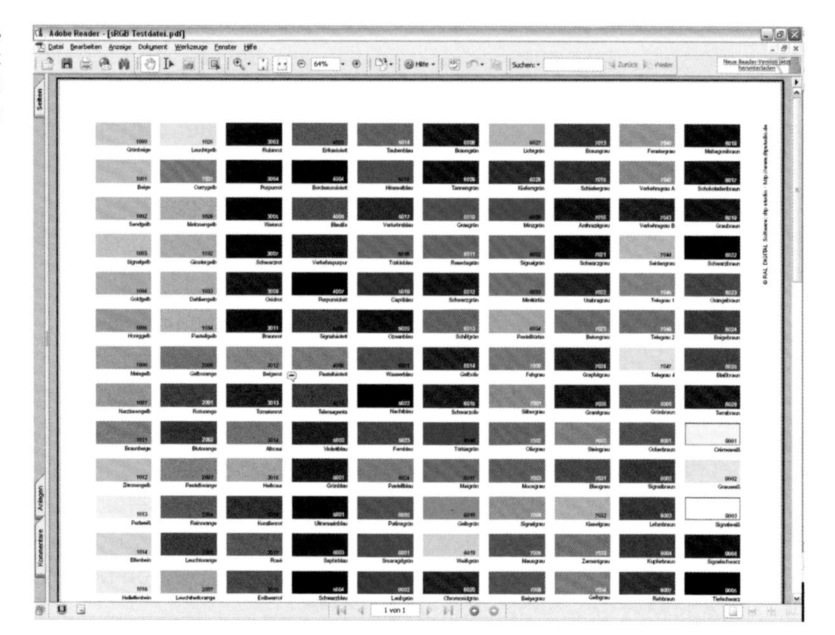

Abbildung 2.144
Das PDF RAL Classic Testdatei für Standard RGB (sRGB)

- **Digitale Online-Farbdemonstration:** Recherchieren Sie im Internet nach einer digitalen Vorlage, die Sie sich am kalibrierten Monitor anzeigen lassen können und die alle Farben des gewünschten Farbsystems enthält. Für das RAL-Classic-Farbsystem finden Sie beispielsweise auf der Seite des Softwareentwicklers *dtp studio*, der die Software *RAL Digital* entwickelt hat, eine Farbdemonstration mit allen 210 RAL-Classic-Farben, die Sie per Screenshot abgreifen und in Ihrer Bildbearbeitungssoftware mit der Pipette auswerten können (siehe http://www.dtpstudio.de/farbspiel.htm).
- **Intensive Recherche:** Recherchieren Sie auf die beschriebene Weise auch nach digitalen Vorlagen der Farbsysteme anderer Hersteller, um die am kalibrierten Monitor angezeigten Farbwerte abgreifen zu können.

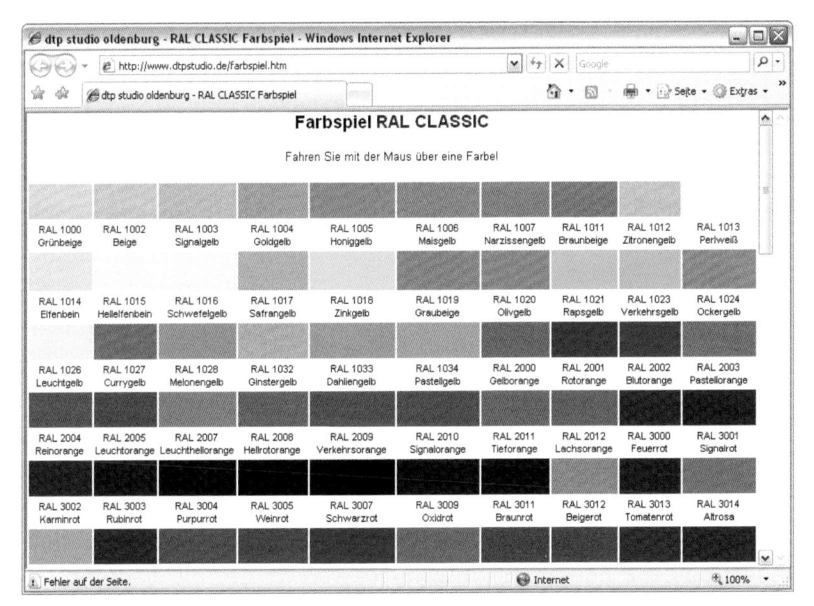

Abbildung 2.145
Onlinewerkzeug für die Anzeige von RAL-Classic-Farben

- **Farbfächer:** Investieren Sie ruhig auch in normierte farbechte Farbfächer der jeweiligen Farbsysteme. Sie können die Farben der normierten Farbfächer direkt (durch Nebeneinanderhalten) mit den am Produktionsmonitor angezeigten Farben vergleichen und gegebenenfalls intuitiv nachjustieren.

Abbildung 2.146
Der RAL-Farbfächer – Bild: Copyright RAL, Sankt Augustin

Texturen als Basis für Materialien

Wie erwähnt, tragen die Materialien, neben einer ansprechenden Beleuchtung, den größten Anteil zum Realismus Ihrer 3D-Visualisierung bei. Sie simulieren über Oberflächenfarbe, -struktur und andere Materialeigenschaften das Verhalten einer 3D-Oberfläche wie in der realen Umgebung. Die grundlegendste Eigenschaft eines Materials wird dabei durch seine reine diffuse (matte) *Streufarbe* definiert, die sowohl durch einen naturgetreuen Farbwert als auch über eine geeignete Textur (Bilddatei oder prozedurale Textur) festgelegt werden kann. Texturen werden also dazu verwendet, das Aussehen und die realistische Wirkung von Materialien zu verbessern. Sie ergänzen die 3D-Oberflächen bildlich um Details, ohne die 3D-Geometrie eines 3D-Objekts dabei komplexer zu machen.

Bitmap – Container für selbst produzierte Texturen

Innerhalb der Produktionssoftware 3ds Max werden die während des Produktionsschrittes »Zusammenstellung oder Generierung der nötigen Ressourcen« auf Seite 34 gesammelten oder in Eigenproduktion realisierten Texturressourcen über spezielle Material-Unterobjekte, den sogenannten *Maps*, einzelnen Eigenschaft-Kanälen eines Materials zugewiesen. In 3ds Max stehen Ihnen unterschiedliche *Map*-Typen zur Verfügung, die Sie dafür verwenden können. Der für architektonische 3D-Visualisierung am häufigsten verwendete *Map*-Typ ist das sogenannte *Bitmap*. Mit dieser *Map* ist es möglich, eine auf einem Laufwerk gespeicherte Textur (Grafikdateien wie z.B. JPEG, BMP, TGA, HDR, EXR, PSD, PNG u.v.m.) dem entsprechenden Eigenschaft-Kanal der Materialen zuzuweisen. Neben dem *Map*-Typ *Bitmap* stehen Ihnen aber noch andere *Map*-Typen zur Verfügung, mit denen sich beispielsweise prozedurale Texturen generieren lassen, die auf Basis von mathematischen Funktionen direkt computergenerierte Bildmuster errechnen, ohne dass diese erst als Grafikdatei auf der Festplatte angelegt werden müssen.

Maps – prozedurale Texturen in 3ds Max

3ds Max bietet solche prozeduralen *Map*-Typen für unterschiedliche Bildberechungen, wie z.B. Verlaufsarten, Flecken, Holzmuster, Kacheln, Kerben, Marmormuster, Rauch, Rauschen, Schachbrettmuster, Strudel, Stuck, Spiegelung, Wellen oder auch für zellenförmige Muster. Mithilfe einiger spezieller *Maps* lassen sich zusätzlich besondere Effekte realisieren, z.B. können Sie zwei oder mehr normale *Maps* miteinander kombinieren und dabei unterschiedlich überblenden, um mehrschichtige Materialien zu produzieren. Andere erzeugen erst nach der finalen Bildberechnung zusätzliche optische Effekte, wie z.B. ein Objektglühen (definiert über das Material) oder einen Cartoon-Look. Alle diese *Maps* errechnen also eine prozedurale Textur, die den gewünschten Eigenschaft-Kanälen des Materials zugewiesen wird und so die Darstellung Ihrer 3D-Oberfläche entsprechend verändert. Eine genaue Beschreibung der zur Verfügung stehenden prozeduralen *Maps* finden Sie in der 3ds Max-Hilfe (Stichwort: *Maps*).

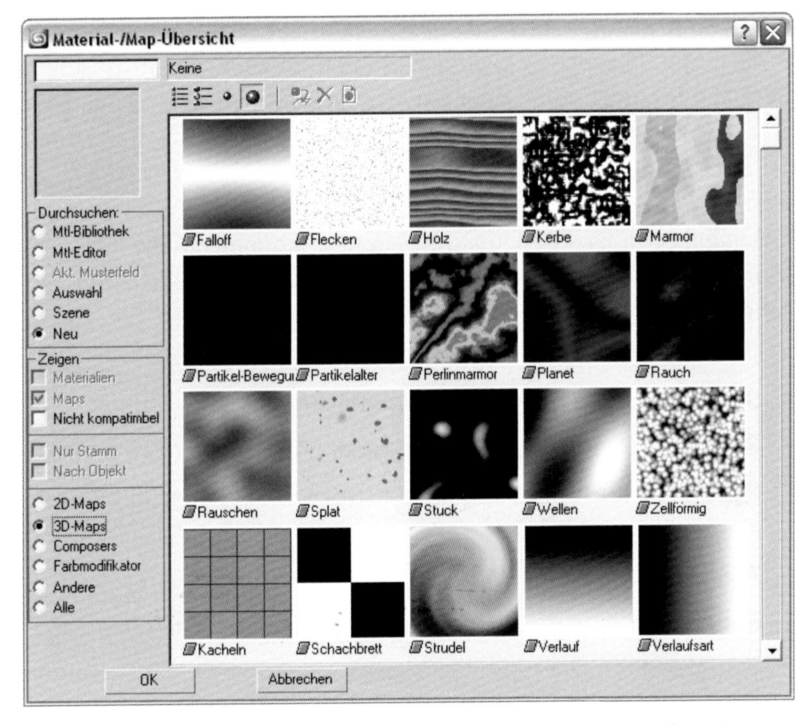

Abbildung 2.147
Eine Auswahl an prozeduralen Maps in 3ds Max

Im Vergleich zu Texturen, die auf einem durch eine bestimmte Anzahl von Pixeln (einzelnen Bildpunkten) fest vorgegebenem Grafikformat aufbauen, sind prozedurale Texturen unabhängig von der Bildauflösung der finalen Bildberechnung. Sie werden immer so scharf detailliert errechnet, dass keine Unschärfen bzw. Interpolationen im späteren Rendering auf den 3D-Oberflächen erkennbar sind, weil nicht genügend Pixel zur Füllung der 3D-Oberfläche zur Verfügung standen.

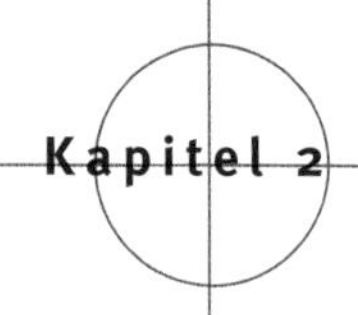

Abbildung 2.148
Unschärfe- bzw. Qualitätsvergleich zwischen prozeduralen Maps und Bitmaps

Eigenschaft-Kanäle – Verbindung der Textur mit dem Material

Je nachdem, in welchen Eigenschaft-Kanal Sie eine Textur (pixelbasierend oder prozedural) über ein *Map*-Objekt zuweisen, können Sie unterschiedliche Ergebnisse erzielen. Neben dem wichtigsten Kanal, der *Streufarbe*, stehen Ihnen je nach Materialtyp noch weitere Eigenschaft-Kanäle zur Verfügung, die Sie entweder über Zahlenwerte, Farbangaben oder eben Texturen steuern können. Diese Texturen beeinflussen dann die jeweiligen Oberflächeneigenschaften, zu denen sie zugewiesen werden. Unter anderem finden Sie Eigenschaft-Kanäle für:

- **Streufarbe:** Bestimmt diffuse Oberflächenfarbe.
- **Reflexion:** Bestimmt Reflexionsstärke und Hochglanz.
- **Refraktion:** Bestimmt Refraktionsstärke, Transparenzfarbe und -klarheit.
- **Anisotropie:** Bestimmt die Verzerrung des Glanzpunktes.
- **Relief:** Bestimmt die feinteilige Oberflächenstruktur, ohne dabei die 3D-Geometrie zu verändern.
- **3D-Verschiebung:** Bestimmt die feinteilige Oberflächenstruktur durch Veränderung der 3D-Geometrie während des Renderings.
- **Ausschnitt/Transparenz:** Bestimmt die transparenten Bereiche einer 3D-Oberfläche.
- **Umgebung:** Bestimmt die lokale Umgebung der 3D-Oberfläche, z.B. für Reflexionen.
- **Selbstillumination:** Bestimmt die Stärke und die selbstleuchtenden Bereiche einer 3D-Oberfläche.
- Und viele andere.

Achtung

Auch während der Realisierung von Texturen in Eigenproduktion oder bei der Definition von prozeduralen Texturen ist ein kalibrierter Produktionsmonitor Voraussetzung für die Definition realitätsnaher Farben. Denken Sie also an die sporadische Farbkalibrierung Ihres Produktionsmonitors (siehe Kapitel 3 »Richtige Vorkonfiguration der 3D-Software 3ds Max für optimale Renderergebnisse«).

UVW Mapping – Texturen im richtigen Maßstab

Sofern Sie Texturen zur Verbesserung des zu realisierenden Materials verwenden müssen, ein Schritt auf den Sie in der architektonischen 3D-Visualisierung nicht verzichten können, müssen Sie angeben, an welcher Position und in welchem Maßstab die Textur auf die jeweilige 3D-Oberfläche aufgetragen bzw. projiziert werden soll. Die Position und der Maßstab einer projizierten Textur auf einer 3D-Oberfläche werden auf der Oberfläche durch ein lokales Koordinatensystem definiert, den sogenannten UVW-Mapping-Koordinaten. Die Buchstaben U, V, und W entsprechen dabei den drei einzelnen Achsen des dreidimensionalen Raums X, Y, und Z. Eingeführt wurden die neuen Buchstaben U, V, und W deshalb, um Verwechslungen mit den Raumkoordinaten der 3D-Objekte zu vermeiden und um zu verdeutlichen, dass es sich bei den UVW-Mapping-Koordinaten um ein eigenständiges oberflächenbezogenes Koordinatesystem handelt, mit dem man die Projizierung der Texturen bestimmt.

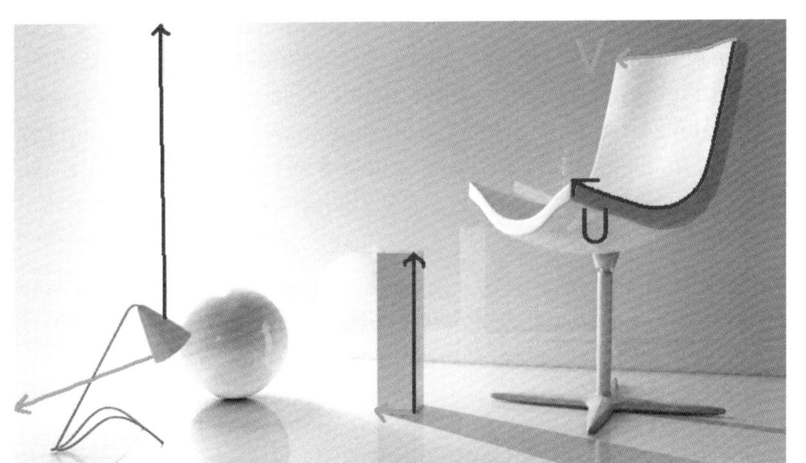

Abbildung 2.149
3D-Oberflächen mit angedeuteten UVW-Koordinaten im 3D-Raum

In der Produktionssoftware 3ds Max stehen Ihnen folgende Möglichkeiten zur Verfügung, UVW-Mapping-Koordinaten anzugeben oder zu bearbeiten:

- **Bereits vorhanden:** Oftmals sind UVW-Mapping-Koordinaten bereits beim Import einer DWG-Datei vorhanden, weil Sie im jeweiligen CAAD-Programm direkt definiert wurden. Diese können dann übernommen oder angepasst werden.
- **Automatisch generiert:** UVW-Mapping-Koordinaten werden beim Anlegen der meisten Grundkörper (Kugel, Quader, Wand etc.) in 3ds Max direkt automatisch generiert. Diese können dann übernommen oder angepasst werden.
- **Werkzeug UVW-Map:** Sofern keine UVW-Mapping-Koordinaten vorhanden sind, kann dieses Werkzeug dazu verwendet werden, der 3D-Oberfläche welche zuzuweisen. Dieses Werkzeug ist besonders empfehlenswert für einfache geometrische Formen, wie Flächen, Quader, Zylinder oder Kugeln, da es für diese Formen entsprechende Projektions-Gizmos (Vorlagen) bietet. Es ist einfach zu bedienen und findet daher oft Verwendung für architektonische 3D-Visualisierung.
- **Werkzeug UVW-Zuweisen:** Sofern keine UVW-Mapping-Koordinaten vorhanden sind, kann dieses Werkzeug dazu verwendet werden, der 3D-Oberfläche welche zuzuweisen. Im Vergleich zum Werkzeug UVW-MAP ist es jedoch eher für komplexe organische 3D-Körper, wie Kleidung oder Automobiloberflächen, geeignet und daher auch komplizierter zu bedienen. Wegen seiner Komplexität lassen sich die Projizierungen der Texturen jedoch wesentlich genauer bestimmen. Für architektonische 3D-Visualisierungen wird es eher selten benutzt, es sein denn, Sie lernen mit der Zeit gut mit diesem Werkzeug umzugehen. In diesem Fall stellt es die professionelle Alternative der UVW-Bearbeitung dar. Eine genaue Beschreibung zur Bedienung dieses Werkzeugs finden Sie in der 3ds Max-Hilfe (Stichwort: *UVW-Zuweisen*).

Tipp

Um den Maßstab einer Textur für architektonische 3D-Visualisierung vereinfacht angeben zu können, wurde in der Produktionssoftware 3ds Max ein Konzept eingeführt, mit dem sich die tatsächliche Höhe und Breite einer Textur in metrischen Einheiten angeben lässt. Die Texturen lassen sich so ohne aufwendige Skalierungsanpassung direkt im richtigen Maßstab auf 3D-Oberflächen projizieren.

Mit dieser neuen Funktion *Mapping in Originalgröße* können Sie ein Material erstellen und die tatsächliche Höhe und Breite einer Textur sofort im Material-Editor innerhalb der Bitmap-Eigenschaften festlegen. Wenn Sie neue UVW-Mapping-Koordinaten mit dem Werkzeug UVW-MAP für eine 3D-Oberfläche anlegen, wählen Sie dann nur noch einen passenden Projektions-Gizmo und aktivieren die Option ORIGINALGRÖSSE DES MAP im Werkzeug.

Abbildung 2.150
Die Option ORIGINALGRÖSSE DER MAP vereinfacht die Definition von korrekten Maßstäben

Diese Funktion lässt sich auch global für jegliche UVW-Mapping-Arbeit in 3ds Max aktivieren (Menü ANPASSEN > EINSTELLUNGEN > Registerkarte ALLGEMEIN > Bereich TEXTURKOORDINATEN).

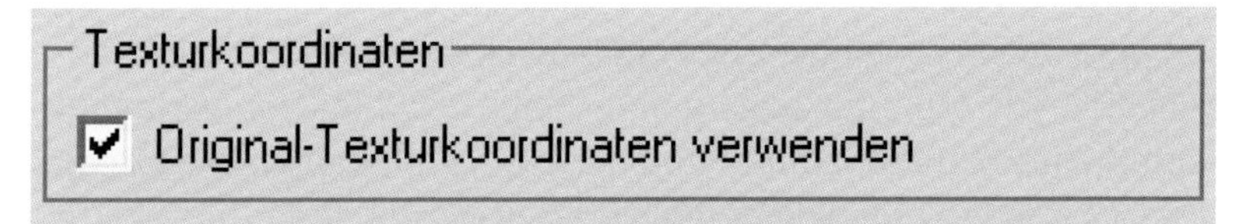

Abbildung 2.151
Die Option ORIGINAL-TEXTURKOORDINATEN lässt sich auch global aktivieren

Achtung

Sofern Sie mit dem Produktionsrenderer MENTAL RAY arbeiten, kann die Darstellung der angegebenen Texturen verfälscht werden, wenn Sie die Gammakorrektur nicht richtig einstellen. Die Texturen werden nicht mehr farbecht dargestellt, sondern wirken im finalen Rendering aufgehellt und verwaschen (siehe Abbildung 2.152). Vergleichen Sie diesbezüglich auch Kapitel 3, Abschnitt »Gammakorrektur und mental ray« für nähere Informationen und entsprechende Lösungen.

Abbildung 2.152
Verwaschene Texturen mit deaktivierter Gammakorrektur und MENTAL RAY

Materialdefinitionen für Architektur

Nachdem in den vorigen Abschnitten erläutert wurde, wie mithilfe von Farbsystemen bequem naturgetreue Farben für 3D-Oberflächen definiert werden können, wie Texturen mithilfe von *Maps* maßstabsgetreu auf die 3D-Oberflächen projiziert werden können und dass mithilfe von prozeduralen Maps auflösungsunabhängige Texturen für 3D-Oberflächen realisiert werden können, widmen wir uns nun der Realisierung von hochwertigen architektonischen Materialien, die Sie für Ihre individuellen 3D-Visualisierungen verwenden können.

Um Materialien zu definieren, steht Ihnen innerhalb der Produktionssoftware 3ds Max der sogenannte Material-Editor zur Verfügung. Mithilfe des Material-Editors und der darin enthaltenen Werkzeuge, lässt sich jedes erdenkliche architektonische Material naturgetreu nachahmen. Im Material-Editor stehen Ihnen dafür einige Materialgrundtypen bereit, die Sie für die Nachahmung der unterschiedlichsten Oberflächeneigenschaften nutzen können.

Die für architektonische 3D-Visualisierung angebotenen gebräuchlichsten Materialgrundtypen sind:

- **Arch & Design (Arch = Architektur):** Das Arch & Design-Material wurde als spezielles Material für den Produktionsrenderer MENTAL RAY entwickelt und funktioniert daher nur mit MENTAL RAY zusammen, dafür aber effizient und schnell. Es dient zur Verbesserung der Bildqualität bei der Bildberechnung architektonischer 3D-Szenerien und vereinfacht die Realisierung von architektonischen Oberflächen, insbesondere von glanzbeschichteten Oberflächen, wie lackierte oder geflieste Böden oder Glas.

Das Arch & Design-Material bietet eine ganze Reihe von realistischen Materialvorlagen, zwischen denen man wählen kann und die individuell angepasst werden können. Es ist das mächtigste Material unter den zur Verfügung stehenden und ist daher unbedingt zu empfehlen.

Eine detaillierte Übersicht über die Benutzeroberfläche des Materials finden Sie in der 3ds Max-Hilfe unter *Arch & Design-Material (mental ray)*. Verschiedene Vorschläge zur Verwendung des Materials für die Erstellung spezieller Effekte finden Sie in der 3ds Max-Hilfe unter *Arch & Design-Material (mental ray) - Tipps und Tricks*.

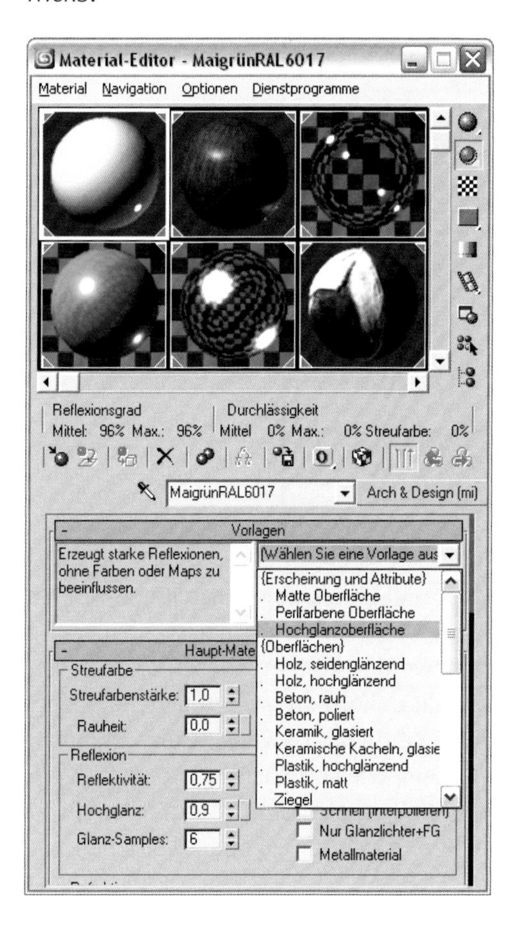

Abbildung 2.153
Arch & Design-Materialien im Material-Editor

- **Architektur:** Das Architektur-Material wurde als spezielles Material für das Lichtberechnungsverfahren Radiosity in Kombination mit dem Produktionsrenderer Vorgabe Scanline entwickelt und funktioniert daher nur mit Vorgabe Scanline zusammen. Die Einstellungen für das Architektur-Material sind physikalische Eigenschaften, sodass in Verbindung mit Radiosity sehr ansprechende Ergebnisse erzielt werden können.

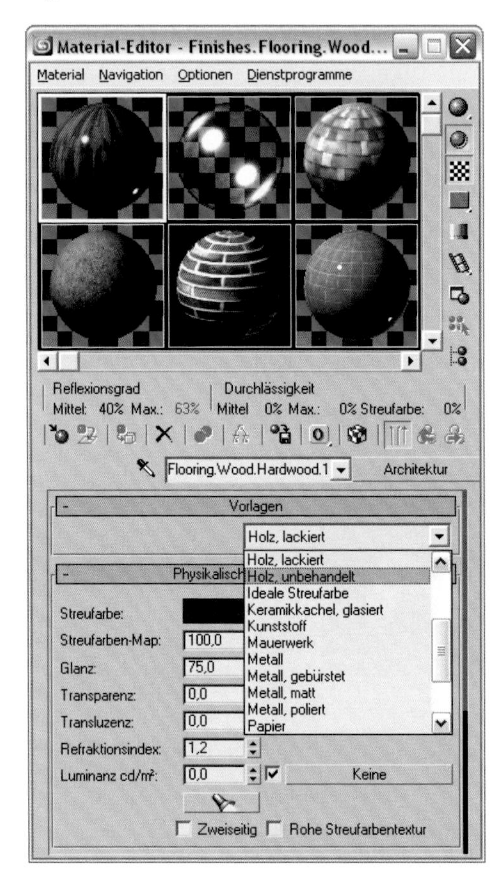

Abbildung 2.154
Architektur-Materialien im Material-Editor

Auch das Architektur-Material bietet eine ganze Reihe von realistischen Materialvorlagen, zwischen denen man wählen kann und die individuell angepasst werden können. Diese Vorlagen stellen selbstständig die physikalisch korrekten Oberflächeneigenschaften für Materialien wie Keramik, Gewebe, Glas, Mauerwerk, Metall, Spiegel, Papier, Stein, Wasser, Holz oder Kunststoff ein. Es bietet zudem die Möglichkeit, aus einer 3D-Oberfläche ein Lichtquellen-Objekt zu machen, indem angegeben werden kann, ob von diesem Material Lichtenergie in die 3D-Szene gesendet wird, die dann vom RADIOSITY-Verfahren verarbeitet wird. In den Möglichkeiten ist es jedoch nicht so komplex wie das *Arch & Design* von MENTAL RAY, sollte also nur für architektonische Produktionen eingesetzt werden, bei denen MENTAL RAY nicht verwendet werden kann und daher auf den Produktionsrenderer VORGABE SCANLINE zurückgegriffen wird.

Weitere Informationen zur Verwendung des Architektur-Materials finden Sie in der 3ds Max-Hilfe (Stichwort: *Architekturmaterial*).

- **Car Paint-Material:** Das Car Paint-Material ist ein besonderes Material für die Nachahmung von komplexen mehrschichtigen Lack-Oberflächen, wie beispielsweise bei Automobilen. Es wurde ebenfalls für den Produktionsrenderer MENTAL RAY entwickelt und kann daher auch nur in Kombination mit diesem eingesetzt werden.

Abbildung 2.155
Das Car Paint-Material simuliert die Eigenschaften mehrschichtiger Lackierungen

Im Groben wird der hohe Realismus dieses besonderen Materials dadurch erzielt, dass drei Lackschichten nachgeahmt werden, deren Eigenschaften sich im Detail einstellen lassen. Zunächst wird eine Farbschicht berechnet, deren Farbe sich abhängig vom Blickwinkel des Betrachters ändert. Eine zweite teiltransparente Pigmentschicht, die viele kleinste Metallpartikel simuliert (die kleine Spiegelglanzlichter erzeugen), sorgt für den Metallic-Effekt des Lacks. Die abschließende Klarlackschicht erzeugt Glanzlichter sowie realistische Reflexionen der Umgebung auf der 3D-Oberfläche.

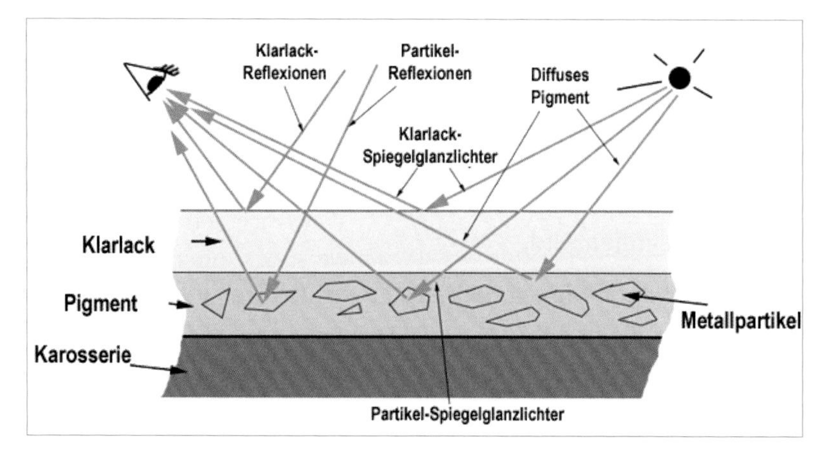

Abbildung 2.156
Schematische Darstellung des Car Paint-Materials
Bild: Copyright Autodesk Inc. 2008

Weitere Informationen zur Verwendung des Car Paint-Materials finden Sie in der 3ds Max-Hilfe (Stichwort: *Car Paint*).

- **SSS Physikal-Material:** Das besondere SSS Physikal-Material simuliert halbtransparente bzw. durchscheinend voluminöse Effekte, wie sie beispielsweise bei eloxiertem Glas (umgangssprachlich Milchglas) oder Kerzenwachs wahrnehmbar sind. Das beste bildliche Beispiel, um die Wirkung zu verdeutlichen, ist die berühmte Handfläche auf einer Taschenlampe, bei der das Licht durch das Fleisch durchscheint. Es wurde ebenfalls für den Produktionsrenderer MENTAL RAY entwickelt und kann daher auch nur in Kombination mit diesem eingesetzt werden.

Abbildung 2.157
Das SSS-Material in unterschiedlichen Farben

Ausführliche Informationen zu den definierbaren Eigenschaften des SSS Physikal-Materials finden Sie in der 3ds Max-Hilfe (Stichwort: *SSS-Materialien*).

In einigen Fällen werden auch folgende Materialgrundtypen in der architektonischen 3D-Visualisierung eingesetzt:

- **Multi-/Unterobjekt:** Das Multi-/Unterobjekt-Material ermöglichst es den einzelnen Flächen eines zusammenhängenden 3D-Objekts, unterschiedliche Materialien zuzuordnen. Es gruppiert definierte Materialtypen jeglicher Art und ordnet über die einzelnen zugewiesenen Material-IDs (Zuweisungsnummern) die einzelnen Materialien den entsprechend nummerierten Einzelflächen einer 3D-Geometrie zu. Es ist in der architektonischen 3D-Visualisierung immer dann hilfreich, wenn Sie den einzelnen Flächen eines zusammenhängenden 3D-Objekts (z.B. den einzelnen Wänden einer Innenraumszenerie) unterschiedliche Materialien zuordnen wollen und dafür nicht die Geometrie in einzelne 3D-Objekte aufschneiden möchten.

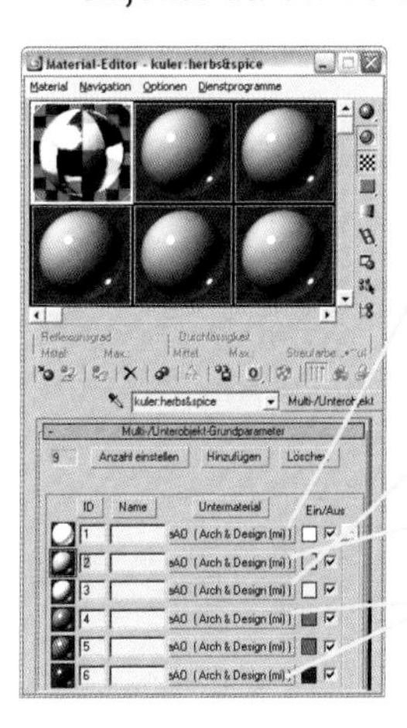

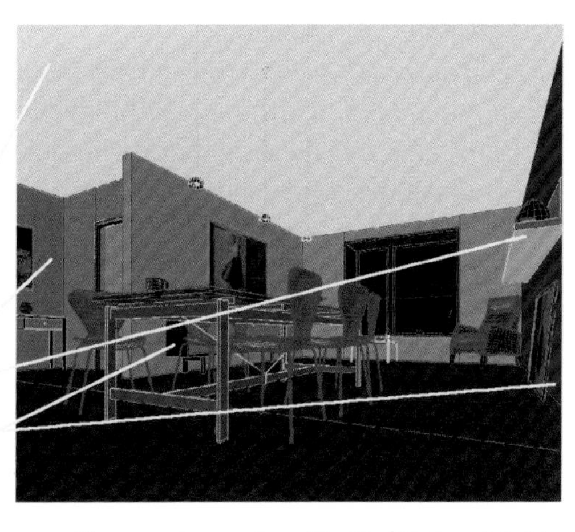

Abbildung 2.158
Das Multi-/Unterobjekt-Material hilft bei der Zuordnung von Materialien zu einzelnen Flächen

  Weitere Informationen zur Verwendung des Multi-/Unterobjekt-Materials finden Sie in der 3ds Max-Hilfe (Stichwort: *Multi-/Unterobjekt*).

- **Zusammensetzen:** Mithilfe des Materialtyps ZUSAMMENSETZEN können bis zu zehn verschiedene fertige Materialien miteinander kombiniert bzw. ineinander überblendet werden. Sie können damit architektonische Materialien nachahmen, die aus mehreren Schichten bestehen, z.B. eine Wandtapete mit leichtem Ornamentmuster oder mit Graffiti besprühtes Mauerwerk.

Abbildung 2.159
Mithilfe des Materials ZUSAMMENSETZEN lassen sich Materialien, die aus mehreren Schichten bestehen, realisieren, hier das Tapetenmuster auf der grünen Wand

Ausführliche Informationen zur Verwendung des Materials ZUSAMMENSETZEN finden Sie in der 3ds Max-Hilfe (Stichwort: *Zusammensetzen, Material*).

- **Cartoon:** Der Materialgrundtyp CARTOON ermöglicht es Ihnen, reduzierte bzw. abstrakte architektonische 3D-Visualisierungen zu realisieren. Durch die nachträgliche Hervorhebung (Konturierung) aller mit diesem Material definierten Konturen wirken die 3D-Visualiserungen wie handskizziert. Diese Art von abstrakter Visualisierung eignet sich zum Beispiel, um schnelle Entwurfspräsentationen oder Räume bzw. Raumtiefen darzustellen. Farbe, Linienstärke und andere Eigenschaften der Konturen lassen sich über Parameter im Material definieren.

Abbildung 2.160
Das Cartoon-Material im Einsatz

Tipp

Das Cartoon-Material wurde als spezielles Material für den Produktionsrenderer VORGABE SCANLINE entwickelt und funktioniert daher nur mit VORGABE SCANLINE zusammen. Denselben Effekt erzielen Sie jedoch auch im Produktionsrenderer MENTAL RAY mit einer der dafür vorgesehenen CONTOUR-Maps, die Sie Ihren MENTAL RAY-Materialien im Rollout MENTAL RAY-Verbindung in dem Kanal KONTUR im Material-Editor zuweisen können. Aktivieren Sie für die korrekte Berechnung auch die Kameraeffekte KONTURLINIEN (Menü RENDERN > RENDERN > Registerkarte RENDERER > Rollout KAMERAEFFEKTE > Bereich KONTURLINIEN).

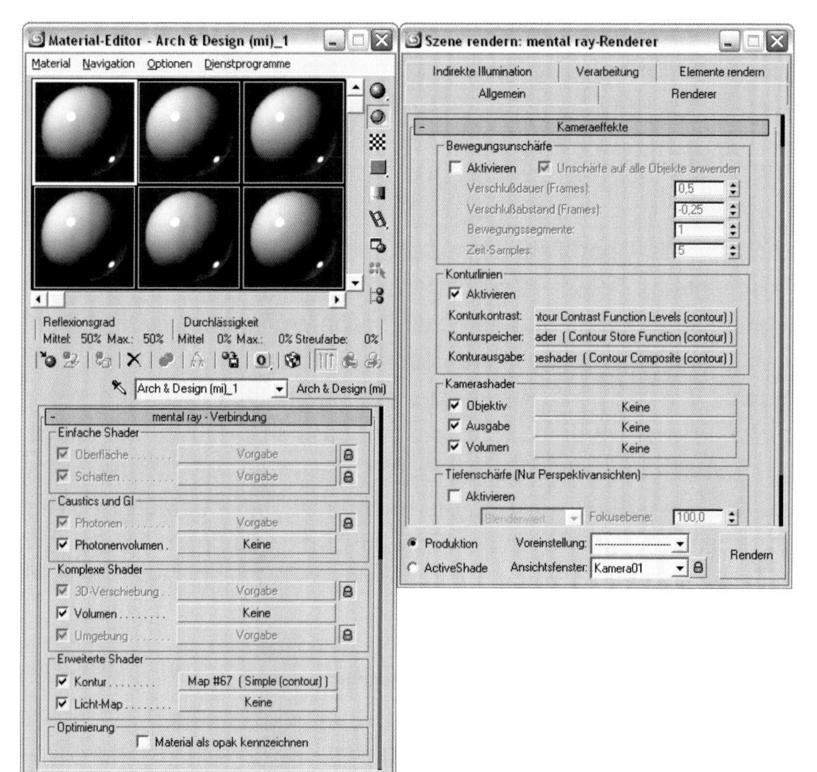

Abbildung 2.161
Links: Material mit zugewiesener Eigenschaft KONTUR

Rechts: Notwendiger Kameraeffekt mit aktivierten Konturlinien

Charakteristische Merkmale architektonischer Materialien

Die Produktionssoftware 3ds Max stellt also diverse Materialgrundtypen zur Verfügung, die für den Einsatz in architektonischen 3D-Visualisierungen geeignet sind. Um diese Materialgrundtypen dazu zu verwenden, die unterschiedlichen Oberflächen optimal nachzuahmen, die in der Architektur häufig eingesetzt werden, ist es wichtig zu wissen und festzulegen, welche besonderen primären charakteristischen Eigenschaften einer Oberfläche das zu definierende neue Material simulieren muss.

Die charakteristischen Eigenschaften einer architektonischen Oberfläche lassen sich nahezu alle mit den folgenden Begriffen zusammenfassen:

- diffus
- reflektierend
- metallisch
- plastisch
- transparent
- transluzent (voluminös teiltransparent)
- strukturiert (mit Relief)
- farbig

Nahezu jede Oberfläche lässt sich mit den aufgezählten Begriffen beschreiben. Ziel ist es also, mithilfe der zur Auswahl stehenden Materialgrundtypen und deren einstellbaren Parametern die einzelnen charakteristischen Merkmale einer Oberfläche nachzuahmen. Sobald Sie sich mit den einzelnen Materialeigenschaften näher beschäftigen, werden Sie feststellen, dass sich nahezu alle aufgezählten Merkmale als entsprechende Begriffe in den Materialparametern wiederfinden lassen. Die entsprechenden Parameter müssen nur noch optimal, einzeln oder in Kombination, definiert werden, um das gewünschte Material mit seinen unverwechselbaren Charakteristika zu simulieren.

Aufzählung architektonischer Grundmaterialien

Um realistische Materialien für professionelle architektonische 3D-Visualisierugen umsetzen zu können, ist es vorteilhaft, die in der Architektur am häufigsten zum Einsatz kommenden Materialien zu kennen und zu studieren, um diese anhand ihrer charakteristischen Merkmale realistisch nachahmen zu können. Rufen Sie sich daher unterschiedliche Material-Beispiele in Erinnerung und versuchen Sie diese mithilfe der genannten Liste charakteristischer Merkmale deutlich zu beschreiben. Je genauer Ihnen das gelingt, umso ansprechender werden Sie diese Materialien später nachahmen können.

Hier einige typische Beispiele:

- **Glas und Glassfassaden:** Sind größtenteils transparent, oft mit farbigem grünlich/bläulichem Schimmer, stark reflektierend, selten transluzent (eloxiertes Glas)
- **Natursteine:** Oft diffus, selten leicht reflektierend (poliert), haben starke Struktur, können unterschiedlich farbig sein, meist jedoch nicht einfarbig, sondern mit jeweils typischem Muster (Textur)
- **Holz und Holzverschalungen:** Oft reflektierend (da lackiert), selten leicht strukturiert, meist jedoch nicht einfarbig, sondern mit jeweils typischer Holzmaserung (Textur)
- **Boden- und Wandfliesen:** Meist leicht bis stark reflektierend, oft einfarbig oder mit leichtem typischem Muster (Textur), geometrisch strukturiert (unterteilt in Kachel und Fuge)
- **Verschalungen:** Oft metallisch, leicht bis stark reflektierend, meist einfarbig, selten mit Muster
- **Metalle (Chrom, gebürstetes Aluminium):** Stark metallisch, meist diffus oder stark reflektierend, einfarbig
- **Klinker:** Oft diffus, selten leicht reflektierend (poliert), haben starke Struktur, können unterschiedlich farbig sein, meist jedoch nicht einfarbig, sondern mit jeweils typischem Muster (Textur)
- **Putze:** Diffus, einfarbig, oft strukturiert
- **Stoffe:** Diffus, ein- oder mehrfarbig oder mit Muster (Textur), selten leicht reflektierend
- **Vegetation (Pflanzen & Bäume):** Meist einfarbig (grün), transluzent, oft diffus und selten reflektierend, leicht strukturiert
- **Rasen & Grünflächen:** Diffus, einfarbig (grünlich) oder mit Muster (Textur), strukturiert
- **etc.**

Je mehr Übung Sie in der Charakterisierung architektonischer Oberflächen bekommen, umso besser werden Ihre Produktionsergebnisse aussehen. Denken Sie stets daran, sich mithilfe Ihrer eigenen Beobachtungen Ihrer realen Umgebung oder durch intensive Bildrecherche eine möglichst exakte Beschreibung der Oberfläche zu erarbeiten, auf die Sie während der Definition der Materialien zurückgreifen können. Die Liebe zum Detail, in diesem Fall dem Materialdetail, ist hier oftmals der Schlüssel zu einer herausragenden 3D-Visualisierung.

Abbildung 2.162
Materialvergabe im Detail

Nachdem Sie die beschreibenden Begriffe architektonischer Materialien kennen gelernt haben und reale Oberflächen mithilfe dieser Begriffe exakt charakteristisch beschreiben können, ist es nun an der Zeit, einige Material-Beispiele mithilfe der in 3ds Max angebotenen Materialgrundtypen und den darin enthaltenen Vorlagen umzusetzen. Die folgenden Übungen verdeutlichen beispielhaft den Produktionsprozess einiger Materialien.

Übung: Das Arch & Design-Material für mental ray

Achtung

Um die folgenden Übungsschritte besser nachvollziehen zu können, finden Sie im Ordner *Materialvergabe\mentalray* auf der beiliegenden *DVD* die entsprechenden unbearbeiteten und die bearbeiteten 3D-Szenerien.

Das Arch & Design-Material wurde als spezielles Material für den Produktionsrenderer MENTAL RAY entwickelt und funktioniert daher nur mit MENTAL RAY zusammen, dafür aber effizient und schnell. Es dient zur Verbesserung der Bildqualität bei der Bildberechnung architektonischer 3D-Szenerien und vereinfacht die Realisierung von architektonischen Oberflächen, insbesondere von glanzbeschichteten Oberflächen, wie lackierte oder geflieste Böden oder Glas.

Das Arch & Design-Material bietet eine ganze Reihe von realistischen Materialvorlagen, zwischen denen man wählen kann und die individuell angepasst werden können. Diese Vorlagen eignen sich optimal als Grundlage für die Umsetzung eigener individueller Materialien. Im Folgenden finden Sie einige Beispiele und Tipps zur Realisierung einiger architektonischer Oberflächen, die Ihnen bei der Produktion Ihrer eigenen Projekte hilfreich sein können.

Im Abschnitt »Charakteristische Merkmale architektonischer Materialien« auf Seite 241 wurde vermittelt, dass sich mithilfe einiger charakteristischer Begriffe, nahezu alle architektonischen Materialien exakt beschreiben lassen. Zudem wurde deutlich gemacht, dass die meisten dieser Begriffe auch in der Benennung der einstellbaren Materialparameter wiederzufinden sind. Es liegt also nahe, die Reproduktion einer architektonischen Oberfläche als Material in der Produktionssoftware 3ds Max mit der genauen charakteristischen Beschreibung des zu realisierenden Materials zu beginnen und die angebotenen Eigenschaftenparameter dann in den angebotenen Materialvorlagen entsprechend anzupassen.

Glas & Glasfassaden

Das Material Glas existiert in den unterschiedlichsten Variationen und in unterschiedlichen Ausprägungen. Im Rahmen architektonischer 3D-Visualisierung beschränkt sich der Einsatz des Materials Glas meist jedoch auf den Einsatz als Glasfassaden, Fensterscheiben oder Glaskörper bei der Möblierung von Innenraumvisualisierungen (z.B. als Tischplatten). Gerne wird in der modernen Architektur auch mit eloxiertem Glas in verschiedenen Farben gearbeitet, um Fassadenflächen damit auszukleiden. Die mit *Google Bilder* recherchierten Beispiele in Abbildung 2.163 zeigen für unser Beispiel unterschiedliche Glastischplatten, die es nun zu rekonstruieren gilt.

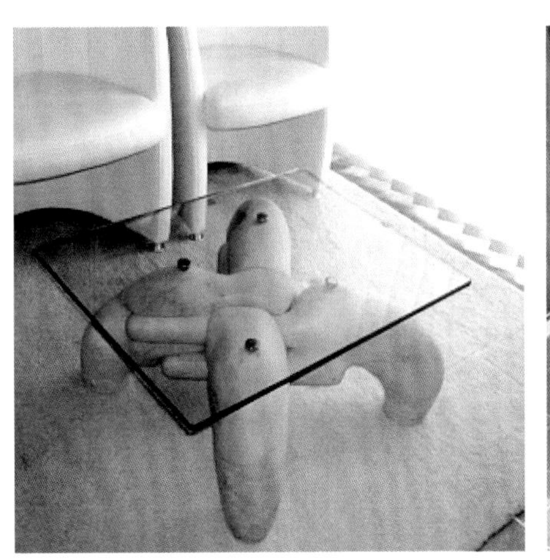

Abbildung 2.163
Recherchierte visuelle Vorlagen für die Materialrekonstruktion

Bild1:
Copyright tekvar.de

Bild2:
Copyright amm-kuenzli.ch

Beginnen Sie zunächst mit der charakteristischen Beschreibung des Glastyps, den es zu rekonstruieren gilt:

Charakterisierende Beschreibung Glastischplatte: Ist transparent, durch starke Refraktion oft mit farbigem grünlich/bläulichem Schimmer an den Rändern, stark reflektierend/spiegelnd, selten transluzent (eloxiertes Glas, Milch- oder Weißglas).

Abbildung 2.164
Tischplatte noch mit dem neutralen Material aus der Beleuchtung

Um das Material für eine Glastischplatte umzusetzen, eignet sich die ARCH & DESIGN-Vorlage GLAS (PHYSIKALISCH). Wählen Sie diese Vorlage, wie in Abbildung 2.165 gezeigt, als Grundlage für weitere individuelle Anpassungen aus und weisen Sie sie der entsprechenden Oberfläche Ihrer 3D-Szenerie zu, in unserem Fall der Tischplatte.

Abbildung 2.165
Auswahl der Vorlage GLAS (PHYSIKALISCH)

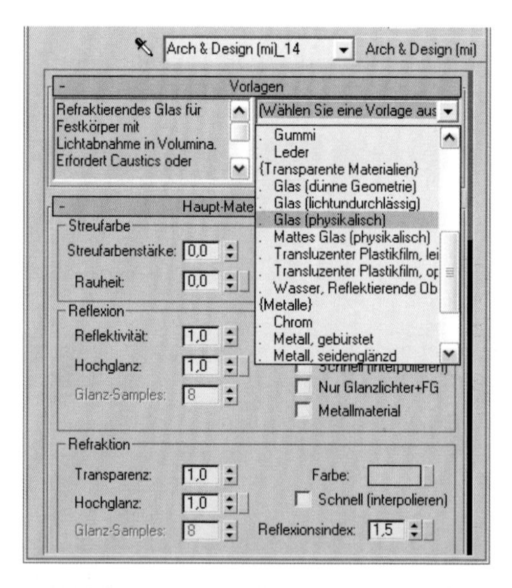

Abbildung 2.166
Neutrales farbloses GLAS-Material aus der Vorlage

Wie ein Test-Rendering (Abbildung 2.166) zeigt, zeigt sich die Glasplatte zunächst farbneutral. Laut der aufgestellten charakteristischen Beschreibung weisen feste Glaskörper jedoch aufgrund ihrer Beschaffenheit meist eine leicht grünliche Färbung auf. Passen Sie daher die Refraktionsfarbe an und stellen Sie einen leichten ungesättigten grünlichen Farbton ein (ca. RGB 0,7255/0,8196/0,6902). Das Material wirkt nun deutlich realistischer, wie Abbildung 2.167 verdeutlicht.

Tipp

In allen MENTAL RAY-Materialien werden die RGB-Farbwerte nicht im Werteraum von 0 bis 255 angegeben, sondern in einem Dezimal-Werteraum zwischen 0,0000 und 1,0000. Dieser Werteraum erlaubt wegen der Dezimalstellen eine feinere Abstufung der Farben. Möchten Sie nun klassische RGB-Werte eintragen, müssen diese erst umgerechnet werden. Mithilfe eines *Tricks* muss dies nicht manuell geschehen. Wählen Sie ein Standardmaterial und definieren Sie dort in einem beliebigen Farbfeld die klassische RGB-Farbe. Durch Rechtsklick auf das Farbfeld können Sie die eingestellte Farbe über das erscheinende Kontextmenü dann kopieren und in das Farbfeld des MENTAL RAY-Materials einfügen. Die Zahlenwerte werden dabei automatisch umgerechnet!

Abbildung 2.167
Das über die Refraktionsfarbe angepasste Glasmaterial

Eloxiertes Glas: Die Eigenschaften von eloxiertem Glas ähneln denen eines Glasfestkörpers. Es zeichnet sich durch starke Refraktion aus. Da eine Seite des Glaskörpers eloxiert, also mit Säure behandelt und farblich angestrichen wurde, ändern sich die Reflexionseigenschaften grundlegend. Die Oberseite ist stark reflektierend/spiegelnd, die Unterseite und die Ränder sind stark mattiert (transluzent).

Ändern Sie die Werte im Bereich Refraktion bei Hochglanz auf **0,1** und stellen Sie die Glanz-Samples auf **32**, um die Reflexionen und die Klarheit auf eine Materialseite zu beschränken. Aktivieren Sie die Transluzenz mit einer Gewichtung von **1** und stellen Sie den gewünschten Farbwert für die Färbung ein (ca. RGB 0,70/1,00/0,85).

Abbildung 2.168
Glasplatte aus eloxiertem (einseitig mattiertem) Glas

Natursteine

Auch der Werkstoff Naturstein wird in der Architektur in den verschiedensten Ausprägungen verwendet. Natursteine werden, für Boden oder Wandbeläge, in Form geschnitten (meist Platten) und oftmals leicht oder stark poliert.

Charakterisierende Eigenschaften Natursteinbeläge (hier polierte Schieferplatten): Die charakteristischsten Eigenschaften sind eine dem Typ entsprechende diffuse Streufarben-Textur (Schiefer, Granit, Sandstein etc.), die entweder in ihrer starken natürlichen Strukturierung belassen wird oder gegebenenfalls durch Polierung (diffuser Glanz) veredelt wird. Erfolgt eine Polierung, wirken die Oberflächen leicht diffus reflektierend. Bei Bodenplatten ist meist ein Fugenbild deutlich erkennbar (Relief).

Das mit *Google Bilder* recherchierte Beispiel in Abbildung 2.169 zeigt den Naturstein-Plattenboden (Schiefer), den es nun zu rekonstruieren gilt.

Um das Material Natursteinplatten (hier Schiefer) als Bodenbelag umzusetzen, eignet sich beispielsweise die ARCH & DESIGN-Vorlage BETON (POLIERT) besonders gut, da lediglich die Einteilung der Kachelung, die Streufarbe sowie die Reflexionsstärke angepasst werden müssen. Wählen Sie diese Vorlage als Grundlage für weitere individuelle Anpassungen aus und weisen Sie sie der entsprechenden Oberfläche Ihrer 3D-Szenerie zu. Führen Sie ein Test-Rendering durch.

Abbildung 2.169
Die Vorlage für die Umsetzung des Materials Natursteinboden-Schieferplatten

Bild: Copyright hausbau.toplinktip.ch

Abbildung 2.170
Das originale Arch & Design-Material ohne individuelle Anpassungen

Nehmen Sie nun schrittweise folgende Anpassungen an dem Material vor und gehen Sie dabei immer vom Groben zum Detail, d.h., kümmern Sie sich erst um das grundlegende Aussehen und fügen Sie dann bildliche Details oder Strukturen hinzu.

Die Anpassungen die notwendig sind, um aus dem polierten Betonboden einen Naturstein-Plattenbelag zu erarbeiten, sind folgende:

Streufarbe anpassen: Hier haben Sie die Wahl! Verwenden Sie eine im Produktionsschritt »Ressourcensammlung« bereits vorbereitete Texturressource, die die sich wiederholende Plattenoberfläche zeigt, die Sie benötigen, oder verwenden Sie eine prozedurale Textur, in diesem Fall die KACHELN-Map, die Sie aufgrund ihrer Flexibilität beliebig anpassen können. Da uns eine fertige Textur wegen ihrer Unflexibilität zu sehr einschränken würde, entscheiden wir uns in diesem Fall für die Nachahmung der Streufarbe mithilfe der KACHELN-Map. Dies erscheint auf den ersten Blick etwas aufwendiger, zahlt sich aber in zukünftigen Projekten mehrfach aus, da Sie schneller Variationen produzieren können.

Tipp

Die KACHELN-Map ist eine beliebte Map, da sich mit ihr mit etwas Geschick und Erfahrung nahezu alle gekachelten Oberflächen prozedural nachahmen lassen, wie Klinker, Fliesen, Steinplatten, Verschalungen etc. Dabei sind Kachelfläche und Fugen separat voneinander steuerbar. Setzen Sie sich ein wenig mit den Möglichkeiten der Kacheln-Map auseinander, um die gesamte Funktionalität dieser prozeduralen Map kennenzulernen.

Löschen Sie zunächst die im Bereich STREUFARBE angegebene vorhandene Textur im angelegten Material BETON (POLIERT), indem Sie mit der rechten Maustaste auf das Symbol M neben dem Farbfeld im Rollout HAUPT-MATERIALPARAMETER klicken und aus dem Kontextmenü den Befehl LÖSCHEN wählen. Nun können Sie mit der Umsetzung der neuen Streufarben-Textur beginnen.

Kacheln-Map wählen und anpassen: Weisen Sie dem Eigenschaften-Kanal STREUFARBE eine neue prozedurale KACHELN-Map zu, indem Sie auf das soeben geleerte Symbolfeld klicken und die KACHELN-MAP aus der erscheinenden Liste wählen. Aktivieren Sie als Erstes die Option ORIGINALSKALIERUNG für die KACHELN-Map, um deren Ausmaße in metrischen Einheiten genau angeben zu können, und definieren Sie eine Größe von **2x2** Meter für die prozedurale KACHELN-MAP (siehe Abbildung 2.171).

Im nächsten Schritt geben Sie an, wie viele Platten (Kacheln bzw. Unterteilungen) auf 2x2 Meter vorhanden sein sollen. Die Bodenplatten sollen 25x50cm groß sein, daher benötigen Sie **8** vertikale und **4** horizontale Unterteilungen. Die Kacheln sollen zudem nicht im Parallelverband, sondern im Kopfverband verlegt werden. Geben Sie diese Daten entsprechend der Abbildung 2.177 an und führen Sie ein Test-Rendering durch.

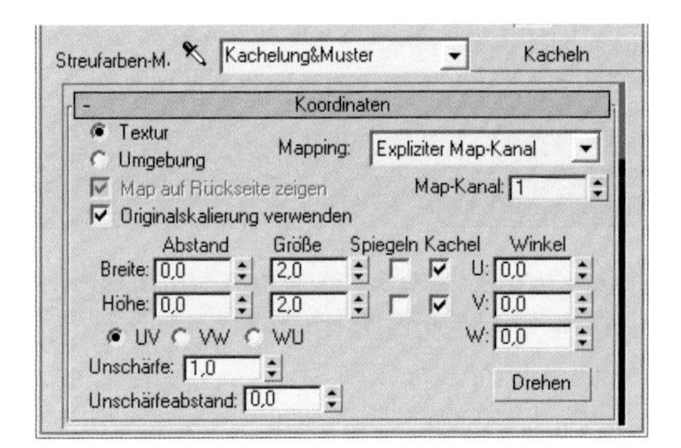

Abbildung 2.171
Originalskalierung und Ausmaße für die KACHELN-Map

Abbildung 2.172
Kachelung der Natursteinplatten wird erkennbar

Die grobe Kachelung der Platten ist bereits erkennbar, jedoch stimmen weder die Platten- und Fugenfarben noch die Fugenbreite mit der recherchierten Originalvorlage überein. Passen Sie im nächsten Schritt also die FUGENBREITE auf **0,075** an und stellen Sie die RAUHEIT der Fugen auf den Wert **2**, um dezente Unregelmäßigkeiten im Fugenbild zu schaffen. Die Fugenfarbe ändern Sie über das Farbfeld auf ein helles Grau (RGB 16/16/16), wie in Abbildung 2.173 zu sehen. Rendern Sie das Ergebnis.

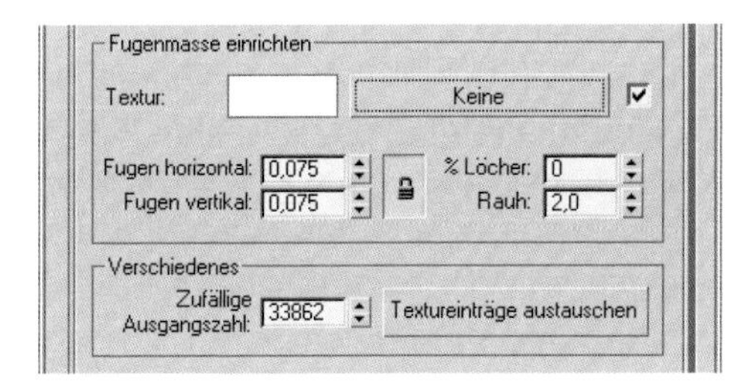

Abbildung 2.173
Optionen zum Anpassen der Fugenbreite und der Rauheit

Abbildung 2.174
Das Fugenbild stimmt mit dem der Originalvorlage überein

Kümmern Sie sich nun um die akkurate Plattenfarbe der Natursteinplatten. Für dieses Beispiel wurde der Grundfarbwert Schiefergrau RAL7015 verwendet und mit einem leichten Grünstich versehen (ca. RGB 80/95/90). Ändern Sie die Farbe über das Farbauswahlfeld der TEXTUR, wie in Abbildung 2.175 zu sehen ist. Rendern Sie das Ergebnis.

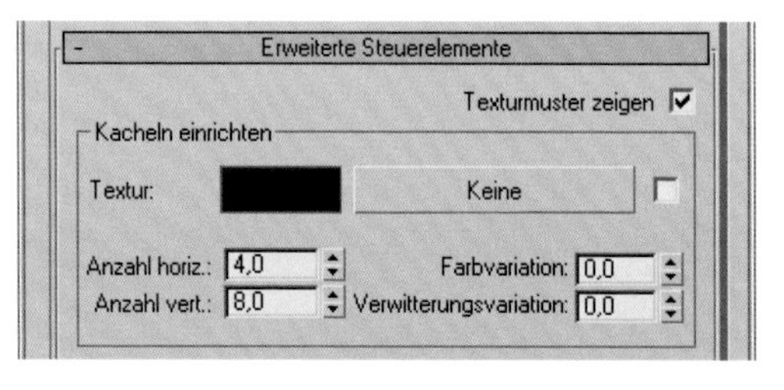

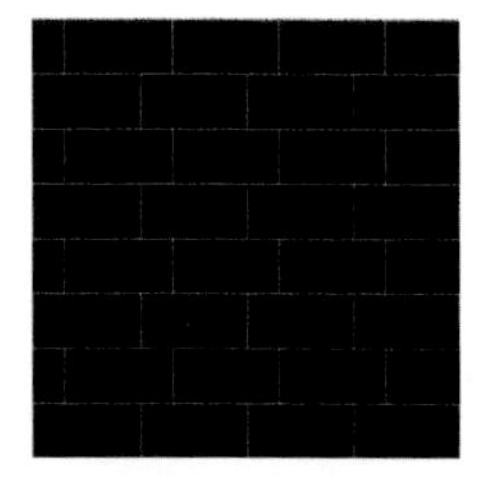

Abbildung 2.175
Links: Optionen zum Anpassen der Kachelfarbe

Rechts: Aktuelle KACHELN-Map mit Fugenbild und neuer Plattenfarbe

Abbildung 2.176
Die Plattenfarbe wurde angepasst, ist aber noch zu regelmäßig

Wie in Abbildung 2.176 zu sehen, ist das Plattenbild noch viel zu regelmäßig und etwas zu hell. Sorgen Sie für etwas Variation in der Plattenfarbe, indem Sie die Werte FARBVARIATION und VERWITTERUNGSVARIATION auf **0,4** stellen. Passen Sie ebenfalls das Fugenbild an, indem Sie im Rollout STANDARDSTEUERELEMENTE von KOPFVERBAND auf BENUTZERDEFINIERTE KACHELN schalten und im Bereich STAPELUNG den Wert für ZUFALLSVERSATZ auf **5** stellen. So verleihen Sie dem Fugenbild des Naturstein-Plattenbodens etwas Variation. Verdunkeln Sie auch die ursprüngliche Streufarbe **RAL7015** ein wenig (ca. **RGB 40/50/45**), um den Boden farblich etwas mehr der Originalvorlage zu nähern. Rendern Sie das Ergebnis.

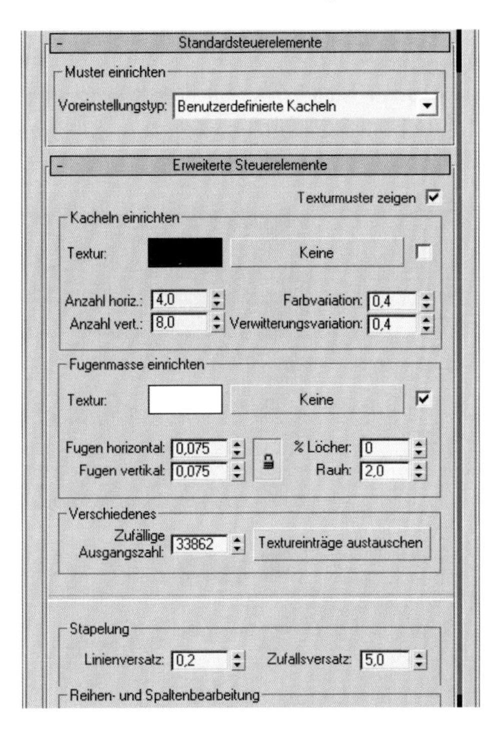

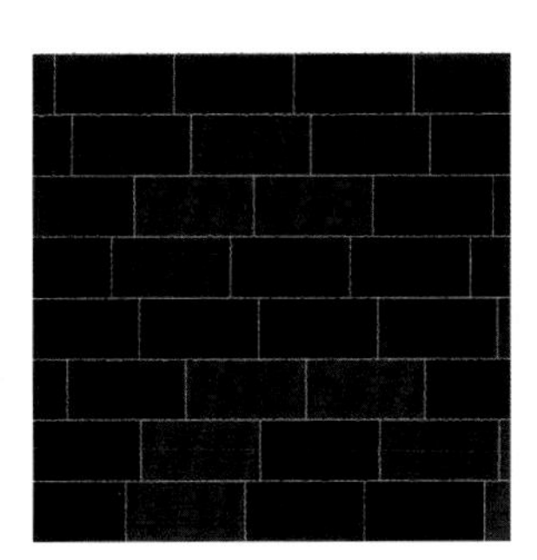

Abbildung 2.177
Links: Optionen zum Anpassen der Variationen

Rechts: Platten- und Fugenbild mit etwas mehr Variationen

Abbildung 2.178
Farb- und Fugenbildvariation sorgen für ein unregelmäßigeres Erscheinungsbild des Bodenbelags

Die groben Charakteristika des Naturstein-Plattenbodens stimmen nun annähernd mit der Originalvorlage überein. Nun wenden Sie sich den etwas feineren Details wie der Plattenoberfläche, dem Fugenrelief und dem diffusen Glanz zu.

Derzeit wird die Oberfläche der eigentlichen Platten lediglich durch einen Farbwert und dessen Variation bestimmt. Auch für diese sogenannte Kachel-Textur können Sie statt des Farbwertes eine neue prozedurale Map angeben, die der Oberfläche etwas mehr Struktur und Oberflächenmuster verleiht. Fügen Sie mithilfe der leeren Schaltfläche KEINE eine sogenannte KERBE-Map hinzu, die Sie aus dem erscheinenden Fenster MATERIAL-/MAP AUSWAHL auswählen, und stellen Sie die Werte gemäß Abbildung 2.179 ein. Für FARBE NR. 1 definieren Sie den gleichen abgedunkelten Farbwert RAL7015, für FARBE NR. 2 eine leicht aufgehellte Version desselben Farbwertes. Rendern Sie das Ergebnis.

Abbildung 2.179
Links: Die Map KERBE mit den einstellbaren Kerbenparametern

Rechts: Aktuelle KACHELN-Map mit texturierten Plattenflächen

Abbildung 2.180
Ein Kerbenmuster sorgt auf den Platten selber für Unregelmäßigkeiten

Nun sind auch dezente Muster auf den Plattenoberflächen zu erkennen, die der Struktur einer Schieferplatte annähernd entsprechen. Um nun den Fugeneffekt noch zu verbessern, fügen Sie dem NATURSTEIN-Material noch ein Relief hinzu, um die Fugen nicht ganz so aufgemalt wirken zu lassen. Selbstverständlich benötigen Sie für diesen Zweck exakt das gleiche Fugenbild als RELIEF-Map, das Sie bereits in der STREUFARBE-Map definiert haben, nur ohne Farbe und Struktur. Kopieren Sie daher die vorhandene KACHELN-Map aus dem STREUFARBE-Eigenschaften-Kanal im Bereich STREUFARBE des NATURSTEIN-Materials als Kopie in ein freies Feld des Material-Editors und löschen Sie in dieser Kopie die vorhandene KERBEN-Map aus dem TEXTUR-Eigenschaften-Kanal im Bereich KACHELN EINRICHTEN. Stellen Sie anschließend die Farbwerte für Textur und Fugenmasse auf **Schwarz** und **Weiß** neu ein, wie in Abbildung 2.181 dargestellt. Fügen Sie die neue KACHELN-Map im Rollout SPEZIALZWECK-MAPS in den RELIEF-Eigenschaften-Kanal des NATURSTEIN-Materials als *Instanz* ein und reduzieren Sie den RELIEF-Wert von 0,3 auf **0,1**, um den optischen Effekt des Reliefs im Bild etwas abzumildern. Rendern Sie das Ergebnis.

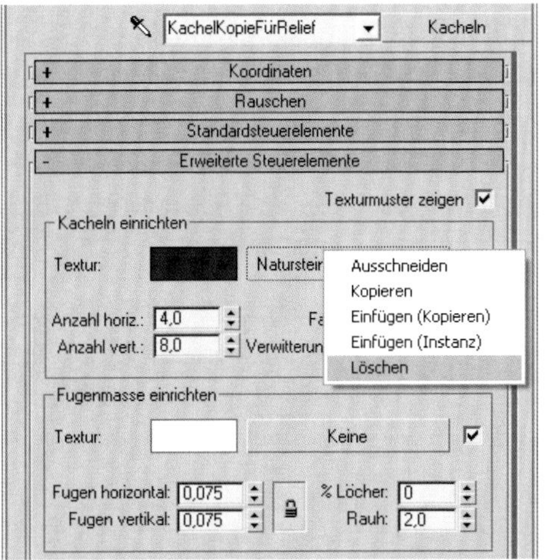

Abbildung 2.181
Links: Löschen der Platten-Textur für die Relief-Kacheln-Map-Kopie
Rechts: Die Schwarz-Weiß-Relief-Map für die Fugenvertiefung

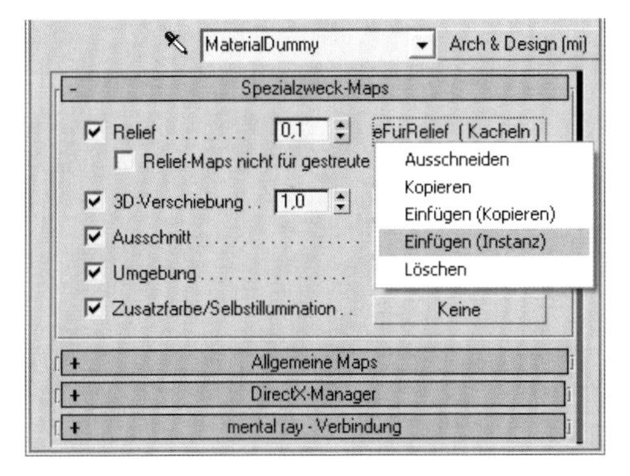

Abbildung 2.182
Die Parameter für die Steuerung des Reliefs finden Sie im Material unter dem Rollout SPEZIALZWECK-MAPS

Abbildung 2.183
Der Naturstein-Plattenbelag mit dezentem Relief-Effekt im Fugenbild

Auch das Fugenbild sieht nun haptischer und realistischer aus. Letztlich bleibt nur noch, die Stärke und Weichheit der Reflexionen anzupassen. Das Originalmuster weist eher weiche diffuse Reflexionseigenschaften auf, der bislang umgesetzte Bodenbelag wirkt jedoch eher glasiert und zu stark reflektierend. Reduzieren Sie daher die Stärke der Reflexion, indem Sie in den HAUPT-MATERIALPARAMETER im Bereich REFLEXION den Wert für REFLEKTIVITÄT auf **0,25** reduzieren. Schalten Sie zudem an gleicher Stelle die Option SCHNELL (INTERPOLIEREN) ein und reduzieren Sie die INTERPOLATIONSRASTERDICHTE (Reflexionsgenauigkeit) im Rollout SCHNELLE GLANZINTERPOLATION des NATURSTEIN-Materials auf die Auflösung 1/5 (FÜNFTELAUFLÖSUNG) (vgl. Abbildung 2.184), um die errechneten Reflexionen weicher zu gestalten.

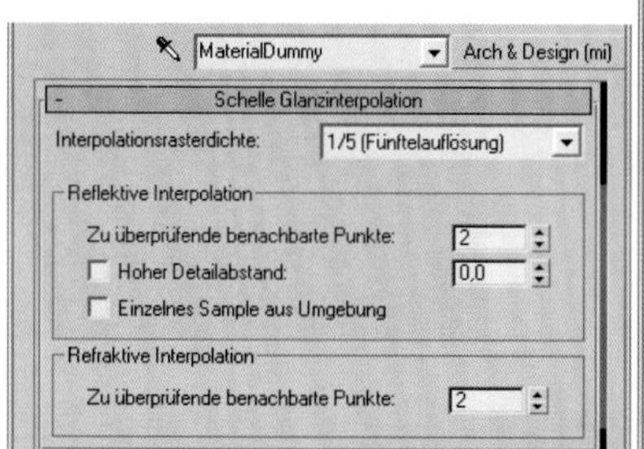

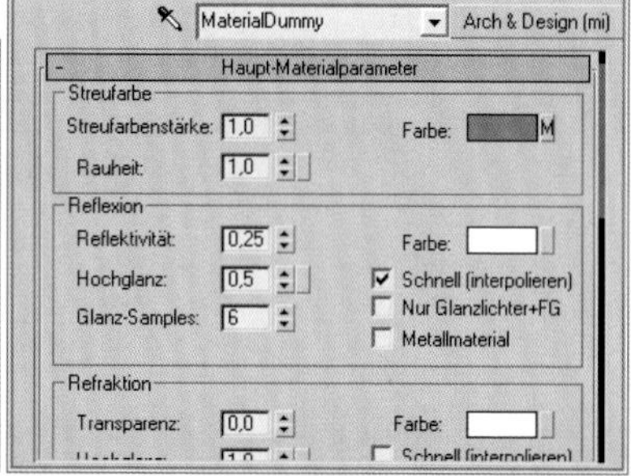

Abbildung 2.184
Rechts: Rollout HAUPT-MATERIALPARAMETER

Links: Schnelle Glanzinterpolation

Abbildung 2.185
Das fertig angepasste Material für den Natursteinboden

Mithilfe einer guten charakterisierenden Beschreibung des Materials, intensiver Bildrecherche von Originalvorlagen, an denen Sie sich orientieren können, der geschickten Wahl einer ARCH & DESIGN-Vorlage und der schrittweisen Annäherung vom Groben zum Feinen, können Sie auf die beschriebene Weise nahezu alle Natursteinoberflächen für Ihre architektonische 3D-Visualisierung umsetzen. Experimentieren Sie ein wenig mit den Eigenschaften, Parametern und den prozeduralen Maps, die Ihnen die Produktionssoftware 3ds Max zur Verfügung stellt, um die Auswirkungen der verschiedenen Werte besser kennenzulernen.

Abbildung 2.186
Hier noch einmal die recherchierte Originalvorlage zum direkten Vergleich

Bild: Copyright hausbau.toplinktip.ch

Tipp

Vergessen Sie nicht, das mühselig erarbeitete Material in eine entsprechende Material-Bibliothek innerhalb Ihres *zentralen Datenbestands* zu sichern, um auch in zukünftigen Projekten bequem auf die bereits erarbeiteten Ergebnisse zurückgreifen zu können.

Holz & Holzverschalungen

Das Material Holz, in den verschiedensten Sorten und Ausführungen, ist in der Architektur ebenfalls ein beliebter Werkstoff, der in und an Immobilien regelmäßig Verwendung findet. Die wohl häufigste Anwendung von Holz in der Architektur sind Bodenbeläge in Form von Parkett (oder Laminat), aber auch Holzverschalungen an Fassaden erfreuen sich immer größerer Beliebtheit. Im folgenden Beispiel wird schrittweise erläutert, wie ein Nussbaum-Parkettboden mithilfe des ARCH & DESIGN-Materials nachgeahmt wird.

Charakterisierende Beschreibung: Holzbeläge sind nicht einfarbig, sondern weisen eine für die Holzsorte entsprechende typische Holzmaserung auf (Streufarben-Textur). Als Fassadenelemente angewandt, zeigen sich die Holzverschalungen eher matt und leicht strukturiert, auch Bodenbeläge im Außenbereich von Immobilien haben diese Eigenschaften. Als Bodenbeläge in Innenräumen wirken Holzoberflächen oft mehr oder minder stark reflektierend (Lackierung).

Das mit *Google Bilder* recherchierte Beispiel in Abbildung 2.187 zeigt den Parkettboden (Nussbaum), den es nun zu rekonstruieren gilt.

Abbildung 2.187
Die Vorlage für die Umsetzung des Materials Holzparkett Nussbaum

Bild: Copyright bayernparkett.com

Um das Material Parkettboden (hier Nussbaum) als Bodenbelag umzusetzen, eignet sich die ARCH & DESIGN-Vorlage HOLZ (SEIDENGLÄNZEND) oder die Vorlage HOLZ (HOCHGLÄNZEND) besonders gut, da diese speziell für die Nachahmung von Holzoberflächen angepasst wurden und meist nur noch die Streufarben-Textur und die Reflexionseigenschaften angepasst werden müssen. Wählen Sie die Vorlage HOLZ (SEIDENGLÄNZEND) als Grundlage für weitere individuelle Anpassungen aus und weisen Sie sie der entsprechenden Oberfläche Ihrer 3D-

Szenerie zu. Diese Vorlage zeichnet sich durch leicht unscharfe diffuse Reflexionen aus und ist gut geeignet für die meisten Holzböden.

Abbildung 2.188
Das unveränderte ARCH & DESIGN-Material HOLZ (SEIDENGLÄNZEND) hat selbstverständlich noch die falsche Streufarben-Textur

Beginnen Sie auch hier, das Material schrittweise vom Groben zum Feinen anzupassen. Im ersten Schritt sollten Sie die Streufarben-Textur austauschen, also die grundlegendste Eigenschaft einer Oberfläche. Hier haben Sie wieder die Wahl, ob Sie die Streufarben-Textur durch eine pixelbasierende Texturressource ersetzen oder auf prozedurale Maps zurückgreifen, um den Parkettboden auflösungsunabhängig zu simulieren (vgl. Abschnitt »Natursteine« auf Seite 248). In diesem Beispiel werden wir auf eine vorbereitete Texturressource aus dem *zentralen Datenbestand* zurückgreifen, die wir als STREUFARBEN-Map in den entsprechenden Eigenschaften-Kanal im Rollout HAUPT-MATERIALPARAMETER als BITMAP einfügen (siehe auch in Abschnitt »Natursteine« auf Seite 248). Das entsprechende Bitmap (Textur) finden Sie im Verzeichnis der Szenendatei unter dem Namen *WalnutTree03_c.jpg*. Aktivieren Sie als Nächstes die Option ORIGINALSKALIERUNG für die BITMAP-Map, um die Ausmaße in metrischen Einheiten genau angeben zu können, und definieren Sie eine Größe von **5x7,5** Meter für die Holz-Textur.

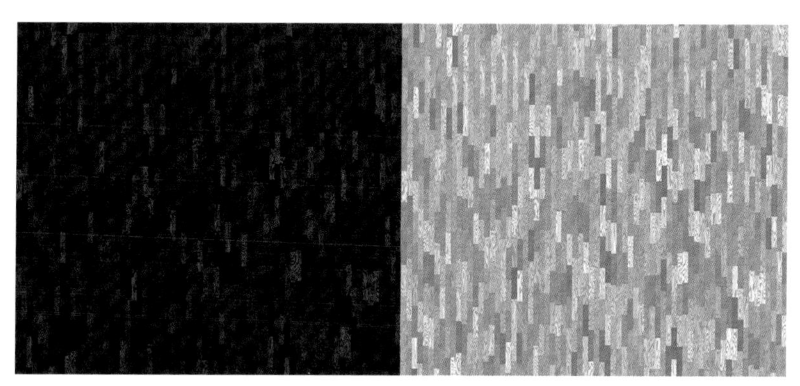

Abbildung 2.189
Benötigt werden eine farblich passende Streufarben- als auch eine passende Relief-Textur

Die Realitätsnähe Ihres Materials hängt bei der Verwendung von pixelbasierenden Texturressourcen im Wesentlichen von den Texturen selber ab. Versuchen Sie daher immer, Ihre Holz-Textur mithilfe Ihrer Bildbearbeitungssoftware farblich mit der Originalvorlage abzugleichen, um realistische Ergebnisse zu produzieren.

Aus der reinen Streufarben-Textur (siehe Abbildung 2.189 Links) lässt sich in der Bildbearbeitung durch Reduzierung der Farbsättigung und mithilfe der Tonwertkorrektur relativ simpel die zusätzlich benötigte Relief-Textur ableiten (siehe Abbildung 2.189 Rechts). Ersetzen Sie im RELIEF-Eigenschaften-Kanal des Holz-Materials unter dem Rollout SPEZIALZWECK-MAPS in dem zugewiesenen MISCHEN-Map die Textur im FARBKANAL NR .2. Passen Sie auch hier die ORIGINALSKALIERUNG entsprechend den eingestellten Werten der Streufarben-Textur an, um Relief- und Streufarben-Textur stimmig zu halten, und führen Sie ein Test-Rendering durch.

Abbildung 2.190
Streufarbe, Relief und Maßstabskalierung stimmen mit der Originalvorlage überein, lediglich die Reflexionen sind noch zu intensiv und zu klar

Wegen der im Vorhinein farblich gut abgestimmten Streufarben-Textur, entspricht das berechnete Ergebnis annähernd der Originalvorlage, die es nachzuahmen gilt, jedoch weist das Originalmuster eher weiche diffuse Reflexionseigenschaften auf. Der bislang umgesetzte Holzbodenbelag wirkt jedoch eher glasiert und zu stark reflektierend. Reduzieren Sie daher die Stärke der Reflexion, indem Sie in den HAUPT-MATERIALEIGENSCHAFTEN im Bereich REFLEXION den Wert für REFLEKTIVITÄT auf **0,4** reduzieren. Schalten Sie zudem an gleicher Stelle die Option SCHNELL (INTERPOLIEREN) ein und reduzieren Sie die INTERPOLATIONSRASTERDICHTE (Reflexionsgenauigkeit) im Rollout SCHNELLE GLANZINTERPOLATION des Holz-Materials auf die Auflösung 1/2 (HALBAUFLÖSUNG), um die errechneten Reflexionen weicher zu gestalten. Das Ergebnis kann sich sehen lassen.

Abbildung 2.191
Das Holz-Material mit angepasster Streufarbe und leichtem Relief

Mithilfe einer guten charakterisierenden Beschreibung des Materials, intensiver Bildrecherche von Originalvorlagen, an denen Sie sich orientieren können, der geschickten Wahl einer ARCH & DESIGN-Vorlage und der schrittweisen Annäherung vom Groben zum Feinen, können Sie auf die beschriebene Weise nahezu alle Holzoberflächen für Ihre architektonische 3D-Visualisierung umsetzen. Experimentieren Sie ein wenig mit den Eigenschaften, Parametern und auch den prozeduralen Maps, die Ihnen die Produktionssoftware 3ds Max zur Verfügung stellt, um die Auswirkungen der verschiedenen Werte besser kennenzulernen.

Tipp

Vergessen Sie nicht, das mühselig erarbeitete Material in eine entsprechende Material-Bibliothek innerhalb Ihres *zentralen Datenbestands* zu sichern, um auch in zukünftigen Projekten bequem auf die bereits erarbeiteten Ergebnisse zurückgreifen zu können.

Boden- und Wandfliesen

Boden- und Wandfliesen, in den verschiedensten Sorten und Ausführungen, sind in der Architektur ebenfalls beliebte Werkstoffe, die in und an Immobilien regelmäßig Verwendung finden. Im folgenden Beispiel wird schrittweise erläutert, wie ein glasiertes Bodenfliesen-Material mithilfe des ARCH & DESIGN-Materials nachgeahmt wird.

Charakterisierende Beschreibung: Fliesen sind meist leicht bis stark reflektierend, oft einfarbig oder mit leichtem typischem Muster (Textur). Wie auch die Natursteine sind sie geometrisch mit deutlichen Fugen strukturiert (unterteilt in Kachel und Fuge)

Das mit *Google Bilder* recherchierte Beispiel in Abbildung 2.192 zeigt die Fliesen (Granit), die es nun zu rekonstruieren gilt.

Abbildung 2.192
Originalvorlage Granitfliesen, die es nachzuahmen gilt

Bild: Copyright fliesen-robert.de

Um das Material Fliesen (hier Granit) als Bodenbelag umzusetzen, eignet sich die ARCH & DESIGN-Vorlage KERAMISCHE KACHELN (GLASIERT) besonders gut, da diese speziell für die Nachahmung von hochglänzenden Fliesen angepasst wurden und meist nur noch die Streufarben-Textur und die Reflexionseigenschaften leicht angepasst werden müssen. Wählen Sie die Vorlage KERAMISCHE KACHELN (GLASIERT) als Grundlage für weitere individuelle Anpassungen aus und weisen Sie sie der entsprechenden Oberfläche Ihrer 3D-Szenerie zu. Diese Vorlage zeichnet sich durch Hochglanzreflexionen aus und ist gut geeignet für die meisten glasierten Fliesenbeläge.

Abbildung 2.193
Das unveränderte ARCH & DESIGN-Material KERAMISCHE KACHELN (GLASIERT) muss noch weiter angepasst werden

Die Standardeinstellungen des Materials KERAMISCHE KACHELN (GLASIERT) produzieren bereits ansprechende weiße Fliesen, die nun noch in ihren Ausmaßen, ihrer Streufarbe und ihrem Reliefparametern angepasst werden müssen.

Beginnen Sie auch hier, das Material schrittweise vom Groben zum Feinen anzupassen. Im ersten Schritt sollten Sie die Streufarben-Textur austauschen, also die grundlegendste Eigenschaft einer Oberfläche. Hier haben Sie wieder die Wahl, ob Sie die Streufarben-Textur durch eine pixelbasierende Texturressource ersetzen oder auf prozedurale Maps zurückgreifen, um den Fliesenboden auflösungsunabhängig zu simulieren. In diesem Beispiel werden wir auf die bereits zugewiesene KACHELN-Map zurückgreifen und diese schrittweise nach unseren Vorstellungen anpassen. Aktivieren Sie zunächst die Option ORIGINALSKALIERUNG für die KACHELN-MAP, um die Ausmaße in metrischen Einheiten genau angeben zu können, und definieren Sie eine Größe von **2X2** Meter für die Fliesen-Textur, um die Ausmaße der Fliesen auf 50x50 cm anzupassen.

Abbildung 2.194
Die Ausmaße der Fliesen entsprechen nun denen der Originalvorlage

Ändern Sie im nächsten Schritt die Farbe der Fugenmasse auf Weiß, indem Sie die zugewiesene FLECKEN-Map mit dem Entfernen des Häkchens im Rollout ERWEITERTE STEUERELEMENTE der Kacheln-Textur deaktivieren und im Farbfeld die Farbe Weiß definieren. Kopieren Sie die im Bereich FUGENMASSE zugewiesene Flecken-Textur mit der rechten Maustaste über das erscheinende Kontextmenü und fügen Sie diese Textur als Kopie in den noch freien STREUFARBEN-Kanal der Kacheln ein. Um die Streufarbe besser beurteilen zu können, deaktivieren Sie auch die zu kräftige RELIEF-Map der Fliesenoberfläche, indem Sie im Rollout SPEZIALZWECK-MAPS des Fliesen-Materials das Relief komplett deaktivieren. Rendern Sie das Ergebnis!

Abbildung 2.195
Fliesen mit deaktiviertem Relief und noch zu ungenauer Streufarben-Textur für die Kacheln

Wenn Sie genau hinschauen, werden Sie feststellen, dass derzeit auch die Fugen glasiert sind, also stark reflektieren. Dies kommt daher, dass für die Bestimmung der Reflexionsstärke im entsprechenden REFLEXION-Kanal im Rollout HAUPT-MATERIALPARAMETER des Fliesen-Materials eine *Instanz* der KACHELN-Map aus dem STREUFARBEN-Kanal zugewiesen wurde. Die Änderungen, die wir an der KACHELN-Map der Streufarbe durchgeführt haben, wirken sich auch im REFLEXIONS-Kanal aus.

Um die Streufarbe besser zu bewerten, ändern Sie diesen Umstand, indem Sie eine Kopie der KACHELN-Map im STREUFARBEN-Kanal erstellen (rechte Maustaste auf das Symbol M) und diese auf den REFLEXIONS-Kanal als *Kopie* anwenden (rechte Maustaste auf das Symbol M). Nun stellen Sie in der REFLEXIONS-KACHELN-Map die Fugenmassenfarbe auf *Schwarz* und definieren für die Kacheln nur die Farbe *Weiß* (zugewiesene FLECKEN-Map deaktivieren/löschen).

Abbildung 2.196
Die Fugenmasse weist keine Reflexionen mehr auf, die Kacheln dagegen reflektieren ein wenig mehr

Passen Sie nun die kopierte Streufarben-Textur innerhalb der KACHELN-Map an. Die zugewiesene FLECKEN-Map ist nicht geeignet um eine Granitsteinoberfläche zu simulieren. Verwenden Sie stattdessen eine SPLAT-Map mit den Einstellungen aus Abbildung 2.197.

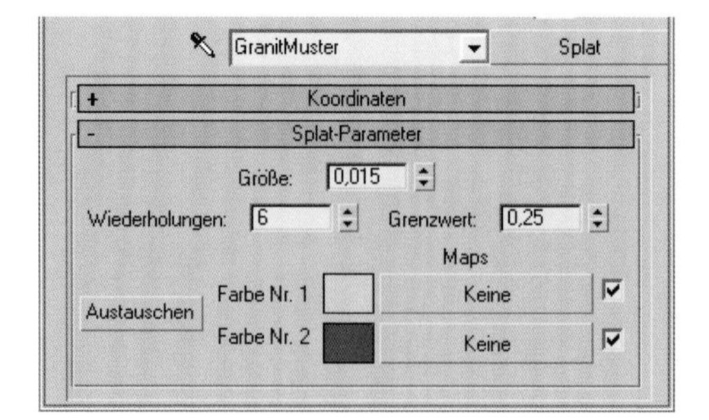

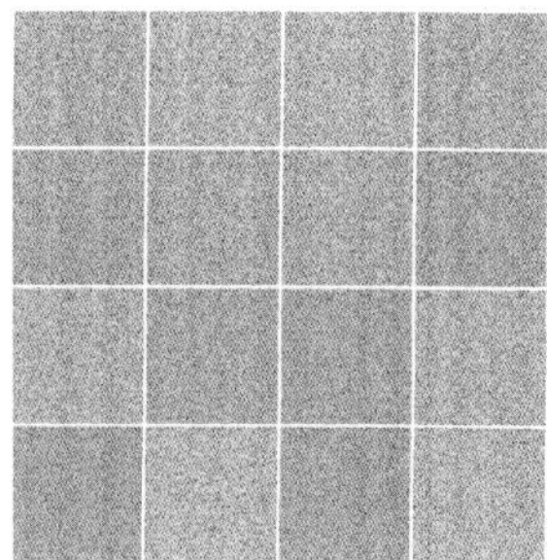

Abbildung 2.197
Einstellungen für die SPLAT-Map um das Granitmuster (rechts) zu simulieren

Abbildung 2.198
Der fertige Fliesen-Granitboden mit Hochglanzreflexionen

Hinweis

Vergessen Sie nicht, das mühselig erarbeitete Material in eine entsprechende Material-Bibliothek innerhalb Ihres *zentralen Datenbestands* zu sichern, um auch in zukünftigen Projekten bequem auf die bereits erarbeiteten Ergebnisse zurückgreifen zu können.

Lackierte Oberflächen/Verschalungen

Viele in der Architektur vorkommende Oberflächen sind simpel farbig lackiert, entweder mit einer hochglänzenden reflektierenden Farbgebung oder mit einer eher matten Oberfläche. Eine solche einfarbig lackierte Oberfläche wird nun mithilfe des ARCH & DESIGN-Materials schrittweise umgesetzt.

Charakterisierende Beschreibung: Leicht bis stark reflektierend, selten matt, meist einfarbig, selten mit Muster.

Das mit *Google Bilder* recherchierte Beispiel in Abbildung 2.199 zeigt den Designklassiker, den Arne Jacobsen Stuhl mit einer orange lackierten Oberfläche, die es nun zu rekonstruieren gilt.

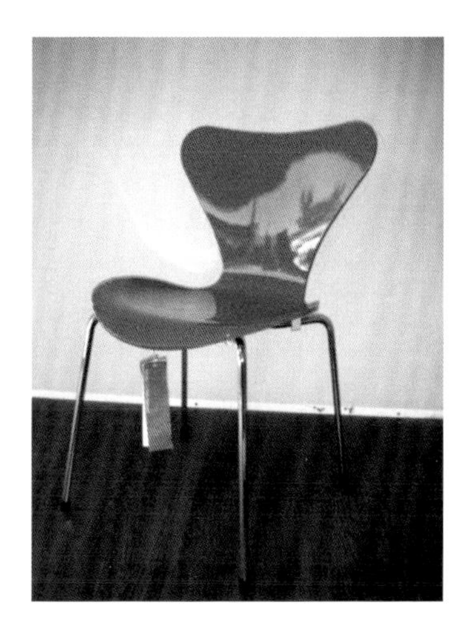

Abbildung 2.199
Arne Jacobsen Stuhl mit orange lackierter Oberfläche

Bild: Copyright buero-objekt.at

Um das Material Hochglanz-Lack (hier in orange) als Material umzusetzen, eignet sich die ARCH & DESIGN-Vorlage KERAMK (GLASIERT) besonders gut, da diese speziell für die Nachahmung von hochglänzenden Lacken oder Keramiken angepasst wurde und meist nur noch die Streufarbe und die Reflexionseigenschaften leicht angepasst werden müssen. Wählen Sie die Vorlage KERAMK (GLASIERT) als Grundlage für weitere individuelle Anpassungen aus und weisen Sie sie der entsprechenden Oberfläche Ihrer 3D-Szenerie zu. Diese Vorlage zeichnet sich durch Hochglanzreflexionen aus und ist gut geeignet für die meisten lackierten Oberflächen.

Die Standardeinstellungen der ARCH & DESIGN-Vorlage KERAMK (GLASIERT) produzieren bereits eine ansprechende graue Lackierung, die nur noch in ihrer Streufarbe und gegebenenfalls ihren Reflexionsparametern angepasst werden muss.

Abbildung 2.200
Das unveränderte ARCH & DESIGN-Material KERAMIK (GLASIERT) muss farblich angepasst werden

Passen Sie im folgenden Schritt im Rollout HAUPT-MATERIALPARAMETER im Bereich STREUFARBE die Streufarbe des Materials über das Farbfeld wie gewünscht an (hier ca. RGB 1,00/0,215/0,78).

Abbildung 2.201
Die angepasste Hochglanzoberfläche

Sollten Sie eine mattere Lackierung benötigen, können Sie entweder die Reflexionseigenschaften anpassen oder das ARCH & DESIGN-Material PLASTIK (HOCHGLÄNZEND) oder PLASTIK (MATT) verwenden.

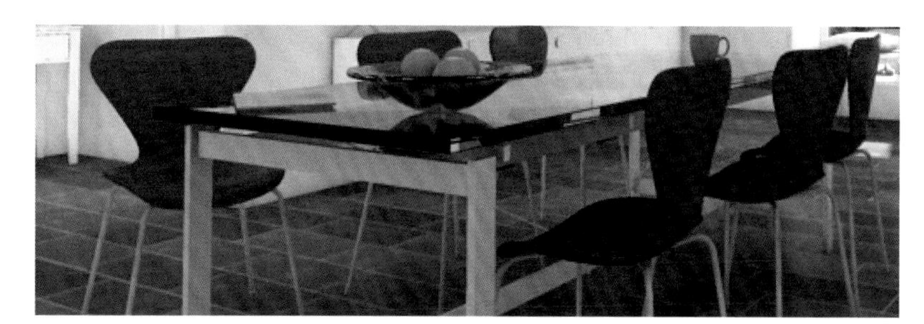

Abbildung 2.202
Matt lackierte Oberfläche realisiert mit der Vorlage PLASTIK (MATT)

Abbildung 2.203
Lackierte Oberfläche realisiert mit der Vorlage PLASTIK (GLÄNZEND)

Mit diesen drei ARCH & DESIGN-Vorlagen können Sie nahezu jede lackierte (hochglänzend bis matt) Oberfläche simulieren. Experimentieren Sie ruhig ein wenig mit den einstellbaren Parametern, um deren Auswirkungen besser kennenzulernen.

Achtung

Vergessen Sie jedoch nicht, dass für ansprechende (Hochglanz-) Reflexionen immer eine Umgebung existieren muss, die sich auf den Oberflächen spiegelt. Ein 3D-Objekt auf einer 3D-Bodenfläche wird ohne entsprechende Umgebung, die reflektiert werden kann, niemals zufriedenstellende Ergebnisse liefern. Alternativ kann eine Umgebungs-Textur in den entsprechenden EIGENSCHAFTEN-Kanal des Materials im Rollout SPEZIALZWECK-MAPS gelegt werden.

Metalle (Chrom, gebürstetes Aluminium)

In der Architektur wird besonders viel mit den unterschiedlichsten veredelten Metallen gearbeitet. Häufig nachzuahmen sind Chrome oder Metalle mit gebürsteter Oberfläche, wie Edelstahl oder Aluminium. Mit dem ARCH & DESIGN-Material wird im Folgenden jeweils ein Beispiel für diese beiden Metall-Kategorien realisiert.

Charakterisierende Beschreibung: Stark metallisch, meist diffus oder stark reflektierend, einfarbig.

Das mit *Google Bilder* recherchierte Beispiel in Abbildung 2.199 zeigt den Designklassiker, den Arne Jacobsen Stuhl mit den verchromten Stuhlbeinen, die es nun zu rekonstruieren gilt.

Um verchromte Oberflächen zu reproduzieren, eignet sich am besten die ARCH & DESIGN-Vorlage CHROM. Alle benötigten Einstellungen sind bereits vordefiniert. Im Normalfall ist keine individuelle Anpassung mehr nötig, es sei denn, Sie benötigen eine andere Chrom-Farbe.

Abbildung 2.204
Die Vorlage CHROM benötigt meist keine individuelle Anpassung mehr

Soll eher eine gebürstete metallische Oberfläche reproduziert werden, eignet sich am besten die ARCH & DESIGN-Vorlage METALL (GEBÜRSTET). Alle benötigten Einstellungen sind auch hier bereits vordefiniert. Im Normalfall ist keine individuelle Anpassung mehr nötig, es sei denn, Sie benötigen eine andere Metall-Farbe.

Abbildung 2.205
Vordefinierte Vorlage für gebürstete Metalle wie Edelstahl oder Aluminium

Mit diesen beiden vorgestellten ARCH & DESIGN-Vorlagen sowie zusätzlich den angebotenen Vorlagen METALL (SEIDENGLÄNZEND), KUPFER und KUPFER (GEMUSTERT) können Sie nahezu jede metallische Oberfläche simulieren. Experimentieren Sie ruhig ein wenig mit den einstellbaren Reflexionsparametern um deren Auswirkungen besser kennenzulernen. Vergessen Sie auch hier nicht, dass für ansprechende metallische Reflexionen immer eine Umgebung existieren muss, die sich auf den Oberflächen spiegelt.

Klinker

Verklinkerungen sind oft im Bereich Wohn-Immobilien und selten im Gewerbe-Immobilien-Bau anzutreffen. Eine ansprechende Flächenverklinkerung realisieren Sie auf die gleiche Weise, wie Sie auch die bereits vorgestellten Natursteine umgesetzt haben. Verwenden Sie für ansprechende Ergebnisse das ARCH & DESIGN-Material ZIEGEL oder alternativ das ARCH & DESIGN-Vorlage BETON (POLIERT) in Zusammenarbeit mit der KACHELN-Map als Streufarben-Textur.

Das ARCH & DESIGN-Material ZIEGEL produziert aber bereits ansprechende Ergebnisse, wie Abbildung 2.206 zeigt. Verwenden Sie gegebenenfalls eine alternative kachelbare Streufarben-Textur aus Ihrem *zentralen Datenbestand*.

Abbildung 2.206
ARCH & DESIGN-Vorlage ZIEGEL für die Realisierung von Klinker- oder Ziegelfassaden

Putze & Wandanstriche

Um Putze oder Wandanstriche zu realisieren, verwenden Sie am besten die ARCH & DESIGN-Vorlage MATTE OBERFLÄCHE oder PERLFARBENE OBERFLÄCHE. Definieren Sie die gewünschte Putz- bzw. Wandfarbe im Rollout HAUPT-MATERIALPARAMETER des Materials im Bereich STREUFARBE mit dem Farbauswahlfeld. Gegebenenfalls können Sie noch leichte Relief-Strukturen (siehe Abschnitt »Natursteine« auf Seite 248) oder dezente unscharfe Reflexionen hinzufügen (vgl. Abschnitt

»Charakteristische Merkmale architektonischer Materialien« auf Seite 241).

Die mithilfe der ARCH & DESIGN-Vorlage MATTE OBERFLÄCHE oder PERLFARBENE OBERFLÄCHE generierten Ergebnisse bedürfen meist keiner individuellen Anpassung mehr, wie Abbildung 2.207 verdeutlicht.

Abbildung 2.207
EIN MIT DER ARCH & DESIGN-Vorlage PERLFARBENE OBERFLÄCHE realisierter Wandanstrich

Rasen & Grünflächen

Rasen und Grünflächen realisieren Sie am realistischsten mit dem Werkzeug HAIR AND FUR innerhalb der Produktionssoftware 3ds Max. Das Werkzeug wurde speziell für die Generierung von dünnen Strukturen wie Haar und Fell entwickelt, bietet jedoch auch über ein ladbare Voreinstellung *Gras* eine hervorragende Möglichkeit, Rasen- und Grünflächen innerhalb architektonischer 3D-Visualisierungen zu produzieren (siehe Abbildung 2.208).

Der Einsatz und die Handhabung des Werkzeugs HAIR AND FUR ist etwas komplexer. Eine ausführliche Erläuterung würde den hier vorgegebenen Rahmen sprengen. Eine ausgezeichnete Möglichkeit, die Bedienung dieses Werkzeugs kennenzulernen, bietet die 3ds Max-Hilfe (Stichwort: *Hair and Fur*) sowie die ebenfalls in der 3ds Max-Hilfe angebotenen Lehrgänge.

Eine gute Alternative für die Realisierung von Rasenflächen, die in der 3D-Visualisierung nicht in Nahaufnahme zu sehen sind und daher nicht so detailliert dargestellt werden müssen, bietet die ARCH & DESIGN-Materialeigenschaft 3D-VERSCHIEBUNG (engl. Displacement Mapping). Nähere Informationen zu dieser besonderen Eigenschaft finden Sie ebenfalls in der 3ds Max-Hilfe (Stichwort: *3D-Verschiebung*).

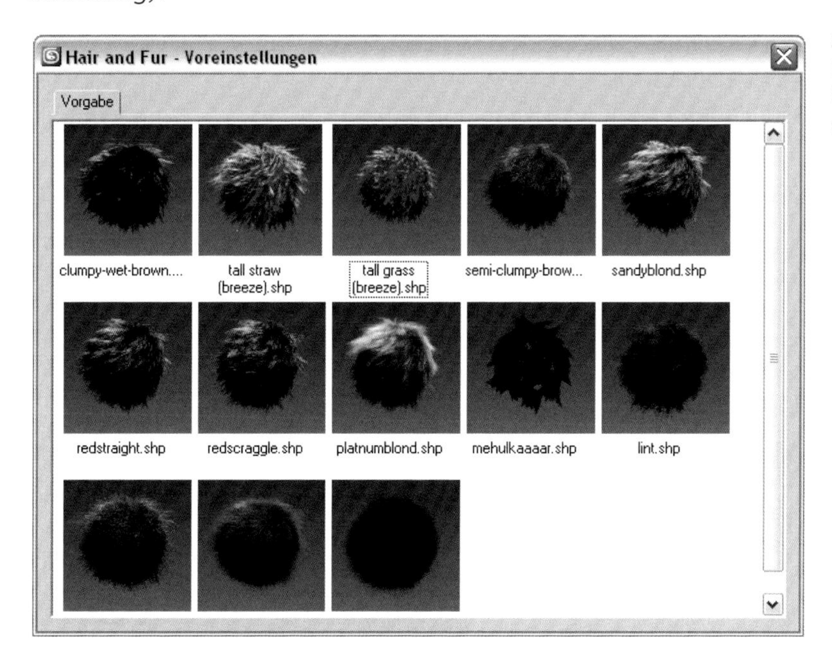

Abbildung 2.208
Das Werkzeug HAIR AND FUR mit der wählbaren Voreinstellung für Gras

Übung: Das Architektur-Material für »Radiosity«

Das Architektur-Material sollte nur für architektonische Produktionen eingesetzt werden, bei denen der Produktionsrenderer MENTAL RAY nicht verwendet werden kann und daher auf den Produktionsrenderer VORGABE SCANLINE zurückgegriffen wird.

In seinen Möglichkeiten ist das Architektur-Material nicht so komplex wie das ARCH & DESIGN von MENTAL RAY und ist daher für die Produktion hochwertiger Materialoberflächen weniger geeignet. Aus diesem Grund wird an dieser Stelle nicht detailliert auf die richtige Verwendung des Architektur-Materials eingegangen. Grundsätzlich gelten aber für die Nachahmung von realen Materialien mit diesem Materialtyp die gleichen Produktionsregeln wie die, die in den vorhergehenden Übungen für das ARCH & DESIGN-Material dargelegt wurden.

Hier die allgemeinen Regeln für die Definition hochwertiger Materialien in Kürze:

- Das nachzuahmende Material in der realen Umgebung eingehend studieren.

- Bildrecherche nach Originalvorlagen, die das nachzuahmende Material in der gewünschten Ausführung zeigen.
- Mithilfe der charakterisierenden Begriffe eine aussagekräftige Beschreibung anfertigen.
- Schrittweise Umsetzung des Materials in 3ds Max vom Groben zum Feinen.
- Feineinstellungen: Streufarbe, Reflexionen, abgerundete Ecken, Umgebungsokklusion etc.

Weitere Informationen zur Verwendung des Architektur-Materials finden Sie in der 3ds Max-Hilfe (Stichwort: *Architekturmaterial*).

Besondere »mental ray«-Materialeigenschaften

Umgebungsokklusion

Bei der sogenannten UMGEBUNGSOKKLUSION (engl. AMBIENT OCCLUSION) handelt es sich um eine spezielle Materialeigenschaft des MENTAL RAY ARCH & DESIGN-Materials, deren Aktivierung für eine Verdunklung von 3D-Oberflächen sorgt.

Die Materialeigenschaft UMGEBUNGSOKKLUSION sorgt für eine optische Verdunklung von 3D-Oberflächen, die in mehr oder weniger spitzem Winkel zueinander stehen, wie beispielsweise an Kerben, Rillen oder Ecken. Mit ihrer Hilfe können 3D-Raumkonturen oder 3D-Objektkonturen visuell verstärkt werden, aber insbesondere ansprechende Kontaktschatten zwischen 3D-Oberflächen realisiert werden.

Mit UMGEBUNGSOKKLUSION lassen sich optimal die kleinen Details einer 3D-Szene hervorheben, die mit GLOBALER ILLUMINATION oder FINAL GATHER nur unter übermäßig aufwendigen Berechnungen darstellbar wären. UMGEBUNGSOKKLUSION wird daher hauptsächlich als Ergänzung oder Verfeinerung dieser beiden Lichtberechnungsverfahren eingesetzt, da der Materialeffekt sich außerordentlich schnell berechnen lässt (vgl. Abschnitt »Beleuchtung« auf Seite 120 > »Ambient Occlusion (Umgebungsokklusion)« auf Seite 172).

Zu finden ist die Materialeigenschaft im MATERIAL-EDITOR > ARCH & DESIGN MATERIAL > Rollout SPEZIALEFFEKTE.

Detaillierte Informationen bezüglich der Handhabung dieser Materialeigenschaften und insbesondere der einstellbaren Parameter finden Sie in der 3ds Max-Hilfe (Stichwort: *Arch & Design*).

Abbildung 2.209
Materialeigenschaft UMGEBUNGSOKKLUSION zur Verfeinerung der Oberflächen/Beleuchtung

Abgerundete Ecken

Bei den sogenannten ABGERUNDETE ECKEN (engl. ROUND CORNERS) handelt es sich um eine spezielle Materialeigenschaft des MENTAL RAY ARCH & DESIGN-Materials, deren Aktivierung für eine ansprechende Abrundung/Abkantung der 3D-Objektkanten sorgt. Hierbei handelt es sich um einen Rendereffekt, der sich nicht auf die Geometrie auswirkt.

Mithilfe dieser Materialeigenschaft können alle scharfkantigen 3D-Geometrien während der finalen Bildberechnung mit mehr oder minder ausgeprägten Lichtkanten versehen werden, ohne die 3D-Objektkanten diesbezüglich geometrisch überarbeiten zu müssen. Abgerundete Objektkanten tragen subtil zum Realismus einer architektonischen 3D-Visualisierung bei und sollten zumindest bei mittelgroßen bis großen 3D-Objekten angewendet werden (vgl. Abschnitt »3D-Geometrie ohne absolut scharfe Kanten« auf Seite 30).

Zu finden ist die Materialeigenschaft im MATERIAL-EDITOR > ARCH & DESIGN MATERIAL > Rollout SPEZIALEFFEKTE.

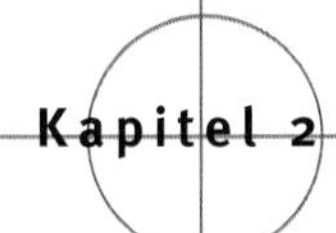

Detaillierte Informationen bezüglich der Handhabung dieser Materialeigenschaften und insbesondere der einstellbaren Parameter finden Sie in der 3ds Max-Hilfe (Stichwort: *Arch & Design*).

Abbildung 2.210
Die Materialeigenschaft Abgerundete Ecken angewandt auf die beiden rechten Quader

Die systematische Materialvergabe

Der Produktionsschritt »Materialvergabe« beinhaltet drei wichtige Aufgaben, die Sie nacheinander ausarbeiten müssen. Die erste wichtige Aufgabe ist die möglichst realistische Definition der einzelnen Materialien; die haben Sie an dieser Stelle idealerweise bereits erfolgreich bewältigt. Die zweite Aufgabe besteht darin, die realisierten Materialien möglichst effektiv den einzelnen Oberflächen einer 3D-Szenerie zuzuweisen. Es stehen mehrere Möglichkeiten zur Verfügung, um die fertigen Materialien an die Szenenobjekte zu vergeben. Einige davon sind zeitraubend, andere zeitsparend:

- **Drag&Drop:** Die wohl einfachste, aber auch zeitintensivste Möglichkeit, die einzelnen Materialien den diversen Objekten einer komplexen 3D-Szene zuzuweisen ist, die einzelnen Materialien (Materialkugeln) auszuwählen und mit der Maus auf jedes einzelne 3D-Objekt zu ziehen (engl. Drag&Drop). Auf den ersten Blick erscheint dies als die einfachste Möglichkeit, wird also daher gerne genutzt, kann aber bei einer komplexen 3D-Szene mit mehreren Hundert 3D-Objekten durchaus zeitraubend sein. Voraussetzung ist zudem, dass alle 3D-Oberflächen, die ein separates Material erhalten sollen, auch als eigenständiges 3D-Objekt vorliegen. Statt eines einzelnen 3D-Objekts *Wände* haben Sie dann eine *grüne Wand* und *3 weiße Wände* als Objekte, die gesamte Struktur und Übersichtlichkeit Ihrer 3D-Szene leidet.

- **Multi-/Unterobjekt:** Das Gruppierungsmaterial MULTI-/UNTEROBJEKT ermöglicht es, Materialien durchnummeriert (indexiert) zu gruppieren und die komplette übergeordnete Gruppe den 3D-Objekten der 3D-Szenerie zuzuweisen. Die einzelnen Materialien des Gruppenmaterials werden anhand ihrer Nummern dann automatisch den einzelnen 3D-Oberflächen zugewiesen, sobald Sie sie in die 3D-Szene ziehen.

  Um diesen Automatismus zu gewährleisten, müssen Sie beim Erstellen der 3D-Objekte daran denken, entweder das gesamte Objekt (über den Modifikator MATERIAL) oder die einzelnen 3D-Flächen (über die Modifikatoren NETZ oder POLYGON BEARBEITEN) mit der entsprechenden Material-ID (Nummerierung) zu versehen. Haben Sie die Szene so strukturiert aufgebaut, können Sie durch einfaches Austauschen eines Materials in der Materialgruppierung (MULTI-/UNTEROBJEKT) alle entsprechenden 3D-Oberflächen gleichzeitig beeinflussen, denen das ausgetauschte Material aktuell zugewiesen ist.

- **Der Auswahl zuweisen:** Sollte Ihnen der Umgang mit dem Materialtyp *Multi-/Unterobjekt* zu umständlich sein, versuchen Sie zumindest fertige Materialien gleichzeitig an mehrere ausgewählte Objekte zu vergeben. Nutzen Sie dafür nicht nur das Auswahl-Werkzeug NACH NAMEN AUSWÄHLEN (Menü BEARBEITEN > AUSWÄHLEN NACH > NAME), um mehrere 3D-Objekte auszuwählen, sondern versuchen Sie von vornherein oder im Nachhinein, mithilfe der Werkzeuge BENANNTE AUSWAHLSÄTZE (Menü BEARBEITEN > BENANNTE AUSWAHLSÄTZE BEARBEITEN) oder LAYER (Menü EXTRAS > LAYER-MANAGER) Ihre 3D-Objekte gruppiert nach Material mit einem Klick selektierbar zu machen. Weitere Hilfe zur Verwendung der beiden Werkzeuge finden Sie in der 3ds Max-Hilfe (Stichwort: *Benannte Auswahlsätze* oder *Layer*).

Die dritte, aber ebenso wichtige Aufgabe besteht darin, die zeitaufwendig produzierten Materialien strukturiert und organisiert für die Wiederverwendung in zukünftigen Projekten abzuspeichern.

Alle erstellten Materialien werden zunächst innerhalb der 3ds Max-Szenendatei gespeichert. Die zuletzt bearbeiteten Materialien sehen Sie nach dem Öffnen der Szenendatei als Material-Kugel im Material-Editor. Die restlichen zugewiesenen Materialien können Sie sich entweder mit der Material-Pipette (Menü MATERIAL > MATERIAL AUS OBJEKT AUSWÄHLEN) oder über die Material-/Map-Übersicht (Menü MATERIAL > MATERIAL HOLEN > DURCHSUCHEN:SZENE) zur Bearbeitung im Material-

Editor anzeigen lassen. Möchten Sie nun ein bereits zeitaufwendig realisiertes Material in einem neuen Projekt verwenden, müssen Sie zunächst einmal herausfinden, in welchem älteren Projekt Sie das Material bereits umgesetzt haben, diese spezifische Projektdatei öffnen, das gewünschte Material einzeln als Datei speichern und es im Anschluss daran in Ihre neue Szene laden. Unter Umständen stimmt überdies die Pfadangabe zum Verzeichnis nicht mehr, in dem sich die Texturen für das Material befinden. Auch hier müssen Sie zeitaufwendig korrigieren.

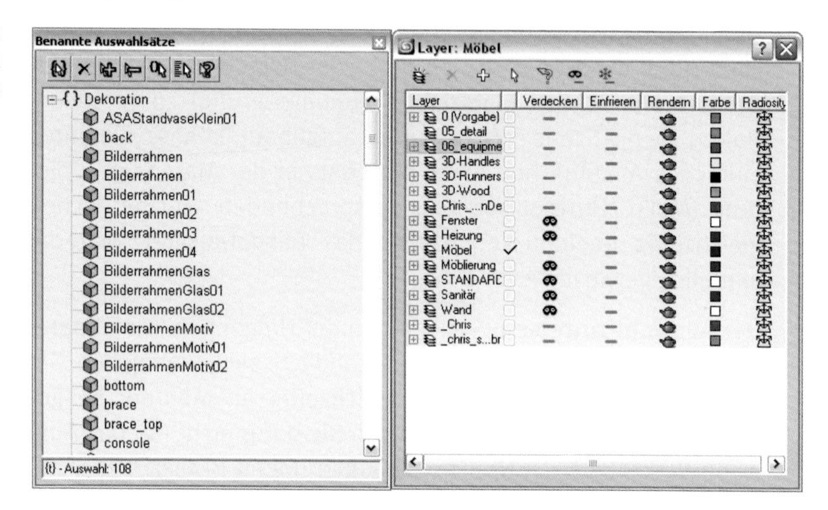

Abbildung 2.211
Fenster für BENANNTE AUSWAHLSÄTZE und LAYER

Der beschriebene Prozess ist bereits für ein einziges Material relativ zeitaufwendig. Stellen Sie sich den zeitlichen Aufwand für viele Materialien vor. Machen Sie sich aus diesem Grund also frühzeitig Gedanken über die strukturierte Organisation Ihrer Materialien und Texturen. Die Produktionssoftware 3ds Max bietet Ihnen diverse Ansätze, Ihre Materialien und Texturen zu organisieren und zentral abzuspeichern. Einige hilfreiche Tipps finden Sie folgend:

- **Sinngemäße Bezeichnungen für Materialien:** Disziplinieren Sie sich dazu, die Materialien direkt beim Anlegen mit einem charakterisierenden Namen zu bezeichnen. Das hilft Ihnen dabei, die gewünschten Materialien innerhalb der MATERIAL-/MAP-ÜBERSICHT bzw. innerhalb einer Material-Bibliothek effektiv aufzufinden. Kategorisieren Sie dabei beispielsweise die Namen nach den architektonischen Grundmaterialien und ergänzen Sie die Bezeichnung dann um die charakteristischen Eigenschaften. Überlegen Sie sich dafür ein individuelles System für die Namensgebung, z.B.:

Grundmaterialtyp – Farbe/Muster – Oberfläche (diffus, reflekti., strukturi.)

- Naturstein_anthrazit_strukturiert
- Glas_neutral_stark-reflektierend
- Holz_ahorn_ stark-reflektierend
- Putz_weiß_diffus-strukturiert
- etc.

- **Texturen aus dem zentralen Datenbestand:** Idealerweise haben Sie, wie im Abschnitt »Zentraler Datenbestand« auf Seite 35 empfohlen, eine Verzeichnisstruktur für Speicherung eines zentralen Datenbestands angelegt, in dem Sie Ihre Texturressourcen für das Projekt gespeichert haben. Weisen Sie Ihren Materialien die Texturen immer aus diesem zentralen Datenbestand zu.

  Dieser Schritt gewährleistet, dass die im Material definierten Pfadangaben zu Ihren Texturen immer konsistent bleiben. Fehlende Texturen beispielsweise beim Rendern (insbesondere auch beim Rendern im Netzwerk, siehe auch Abschnitt »Rendern im Netzwerk« auf Seite 339) gehören ebenfalls der Vergangenheit an.

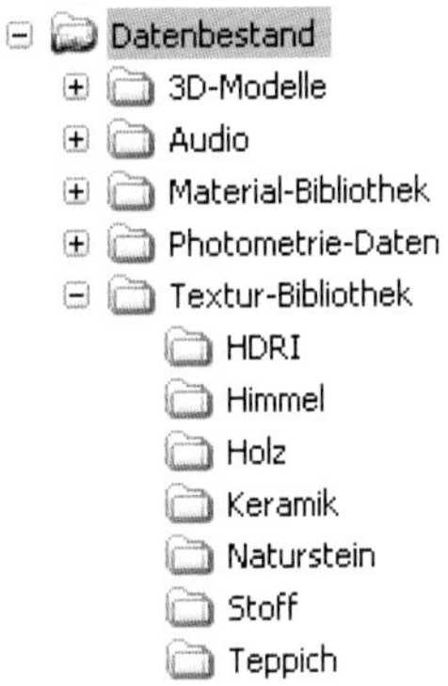

- Datenbestand
  - 3D-Modelle
  - Audio
  - Material-Bibliothek
  - Photometrie-Daten
  - Textur-Bibliothek
    - HDRI
    - Himmel
    - Holz
    - Keramik
    - Naturstein
    - Stoff
    - Teppich

Abbildung 2.212
Textur-Bibliothek im zentralen Datenbestand

- **Material-Bibliotheken:** Gruppieren Sie einzelne Kategorien von fertigen Materialien in sogenannten Material-Bibliotheken und erweitern Sie diese im Laufe der Zeit. Sie realisieren so über mehrere Projekte Ihre eigene architektonische Materialdatenbank mit individuell angefertigten realistischen Materialien, auf die Sie zudem effektiv zugreifen können.

  Sicher können Sie alle von Ihnen gefertigten Materialien auch innerhalb einer großen Material-Bibliothek speichern, diese wird jedoch im Laufe der Zeit meist zu unübersichtlich, insbesondere wenn Sie keine konsistente Namenskonvention für Ihre Materialien verwenden.

Eine detaillierte Anleitung, wie mithilfe der MATERIAL-/MAP-ÜBERSICHT eigene Material-Bibliotheken angelegt und erweitert werden können, finden Sie in der 3ds Max-Hilfe (Stichwort: *Material-/Map-Übersicht*).

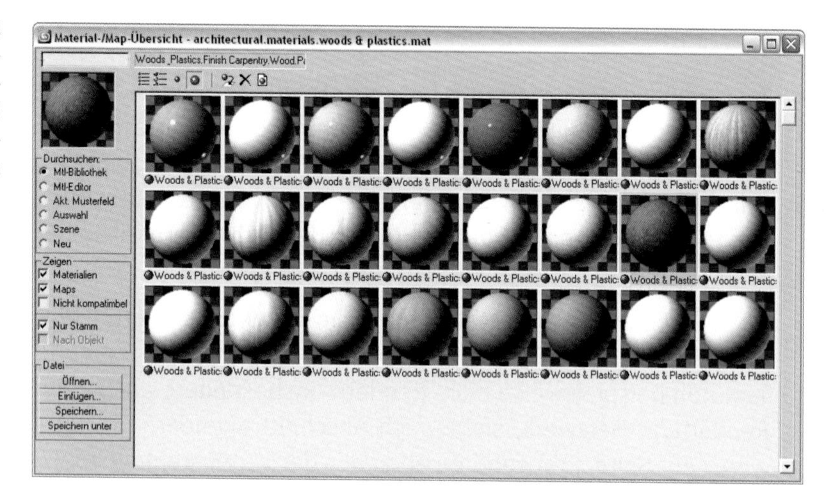

Abbildung 2.213
Fenster MATERIAL-/MAP-ÜBERSICHT mit der Möglichkeit zum anlegen und Erweitern von Material-Bibliotheken

- **Speicherung im zentralen Datenbestand:** Speichern Sie fertige Materialien (bzw. Material-Bibliotheken) zusammen mit den Texturen innerhalb Ihres zentralen Datenbestands. Sie realisieren so, über mehrere Projekte hinweg, Ihre eigene architektonische Materialdatenbank. Zeitaufwendiges Suchen nach Materialien in einzelnen 3ds Max-Szenendateien oder separaten Projektverzeichnissen entfällt. Sollten Sie außerdem regelmäßige Datensicherungen durchführen (unbedingt empfehlenswert), werden auch alle Ihre mühevoll angelegten Materialien mit gesichert.

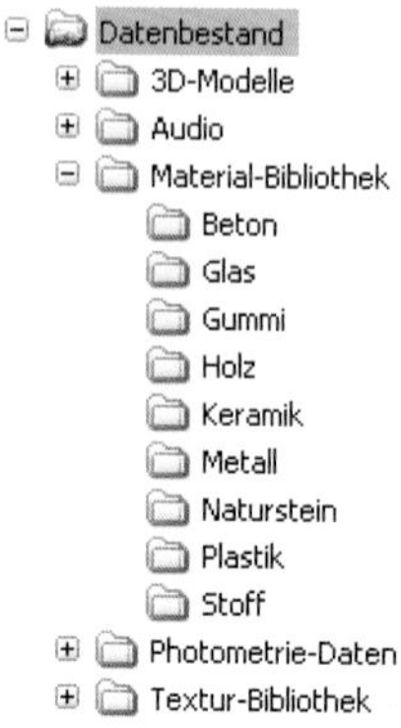

Abbildung 2.214
Material-Bibliothek im zentralen Datenbestand

Datenbestand
- 3D-Modelle
- Audio
- Material-Bibliothek
  - Beton
  - Glas
  - Gummi
  - Holz
  - Keramik
  - Metall
  - Naturstein
  - Plastik
  - Stoff
- Photometrie-Daten
- Textur-Bibliothek

- **Konfiguration von Benutzerpfaden:** Nutzen Sie die Möglichkeit, die Vorgabepfade zu Ihren unterschiedlichen Ressourcen konfigurieren zu können. Stellen Sie die Vorgabepfade, die sich in den jeweiligen Dialogfeldern öffnen, direkt auf die Verzeichnisse in Ihrem zentralen Datenbestand ein. Tragen Sie für die Texturen und für Ihre Material-Bibliotheken das jeweils entsprechende Verzeichnis aus Ihrem zentralen Datenbestand ein (siehe auch Abschnitt »Zentraler Datenbestand« auf Seite 35).

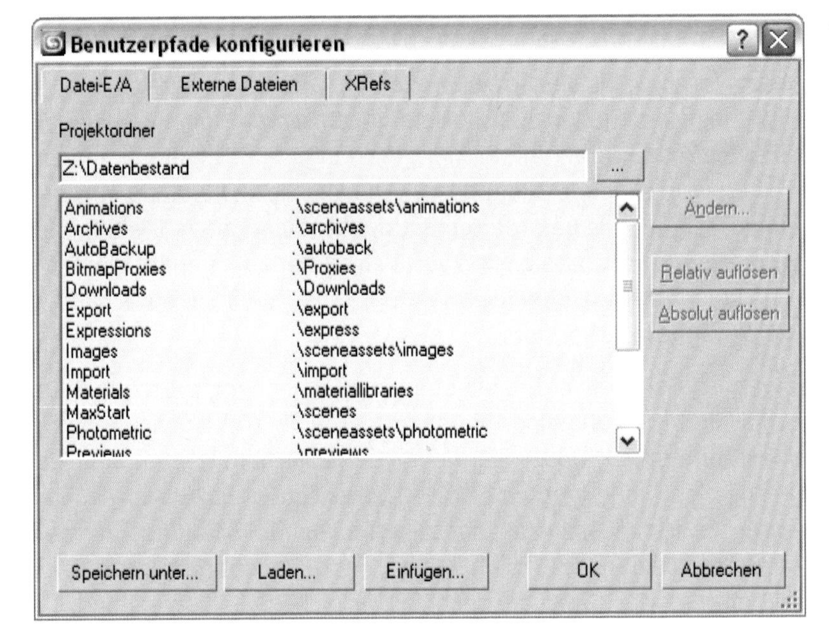

Abbildung 2.215
Dialogfeld zum Konfigurieren von Benutzerpfaden

Für weitere Informationen zu diesem Thema lesen Sie bitte auch Kapitel 3, Abschnitt »Pfade konfigurieren«.

2.7 Rendering

Nachdem die zeitintensivsten Produktionsschritte »Modellierung«, »Inszenierung«, »Beleuchtung« und »Materialvergabe« zufriedenstellend vorbereitet wurden, kann nun die finale Bildberechnung, das sogenannte Rendering, Ihrer hochwertigen architektonischen 3D-Visualisierung erfolgen.

Während des Renderings werden alle vorbereiteten Bildelemente und Eigenschaften zu einem finalen dreidimensionalen Bild zusammengerechnet. Inszenierte 3D-Objekte, Beleuchtung, Materialien und andere Eigenschaften werden kombiniert und ergeben so die geplante 3D-Visualisierung. Wie detailliert und demnach zeitaufwendig das Rendering stattfindet, hängt überwiegend von der gewünschten Bildgröße (Bildauflösung), dem gewählten Produktionsrenderer und den dafür definierten Qualitätseinstellungen ab, die folgend näher erläutert werden.

Die richtige Bildauflösung

Die Bildauflösung bestimmen Sie während des Produktionsschrittes »Inszenierung«, wo sie sich während der Erarbeitung bereits auf ein Bildformat (hoch oder quer in dem gewünschten Seitenverhältnis) festgelegt haben. Das Bildformat gibt nun den maximalen Rahmen für die zu errechnende Bildauflösung vor, die Sie im Renderer einstellen müssen, um die geforderten Bildpunkte zu erhalten. Die Summe der einzelnen horizontalen und vertikalen Bildpunkte ergibt die Bildauflösung. Die Bildauflösung orientiert sich an dem Seitenverhältnis des gewählten Bildformats.

Folgendes Beispiel verdeutlicht den Zusammenhang zwischen Bildformat und Bildauflösung: Sie benötigen eine 3D-Visualisierung in einem Bildformat QUER mit einem Seitenverhältnis 16:9, um es anschließend innerhalb einer DIN-A4-Broschüre auszudrucken. Für diesen Zweck müssen Sie die zu errechnende Bildauflösung auf *3508x1973* Bildpunkte (Pixel) setzen, um die benötigte Druckqualität von 300 dpi (dots per inch) zu erreichen. Selbstverständlich könnten Sie auch eine geringere Bildauflösung einstellen, die das vorgegebene Bildformat (16:9 quer) einhält, wie beispielsweise *800x450*, *1024x576* oder *1600x900*. Diese würden jedoch im professionellen DIN-A4-Druck unscharfe Bilder ergeben, da die zur Verfügung stehende Anzahl der Bildpunkte nicht reichen würde, ein ausreichend scharfes Bild zu drucken. Das zu kleine Rendering würde auf DIN A4 gestreckt bzw. interpoliert werden. Tabelle 2.2 gibt einen Überblick über die benötigten Bildauflösungen zu verschiedenen Bildformaten.

Tabelle 2.2
Wählbare Bildauflösungen für verschiedene Bildformate

	DIN A3	DIN A4	DIN A5	DIN A4 16:9
72 dpi	1191x842	842x595	595x420	842x473
150 dpi	2480x1754	1754x1240	1240x874	1754x986
300 dpi	4961x3508	3508x2480	2480x1748	3508x1972

Tipp

Mit dem Werkzeug DRUCKGRÖSSEN-ASSISTENT können Sie genormte Bildgrößen für die finale Bildberechnung der fertigen Druckversion Ihrer 3D-Visualisierung automatisch definieren lassen. Sie haben dort die Möglichkeit, Normpapiergrößen von DIN A4 bis DIN A0 jeweils im Hoch- oder Querformat in unterschiedlichen Auflösungsstärken (72 bis 600 dpi) auszuwählen (siehe Abbildung 2.26).

Abbildung 2.216
Finale Bildberechnung in unterschiedlichen Bildauflösungen

Die Wahl des richtigen Produktionsrenderers

Nach der Definition der richtigen Bildauflösung entscheiden Sie sich für den passenden Produktionsrenderer. Die Wahl des Produktionsrenderers ist im Grunde genommen eine Grundsatzentscheidung, die Sie anhand der für den jeweiligen Produktionsrenderer gebotenen Möglichkeiten individuell abwägen müssen. Sie hat Einfluss darauf, welche Materialien oder welche Beleuchtungsberechnungsverfahren eingesetzt werden können. Die Erfahrung zeigt jedoch, dass sich mit dem Produktionsrenderer MENTAL RAY wesentlich hochwertigere architektonische 3D-Visualisierungen produzieren lassen, da dieser für die professionelle Anwendung entwickelt wurde und zudem für hohe Rendergeschwindigkeiten optimiert ist. Zwar lassen sich mit dem alternativen Produktionsrenderer VORGABE SCANLINE ebenfalls ansprechende Ergebnisse erzielen, jedoch muss dafür wesentlich mehr Produktionszeit investiert werden, sowohl für das finale Rendering als auch für die Einrichtung der Beleuchtung und der Materialien. Auf Grundlage Ihrer gesammelten Erfahrungen legen Sie sich mit der Zeit auf einen Produktionsrenderer Ihrer Wahl fest und wechseln nur noch in seltenen Ausnahmefällen.

Aus bereits genannten Gründen liegt der Schwerpunkt dieses Buches in der Realisierung einer Produktion mit den Möglichkeiten, die sich durch den Einsatz von MENTAL RAY bieten. Neben der hohen Render- und Produktionsgeschwindigkeit, die sich mit MENTAL RAY erzielen lässt, bietet der Renderer, falls er für das Rendering gewählt wird, noch die weiteren wesentlichen Vorteile:

- **Qualität der Beleuchtung:** Die Qualität der erreichbaren Beleuchtungssituation ist merklich besser als die, die sich mit den Verfahren RADIOSITY oder LICHT-TRACER für den Produktionsrenderer erzielen lässt.
- **Qualität der Materialien:** Die Qualität der realisierbaren MENTAL RAY-Materialien ist merklich besser als die, die sich mit den Standardmaterialien oder dem Architektur-Material erzielen lässt.
- **Verwendet Multikernprozessoren:** Im Gegensatz zu dem VORGABE SCANLINE unterstützt und verwendet der Produktionsrenderer MENTAL RAY die Prozessorkraft von Multikernprozessoren bei der finalen Bildberechnung. Bei Verwendung aktueller QuadCore-Technologie rechnen somit vier oder mehr vollwertige Prozessoren auf nur einer Produktionsmaschine gleichzeitig an einer 3D-Visualisierung. Dem VORGABE SCANLINE ist das nicht möglich. Die Verringerung der Produktionszeit ist enorm, da sich die Renderzeiten halbieren (bei 2-Kern-Prozessoren) oder vierteln (bei 4-Kern-Prozessoren).
- **Unterstützt verteiltes Netzwerk-Rendering:** Neben der Unterstützung aktueller Multikernprozessoren unterstützt MENTAL RAY auch das verteilte Netzwerk-Rendering. Hier lassen sich die gesamten Einzelbilder für die Berechnung einer 3D-Animation auf die zur Verfügung stehenden Produktionsrechner innerhalb eines Netzwerks aufteilen, ohne zusätzliche Softwarelizenzen erwerben zu müssen. Wenn Ihnen beispielsweise acht QuadCore-Prozessoren im Netzwerk zur Verfügung stehen, rechnen insgesamt 32 vollwertige Prozessoren an einer 3D-Visualisierung oder einer 3D-Animation. Die Produktionszeiten verkürzen sich auf nahezu 1/32stel der normalen Zeit.
- **Verwendet verteiltes Bucket Rendering:** Ein markanter Vorteil ist, dass MENTAL RAY nicht nur in der Lage ist, komplette Bilder

durch Produktionsmaschinen im Netzwerk errechnen zu lassen, sondern dass sich alle zur Verfügung stehenden Rechnerkapazitäten dazu nutzen lassen, an einem einzigen Bild zu rechnen, das sogenannte *verteilte Bucket-Rendern*. Das Bild wird dafür in kleine Quadranten definierbarer Größe (engl. Buckets) unterteilt, die dann an die zur Verfügung stehenden Prozessorkerne lokal oder im Netzwerk verteilt werden.

Hinweis

Die konsequente Einrichtung eines zentralen Datenbestands, auf den alle Produktionsrechner im Netzwerk dann Zugriff haben, ist hier eine notwendige Voraussetzung für diese Vorgehensweise. Während des Renderings können alle Rechner über das Netzwerk auf die benötigten Ressourcen im zentralen Datenbestand zugreifen, ohne diese lokal auf die jeweiligen Produktionsrechner in entsprechend benannte Verzeichnisse manuell kopieren zu müssen, um diese für den Renderer verfügbar zu machen.

Die Produktion von 3D-Visualisierungen in außerordentlich hohen Bildauflösungen (z.B. DIN A4 300dpi = 4961x3508 Pixel) wird mithilfe des verteilten Bucket Rendering deutlich vereinfacht und beschleunigt. Auch die Test-Renderings während der Produktion benötigen viel weniger Produktionszeit als mit dem VORGABE SCANLINE, der diese Technik leider nicht einsetzen kann.

Ausführliche Informationen zur Einrichtung des Netzwerk-Renderns finden sich in der 3ds Max-Hilfe (Stichwort: *Backburner, Rendern im Netzwerk*) sowie im Abschnitt »Rendern im Netzwerk« auf Seite 339.

Über das Werkzeug UMSCHALTER ZWISCHEN BENUTZER- UND STANDARD-UI (siehe Abbildung 2.217) können Sie sich für einen Renderer entscheiden und in einem zentralen Dialogfenster verschiedene Programmvorgaben so ändern, dass sie für die Erarbeitung hochwertiger Beleuchtungssituationen mit dem MENTAL RAY-Verfahren oder alternativ mit dem VORGABE SCANLINE-Verfahren optimal angepasst sind, die Sie andernfalls in unterschiedlichen Dialogfenster mühselig manuell umstellen müssten. Die Standardeinstellungen für verschiedene Funktionen in 3ds Max, die unter anderem auf die Qualität der Beleuchtung oder der Materialien Einfluss haben, werden hier bequem gesteuert. Wählen Sie unter AUSGANGSEINSTELLUNGEN FÜR HILFSMITTELOPTIONEN den Eintrag DESIGNVIZ.MENTALRAY oder DESIGNVIZ aus.

(ANPASSEN > UMSCHALTEN ZWISCHEN BENUTZER- UND STANDARD-UI > DESIGNVIZ.MENTALRAY)

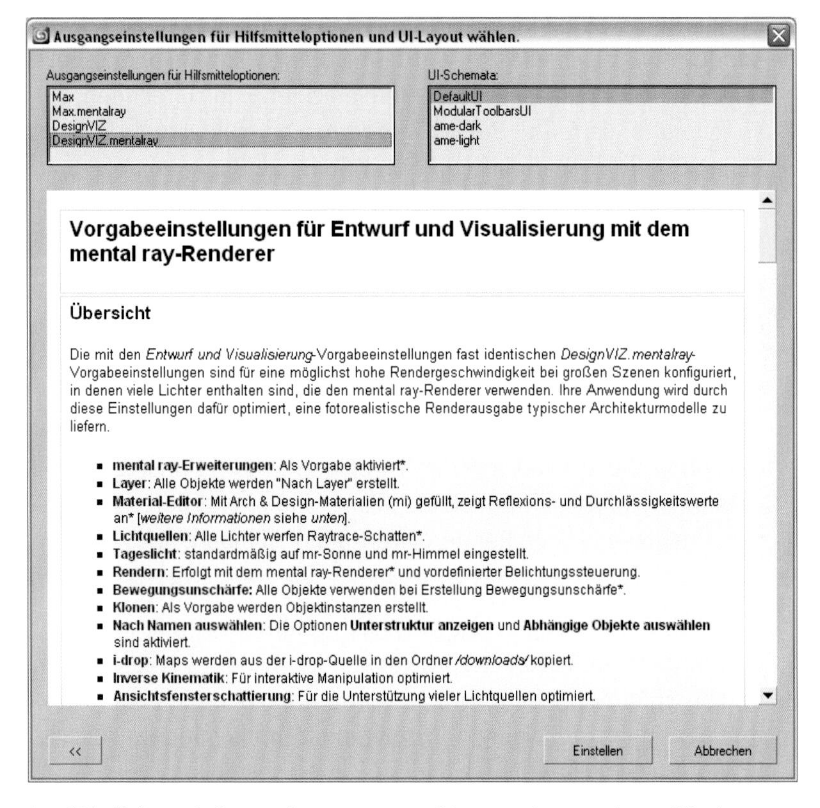

Abbildung 2.217
Werkzeug UMSCHALTER ZWISCHEN BENUTZER- UND STANDARD-UI für die komfortable Auswahl zwischen Standard- oder MENTAL RAY-Technologien

Ausführliche Informationen zur Verwendung des Werkzeugs UMSCHALTER ZWISCHEN BENUTZER- UND STANDARD-UI finden sich in der 3ds Max-Hilfe (Stichwort: *Umschalter zwischen ...*).

Qualitätseinstellungen für die Renderer

Übung: Den Renderer »Vorgabe Scanline« einstellen

Möchten Sie aus triftigen Gründen trotzdem den Produktionsrenderer VORGABE SCANLINE dem hochwertigeren Renderer MENTAL RAY für die Produktionen architektonischer 3D-Visualisierung vorziehen, z.B. um die in diesem Buch im Abschnitt »Beleuchtung« auf Seite 120 ebenfalls vorgestellten Lichtberechnungsverfahren RADIOSITY, LICHTTRACER oder das ARCHITEKTUR-MATERIAL nutzen zu können oder weil Sie zwar eine schnelle, ansprechende, aber keine qualitativ hochwertige 3D-Visualisierung benötigen, folgt hier eine übersichtliche Beschreibung zur richtigen Verwendung und Einstellung des Renderers VORGABE SCANLINE.

1. **Produktionsrenderer** VORGABE SCANLINE **auswählen** (mit dem Werkzeug UMSCHALTER ZWISCHEN BENUTZER- UND STANDARD-UI).
2. **Ausgabegröße** für die 3D-Visualisierung **einstellen** (mit dem Werkzeug DRUCKGRÖSSEN-ASSISTENT). Gegebenenfalls wie im Abschnitt »Übung für Produktionsrenderer »Vorgabe Scanline« (Radiosity)« auf Seite 180 beschrieben, die Option INDIREKTE ILLUMINATION NEU SAMMELN sowie die FILTER – IN-/DIREKTE BELEUCHTUNG anpassen.

   (Menü RENDERN > DRUCKGRÖSSEN-ASSISTENT)

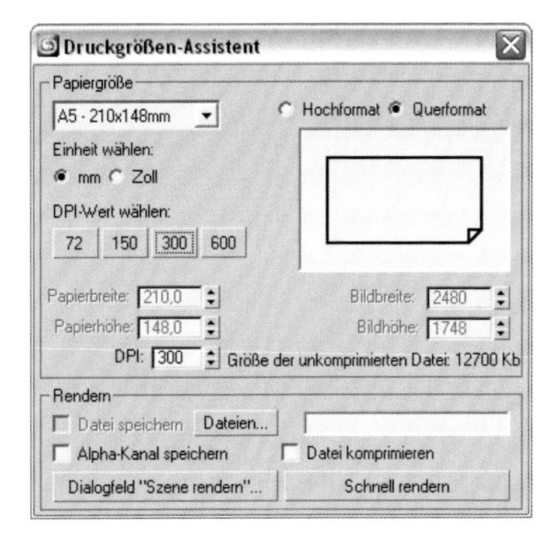

Abbildung 2.218
Das Dialogfeld DRUCKGRÖSSEN-ASSISTENT zur Konfiguration der Bildauflösung

3. Den Speicherort und die Ausgabedatei in der **Renderausgabe** sowie das Ausgabedateiformat **einstellen**.

   (Menü RENDERN > RENDERN > Registerkarte ALLGEMEIN > Bereich RENDERAUSGABE)

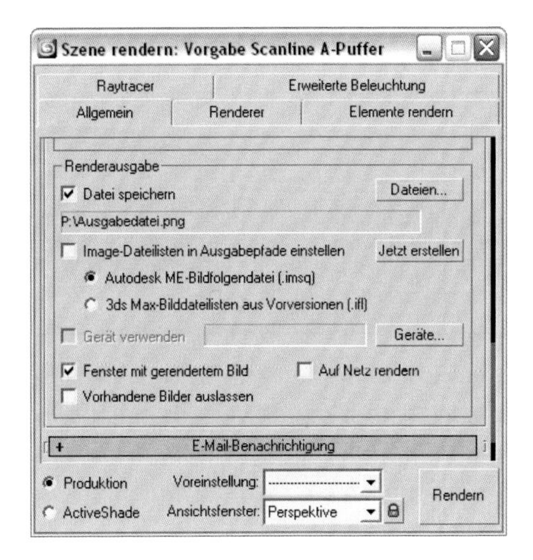

Abbildung 2.219
Der Bereich RENDERAUSGABE für die Definition des Speicherortes und des Dateiformats der Ausgabedatei

4. Option **Erweiterte Beleuchtung verwenden** für die Berechnung *globaler Beleuchtungssituationen* mit den Lichtberechnungsverfahren RADIOSITY oder LICHT-TRACER **aktivieren bzw. Status prüfen.**

   (Menü RENDERN > RENDERN > Registerkarte ALLGEMEIN > Bereich ERWEITERTE BELEUCHTUNG)

Abbildung 2.220
Dialogfeld SZENE RENDERN mit der Option für die Berücksichtigung der ERWEITERTEN BELEUCHTUNG

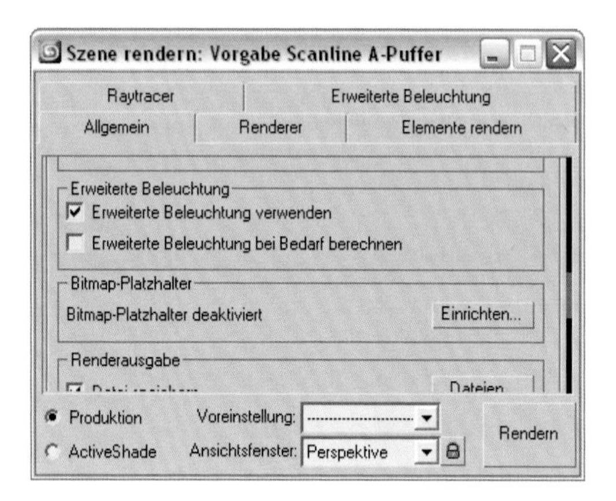

5. Den für hochwertigere Renderings passenden **Antialias-Filter wählen** und entsprechend einstellen.

   Antialias verbessert die Qualität der 3D-Visualisierung erheblich, indem die gezackten Ränder, die beim Rendern an den Kanten von diagonalen Linien und Kurvenlinien auftreten, geglättet werden. Die Genauigkeit und die Ausprägung der Glättung kann über die Wahl eines passenden Filters entscheidend verbessert werden. Die errechnete architektonische 3D-Visualierung wird je nach hier ausgesuchtem Filter an den Objektkanten schärfer oder weicher gezeichnet.

Abbildung 2.221
Bildberechnung mit und ohne Antialias zur Verbesserung der Objektkanten

Tipp

Für architektonische Inhalte sind die beiden Filter COOK-VARIABLE (Wert 2,5) und SCHARF QUADRATISCH empfehlenswert, da sie ausreichend scharfe Bilder ohne dominante gezackte Ränder an den Kanten produzieren und die Ergebnisse sich gut für den späteren Druck verwenden lassen.

(Menü RENDERN > RENDERN > Registerkarte RENDERER > Rollout VORGABE SCANLINE-RENDERER > Bereich ANTIALIAS)

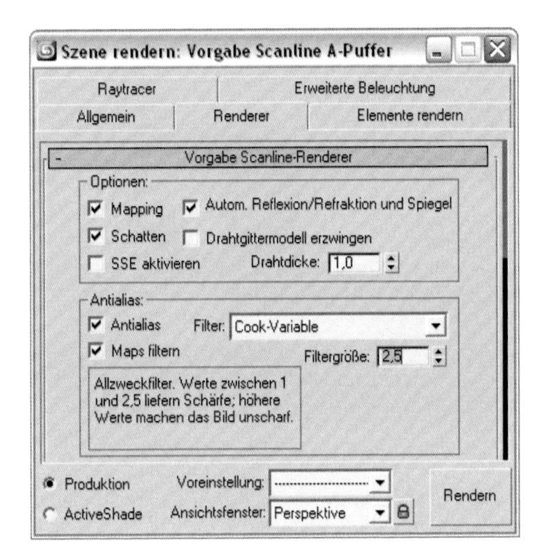

Abbildung 2.222
Dialogfeld für die Wahl des passenden Antialias-Filter

Deaktivieren Sie das *Antialiasing* nur dann, wenn Sie Testbilder rendern und eine höhere Produktionsgeschwindigkeit wichtiger ist als die erzielte Bildqualität. Da die Kantenverbesserung ein rechenaufwendiger Prozess während der Bildberechnung ist, können die Renderzeiten teilweise halbiert werden!

Detaillierte Informationen bezüglich der Funktionsweise und der Bedienung von *Antialiasing* sowie die einstellbaren Filter, finden sich in der 3ds Max-Hilfe (Stichwort: *Antialiasing*).

Abbildung 2.223
Mit dem VORGABE SCANLINE-Renderer berechnete 3D-Visualisierung ohne Kantenverbesserung (Antialiasing)

Abbildung 2.224
Mit dem VORGABE SCANLINE-Renderer berechnete 3D-Visualisierung mit Kantenverbesserung (Antialiasing)

6. Das für hochwertigere Renderings passende **Supersampling-Verfahren wählen** und entsprechend einstellen.

   Supersampling verbessert die Qualität der 3D-Visualisierung erheblich, indem die gezackten Ränder, die beim Rendern durch die Stauchung von Texturen auf Oberflächen oder durch die Berechnung von Reflexionen auftreten, verbessert bzw. geglättet werden. Die Genauigkeit und die Ausprägung der Verbesserung können über die Wahl eines passenden *Supersampling*-Filters und den dafür vorgenommenen Qualitätseinstellungen entscheidend verbessert werden.

Tipp

Für architektonische Inhalte sind die beiden Filter HAMMERSLEY (Wert z.B. 0,75) oder HALBTON ADAPTIV (Wert z.B. 0,75 mit aktiver Adaptiv-Option, um die Berechnung zu beschleunigen) empfehlenswert, da sie gestauchte Texturen und Reflexionen auf Oberflächen ansprechend und mit ausreichender Schärfe verbessern (vgl. Abbildung 2.229). Auf weniger leistungsfähigen Produktionsrechnern lässt sich auch das MAX-2.5-STERN-Verfahren einstellen, um die Produktionszeiten zu verkürzen.

Um die dezenten Unterschiede der Bildverbesserung, die Sie mit den unterschiedlichen *Supersampling*-Filtern erreichen können, einmal deutlich wahrzunehmen, empfehle ich Ihnen an dieser Stelle, alle vorhandenen Filtertypen anhand eines Beispiels innerhalb einer Testreihe auszuprobieren und im direkten optischen Vergleich zu bewerten. Vergleichen Sie hierbei auch die Renderzeiten, um festzustellen, ob die optische Verbesserung die mit dem einen oder dem anderen Filter erzielt werden kann, die erhöhte Renderzeit rechtfertigt.

(Menü RENDERN > RENDERN > Registerkarte RENDERER > Rollout VORGABE SCANLINE-RENDERER > Bereich GLOBALES SUPERSAMPLING)

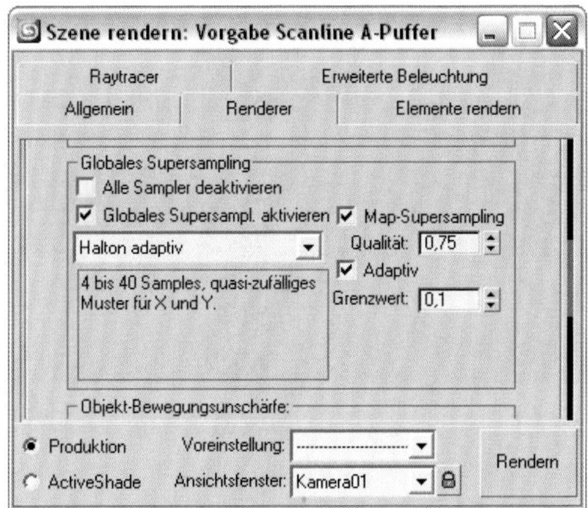

Abbildung 2.225
Einstellungen GLOBALES SUPERSAMPLING für die qualitative Verbesserung der finalen Bildberechnung

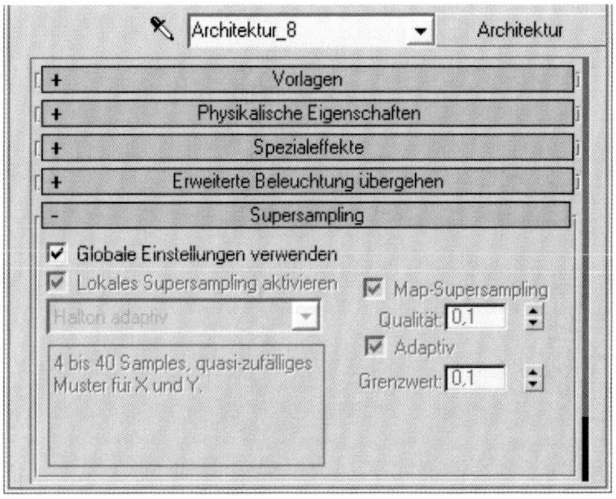

Abbildung 2.226
Rollout SUPERSAMPLING für die qualitative Verbesserung der finalen Bildberechnung

Das *Supersampling* für die Verbesserung der Texturen oder der Reflexionen lässt sich entweder global in den Renderoptionen für die gesamte 3D-Szenerie einstellen oder alternativ für jedes spezifisch definierte Material in den jeweiligen Materialoptionen. Diese Möglichkeit erlaubt es Ihnen, nur an den Oberflächen rechenintensive Qualitätsverbesserungen vornehmen zu lassen, die einer Verbesserung bedürfen. Durch diese manuelle Optimierung pro Material kann die Render- und somit Produktionszeit erheblich verkürzt werden, insbesondere bei der Bildberechnung für Animationen multipliziert sich jede gesparte Sekunde.

Abbildung 2.227
Hier eine lediglich durch Antialiasing verbesserte 3D-Visualisierung; die Treppeneffekte an den Objektkanten wurden verbessert; die Texturen zeigen sich jedoch noch stark gezackt

Abbildung 2.228
Durch Aktivierung eines Supersampling-Verfahrens werden nun auch Texturen und Reflexionen zusätzlich verbessert

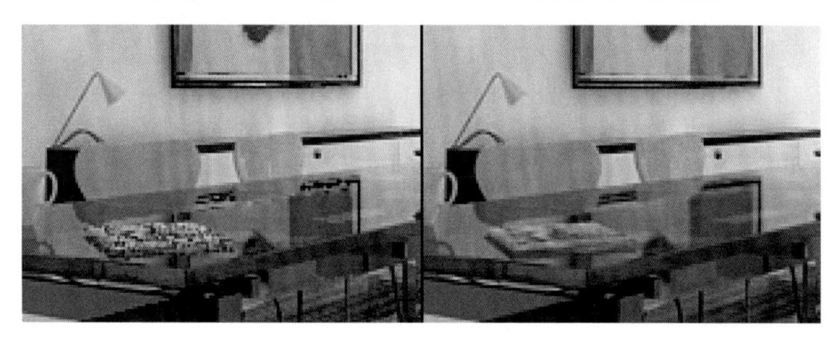

Abbildung 2.229
Direkter Vergleich im Detail: Rendering mit und ohne Supersampling

Detaillierte Informationen bezüglich der Funktionsweise und der Bedienung von *globalem* oder *lokalem Supersampling* in den Materialien, finden sich in der 3ds Max-Hilfe (Stichwort: *Supersampling*).

7. Sind die entsprechenden Einstellungen für die Ausgabegröße, Renderausgabe, Antialiasing und Supersampling vorgenommen, kann die finale Bildberechnung, also das **Rendering**, durch das Klicken auf das Symbol RENDERN veranlasst werden.

   Wie in Abbildung 2.230 ersichtlich, können Sie hier auch entscheiden, ob Sie nur ein Bild als 3D-Visualisierung oder eine ganze Bildsequenz für eine 3D-Animation errechnen lassen wollen.

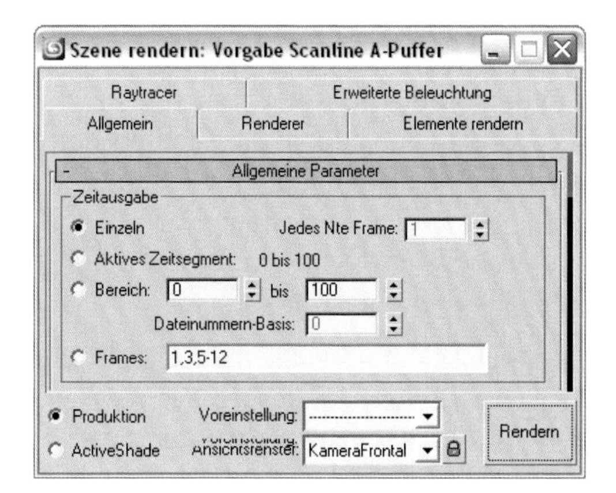

Abbildung 2.230
Dialogfeld SZENE RENDERN mit Schalter zum Starten der finalen Bildberechnung

Tipp

Zusätzlich zur normalen finalen Bild- oder Bildsequenzberechnung bietet die Produktionssoftware 3ds Max die Möglichkeit, die Bildberechnungen auf im Netzwerk vorhandene Produktionsrechner aufzuteilen. Anders jedoch als bei der Arbeit mit dem Produktionsrenderer MENTAL RAY (siehe folgende Übung) unterstützt der VORGABE SCANLINE nur die Verteilung vollständiger Bildberechnungen an die sogenannten Render-Server, die dann jeweils ein komplettes Bild berechnen und speichern. Nützlich sein kann das sogenannte *Rendern im Netzwerk* jedoch auch für Einzelbilder, da Sie beispielsweise die Berechnung von Testbildern automatisiert an einen Produktionsrechner im Netzwerk übertragen können, um parallel an Ihrem lokalen Produktionsrechner die nächsten Testbilder vorbereiten zu können.

Detaillierte Informationen zur Einrichtung und Bedienung eines Rendernetzwerks entnehmen Sie bitte der 3ds Max-Hilfe (Stichwort: *Backburner*).

Übung: Den Renderer »mental ray« einstellen

Aufgrund der im Abschnitt »Die Wahl des richtigen Produktionsrenderers« auf Seite 281 erläuterten Vorteile werden Sie in den meisten Fällen für die Produktion hochwertiger architektonischer 3D-Visualisierungen den in 3ds Max zur Verfügung stehenden professionellen Produktionsrenderer MENTAL RAY dem etwas in die Jahre gekommenen alternativen Renderer VORGABE SCANLINE vorziehen.

Um Ihnen einen guten Einstieg in die Realisierung professioneller 3D-Visualisierugn mit 3ds Max und MENTAL RAY auf hohem Niveau zu geben, folgt hier eine übersichtliche Beschreibung zur richtigen Verwendung und vor allem zur richtigen Einstellung des Renderers MENTAL RAY. Mit den passenden Einstellungen in den Renderoptionen von MENTAL RAY lassen sich Render- bzw. Produktionszeit sparen. Einige Einstellungen, die Sie in den Renderoptionen von MENTAL RAY vornehmen, haben zudem einen markanteren Einfluss auf die optische Bildqualität als die, die Sie in den Produktionsschritten »Beleuchtung« oder »Materialvergabe« vorgenommen haben. Die Kenntnis darüber, welche Auswirkungen die einzelnen einstellbaren Parameter in den Renderoptionen von MENTAL RAY auf die Berechnung der 3D-Visualisierung haben, sind von enormem Vorteil und werden in der folgenden Übungsschritten beispielhaft erläutert:

1. Falls nicht bereits geschehen oder voreingestellt, den **Produktionsrenderer** MENTAL RAY **auswählen**, um dessen Verwendung für die finale Bildberechnung zu aktivieren (mit dem Werkzeug UMSCHALTER ZWISCHEN BENUTZER- UND STANDARD-UI). Meist haben Sie sich jedoch bereits während des Produktionsschrittes »Beleuchtung« oder »Materialvergabe« für den Ihren Erfordernissen entsprechenden Produktionsrenderer (hier MENTAL RAY) entschieden.

2. Mit dem Werkzeug DRUCKGRÖSSEN-ASSISTENT die **Ausgabegröße** für die 3D-Visualisierung **einstellen** (Menü RENDERN > DRUCKGRÖSSEN-ASSISTENT).

Hinweis

Die hier definierte Ausgabegröße hat großen Einfluss auf die Renderzeit und somit auch auf die gesamte Produktionszeit. Sofern Sie lediglich an Beleuchtung, Materialien oder Test-Renderings arbeiten, genügen hier Bildschirmauflösungen mit 72 dpi für die unterschiedlichen Papiergrößen (vgl. Abbildung 2.231). Erst wenn Sie mit der gesamten Bildkomposition zufrieden sind und das finale Ergebnis rendern wollen, sollten Sie für die Produktion von 3D-Visualisierungen, die sich auf Papiermedien drucken lassen sollen, auf höhere DPI-Werte wechseln (meist 300 dpi).

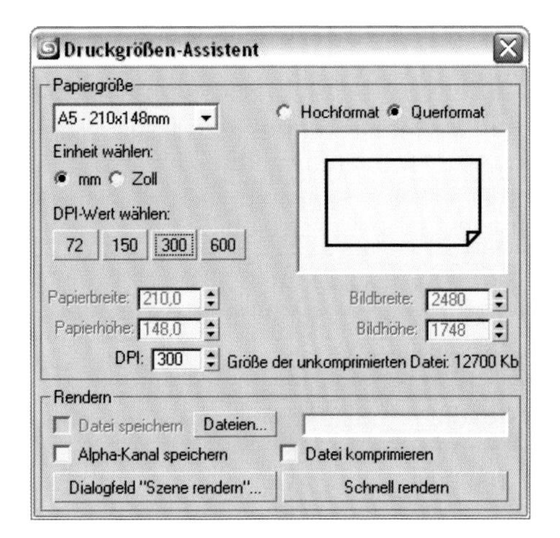

Abbildung 2.231
Das Dialogfeld DRUCKGRÖSSEN-ASSISTENT zur Konfiguration der Bildauflösung

3. Den Speicherort und die Ausgabedatei in der **Renderausgabe** sowie das Ausgabedateiformat **einstellen**.

   (Menü RENDERN > RENDERN > Registerkarte ALLGEMEIN > Bereich RENDERAUSGABE)

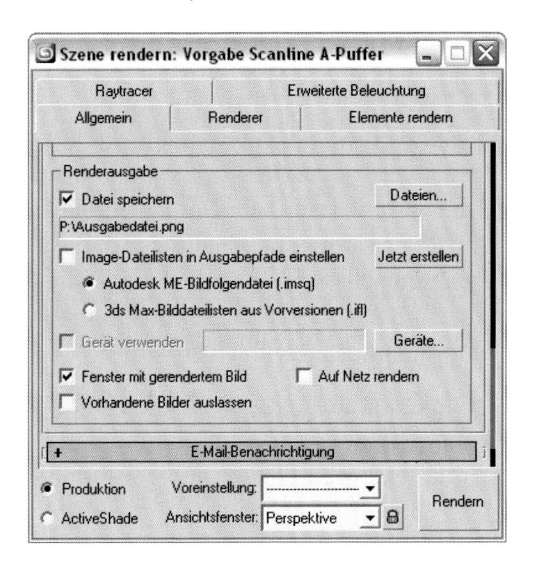

Abbildung 2.232
Der Bereich RENDERAUSGABE für die Definition des Speicherortes und des Dateiformats der Ausgabedatei

4. Nachdem die Beleuchtung und die Materialien in den entsprechenden Produktionsschritten fotorealistisch nachgeahmt wurden, wird die visuelle Renderqualität bzw. -genauigkeit für die finale Bildberechnung nun letztlich über die sogenannte **Sampling-Qualität** gesteuert. Für die meisten architektonischen 3D-Visualisierungen sind die in Abbildung 2.233 aufgezeigten Werte für die *Sampling-Qualität* eine gute Grundlage. Stellen Sie für Ihre

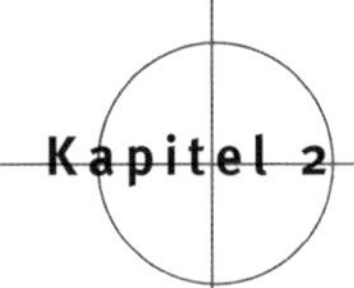

3D-Visualisierungen die Werte entsprechend ein und passen diese dann gegebenenfalls individuell an.

(Menü RENDERN > RENDERN > Registerkarte RENDERER > Bereich SAMPLING-QUALITÄT)

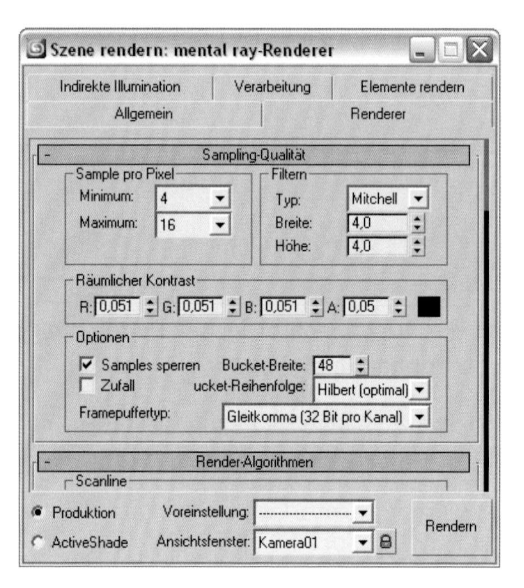

Abbildung 2.233
Definition der Sampling-Qualität

Die Einstellungen zur *Sampling-Qualität* geben an, wie intensiv bzw. detailliert die Berechnung des aktuell zu ermittelnden Bildpunktes (Pixel) vorgenommen werden soll. Die hier definierten Werte haben folglich nicht nur einen hohen Einfluss auf die visuelle Qualität der architektonischen 3D-Visualisierung, sondern ebenfalls auf die Renderzeit und somit die gesamte Produktionszeit. Sie müssen daher mit Bedacht gewählt werden.

Das *Sampling* ist ein sogenanntes Antialiasing-Verfahren zur Reduzierung von Treppeneffekten (gezackte Bildpunkte bzw. Pixel) an Objektkanten und Texturoberflächen. Einfach formuliert, werden die Pixel-Treppen dabei reduziert, indem die einzelnen Stufen mit zusätzlichen, farblich abgestuften Pixeln aufgefüllt werden, um den Treppeneffekt auszugleichen. Um die benötigten Farbabstufungen für diese Füll-Pixel zu ermitteln, werden für jeden Pixel mehrere Farbproben in unmittelbarer Nähe entnommen.

Das *Sampling* berechnet anhand einer Schätzung die endgültige Farbe für das aktuell zu ermittelnde Pixel, indem es die Szenenfarbe an benachbarten Stellen im Pixel oder am Pixelrand sammelt (Farbproben = engl. Samples) und diese Werte dann, mithilfe eines definierbaren *Filters*, mehr oder weniger genau zu einer einzigen Pixelfarbe kombiniert. Die farblichen Stichproben, die dabei an den benachbarten Stellen zur Farbberechnung herangezogen werden, nennt man *Samples* (daher die Bezeichnung des Verfahrens). Mit geringer Sampling-Qualität berechnete 3D-Visualisierungen sind zwar schnell in ihrer Berechnung, jedoch unregelmäßig und ungenau, wie Abbildung 2.234 verdeutlicht. 3D-Visualisierungen, die mit höherer Sampling-Qualität, also mehr Sampling-Werten berechnet werden, weisen glatte und scharfe Objektkanten und Texturkonturen auf, wie in Abbildung 2.235 ersichtlich.

Abbildung 2.234
Produktionsergebnis berechnet mit geringer Sampling-Qualität

Die Intensität der Sampling-Berechnungen zur Ermittlung der endgültigen Pixelfarbe eines Bildpunktes erfolgt adaptiv innerhalb der 3D-Visualisierung, d.h., dass nicht für jeden Pixel mit der gleichen Intensität bzw. Genauigkeit ein neuer Farbwert ermittelt wird, sondern lediglich an solchen Stellen, die einen hohen Farbkontrast aufweisen, also dort, wo Treppeneffekte an Kanten visuell markant wahrnehmbar sind (vgl. in Abbildung 2.234 den Übergang Holzrahmen zur Wand am Fenster oder vordere dunkle Tischkante zur Glasoberfläche etc.). Welche Bereiche dabei für intensivere Sampling-Berechnungen an Pixeln in

Frage kommen, hängt von den definierbaren Kontrast-Schwellenwerten ab, die sich bei den Optionen für die Sampling-Qualität mit angeben lassen (siehe Werte für RÄUMLICHER KONTRAST in Abbildung 2.233). Diese Vorgehensweise bei der qualitativen Verbesserung der 3D-Visualisierung durch *Sampling* reduziert die Renderzeit erheblich, indem die *Sampling*-Berechnungen lediglich auf die Stellen konzentriert werden, die einer qualitativen Aufbesserung bedürfen.

Abbildung 2.235
Produktionsergebnis berechnet mit hoher Sampling-Qualität

Abbildung 2.236
3D-Visualisierung mit geringer Sampling-Werten, hier MINIMUM 1/16 und MAXIMUM 1/4. Die Treppeneffekte an den Objektkanten sind deutlich erkennbar

Geeignete RÄUMLICHER KONTRAST-Werte für architektonische 3D-Visualisierung liegen zwischen **0,05** und **0,02**, wobei niedrigere Werte für eine intensivere zeitaufwendigere Sampling-Berechnung sorgen. Liegt der Kontrast zwischen zwei benachbarten Samples, die für die Farbberechnung eines Pixels herangezogen werden, höher als die angegebenen Werte, werden stufenweise mehr Samples gesammelt, bis ein definierbarer Maximalwert erreicht ist. Die minimale und die maximale Anzahl an Samples, die für die Farbwertberechnung des Pixels herangezogen werden, kann mit den beiden Werten MINIMUM und MAXIMUM in den Sampling-Optionen angegeben werden (siehe Abbildung 2.233). Der MINIMUM-Wert wird zunächst einmal immer für jede Pixelberechnung herangezogen, legt also die Grundqualität des Renderings fest. Eine schrittweise Erhöhung der herangezogenen Samples findet dann statt, wenn bei den gesammelten benachbarten Samples eine Kontrastabweichung festgestellt wird, die die RÄUMLICHER KONTRAST-Werte übersteigt. Durch die Erhöhung werden dann mehr benachbarte Samples bei der Berechnung des Pixel-Farbwertes berücksichtigt.

Die Staffelung der auswählbaren MINIMUM/MAXIMUM-Werte ist: 1/64, 1/16, 1/4, 1, 4, 16, 64, 256 und 1024. Gute Werte für hochwertige architektonische 3D-Visualisierung sind beispielsweise **1** & **4** oder **4** & **16**.

Abbildung 2.237
3D-Visualisierung mit geringen Sampling-Werten, hier MINIMUM 1/4 und MAXIMUM 1; die Treppeneffekte sind deutlich erkennbar

Abbildung 2.238
3D-Visualisierung mit guten Sampling-Werten, hier MINIMUM 4 und MAXIMUM 16; die Treppeneffekte an den Objektkanten sind nur noch leicht erkennbar

Abbildung 2.239
3D-Visualisierung mit hohen Sampling-Werten, hier MINIMUM 64 und MAXIMUM 256; die Treppeneffekte an den Objektkanten sind fast nicht mehr wahrnehmbar

Mit welcher Gewichtung die gesammelten Samples dann zu einem Farbwert zusammengerechnet werden, bestimmt der angegebene FILTER. Der voreingestellte Filtertyp heißt QUADER (vgl. Abbildung 2.233). Er summiert alle gesammelten Samples mit gleicher Gewichtung zu einem Farbwert und ist daher der schnellste Filter. Bei den meisten architektonischen 3D-Visualisierungen liefert der MITCHELL-Filter jedoch die besten Ergebnisse. Wählen Sie für Ihre 3D-Visualisierungen diesen Filtertyp aus und passen Sie ihn nur individuell an, wenn Sie sich detailliert mit den Auswirkungen auseinandergesetzt haben.

Tipp

Das Werkzeug DIAGNOSE in der Produktionssoftware 3ds Max kann Ihnen dabei helfen, die bestmöglichen Sampling-Einstellungen und den richtigen Filtertyp für Ihre individuelle 3D-Visualisierung zu ermitteln. Es zeigt anhand einer visuellen schematischen Darstellung an, ob Sie die Sampling-Werte MINIMUM und MAXIMUM noch weiter erhöhen sollten und wie sich der gewählte Filtertyp verhält. Die Auswertung der visuellen Diagnose ist simpel. Die Anzahl und die Intensität der weißen Pixel zeigen an, wo noch Verbesserungsbedarf besteht. Je weniger weiße Pixel in der Diagnose-Ausgabe dargestellt werden, umso hochwertiger ist Ihre 3D-Visualisierung. Die Unterschiede zwischen Abbildung 2.240, Abbildung 2.241 und Abbildung 2.242 verdeutlichen diesen Sachverhalt.

Aktivieren Sie bei Bedarf das Werkzeug DIAGNOSE mit den in Abbildung 2.243 gezeigten Einstellungen unter (Menü RENDERN > RENDERN > Registerkarte VERARBEITUNG > Bereich DIAGNOSE).

Abbildung 2.240
Diagnose mit den Sampling-Werten MINIMUM = 1 und MAXIMUM = 4

Abbildung 2.241
Diagnose mit den Sampling-Werten MINIMUM = 4 und MAXIMUM = 16

Abbildung 2.242
Diagnose mit den Sampling-Werten MINIMUM = 64 und MAXIMUM = 256

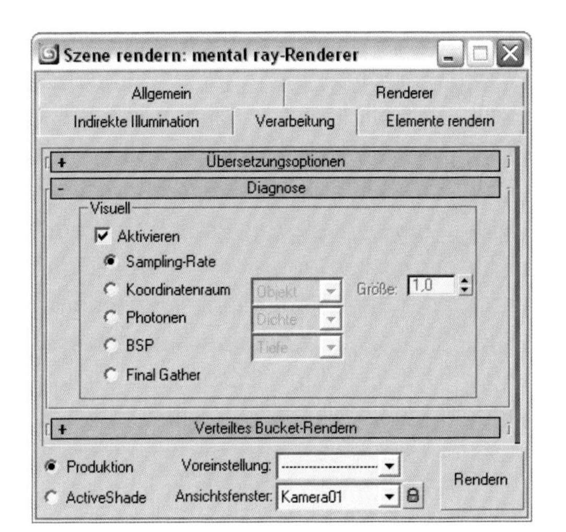

Abbildung 2.243
Das Rollout DIAGNOSE mit aktivierter Anzeige für die SAMPLING-RATE

Weitere Informationen zur Einstellung der Sampling-Qualität sowie der Handhabung des Werkzeugs DIAGNOSE entnehmen Sie bitte der 3ds Max-Hilfe (Stichwort: *Sampling* und *Diagnose*).

5. Sind die entsprechenden Einstellungen für die Ausgabegröße, Renderausgabe und die Sampling-Qualität vorgenommen, kann die finale Bildberechnung, also das **Rendering**, durch das Anklicken der Schaltfläche RENDERN veranlasst werden.

   Wie in Abbildung 2.244 ersichtlich, können Sie hier auch entscheiden, ob Sie nur ein Bild als 3D-Visualisierung oder eine ganze Bildsequenz für eine 3D-Animation errechnen lassen wollen, sofern Sie vorher eine Kamerafahrt oder eine Objektanimation definiert haben.

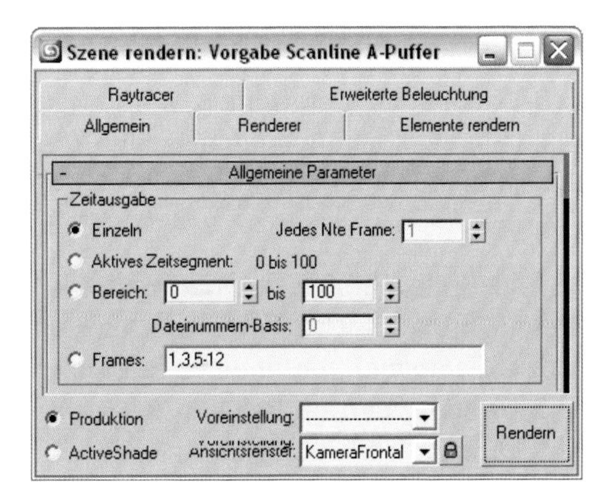

Abbildung 2.244
Dialogfeld SZENE RENDERN mit der Schaltfläche zum Starten der finalen Bildberechnung

Tipp

Zusätzlich zur normalen finalen Bild- oder Bildsequenzberechnung am eigenen Produktionsrechner bietet die Produktionssoftware 3ds Max die Möglichkeit, die Bildberechnungen auf alle im Netzwerk vorhandenen Produktionsrechner aufzuteilen. Anders jedoch als bei der Arbeit mit dem Produktionsrenderer VORGABE SCANLINE (siehe vorangegangene Übung) unterstützt der Renderer MENTAL RAY auch die Verteilung von einzelnen Bildausschnitten (sogenannten Buckets) für die Berechnung eines einzigen Bildes an die sogenannten Render-Server, die dann jeweils diesen Bildausschnitt berechnen und zurückliefern. Besonders nützlich ist dies für die Berechnung komplexer 3D-Visualisierungen mit hohen qualitativen Anforderungen oder für beschleunigte Test-Renderings während der Produktionsschritte »Beleuchtung« und »Materialvergabe«.

Die Vorgehensweise zur Einrichtung von verteiltem Bucket-Rendern ist vergleichsweise simpel. Sie finden eine detaillierte Beschreibung mit zusätzlichen Informationen zur Einrichtung und Bedienung im Abschnitt »Verteiltes Bucket Rendering « auf Seite 339 im weiteren Verlauf dieses Buches oder in der 3ds Max-Hilfe (Stichwort: *Verteiltes Bucket-Rendern* oder *Backburner*).

Zeitersparnis durch voreingestellte Renderoptionen

Eine Vielzahl von den in den Renderoptionen einstellbaren Parametern hat wesentlichen Einfluss auf die optische Qualität und damit indirekt auf die Dauer einer finalen Bildberechnung (engl. Rendering). Nicht für jede Bildberechnung, die während der Produktion Ihrer architektonischen 3D-Visualisierung stattfindet, werden jedoch die höchsten Qualitätseinstellungen benötigt. Renderzeiten können reduziert werden, indem bestimmte Renderparameter vor einer Bildberechnung angepasst werden.

Beispielsweise kann die reine Beleuchtungssituation während des Produktionsschrittes »Beleuchtung« auch mit reduzierter Kantenverbesserung (*Antialias* bzw. *Sampling*) stattfinden und ermöglicht trotzdem eine fundierte Bewertung der erarbeiteten Beleuchtung. Ähnliches gilt für den Produktionsschritt »Inszenierung« oder »Materialvergabe«, die beide nicht zwingend eine Bildberechnung in

Druckauflösung (also mit hohen Pixelanzahlen) voraussetzen, um hochwertige architektonische 3D-Visualisierungen realisieren zu können.

Um nicht für jeden Produktionsschritt erneut diverse Renderparameter manuell in unterschiedlichen Dialogen ändern zu müssen, bietet die Produktionssoftware 3ds Max die Möglichkeit, voreingestellte Renderoptionen für bestimmte Zwecke mit einem aussagekräftigen Namen versehen abzuspeichern, um diese bei Bedarf mit einer schnellen Auswahl per Mausklick wieder abzurufen, wie Abbildung 2.246 verdeutlicht.

Beim Anlegen einer solchen individuellen Voreinstellung kann angegeben werden, welche Kategorien von Parametern für die Speicherung berücksichtigt werden sollen. Die auswählbaren Kategorien entsprechen dabei weitgehend den Registerkarten des Dialogfeldes SZENE RENDERN, das je nach eingestelltem Produktionsrenderer variiert und alle wichtigen Renderoptionen enthält. Wie Abbildung 2.245 zeigt, können Parameter unterschiedlicher Kategorien selektiert und für den späteren Abruf gespeichert werden.

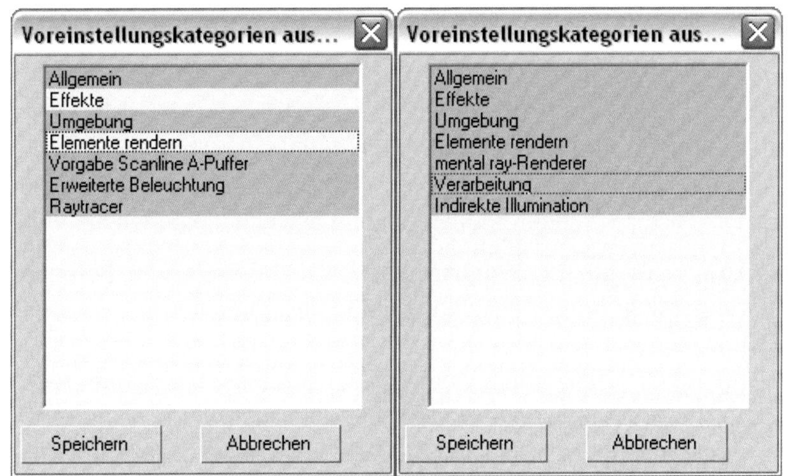

Abbildung 2.245
Dialogfeld VOREINSTELLUNGSKATEGORIEN

Links: VORGABE SCANLINE

Rechts: MENTAL RAY

Wird eine Voreinstellung gespeichert, werden alle aktuell definierten Renderparameter zu den selektierten Kategorien innerhalb einer Datei (*.rps im Ordner *\3dsmax\renderpresets*) gespeichert. Diese können dann während der einzelnen Produktionsschritte bequem über das in Abbildung 2.246 gezeigte Dialogfeld SZENE RENDERN mit einem Klick abgerufen werden.

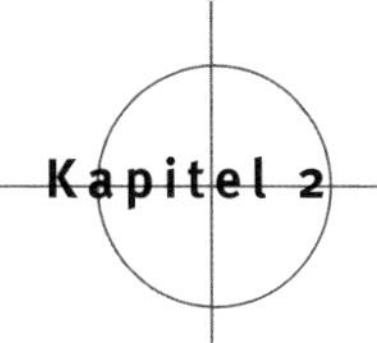

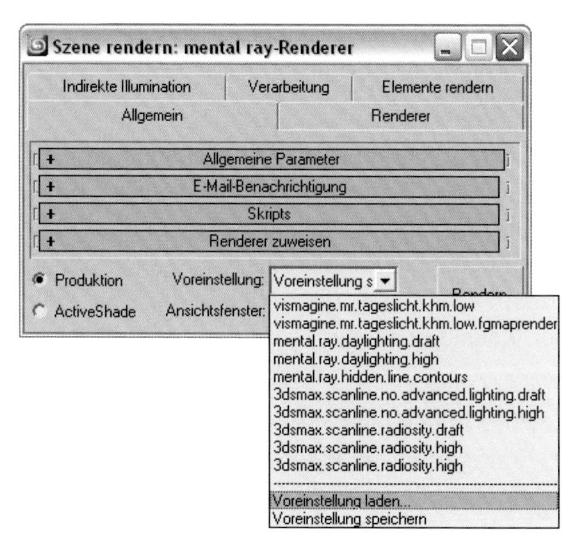

Abbildung 2.246
Speichern und Abrufen von voreingestellten Renderoptionen

Schneller als über das Dialogfeld SZENE RENDERN lassen sich die Voreinstellungen für die Bildberechnung über die entsprechende Symbolleiste TASTATURBEFEHLE FÜR DAS RENDERN in 3ds Max abrufen. Diese muss aber erst über das Menü ANPASSEN > BENUTZEROBERFLÄCHE ANPASSEN eingeblendet werden.

Abbildung 2.247
Symbolleiste für das Abrufen von Voreinstellungen für Renderparameter

Sie sollten für Ihre architektonischen Produktionen mindestens drei Voreinstellungen pro Produktionsrenderer definieren, die Sie dann per Mausklick vor jeder Bildberechnung anwenden können.

- **Low z.B. für die Produktionsschritte Inszenierung/Beleuchtung:** Mit geringen Einstellungen für die Kantenglättung von Geometrien und Texturen (Sampling-Qualität bei MENTAL RAY *ODER* Antialias/Supersampling bei VORGABE SCANLINE) sowie einer reduzierten Bildauflösung. Wählen Sie hier auch einen schnelleren Sampling-Filter, wie QUADER (für MENTAL RAY) oder BEREICH (für VORGABE SCANLINE). Gegebenenfalls kann hier auch die Verwendung des im Abschnitt »Beleuchtung« auf Seite 120 erläuterten neutralen Materials fest angegeben und gespeichert werden, indem Einstellungen der Kategorie (Registerkarte) VERARBEITUNG mit gespeichert werden.
- **Medium z.B. für den Produktionsschritt Materialvergabe:** Etwas bessere Einstellungen für die Kantenglättung von Geometrien

und Texturen um die Wirkung der Materialien besser beurteilen zu können, sowie einer reduzierten Bildauflösung, um die Renderzeit für die Test-Renderings gering zu halten.

- **High für die finale Bildberechnung:** Hier sollten Sie hohe Qualitätseinstellungen für die Kantenglättung von Geometrien und Texturen wählen. Auch die Bildauflösung sollte hier für die finale Bildberechnung auf eine druckfähige Auflösung eingestellt werden.

Tipp

Neben den Qualitätseinstellungen für die Kantenglättung von Geometrien und Texturen oder der richtigen Bildauflösung, speichern die Voreinstellungen auch angegebene Dateien zu FINAL GATHER- oder GLOBALE ILLUMINATION-Maps, die die vorberechnete Beleuchtung einer 3D-Szenerie enthalten. Sie können die Voreinstellungen von 3ds Max also auch nutzen, um schnell zwischen vorbereiteten Beleuchtungsszenerien umzuschalten, indem Sie für jedes Szenario eine eigene eindeutig benannte Voreinstellung abspeichern.

Material übergehen – Option für Beleuchtung

Eine besondere Option, die aber leider nur bei der Verwendung des Produktionsrenderers MENTAL RAY zur Verfügung steht, ist die Renderoption MATERIAL ÜBERGEHEN, die im Menü RENDERN > RENDERN > Registerkarte VERARBEITUNG > Bereich MATERIAL ÜBERGEHEN zu finden ist. Diese Option erlaubt es, alle definierten Materialien lediglich für die bevorstehende Bildberechnung mit einem einzigen individuellen Material zu überschreiben.

Die Renderoption MATERIAL ÜBERGEHEN erlaubt es, insbesondere während der Produktionsschritte »Inszenierung« und »Beleuchtung«, allen 3D-Oberflächen der architektonischen 3D-Szenerie ein einheitliches, homogenes, neutrales Material zuzuweisen. Dies macht sowohl eine effektive Inszenierung der Darsteller als auch die neutrale Beurteilung der erarbeiteten Beleuchtung möglich, vgl. Abbildung 2.248 und Abbildung 2.249.

Nur ohne ablenkende, sprich kolorierte und reflektierende Materialien kann sowohl die reine Wirkung der Positionierung von 3D-Objekten im Raum als auch die reine Beleuchtungssituation einer 3D-Szenerie objektiv beurteilt und gegebenenfalls angepasst werden. Die

Anwendung dieser besonderen Renderoption finden Sie im Abschnitt »Übung für Produktionsrenderer »mental ray (GI & FG)«« auf Seite 198.

Abbildung 2.248
Bildberechnung mit aktiven individuellen Materialien; eine objektive Beurteilung der Beleuchtung ist nur schwer möglich

Abbildung 2.249
Bildberechnung mit aktiver Option MATERIAL ÜBERGEHEN; die Beleuchtungssituation kann deutlich besser beurteilt werden

Render- bzw. Kameraeffekte

Sollen zusätzliche sogenannte Kameraeffekte wie Konturlinien oder Tiefenschärfe Ihre 3D-Visualisierung optisch ergänzen, können diese vor dem Rendern aktiviert und eingestellt werden.

(Menü RENDERN > RENDERN > Registerkarte RENDERER > Bereich KAMERAEFFEKTE)

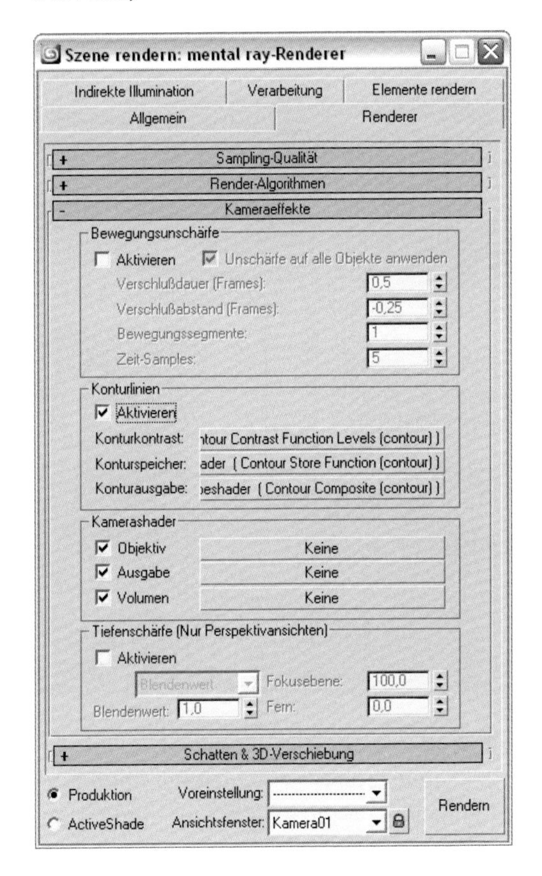

Abbildung 2.250
Dialogfeld für die Aktivierung und Konfiguration von Kameraeffekten

Kameraeffekt »Konturlinien«

Wie bereits im Abschnitt »Materialdefinitionen für Architektur« auf Seite 234 beschrieben, kann es in bestimmten Fällen nützlich sein, die 3D-Visualisierung nicht fotorealistisch, sondern eher stilisiert als Strichzeichnung darzustellen. Konturlinien eignen sich beispielsweise für die Darstellung von Entwurfsanmutungen, 2D-Ansichten oder 2D-Grundrissen.

Für solche Fälle werden die speziellen MENTAL RAY-CONTOUR-MAPS den entsprechenden 3D-Oberflächen während der Materialdefinition zugewiesen. Damit der Renderer diesen Materialeffekt jedoch entsprechend richtig umsetzt, muss dieser erst als nachträglich zu berechnender Kameraeffekt in den Renderoptionen für MENTAL RAY aktiviert werden. Aktivieren Sie gegebenenfalls den Kameraeffekt im Bereich KONTURLINIEN (Menü RENDERN > RENDERN > Registerkarte RENDERER > Rollout KAMERAEFFEKTE > Bereich KONTURLINIEN), wie in Abbildung 2.250 gezeigt.

Abbildung 2.251
Aktiver Kameraeffekt KONTURLINIEN für eher stilisierte architektonische 3D-Visualisierung

Kameraeffekt »Tiefenschärfe«

Im Bereich TIEFENSCHÄRFE des gleichen Rollouts (siehe Abbildung 2.250) sind auch die Konfigurationsmöglichkeiten für die Tiefenschärfe der Kamera zu finden, mit denen sich in der 3D-Visualisierung realistische Unschärfe in definierbaren Bildbereichen realisieren lässt. Durch gezielt unscharf maskierte Bildbereiche kann einer architektonischen 3D-Visualisierung zusätzlich zur Beleuchtungsschattierung noch mehr Bildtiefe verliehen werden, die das Ergebnis realistischer aussehen lassen kann. Zudem lässt sich die Aufmerksamkeit des Betrachters ebenfalls gezielt auf bestimmte Darsteller (3D-Objekte) einer 3D-Szenerie lenken, in dem diese in den scharf dargestellten Bereichen der 3D-Visualisierung zu sehen sind.

Abbildung 2.252
3D-Visualisierung mit und ohne Tiefenschärfe im direkten Vergleich

Experimentieren Sie ein wenig mit den Möglichkeiten, die Ihnen mit dem Werkzeug TIEFENSCHÄRFE zur Verfügung stehen und entscheiden Sie dann individuell, ob dieser Kameraeffekt Ihre 3D-Visualisierung aufwertet. Um den Effekt anzuwenden, müssen Sie folgendermaßen vorgehen:

- **Kamera:** In den Eigenschaften der Kamera muss die Option für Tiefenschärfe aktiviert werden. Selektieren Sie die entsprechende Kamera und aktivieren Sie die Tiefenschärfe-Option im Bereich TIEFENSCHÄRFE. Wählen Sie als Tiefenschärfenberechnungsfunktion die Option TIEFENSCHÄRFE (MENTAL RAY). Stellen Sie mithilfe des Wertes für ZIELABSTAND die Fokusebene der Kamera nach Ihrem Wunsch ein. Innerhalb der Fokusebene werden die 3D-Objekte scharf dargestellt, außerhalb hingegen, werden diese unscharf maskiert. Die Ausprägung der Unschärfe wird durch den Wert für BLENDE angegeben. Kleinere Werte entsprechen einer höheren Unschärfe außerhalb der Fokusebene.
- **Renderoptionen:** In den Renderoptionen müssen Sie die Berücksichtigung der Tiefenschärfe aktivieren, damit der Produktionsrenderer MENTAL RAY die Tiefenschärfe-Eigenschaften der Kamera bei der finalen Bildberechnung berücksichtigt.

Tipp

Wenden Sie den Kameraeffekt TIEFENSCHÄRFE möglichst am Ende Ihrer Produktionsschritte an. Sie vermeiden so unnötige Verlängerung der Render- und somit auch Produktionszeiten, weil andernfalls der Kameraeffekt bei jeder Test-Bildberechnung, etwa bei der Ausarbeitung der Beleuchtung oder der Materialien, mit berechnet wird.

Mit ein wenig Erfahrung können Tiefenschärfe-Effekte auch in einer Bildbearbeitungssoftware während des Produktionsschrittes »Postproduktion« andeutungsweise, aber vor allem schneller simuliert werden, indem durch weiche Auswahlen maskierte Bildbereiche mit einem leichten Weichzeichner versehen werden (siehe auch Abschnitt »Postproduktion« auf Seite 317).

Abbildung 2.253
Architektonische 3D-Visualisierung ohne Tiefenschärfe-Effekte

Abbildung 2.254
Architektonische 3D-Visualisierung mit Tiefenschärfe-Effekte; die Dreidimensionalität und die Raumtiefe können betont und der Realismus somit erhöht werden

Weitere Informationen zu den Kameraeffekten KONTURLINIEN und TIEFENSCHÄRFE, die sich als Rendering-Option aktivieren lassen, finden sich in der 3ds Max-Hilfe (Stichwort: *Konturlinien* & *Tiefenschärfe mental ray*).

Verwaschene oder überbelichtete Renderergebnisse

Bei erstmaligem Einsatz oder unvollständiger Einrichtung von MENTAL RAY als Produktionsrenderer kann es vorkommen, dass die berechneten Bildergebnisse stark verfälscht bzw. überbelichtet wirken und nicht den Erwartungen entsprechen.

Viele 3D-Artists neigen dazu, möglichst schnell erste visuelle Ergebnisse produzieren zu wollen, ohne sich vorerst mit der exakten Konfiguration der zugrunde liegenden Produktionssoftware zu beschäftigen. Die vollständige und korrekte Vorkonfiguration der Produktionssoftware 3ds Max ist für den professionellen Einsatz des Produktionsrenderers MENTAL RAY jedoch eine zwingende Voraussetzung, da Sie viele unerwünschte Bildergebnisse, wie verwaschene 3D-Oberflächen (Texturen) oder überbelichtete Renderings von vornherein vermeidet und dadurch unnötige und zeitaufwendige Bildkorrekturen erspart.

Die häufigsten unerwarteten Bildfehler, die bei dem unkonfigurierten Einsatz von MENTAL RAY auftreten, sind folgende:

- **Überbelichtete Renderings:** Lösung siehe Kapitel 3, Abschnitt »Bildberechnung mit photometrischen Werten«
- **Verwaschene ungesättigte Wiedergabe von Texturen:** Lösung siehe Kapitel 3, Abschnitt »Texturgamma – blasse Texturoberflächen im Ausgabefenster«
- **Verwaschene ungesättigte Wiedergabe von exakt definierten Farbwerten:** Lösung siehe Kapitel 3, Abschnitt »RGB-Farbwerte-Gamma – blasse Farben im Ausgabefenster«
- **Farbverfälschte Bilddateien nach dem Speichern:** Lösung siehe Kapitel 3, Abschnitt »Bildausgabe – unterbelichtete Renderergebnisse nach dem Speichern«

Wie Sie 3ds Max für eine ordnungsgemäße Verwendung von MENTAL RAY innerhalb einer Produktion konfigurieren und somit die Fehlerquellen vermeiden, die die unerwarteten Renderergebnisse produzieren, wird im Detail in Kapitel 3 »Richtige Vorkonfiguration der 3D-Software 3ds Max für optimale Renderergebnisse« erläutert.

Rechengenauigkeit der Renderings

Der ausgewählte Framebuffertyp bestimmt die interne Rechengenauigkeit des Ausgabefensters für Ihre 3D-Renderings. Voreingestellt ist hier die Option GANZZAHL (speichert 16 Bit pro Farbkanal, also jeweils 65.536 unterschiedliche Rot-, Grün- und Blautöne). Sie sollten an dieser Stelle den Wert GLEITKOMMA auswählen (32 Bit pro Farbkanal, also jeweils 4.294.967.296 unterschiedliche Rot-, Grün- und Blautöne). Sie sind erst dann in der Lage, 3D-Renderings mit hohem Dynamikbereich zu erzeugen und abzuspeichern, die eine wesentlich genauere Beschreibung der Licht- und Farbintensitäten ermöglichen und wesentlich mehr Schattendetails enthalten. Die Anpassung dieser Option erleichtert Ihnen insbesondere während des Produktionsschrittes »Postproduktion« die nachträgliche Überarbeitung der Renderergebnisse.

(Menü RENDERN > RENDERN > Registerkarte RENDERER > Rollout SAMPLING-QUALITÄT > Bereich OPTIONEN)

Abbildung 2.255
Rollout zur Auswahl des hohen Framebuffertyps

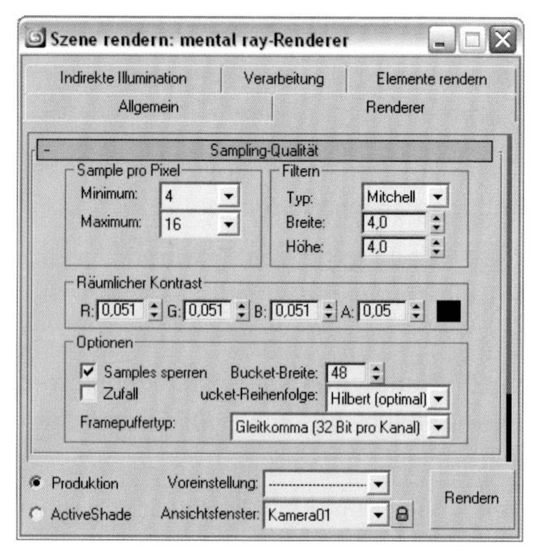

Achtung

Nicht jedes Dateiformat kann die mit hohem Dynamikbereich errechneten 3D-Renderings zur Weiterverarbeitung vollständig abspeichern. Die meisten Dateiformate können nicht 4.294.967.296 unterschiedliche Rot-, Grün- und Blautöne (32 Bit pro Farbkanal) speichern und reduzieren den Dynamikbereich beim Speichern von vornherein auf 16 Bit oder sogar 8 Bit. Eine nachträgliche Feinjustierung der berechneten Bildergebnisse innerhalb einer Bild- oder Videobearbeitungssoftware während der *Postproduktion* ist dann nur noch sehr begrenzt möglich. Erhöht man hier die Helligkeits- oder Kontrastwerte einer solchen Bilddatei, scheinen bestimmte Farbwerte ab bestimmten Wertgrenzen einfach wegzubrechen und es erscheinen unrealistische Farbverläufe mit wenig Schattendetails, wie der Vergleich von Abbildung 2.256 und Abbildung 2.257 verdeutlicht.

Abbildung 2.256
Hoher Dynamikbereich mit ausreichend Farbtiefe für Nachbearbeitung

Abbildung 2.257
Niedriger Dynamikbereich mit wegbrechenden Farbverläufen

Versuchen Sie daher, Ihre Bilder, die Sie aufwendig im hohen Dynamikbereich und mit linearen Werten für Licht- und Farbverhältnisse errechnet haben, nicht von vornherein beim Speichern in ihrer

Daten- bzw. Informationstiefe zu beschneiden, sondern wählen Sie als Speicherformat immer ein Dateiformat, das möglichst viele bzw. alle der errechneten Werte sichert, um eine bestmögliche Nachbearbeitung (Postproduktion) zu ermöglichen. Geeignete Dateiformate diesbezüglich sind Portable Network Graphics (*.png), OpenEXR (*.exr) und Radiance-Image-Dateien (HDRI; *.hdr).

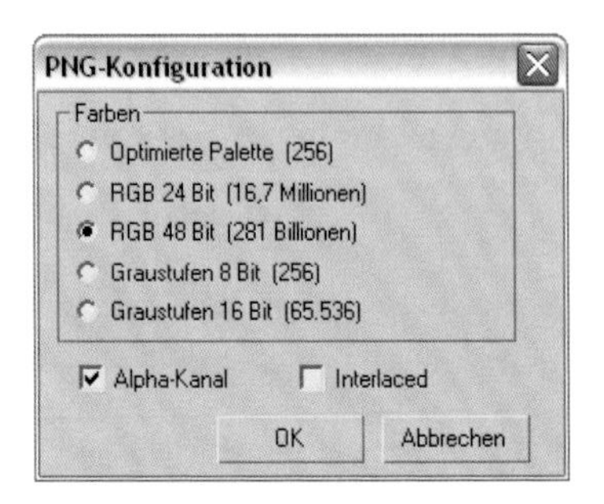

Abbildung 2.258
Dialogfeld für die Speicherung von Bilddateien im PNG-Format mit hohem Dynamikbereich

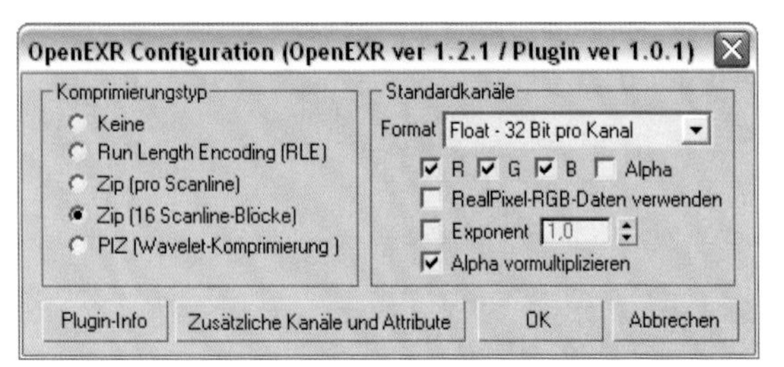

Abbildung 2.259
Dialogfeld für die Speicherung von Bilddateien im OpenEXR-Format mit hohem Dynamikbereich

Alternative professionelle Renderer für 3ds Max

Neben dem hochwertigen Produktionsrenderer MENTAL RAY, der direkt mit der Produktionssoftware 3ds Max aufgeliefert wird und dort vollständig integriert ist, können für die Realisierung professioneller architektonischer 3D-Visualisierungen auch alternative Produktionsrenderer eingesetzt werden. Mit MENTAL RAY lassen sich zwar alle erdenklichen architektonischen 3D-Visualiserungen in hochwertiger Qualität realisieren, jedoch bieten einige alternative Produktionsrenderer spezielle Funktionen an, die einige Produktionsschritte vereinfachen.

Wer von Ihnen sich einen vollständigen Überblick über die am Markt erhältlichen Produktionslösungen für architektonische 3D-Visualisierungen verschaffen möchte, sollte sich etwas Zeit nehmen, um sich mit den folgenden alternativen Produkten zu beschäftigen.

V-Ray

Das Produkt *V-Ray* der Firma *Chaos Group Ltd.* aus Bulgarien wurde insbesondere für die Realisierung hochwertiger Produkt- und Architekturvisualisierungen entwickelt. Es basiert auf ähnlichen Prinzipien und Funktionen, auf die auch MENTAL RAY aufbaut, bietet aber eine alternative Bedienoberfläche innerhalb der Produktionssoftware 3ds Max und fasst diverse Einstellungen innerhalb zentraler Dialogfelder zusammen. Es erfreut sich daher einer wachsenden Fangemeinde und wird immer häufiger für architektonische 3D-Visualisierungen eingesetzt. Die Renderer MENTAL RAY und V-Ray sind in ihrer Funktionalität ähnlich stark, die hauptsächlichen Unterschiede sind in der Handhabung/Bedienung der einzelnen Funktionen zu suchen. Wer sich mit architektonischer 3D-Visualisierung beschäftigt, sollte das alternative Produkt zumindest kennen und einmal getestet haben. Letztlich entscheidet jeder dann individuell, mit welcher Software er am besten zurechtkommt oder mit welchem Produkt sich am effektivsten professionelle Ergebnisse erzielen lassen. V-Ray wird nicht mit 3ds Max ausgeliefert und muss separat lizenziert werden.

Nähere Informationen über Funktionsumfang und Handhabung finden sich auf der Produktseite des Herstellers http://www.chaosgroup.com/.

Maxwell Render

Der *Maxwell Renderer* der Firma *Next Limit Technologies* aus Spanien ist mit den herkömmlichen Produktionsrenderern wie V-Ray und auch MENTAL RAY nicht direkt vergleichbar. Während MENTAL RAY durch geeignete Technologien und Berechnungsalgorithmen versucht, sich bestmöglich an das Verhalten von natürlichem Licht anzunähern, um visuell realistische Ergebnisse zu erzielen, basieren alle Licht- und Oberflächenberechnungen im Maxwell Render auf den neuesten physikalischen Formeln der Fotometrie, also der Lehre vom Licht und dessen physikalischem Verhalten. Mithilfe von entsprechenden mathematischen Gleichungen wird so lange an einer Bildberechnung gerechnet, bis diese mathematischen Gleichungen möglichst vollständig gelöst sind und alle Licht-Oberflächen-Interaktionen naturgetreu physikalisch simuliert wurden. Auf diese Weise können 3D-Visualisierungen realisiert werden, die absolut fotorealistisch sind.

Der Maxwell Render bietet zudem die Möglichkeit, nach erfolgtem Rendering, die Lichtintensität jeder einzelnen Lichtquelle einer 3D-Szenerie nachträglich realistisch und interaktiv (also in Echtzeit) anzupassen, also einzelne Lichter zu dimmen oder zu intensivieren. Das Einrichten einer 3D-Szenerie gestaltet sich ebenfalls simpel: photometrische Lichtquellen definieren > physikalische Materialien definieren > Rendern!

Einer der größten Nachteile dieser neuen Render-Technologien, die der Maxwell Renderer bietet, ist die bislang noch außerordentlich hohe Berechnungszeit für professionelle 3D-Visualisierungen. Produktionen in DIN-A3-Druckauflösung benötigen im Vergleich zu MENTAL RAY noch ein Vielfaches an Renderzeit und setzen fast den Einsatz von Render-Netzwerken voraus, um akzeptable Qualitäten dieser Größe zu erreichen. Aus dem gleichen Grund lassen sich 3D-Animationen nur mit außerordentlich hohem Aufwand produzieren.

Sollten die Rechenleistungen der Prozessoren jedoch weiterhin in dem Maße steigen, wie sie es in der Vergangenheit getan haben, wird der Einsatz eines auf fotometrischen Formeln basierenden Produktionsrenderers wie Maxwell Render in naher Zukunft auch für professionelle architektonische 3D-Visualisierung interessant. Aus diesem Grunde sollte jeder, der sich mit professioneller 3D-Visualisierung beschäftigt, diese Alternative zumindest kennen und sich bei Zeiten ein wenig mit den sich bietenden Möglichkeiten beschäftigen.

Nähere Informationen über Funktionsumfang und Handhabung finden sich auf der Produktseite http://www.maxwellrender.com/.

fryrender

Auch der Produktionsrenderer *fryrender* der spanischen Firma *Feversoft* basiert auf den gleichen Prinzipien, wie die des bereits erläuterten Maxwell Render. Auch hier werden mithilfe mathematischer Formeln aus der Fotometrie erstaunlich realistische Ergebnisse erzielt. Der Unterschied zu dem Produkt Maxwell Render ist im Detail zu suchen. Eine Evaluierung beider Produkte für einen möglichen Einsatz in professionellen Produktionen ist durchaus sinnvoll.

Die Nachteile bezüglich der außerordentlich hohen Berechnungszeiten kann bislang leider auch der fryrender nicht lösen. Aber auch für dieses Produkt gilt, wer sich mit professioneller 3D-Visualisierung beschäftigt, sollte diese Alternative zumindest kennen und sich bei

Zeiten ein wenig mit den sich bietenden Möglichkeiten auseinandersetzen.

Nähere Informationen über Funktionsumfang und Handhabung finden sich auf der Produktseite http://www.fryrender.com/.

2.8 Postproduktion

Dem erläuterten Produktionsschritt »Rendering« schließt sich unmittelbar der Produktionsschritt »Postproduktion« an. Mit dem Begriff *Postproduktion* wird die nachträgliche Überarbeitung bzw. Verbesserung der mithilfe der Produktionssoftware 3ds Max realisierten Ergebnisse bezeichnet. Dieser Produktionsschritt ist daher optional anwendbar. Sofern Sie mit den Produktionsergebnissen der finalen Bildberechnung in 3ds Max zufrieden sind, besteht zwar keine Notwendigkeit eine Postproduktion durchzuführen, sie ist aber immer empfehlenswert, da erfahrungsgemäß Farbgebungen oder Farbvariationen immer verbessert oder durch zusätzliche Bildeffekte aufgewertet werden können.

Die Postproduktion ist ein wesentlicher Produktionsschritt, der es ermöglicht, unterschiedliche Änderungen an einer bereits realisierten architektonischen 3D-Visualisierung vorzunehmen, ohne die zeitintensive finale Bildberechnung innerhalb der 3D-Software 3ds Max nochmals ausführen zu müssen. Die Möglichkeiten der Nachbearbeitung sind jedoch beschränkt, da sich keine Änderungen durchführen lassen, die sich auf den dreidimensionalen Raum oder die Interaktion der definierten Lichtquellen-Objekte mit den definierten Materialoberflächen beziehen. Es lassen sich also keine 3D-Objekte im Raum umpositionieren, Glanz- bzw. Reflexionseigenschaften von definierten Materialoberflächen oder gar die zugrunde liegende Beleuchtungssituationen anpassen. Hingegen sind Änderungen die sich auf das zweidimensionale Bild beziehen, umfassend möglich, wie beispielsweise die nachträgliche Anpassung von Farbgebungen (der gesamten Szene oder einzelner Objekte) oder das Hinzufügen von zusätzlichen Bildeffekten, wie z.B. Tiefenschärfe, Objektglühen oder Lichtenergie.

In der Regel wird der Produktionsschritt »Postproduktion« für folgende Aufgaben genutzt, deren Umsetzung in der sich anschließenden Übung näher erläutert wird:

- **Allgemeine Farbanpassungen:** Beispielsweise um ein intensiveres Himmelsblau oder eine kräftigere Begrünung zu realisieren.
- **Objektbezogene Farbanpassungen:** Beispielsweise um großflächige Fassadenfarben zu ändern und Farbvariationen an Darstellern (3D-Objekten) auszuprobieren.
- **Tonwertkorrekturen/Kontrastanpassungen:** Um die Schattierungen einer gegebenen Beleuchtungssituation zu verstärken.
- **Effekt Lichtenergie:** Um beispielsweise den Eindruck von intensiver Sonnenlichteinstrahlung zu verstärken.
- **Effekt Tiefenschärfe:** Um durch unscharf maskierte Bildbereiche die räumliche Tiefe zu unterstreichen und den Fokus auf bestimmte Szenenelemente zu lenken, siehe auch Abschnitt »Effekt »Tiefenschärfe« « auf Seite 327.
- **Und vieles mehr.**

Insbesondere für architektonische 3D-Visualisierung bietet sich also mit der Postproduktion eine schnelle Alternative, die allgemeine Szenenfarbgebung oder individuelle Objektfarben nachträglich zügig anzupassen. Unter anderem dann, wenn die während des Produktionsschrittes »Materialvergabe« definierten Oberflächenfarben nicht wunschgemäß dargestellt werden oder alternative Farbvariationen ausprobiert werden sollen, kann die Nachbearbeitung in der Postproduktion die erneute zeitintensive finale Bildberechnung (Rendering) ersparen.

Die Postproduktion findet in der Regel mit herkömmlicher 2D-Bild- oder Videobearbeitungssoftware statt. Je nach gewünschtem Produktionsergebnis, entweder einzelne 3D-Visualisierung oder 3D-Animationen, wird auf unterschiedliche Programme zurückgegriffen. Um die Postproduktion für einzelne 3D-Visualisierungen zu realisieren wird auf Bildbearbeitungsprogramme wie Adobe Photoshop oder ähnliche Software zurückgegriffen. Um die Postproduktion für 3D-Animationen zu realisieren, werden meist Videobearbeitungsprogramme verwendet, die mit bewegten Bildern umgehen können. Meist kommen hier Softwarepakete wie *Autodesk Combustion* oder *Adobe Premiere* zum Einsatz, die ähnliche Filter und Funktionen wie die kleinen Brüder aus der Bildbearbeitung anbieten, diese lediglich auf eine Serie von Bildern anstatt auf ein Einzelbild anwenden.

Einige Beispiele für die Postproduktion eines mithilfe von 3ds Max bereits fertig berechneten Produktionsergebnisses werden nun im folgenden Abschnitt näher erläutert.

Übung: Postproduktion

Allgemeine Farbanpassungen

In den häufigsten Fällen kann eine nachträgliche Farbanpassung entscheidend dazu beitragen, die Qualität einer architektonischen 3D-Visualisierung zu verbessern. In dem folgenden Beispiel einer Außenvisualisierung wurden die Grüntöne der Begrünung und das Blau des Himmels nicht erwartungsgemäß berechnet oder im Material definiert, hier übertrieben dargestellt. Eine nachträgliche Anpassung dieser beiden Töne ist empfehlenswert. Verwenden Sie eine Bildbearbeitungssoftware Ihrer Wahl, um mithilfe der Werkzeuge für Farbkorrekturen, die Farben der 3D-Visualisierung realistischer zu gestalten.

In dem folgenden Beispiel wurden die Farbkorrekturen mit der professionellen Bildbearbeitungssoftware Adobe Photoshop durchgeführt. Abbildung 2.260 zeigt das ursprüngliche Ergebnis der finalen Bildberechnung mit der Produktionssoftware 3ds Max.

Abbildung 2.260
Ursprüngliches Renderergebnis, die Durchführung einer Farbkorrektur ist empfehlenswert

Gehen Sie, um die Postproduktion durchzuführen, folgendermaßen vor:

1. Öffnen Sie das originale Rendering (Abbildung 2.260) in Adobe Photoshop (oder in einer alternativen Bildbearbeitungssoftware).

2. Verwenden Sie die dort vorhandenen Werkzeuge für eine selektive Farbkorrektur, in Adobe Photoshop das Werkzeug im Menü BILD > ANPASSUNGEN > SELEKTIVE FARBKORREKTUR (Abbildung 2.261) oder das Werkzeug FARBTON/SÄTTIGUNG (Abbildung 2.262) im gleichen Menü.

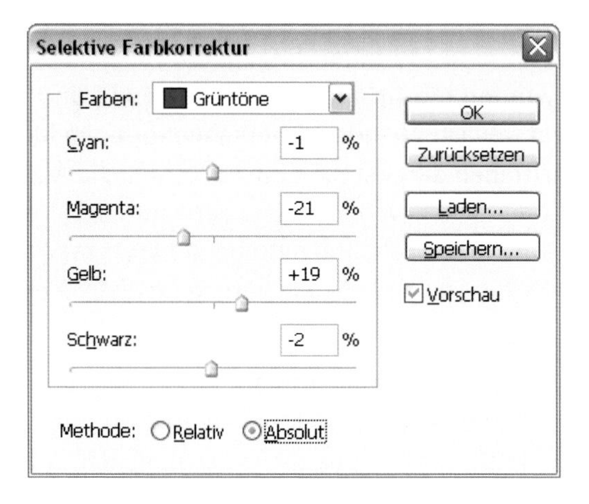

Abbildung 2.261
Werkzeug SELEKTIVE FARBKORREKTUR in Adobe Photoshop

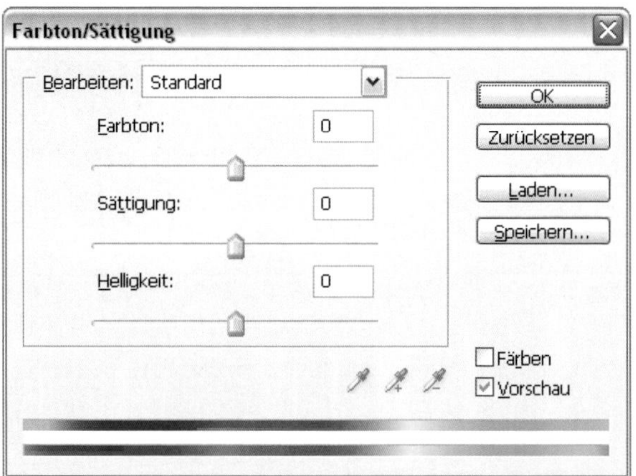

Abbildung 2.262
Werkzeug FARBTON/SÄTTIGUNG in Adobe Photoshop

3. Wählen Sie aus der obigen Auswahlliste den zu überarbeitenden Farbton, in diesem Beispiel zunächst einmal die Cyan- oder Blautöne (im zweiten Schritt dann die Grüntöne).

4. Passen Sie mithilfe der Farbregler die Farben wunschgemäß an und erhöhen Sie damit die Qualität Ihrer 3D-Visualisierung, wie in Abbildung 2.263 gezeigt.

Abbildung 2.263:
Das während der Postproduktion überarbeitete Bild; Himmel und Begrünung wirken deutlich realistischer

Die durchgeführte Farbkorrektur lässt sich mit ähnlichen Werkzeugen auch für 3D-Animationen in entsprechender Videobearbeitungssoftware durchführen, wie z.B. Adobe Premiere oder ähnliche Produkte.

Objektbezogene Farbanpassungen

Selbstverständlich sind in vielen Fällen Farbanpassungen nicht nur generell für die gesamte 3D-Visualisierung durchzuführen, sondern auch selektiv für einzelne Objekte innerhalb der 3D-Visualisierung. Um eine objektbezogene Farbanpassung durchzuführen, muss zunächst einmal eine Auswahlmaske für das entsprechende Objekt durchgeführt werden, eine zeitintensive Aufgabe, wenn manuell mit den Auswahl-Werkzeugen der Bildbearbeitung versucht wird, die Konturlinien des Objekts zu umreißen. Insbesondere für 3D-Animationen ist es unmöglich, die sich bewegenden Objekte mit einer manuellen Auswahlmaske zu selektieren, um die Farbanpassungen lediglich auf diese Objekte anzuwenden.

Für objektbezogene Anpassungen werden daher automatisch erstellte Auswahlmasken benötigt, die sich mit dem Werkzeug RENDERN SEPARATER ELEMENTE in der Produktionssoftware 3ds Max, effektiv generieren lassen. Der Abschnitt »Rendern separater Elemente (Render Passes)« auf Seite 330 erläutert das Werkzeug ausführlicher.

Abbildung 2.264
Die zu überarbeitende 3D-Visualisierung, bei der die Fassadenfarbe geändert werden soll

Um eine selektive objektbezogene Farbanpassung durchzuführen, gehen Sie folgendermaßen vor:

1. Erstellen Sie in der Produktionssoftware 3ds Max mithilfe des Werkzeugs RENDERN SEPARATER ELEMENTE mit dem Element MATTHEIT (alternativ auch OBJEKTID) eine Auswahlmaske, die als separate Datei abgespeichert wird (vgl. Abbildung 2.267).

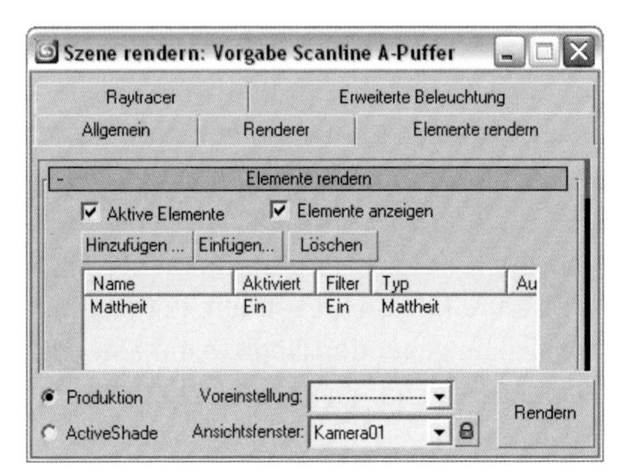

Abbildung 2.265
Element MATTHEIT im Rollout ELEMENTE RENDERN

Fügen Sie dafür in Menü RENDERN > RENDERN > Registerkarte ELEMENTE RENDERN > Rollout ELEMENTE RENDERN über die Schaltfläche HINZUFÜGEN das Element MATTHEIT hinzu (Abbildung 2.265). Markieren Sie das Element in der Liste und konfigurieren Sie im unten erscheinenden Rollout MATTHEIT, nach welchem Kriterium die Maske erstellt werden soll bzw. für welches Objekt die Maske realisiert werden soll (Abbildung 2.266). Vergeben Sie den zu maskierenden 3D-Objekten entsprechend die hier definierte Objekt-ID (in den Objekteigenschaften rechte Maustaste auf dem jeweiligen Objekt) oder den Oberflächen eine Material-ID (im Material-

Editor, siehe 3ds Max-Hilfe Stichwort *Material-ID*), um diese bei der Berechnung der Maske zu berücksichtigen.

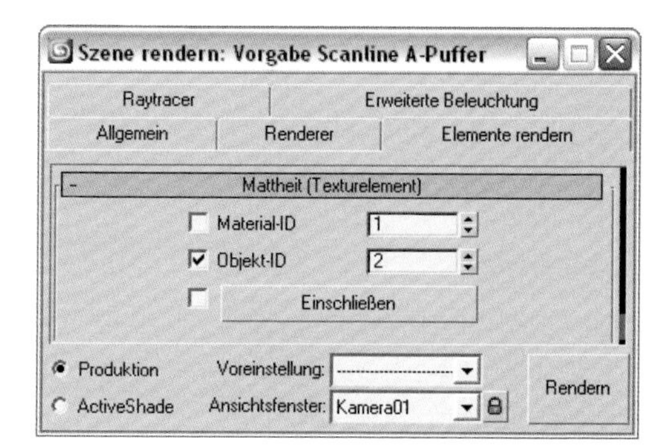

Abbildung 2.266
Konfiguration des Elements MATTHEIT; hier werden die Objekte definiert, die für die Auswahlmaske berücksichtigt werden sollen

2. Starten Sie den Berechnungsvorgang durch Mausklick auf die Schaltfläche RENDERN. Das in Abbildung 2.267 gezeigte Bild, das anschließend in Adobe Photoshop als Auswahlmaske verwendet werden kann, wird berechnet.

Abbildung 2.267
Die mithilfe des Werkzeugs RENDERN SEPARATER ELEMENTE realisierte Auswahlmaske (Elementtyp MATTHEIT)

3. Öffnen Sie sowohl die zu überarbeitende 3D-Visualisierung als auch die erstellte Datei mit der Auswahlmaske in Adobe Photoshop.
4. Markieren Sie mit Strg+A die gesamte Auswahlmaske und kopieren Sie den Inhalt mit Strg+C in die Zwischenablage.
5. Wechseln Sie in die zu überarbeitenden 3D-Visualisierung und öffnen Sie das Fenster KANÄLE über das Menü FENSTER > KANÄLE. Erstellen Sie mit dem zweiten Symbol von rechts eine neue Auswahlmaske (siehe Abbildung 2.268). Markieren Sie die neue Aus-

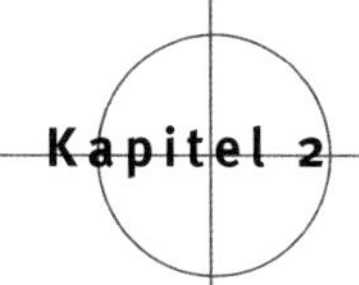

wahlmaske und fügen Sie den Inhalt der Zwischenablage mit [Strg]+[V] dort ein.

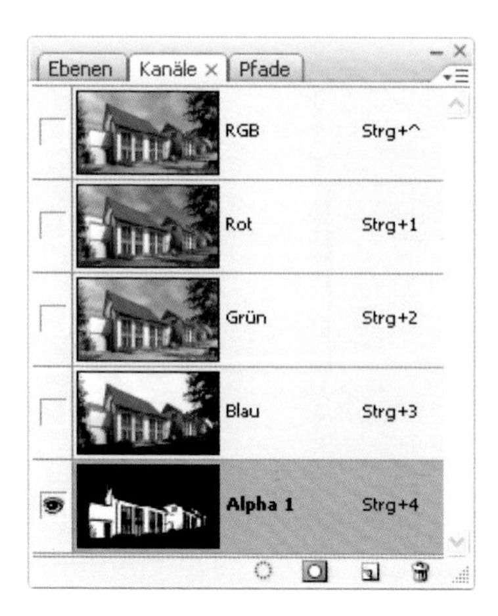

Abbildung 2.268
Fenster KANÄLE in Adobe Photoshop

6. Veranlassen Sie Adobe Photoshop mit dem ersten Symbol von links, aus dem soeben angelegten Kanal eine aktive Auswahl zu erstellen und wechseln Sie dann mit [F7] wieder in das Fenster EBENEN. Mit diesem Schritt haben Sie alle definierten Objekte markiert und können nun eine Farbkorrektur oder einen beliebigen anderen Effekt auf die ausgewählten Bildbereiche anwenden, wie Abbildung 2.269 verdeutlicht.

Abbildung 2.269
Aktive Auswahl in Adobe Photoshop

Verwenden Sie z.B. für die objektbezogene Farbanpassung die in Adobe Photoshop vorhandenen Werkzeuge für eine selektive Farbkorrektur (Menü BILD > ANPASSUNGEN > SELEKTIVE FARBKORREKTUR

(Abbildung 2.261)) oder das Werkzeug FARBTON/SÄTTIGUNG (Abbildung 2.262) im gleichen Menü. Die weitere Vorgehensweise ist die gleiche, wie bereits im vorigen Abschnitt beschrieben.

Abbildung 2.270
Mithilfe von ELEMENTE RENDERN überarbeitete Fassadenfarbe

Tonwertkorrekturen/Kontrastanpassungen

In manchen Fällen kann eine nachträgliche Anpassung der Tonwerte bzw. der Kontraste in der architektonischen 3D-Visualisierung entscheidend dazu beitragen, die Qualität zu verbessern. Im folgenden Beispiel wurde mithilfe des Werkzeugs TONWERTKORREKTUR für mehr Lichtkontraste in der 3D-Visualisierung gesorgt, um so eine optische Verbesserung zu erzielen. Der optische Unterschied zwischen Abbildung 2.271 und Abbildung 2.272 macht die qualitative Verbesserung durch die Postproduktion deutlich, insbesondere an den Gebäudefassaden.

Abbildung 2.271
3D-Visualisierung vor der Postproduktion

Zu finden ist das Werkzeug TONWERTKORREKTUR in Adobe Photoshop im Menü BILD > ANPASSUNGEN > TONWERTKORREKTUR.

Abbildung 2.272
3D-Visualisierung nach der Postproduktion mit aktiver Auswahlmaske für die Gebäudefassaden

Effekt »Lichtenergie«

Bei dem Effekt *Lichtenergie* handelt es sich um eine besondere bildliche Aufwertung von architektonischen 3D-Visualisierungen, die das subtile Glühen stark beleuchteter 3D-Oberflächen bei heller Lichteinstrahlung simuliert. Mithilfe des Effekts *Lichtenergie* kann der 3D-Visualisierung innerhalb der Postproduktion auf schnelle Art und Weise eine ansprechende Atmosphäre verliehen werden.

Abbildung 2.273
3D-Visualisierung ohne Lichtenergie-Effekt

Um diesen Effekt zu erzeugen muss in der Bildbearbeitungssoftware Adobe Photoshop lediglich ein entsprechend justierter Filter WEICHES LICHT auf die 3D-Visualisierung angewendet werden, der im Menü FILTER > VERZERRUNGSFILTER > WEICHES LICHT zu finden ist. Gute einstellbare Filterwerte für architektonische 3D-Visualisierung sind LICHTMENGE **2-4** und KONTRAST **16-18**.

Abbildung 2.274
3D-Visualisierung mit Lichtenergie-Effekt

Effekt »Tiefenschärfe«

Bei dem Effekt *Tiefenschärfe* handelt es sich ebenfalls um eine besondere bildliche Aufwertung von architektonischen 3D-Visualisierungen, der dazu verwendet werden kann, der 3D-Visualisierung realistische Unschärfe in definierbaren Bildbereichen zu verleihen.

Durch gezielt unscharf maskierte Bildbereiche kann einer architektonischen 3D-Visualisierung zusätzlich zur Beleuchtungsschattierung noch mehr Bildtiefe verliehen werden, die das Ergebnis realistischer aussehen lassen kann. Zudem lässt sich die Aufmerksamkeit des Betrachters ebenfalls gezielt auf bestimmte Darsteller (3D-Objekte) einer 3D-Szenerie lenken, indem diese in den scharf dargestellten Bereichen der 3D-Visualisierung zu sehen sind.

Der Effekt *Tiefenschärfe*, der in der Postproduktion mithilfe der Bild- oder Videobearbeitungssoftware realisiert wird, simuliert den gleichnamigen Kameraeffekt *Tiefenschärfe* innerhalb der Produktionssoftware 3ds Max. Da die Berechnung allerdings nicht dreidimensional vorgenommen wird, benötigt eine Realisierung des Effekts während der Postproduktion wesentlich weniger Produktionszeit.

Um den Effekt Tiefenschärfe auf eine 3D-Visualisierung anzuwenden, gehen Sie folgendermaßen vor:

1. Um eine realistische Unschärfe in der Tiefe einer 3D-Visualisierung zu erhalten, wird eine Auswahlmaskierung benötigt, die die tieferen, also die von der Kamera entfernteren Bereiche der 3D-

Szenerie, selektiert, um anschließend den Effekt auf diese Bereiche anwenden zu können. Ähnlich wie für die objektbezogene Farbanpassungen können Sie die Produktionssoftware 3ds Max benutzen, um eine sogenannte Z-TIEFEN-MAP zu erstellen, die den gewünschten Zweck erfüllt.

Abbildung 2.275
Auswahl-Maskierung für die spätere Limitierung des Effekts UNSCHÄRFE in Adobe Photoshop

Fügen Sie dafür über Menü RENDERN > RENDERN > Registerkarte ELEMENTE RENDERN > Rollout ELEMENTE RENDERN, Schaltfläche HINZUFÜGEN das Element Z-TIEFE hinzu (Abbildung 2.265). Markieren Sie das Element in der Liste und konfigurieren Sie im unten erscheinenden Rollout Z-TIEFE-ELEMENTPARAMETER über metrische Werte für Z-MIN und Z-MAX, welche Bereiche der 3D-Szenerie später unscharf maskiert werden sollen. Die Bildschärfe wird später von Z-MIN nach Z-MAX abnehmen.

2. Starten Sie den Berechnungsvorgang durch Mausklick auf die Schaltfläche RENDERN. Das in Abbildung 2.275 gezeigte Bild, das anschließend in Adobe Photoshop als Auswahlmaske für den Tiefenschärfe-Effekt verwendet werden kann, wird berechnet.
3. Öffnen Sie sowohl die zu überarbeitende 3D-Visualisierung als auch die erstellte Datei mit der Auswahlmaske in Adobe Photoshop.
4. Markieren Sie mit Strg+A die gesamte Auswahlmaske und kopieren Sie den Inhalt mit Strg+C in die Zwischenablage.
5. Wechseln Sie in die zu überarbeitende 3D-Visualisierung und öffnen Sie das Fenster KANÄLE über das Menü FENSTER > KANÄLE. Erstellen Sie mit dem zweiten Symbol von rechts eine neue Aus-

wahlmaske (siehe Abbildung 2.276). Markieren Sie die neue Auswahlmaske und fügen Sie den Inhalt der Zwischenablage mit [Strg]+[V] dort ein.

6. Veranlassen Sie Adobe Photoshop mit dem ersten Symbol von links (siehe Abbildung 2.276) aus dem soeben angelegten Kanal eine aktive Auswahl zu erstellen und wechseln Sie dann mit [F7] wieder in das Fenster EBENEN. Invertieren Sie nun die Auswahl mit [Shift]+[Strg]+[I]. Mit diesem Schritt haben Sie alle Bildbereiche selektiert, die mit einem Weichzeichnungsfilter unscharf gezeichnet werden sollen.

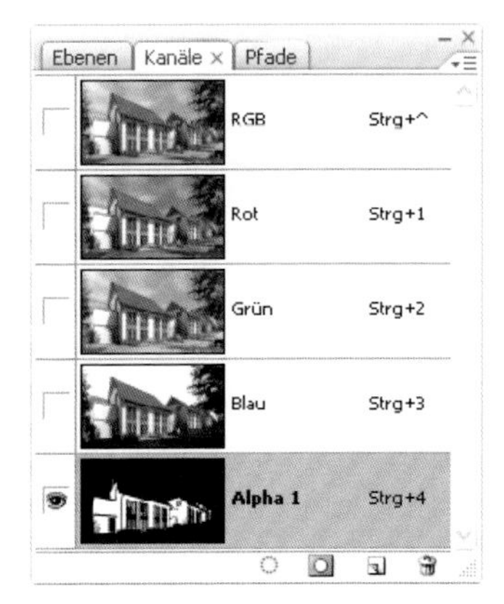

Abbildung 2.276
Fenster KANÄLE

7. Wenden Sie nun einen beliebigen Weichzeichnungsfilter aus dem Menü FILTER > WEICHZEICHNUNGSFILTER auf die Auswahl an und experimentieren Sie mit den angebotenen Effekt-Reglern, bis Sie das gewünschte Ergebnis erreichen.

Abbildung 2.277
3D-Visualisierung ohne Tiefenschärfe-Effekt

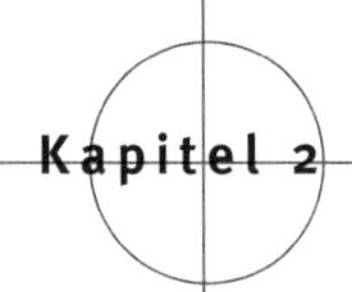

Abbildung 2.278
Simulierung des Kameraeffekts TIEFENSCHÄRFE« in der Postproduktion

Rendern separater Elemente (Render Passes)

Eine außerordentlich hilfreiche Funktion, die die Produktionssoftware 3ds Max bietet, ist die Möglichkeit, die finale Bildberechnung in separate Elemente, also in ihre einzelnen bildlichen Bestandteile aufteilen zu lassen. Die Aufteilung der Bildberechnung in separate Elemente bewirkt, dass das berechnete Bild in einzelne Effektebenen aufgeteilt wird, aus denen die 3D-Visualisierung besteht. Letztlich ergibt erst die Kombination der einzelnen Elemente dann das finale Bild. Die einzelnen Elemente werden in einzelnen Bilddateien abgespeichert oder alternativ als separate Bildebenen innerhalb einer einzelnen Datei im speziellen Dateiformat (beispielsweise in einer Combustion-Workspace-Datei mit der Endung *.cws oder in einer Rich-Pixel-Format-Datei mit der Endung *.rpf). Detaillierte Informationen zu diesen besonderen Dateiformaten erhalten Sie in der 3ds Max-Hilfe (Stichwort: *RPF-Dateien* oder *CWS-Dateien*).

Folgende Elemente stehen für die separate Speicherung zur Verfügung, die für architektonische 3D-Visualisierungen relevant sind:

- Hintergrund
- Beleuchtung
- Streufarbe
- Reflexionen
- Z-Tiefe
- Mattheit
- Objekt-ID

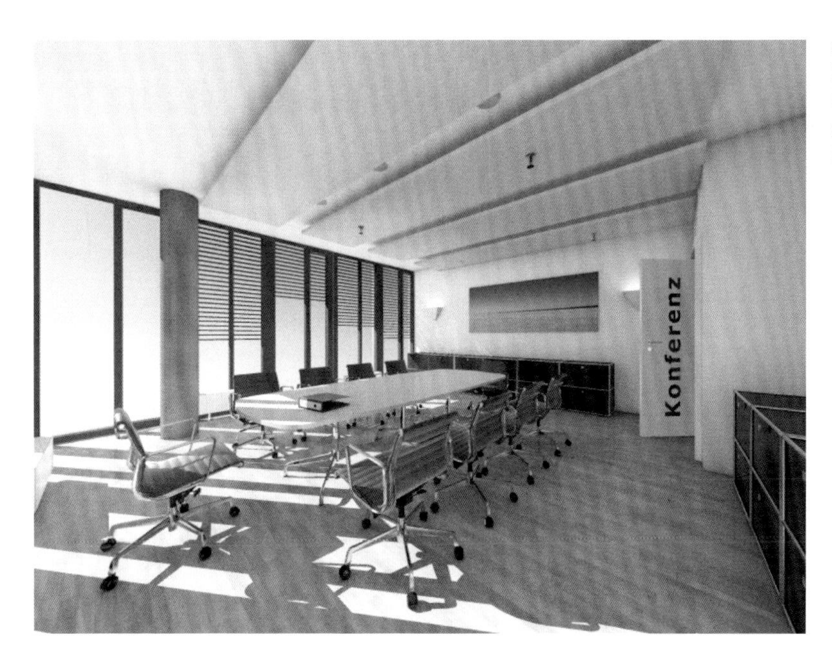

Abbildung 2.279
Ein aus den einzelnen Render-Elementen zusammengestelltes Bildergebnis

Abbildung 2.280
Element HINTERGRUND: Der in der Umgebung definierte reine Szenenhintergrund wird gespeichert

Hintergrund: Dieses Render-Element speichert lediglich den im Dialogfeld UMGEBUNG angegebenen Hintergrund der 3D-Szenerie. Hier werden sowohl die dort angegebenen Hintergrund-Farbwerte als auch die eingetragenen Texturen oder prozeduralen Maps für die Ausgabe berücksichtigt, siehe Abbildung 2.280.

Abbildung 2.281
Element BELEUCHTUNG: Speichert die reine Beleuchtungsinformationen einer 3D-Szene

Beleuchtung: Das Render-Element Beleuchtung speichert die Auswirkungen von direktem Licht, indirektem Licht und die Schatten der Beleuchtungssituation der 3D-Szenerie, siehe Abbildung 2.280.

Abbildung 2.282
Element STREUFARBE: Lediglich die reine Farbgebung der Oberflächen wird gespeichert

Streufarbe: Dieses Render-Element speichert die reine farbliche Darstellung der Oberflächen, ohne Beleuchtung, Reflexionen, Glanzlichter oder andere Effekte zu berücksichtigen, siehe Abbildung 2.282.

Abbildung 2.283
Element REFLEXIONEN: Lediglich die Reflexionen der Oberflächen werden gespeichert

Reflexionen: Das Render-Element REFLEXIONEN speichert die Intensität aller Reflexionen der in der 3D-Szenerie reflektierenden 3D-Oberflächen, siehe Abbildung 2.283.

Abbildung 2.284
Element OBJEKT-ID: Mithilfe der Objekt-ID lassen sich allen Objekten in der 3D-Szene unterschiedliche Farben zuweisen, die Sie in der Bildbearbeitung zur Maskierung/Auswahl der Objekte nutzen können

Objekt-ID: Das Render-Element OBJEKT-ID ermöglich es, die Auswahlmaskierung für mehrere unterschiedliche 3D-Objekte gleichzeitig zu generieren, indem über eine in den 3D-Objekteigenschaften definierbare Identifikationsnummer, der sogenannten ID, unterschiedlich gefärbte Farbmaskierungen innerhalb einer Bilddatei erstellt werden. Die einzelnen Farben können dann während der Bildbearbeitung in jeweilige Auswahlen umgewandelt werden, die, ähnlich wie das Element MATTHEIT, eine akkurate Selektion des entsprechenden Szenen-Objekts erlauben, ohne diese manuell und ungenau mit den Auswahlwerkzeugen der Bildbearbeitungssoftware erstellen zu müssen, siehe Abbildung 2.284.

Abbildung 2.285
Element Z-TIEFE: Die reine Raumtiefe wird als Graustufenbild gespeichert; je dunkler das Pixel desto tiefer die Position der Oberfläche im Raum

Z-Tiefe: Dieses Render-Element speichert eine Graustufendarstellung der sogenannten Z-Tiefe von Objekten in der Szene – ausgehend von der Kamera also die Raumtiefe innerhalb der 3D-Szenerie. Die Objekte in unmittelbarer Nähe werden weiß angezeigt, die Tiefe der 3D-Szenerie ist schwarz. Zwischenobjekte sind grau. Je dunkler ein 3D-Objekt ist, desto tiefer liegt es in der 3D-Szenerie, siehe Abbildung 2.285.

Mattheit: Dieses Render-Element speichert eine Objektmaske, die später in der Bildbearbeitungssoftware als Alpha/Transparenzkanal zur Maskierung/Auswahl von Objekten verwendet werden kann. Dieses Element ist eines der nützlichsten, da es in der Bildbearbeitung direkt zur akkuraten Selektion von Szenen-Objekten verwendet werden kann (indem das gespeicherte Bild in einen entsprechenden Alpha- bzw. Maskierungskanal umgewandelt wird), da dieses Element eine reine Schwarz-Weiß-Darstellung der selektierten 3D-Objekte generiert, siehe Abbildung 2.286.

Abbildung 2.286
Element MATTHEIT: Speichert eine Auswahl-Maskierung, die eine genaue Selektion von Objekten innerhalb der Bildbearbeitungssoftware ermöglicht

Die separaten Render-Elemente bilden eine ideale Grundlage für eine exakte Überarbeitung der Produktionsergebnisse während der Postproduktion. Die separierten Elemente können in der Bildbearbeitung zusammengefügt und dabei individuell in Intensität und Variation gesteuert werden. Insbesondere die beiden Render-Elemente MATTHEIT und OBJEKT-ID erlauben eine exakte Selektion der Szenen-Objekte innerhalb der Bildbearbeitungssoftware, die es nachträglich zu bearbeiten gilt. Es müssen keine zeitaufwendigen und zudem ungenauen manuellen Auswahlmaskierungen in der Bildbearbeitungssoftware angelegt werden, um z.B. die Farbe eines bestimmtes Möblierungsstücks oder einer Fassade nachträglich zu ändern. Siehe auch den Abschnitt »Übung: Postproduktion« auf Seite 319.

Die Vorgehensweise für die Generierung separater Elemente ist vergleichsweise simpel. Im Menü RENDERN > RENDERN > Registerkarte ELEMENTE RENDERN > Rollout ELEMENTE RENDERN können die zusätzlich gewünschten Elemente für die finale Bildberechnung ausgewählt

und konfiguriert werden. Je nach eingestelltem Produktionsrenderer werden unterschiedliche Render-Elemente angeboten, die über optional angezeigte Parameter individuell konfiguriert werden können, vgl. Abbildung 2.287.

Abbildung 2.287
Rollout ELEMENTE RENDERN

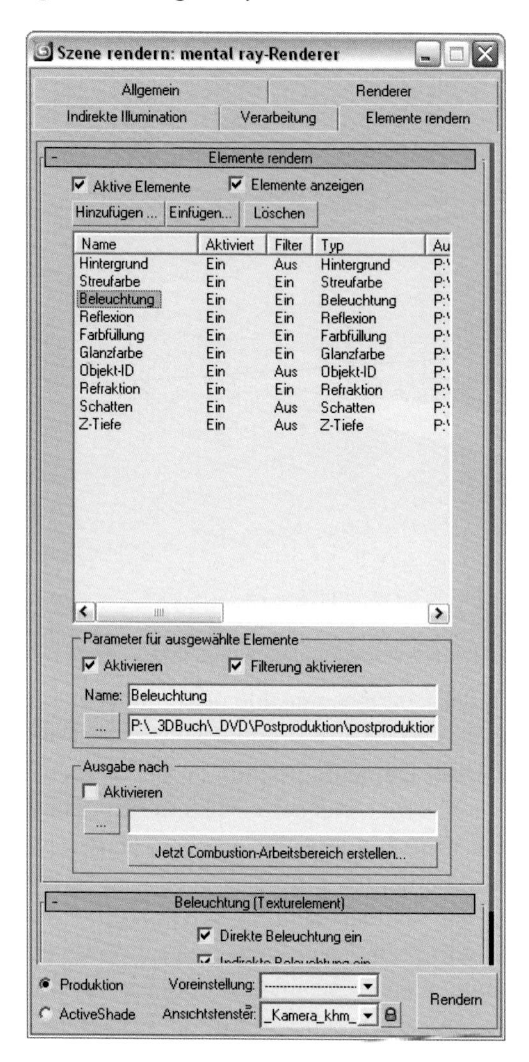

PSD-Manager – Plug-In für separate Elemente

Mit der Standardfunktionalität RENDERN SEPARATER ELEMENTE der Produktionssoftware 3ds Max ist es lediglich möglich, die ausgewählten separaten Elemente in jeweils eigenständigen Dateien abzuspeichern, um diese manuell in der Bildbearbeitungssoftware in Ebenen umzuwandeln und dort dann wieder zu einem vollständigen Bild additiv zusammenzusetzen. Die Füllmethode der einzelnen, aufeinander liegenden Ebenen, also die Art und Weise wie die aufeinander liegenden Ebenen miteinander kombiniert werden (z.B. MULTIPLIZIEREN, LINEAR ABWEDELN, ADDIEREN etc.), muss ebenfalls manuell eingestellt werden, um auf das gleiche stimmige Endergebnis zu kommen wie das der automatischen Kombination durch den Renderer.

Um sich diese zeitaufwendige manuelle Zusammenstellung innerhalb der Bild- oder Videobearbeitungssoftware zu ersparen, kann das kommerzielle Plug-In *psd-manager* der Firma *cebas GmbH* verwendet werden. Das Plug-In psd-manager erstellt automatisch eine Adobe-Photoshop-Datei (*.psd) die in separaten voreingestellten Ebenen alle Render-Elemente enthält (vgl. Abbildung 2.288). Zudem können beliebig viele Auswahlmasken generiert werden, die die Selektion der Darsteller innerhalb der Bildbearbeitungssoftware enorm erleichtert.

Der psd-manager ist unter folgendem Link erwerbbar: http://www.cebas.com/.

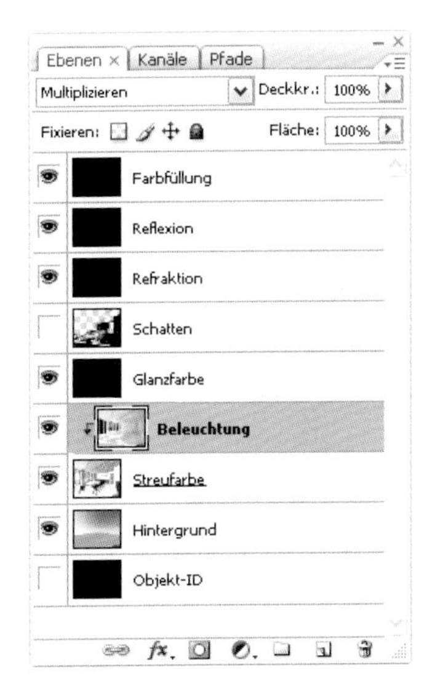

Abbildung 2.288
Die diversen automatisch zusammengestellten Ebenen in der Bildbearbeitung

2.9 Renderoptimierung

Sobald Sie an dieser Stelle im Produktionsplan angelangt sind, haben Sie bereits die wesentlichen Produktionsschritte »Ausarbeitung Produktionsplan«, »Zusammenstellung der Ressourcen«, »Modellierung«, »Inszenierung«, »Beleuchtung«, »Materialvergabe«,

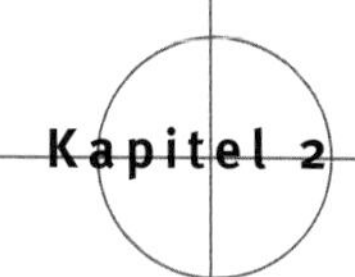

»Rendering« und gegebenenfalls auch die »Postproduktion« erarbeitet und damit eine qualitativ hochwertige architektonische 3D-Visualisierung produziert. Der Produktionsschritt »Renderoptimierung« beschäftigt sich nun ausschließlich damit, die Renderzeiten und somit die Produktionszeiten durch geeignete Maßnahmen und Parameteranpassungen innerhalb der Produktionssoftware 3ds Max bestmöglich zu reduzieren.

Eine Verkürzung der Produktionszeit bedeutet in der Praxis meist auch eine Senkung der Produktionskosten und die Freigabe der Produktionskapazitäten, sowohl humaner Kapazitäten als auch der Rechnerkapazitäten, die für neue Produktionen zur Verfügung gestellt werden können. Die Reduzierung der Produktionszeit kann insbesondere dazu beitragen, Projekte fristgerecht abzuschließen. Diese beiden Ziele allein rechtfertigen bereits, sich intensiv mit dem Thema Renderoptimierung auseinanderzusetzen.

Das Ziel der Renderoptimierung ist es dabei nicht, die Renderzeiten auf Kosten der Bildqualität zu reduzieren, sondern die Renderzeiten ohne merklichen Qualitätsverlust an den architektonischen 3D-Visualisierungen zu minimieren.

Es gibt verschiedene Ansätze, die verfolgt werden können, um die Renderzeiten zu reduzieren:

- Erhöhung der zur Verfügung stehenden Rechenleistung
- Nutzung der gesamten vorhandenen Rechenleistung (im Netzwerk)
- Optimierung der Renderparameter in der Produktionssoftware 3ds Max
- Optimierung der Materialparameter in der Produktionssoftware 3ds Max

Erhöhung der Rechenleistung

Zu den einfachsten Methoden gehört selbstverständlich die Erhöhung der zur Verfügung stehenden Rechenleistung. Damit kann sowohl die lokale Rechenleistung des eigenen Produktionsrechners gemeint sein als auch die zur Verfügung stehende Rechenleistung innerhalb eines Rendernetzwerks. In diesem Fall erfordert die Optimierung der Produktionszeit jedoch finanzielle Investitionen, die nicht immer durchführbar oder möglich sind, da beispielsweise bereits Produktionsrechner der neuesten Generation vorliegen oder weil kein Budget für Investitionen in Hardware vorgesehen ist.

Zu bedenken ist jedoch, dass bereits durch vergleichsweise geringe Investitionen in ein neues System mit Multikern-Prozessoren (mit 2-Kern- oder 4-Kern-Prozessoren) die Rechenleistung verdoppelt oder vervierfacht werden kann, eine vergleichsweise geringe Investition also, die sich aber durchaus lohnen kann. Hier ein simpler Vergleich der Renderzeiten einer finalen Bildberechnung einer identischen 3D-Visualisierung auf verschiedenen Systemen:

Tabelle 2.3 Effektivität durch Austausch der Rechenleistung

	Zeitliche Dauer	Prozentuale Dauer
Intel Pentium 4 3 GHz	117 Sekunden	100 Prozent
Intel Core2Quad 2,4 GHz (mit 4-Kern-Proz.)	25 Sekunden	21,4 Prozent

Rendern im Netzwerk

Die zweite Methode, die Renderzeiten zu minimieren, ist, alle im Netzwerk zur Verfügung stehenden Rechnerkapazitäten für die finale Bildberechnung zu nutzen. Die Produktionssoftware 3ds Max bietet diesbezüglich ein umfangreiches und komfortables System mit der Bezeichnung BACKBURNER an, das innerhalb eines eingerichteten Netzwerks die Verwaltung und Überwachung von Render-Aufträgen im Netzwerk ermöglicht.

Es können beliebig viele Produktionsrechner für die gemeinsame Bildberechnung genutzt werden. Lediglich die Produktionssoftware 3ds Max sowie die BACKBURNER-Software müssen auf den jeweiligen Produktionsrechnern installiert, wobei die einzelnen Rechner sich alle innerhalb eines Netzwerks befinden müssen. Die installierten 3DS-MAX-Versionen benötigen keine Lizenzierung/Aktivierung. Die Vorgehensweise zur Einrichtung eines durch BACKBURNER verwalteten eigenen Rendernetzwerks ist extrem simpel und kann ausführlich mithilfe der 3ds Max-Hilfe (Stichwort: *Backburner*) nachvollzogen werden.

Verteiltes Bucket Rendering

Tipp

Zusätzlich zur normalen finalen Bild- oder Bildsequenzberechnung eines vollständigen Bildes am eigenen Produktionsrechner bietet die Produktionssoftware 3ds Max in Kombination mit dem Produktionsrenderer MENTAL RAY die Möglichkeit, die Bildberechnungen eines einzigen Bildes auf alle im Netzwerk vorhandenen Produktionsrechner aufzuteilen. Anders jedoch als bei der Arbeit mit dem Produktionsrenderer VORGABE SCANLINE unterstützt der Renderer MENTAL RAY die Verteilung von einzelnen Bildausschnitten (sogenannten Buckets) für die Berechnung eines einzigen Bildes an die sogenannten Render-Server, die dann jeweils diesen Bildausschnitt berechnen und an den Produktionsrechner zurückliefern. Besonders nützlich ist dies für die Berechnung komplexer 3D-Visualisierungen mit hohen qualitativen Anforderungen oder für beschleunigte Test-Renderings während der Produktionsschritte »Beleuchtung« und »Materialvergabe«.

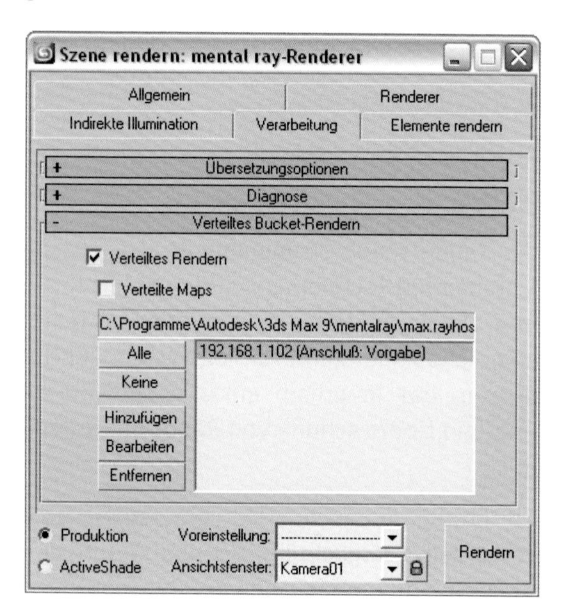

Abbildung 2.289
Rollout für das Einrichten der Funktion VERTEILTES BUCKET-RENDERN

Die Vorgehensweise zur Einrichtung des verteilten Bucket-Rendern ist vergleichsweise simpel:

1. Richten Sie ein Netzwerk ein, in dem jeder Produktionsrechner seine eigene, Ihnen bekannte IP-Adresse erhält und alle Produktionsrechner sich im gleichen Adressraum (und somit Netzwerk) befinden. Befragen Sie gegebenenfalls Ihren Netzwerkadministrator.

2. Installieren Sie auf jedem dieser Rechner die Produktionssoftware 3ds Max. Die einzelnen Versionen müssen nicht lizenziert oder aktiviert/freigeschaltet werden.

3. Erstellen Sie eine Textdatei mit dem Namen max.rayhosts, die alle zur Verfügung stehenden Produktionsrenderer im Netzwerk benannt nach ihrer IP-Adresse enthält (Beispiel siehe Abbildung 2.290 oder 3ds Max-Hilfe). Sie können zusätzlich zum lokalen Produktionsrechner bis zu acht weitere Produktionsprozessoren (z.B. acht Produktionsrechner mit einem Prozessor *ODER* vier Produktionsrechner mit 2-Kern-Prozessoren) im Netzwerk angeben, sogenannte *Satellitensysteme*.

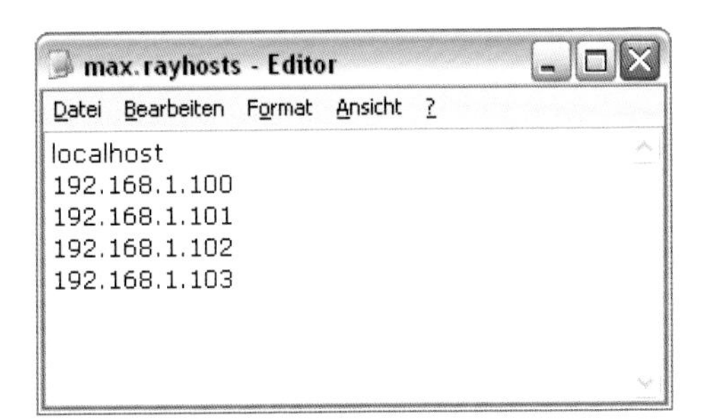

Abbildung 2.290
Die Datei max.rayhosts enthält alle zur Verfügung stehenden Produktionsrechner im Netzwerk, die für das verteilte Bucket-Rendern herangezogen werden können

4. Kopieren Sie die angelegte max.rayhosts auf jeden zur Verfügung stehenden Produktionsrechner im Netzwerk in das Verzeichnis \3ds Max 9\mentalray\.

5. Aktivieren Sie die Option PLATZHALTEROBJEKTE VERWENDEN sowie die Option MENTAL RAY-MAP-MANAGER VERWENDEN im Menü RENDERN > RENDERN > Registerkarte VERARBEITUNG > Rollout ÜBERSETZUNGSOPTIONEN > Bereich SPEICHEROPTIONEN. Wenn Platzhalterobjekte aktiviert sind, wird Geometrie nur nach Bedarf zum Produktionsrechner im Netzwerk geschickt.

6. Lassen Sie im Menü RENDERN > RENDERN > Registerkarte RENDERER > Rollout SAMPLING-QUALITÄT > Bereich OPTIONEN die Bucket-Reihenfolge auf HILBERT eingestellt. In der HILBERT-Reihenfolge werden bei der Render-Abfolge der Buckets die wenigsten Datenübertragungen verwendet.

7. Sofern Sie einen zentralen Datenbestand mit den benötigten Ressourcen aufgebaut haben, auf den alle Produktionsrechner im Netzwerk den *absolut gleichen* Zugriff im Netzwerk haben, aktivieren Sie die Option VERTEILTE MAPS im Menü RENDERN > RENDERN > Registerkarte VERARBEITUNG > Rollout VERTEILTES BUCKET-RENDERN. Produktionsrechner im Netzwerk laden alle benötigten Ressourcen, wie Texturen, über einen direkten Zugriff auf den zentralen Datenbestand. Die Ressourcen werden so nicht erst zeitaufwen-

dig von Ihrem lokalen Produktionsrechner auf das jeweilige Satellitensystem kopiert, um sie dort für das Rendering zu verwenden. Sie sparen eine Menge Produktionszeit.

8. Starten Sie die finale Bildberechnung. Jeder Produktionsrechner im Netzwerk (MENTAL RAY limitiert dabei die Berechnung automatisch auf maximal acht weitere Prozessoren) rendert die ihm zugewiesenen Buckets. Die endgültige Renderausgabe wird auf Ihrem lokalen Produktionsrechner angezeigt, wobei die Buckets in einer unbestimmten Reihenfolge ankommen.

   Mithilfe der Backburner-Technologie, die das Netzwerkrendern von Aufträgen steuert und verwaltet, lassen sich auch mehr als acht Prozessoren für die finale Bildberechnung mit MENTAL RAY ansteuern, sofern Ihnen mehr als eine lizenzierte Version der Produktionssoftware 3ds Max vorliegt. In diesem Modus kann jede Lizenz bis zu acht Prozessoren für die finale Bildberechnung mit MENTAL RAY ansteuern. Die Produktionszeiten lassen sich so um ein Vielfaches beschleunigen. Starten Sie für diesen Modus den BACKBURNER-MANAGER auf Ihrem lokalen Produktionsrechner und die Backburner-Server auf allen anderen Produktionsrechnern im Netzwerk. Senden Sie Ihren Auftrag mithilfe der Option AUF NETZ RENDERN im Menü RENDERN > RENDERN > Registerkarte ALLGEMEIN > Rollout ALLGEMEINE RENDERPARAMETER > Bereich RENDERAUSGABE an den BACKBURNER-MANAGER (siehe auch 3ds Max-Hilfe, Stichwort *Backburner*).

Tipp

Sollte die eigene interne Rechenleistung einmal nicht ausreichen, kann externe Rechenleistung von sogenannten *Renderfarmen* kostengünstig eingekauft werden. Eine Suchmaschinenrecherche mit dem Begriff *Renderfarm* ergibt diesbezüglich eine aussagekräftige Liste von Ansprechpartnern.

Optimierung der Renderparameter

Die dritte Methode besteht darin, die in der Produktionssoftware einstellbaren Qualitäts- bzw. Genauigkeitsparameter so zu optimieren, dass keine visuellen Qualitätsverluste entstehen, aber trotzdem die Renderzeiten pro Bild minimiert werden.

Die Standardeinstellungen der Produktionssoftware 3ds Max sind darauf ausgelegt, visuelle Ergebnisse höchster Detailstufe zu errechnen, um möglichst für alle Anwendungsbereiche sofort zufriedenstellende Qualitätsbilder zu produzieren. Oftmals wird dem Produktionsrechner dabei mehr Rechenleistung abverlangt als eigentlich nötig ist, da die visuellen Auswirkungen innerhalb einer architektonischen 3D-Visualisierung nicht mehr eindeutig wahrnehmbar sind. Ein gutes Beispiel hierfür sind beispielsweise die 100-prozentig genauen Reflexionen am Handlauf eines verchromten Treppengeländers, die Sie im Bild kaum noch wahrnehmen werden. Ein anderes, eher technisches Beispiel zeigt sich während der Berechnung der Beleuchtungssituation, bei der die Licht-Photonen mit den Standardeinstellungen unter Umständen über mehrere Kilometer innerhalb einer 3D-Szenerie verfolgt und ausgewertet werden, obwohl sie die eigentliche Szenerie längst verlassen haben.

Folgende Ansätze können daher verfolgt werden, um durch simple Änderung der Parameter die Renderzeiten für unnötig komplexe Berechnungen zu reduzieren:

Wahl der richtigen Bildauflösung

Eine naheliegende Möglichkeit zur Optimierung der Renderzeiten ist die Wahl der richtigen Bildauflösung (vgl. Abschnitt »Inszenierung/Bildkomposition « auf Seite 87 > »Bildformat« auf Seite 88). Viele Produktionen werden durchgeführt, ohne den letztlichen Verwendungszweck der architektonischen 3D-Visualisierung genau zu bestimmen. In solchen Fällen wird oftmals die finale Bildberechnung mit der maximal möglichen Bildauflösung berechnet, obwohl der vorgesehene Verwendungszweck mit einer deutlich geringeren Bildauflösung auskommt, d.h. dass Auflösungen von DIN A2 in 300 dpi produziert werden, obwohl für die Vermarktung einer Immobilie lediglich eine DIN-A4-Broschüre benötigt wird. Durch Ermittlung des Verwendungszwecks kann hier deutlich Produktionszeit gespart werden, zwar ein banaler Ansatz aber durchaus effektiv!

Optimierung allgemeiner Rendereinstellungen

Es gibt einige allgemeingültige Rendereinstellungen, die verwendet werden können, um die finale Bildberechnung für architektonische 3D-Visualisierungen zu beschleunigen. Die folgend beschriebenen Einstellungen nehmen Einfluss auf die interne Verarbeitung der 3D-Szenerie während der Bildberechnung und können über Parameter so angepasst werden, dass Renderzeiten reduziert werden.

Texturen in optimaler Auflösung (Bitmap-Platzhalter)

In der Praxis ist es üblich, dass in Eigenproduktion realisierte oder kommerziell erworbene Texturressourcen in unnötig hohen Bildauflösungen zur Verfügung gestellt und in dieser Qualitätsstufe ebenfalls für Oberflächendefinitionen während der Produktion verwendet werden.

Für die meisten architektonischen 3D-Visualisierungen sind Textur-Bildauflösungen von z.B. 2048 x 2048 Bildpunkten oder höher jedoch gänzlich überflüssig, da die 3D-Oberflächen, mit denen die Texturen belegt werden, einfach zu klein dargestellt sind, als dass man diese bildliche Informationstiefe wirklich erkennen könnte. Jede einzelne dieser überdimensionierten Texturen muss aber vom Renderer in den Speicher geladen, transformiert und gefiltert werden, um sie entsprechend an der richtigen Position auf den Oberflächen zu berechnen. Neben der überhöhten Speicherauslastung erhöht sich selbstverständlich auch die Renderzeit, da viel mehr Daten (Bildpunkte bzw. Pixel) vom Renderer verarbeitet werden müssen und auch über das Netzwerk geladen werden müssen.

Die Produktionssoftware 3ds Max bietet ein geeignetes Werkzeug, mit dem sich alle Texturen gleichzeitig vor der finalen Bildberechnung automatisch auf optimierte Bildauflösungen reduzieren lassen, den sogenannten Bitmap-Platzhalter.

(Menü Rendern > Rendern > Registerkarte Allgemein > Rollout Allgemeine Parameter > Bereich Bitmap-Platzhalter)

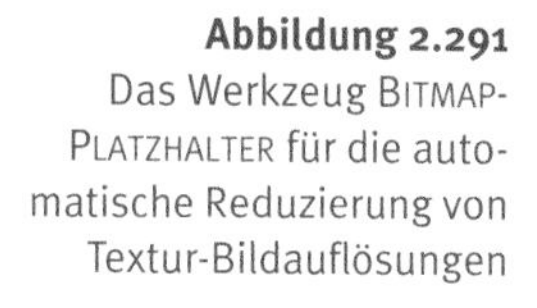

Abbildung 2.291
Das Werkzeug Bitmap-Platzhalter für die automatische Reduzierung von Textur-Bildauflösungen

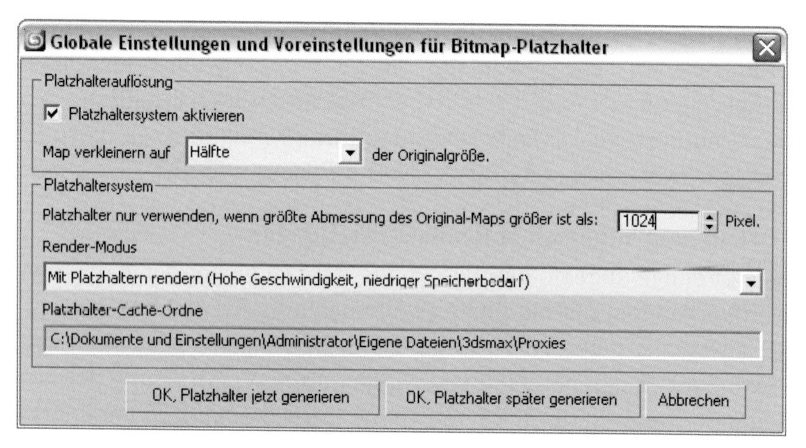

Mit diesem Werkzeug können alle Texturen, die innerhalb einer 3D-Szenerie verwendet werden, auf eine optimierte Bildauflösung reduziert werden und somit Render- bzw. Produktionszeit gespart werden.

Achtung

Um die automatisch generierten Textur-Kopien auch für das Rendern im Netzwerk auffindbar zu machen, sollten Sie hier einen speziell dafür vorgesehenen Ordner innerhalb Ihres zentralen Datenbestands wählen, in den die Kopien durch Mausklick auf die Schaltfläche OK, PLATZHALTER JETZT GENERIEREN angelegt werden (siehe Abbildung 2.291).

Speicheroptionen Platzhalterobjekte & mr-Map-Manager
(Menü RENDERN > RENDERN > Registerkarte VERARBEITUNG > Rollout ÜBERSETZUNGSOPTIONEN > Bereich SPEICHEROPTIONEN)

Die Option PLATZHALTEROBJEKTE VERWENDEN gibt dem Produktionsrenderer die Möglichkeit, nur bei Bedarf die für die finale Bildberechnung benötigten 3D-Objekte in den Speicher und in die Verarbeitung zu laden. Nicht selten kommt es vor, dass komplexe 3D-Objekte aus der aktuell zu berechnenden Perspektive gar nicht sichtbar sind, aber trotzdem mit berechnet werden, weil diese Option deaktiviert ist. Die Aktivierung stellt sicher, dass nur die 3D-Objekte berechnet werden, die auch wirklich in dem finalen Bild zu sehen sind. Aktivieren Sie diese Option, um gegebenenfalls Renderzeit für unnötige Berechnungen zu sparen (siehe Abbildung 2.292).

Wenn die Option MENTAL RAY-MAP-MANAGER VERWENDEN aktiviert ist, werden Texturen nur bei Bedarf, also wenn sie einer 3D-Oberfläche zugeordnet sind, die in der aktuellen Kameraperspektive sichtbar ist, direkt vom Datenträger (zentraler Datenbestand) gelesen und gegebenenfalls in ein Format konvertiert, das vom Produktionsrenderer MENTAL RAY gelesen werden kann. Diese Option kann das Rendern im Netzwerk beschleunigen, da die Produktionsrechner im Netzwerk nicht den gesamten Texturbestand über das Netzwerk laden müssen, sondern lediglich nur die Texturen, die auch wirklich benötigt werden. Für eine finale Bildberechung an einem lokalen Produktionsrechner sollte diese Option deaktiviert werden.

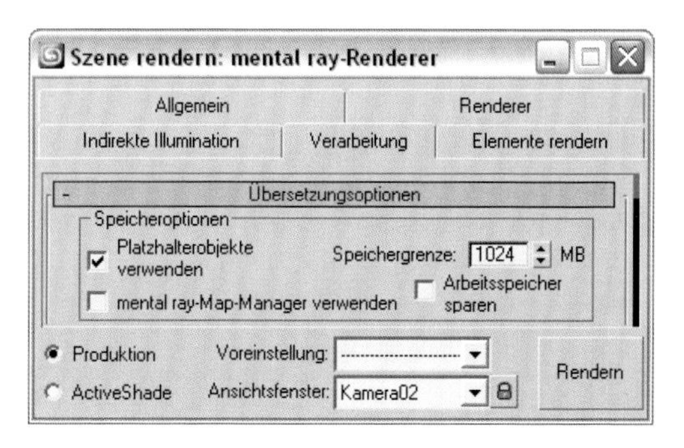

Abbildung 2.292
Speicheroptionen

Optimierte Sampling-Qualität

Mit der Optimierung der Sampling-Qualität können Sie die Renderzeiten für architektonische 3D-Visualisierungen am deutlichsten reduzieren. Wie im Abschnitt »Übung für Produktionsrenderer »mental ray (GI & FG)«« auf Seite 198 ausführlich erläutert, reduziert das sogenannte SAMPLING den Effekt der gezackten bzw. treppenförmigen Objektkanten durch rechenintensive Betrachtung und Gewichtung benachbarter Bildpunkte. Indem die Qualitätseinstellungen für das Sampling reduziert werden, werden auch die Renderzeiten erheblich reduziert, da nicht so viele Samples aus der Umgebung ermittelt werden müssen.

Die empfohlenen Qualitätseinstellungen von 4 und 16 für architektonische 3D-Visualisierung, die die minimale sowie die maximale Anzahl der zu ermittelnden Samples repräsentieren, sind zwar für die Berechnung kleiner Bildauflösungen empfehlenswert, können aber gegebenenfalls für größere Druckauflösungen reduziert werden. Bei der Berechnung größerer Bildauflösungen für den Druck relativieren sich meist die unschönen Treppeneffekte, da den vorher gezackt dargestellten Objektkanten mehr Bildpunkte für eine ebenere Darstellung zur Verfügung stehen. Dieser Effekt ist zugegebenermaßen etwas schwer zu verstehen und auch komplexer als hier beschrieben, jedoch ist der visuelle Effekt ein ähnlicher wie bei den Abbildungen einer Tageszeitung. Die einzelnen Bildpunkte werden nur wahrgenommen, wenn man das Bild in der Tageszeitung aus nächster Nähe betrachtet. Sobald man sich etwas entfernt, nimmt man die einzelnen Bildpunkte nicht mehr wahr. Ähnliches trifft auch auf die Treppeneffekte an Objektkanten zu, die normalerweise durch hohe Sampling-Qualität-Einstellungen für kleine Bildauflösungen reduziert werden.

Beispiel

Für die Berechnung von Bildauflösungen für den Druck (z.B. ab DIN A4 300 dpi) können Sie versuchen die MINIMUM/MAXIMUM-Werte für die Sampling-Qualität z.B. auf **1** und **4** reduzieren.

Optimierte Final Gather und Globale Illumination

Die bereits im Abschnitt »Globale Illumination« auf Seite 159 und »Final Gather« erwähnten FINAL GATHER- und GLOBALE ILLUMINATION-Maps lassen sich ebenfalls optimal dafür verwenden, die Renderzeiten effizient zu reduzieren.

Mit den Standardeinstellungen der Produktionssoftware 3ds Max wird für jede Bildberechnung, die mithilfe der Lichtberechnungsverfahren FINAL GATHER und GLOBALE ILLUMINATION durchgeführt wird, der Berechnungsprozess für die Lichtverteilung der beiden Verfahren erneut ausgeführt und das sogar für jedes neu zu berechnende Bild einer 3D-Animation (Bildsequenz). Sobald der Produktionsschritt »Beleuchtung« zufriedenstellend abgeschlossen wurde, ändert sich die zugrunde liegende Beleuchtungssituation nicht mehr und macht eine ständige erneute zeitintensive Berechnung gänzlich überflüssig, es sei denn, die Lichtverhältnisse ändern sich mit fortschreitender Animationsdauer.

Hier kann mit dem Einsatz der erwähnten FINAL GATHER- und GLOBALE ILLUMINATION-Maps angesetzt werden, um deutlich Renderzeit zu sparen, sowohl während der Realisierung von 3D-Visualisierungen als auch von 3D-Animationen. Einmal vorberechnet und in den entsprechenden Maps gespeichert, kann die Beleuchtungssituation direkt aus einer Datei heraus abgerufen werden. Insbesondere bei der Berechnung von 3D-Animationen können zudem unerwünschte Bildfehler (Flackern/Rauschen) durch geeigneten Einsatz der Maps vermieden werden (siehe auch Abschnitt »Problematischer Einsatz von Final Gather in Animationen« auf Seite 170).

Tipp

Durch den kombinierten Einsatz von FINAL GATHER und GLOBALE ILLUMINATION kann ebenfalls Renderzeit eingespart werden. Bei separater Verwendung eines der beiden Lichtberechnungsverfahren erhöhen die notwendigen definierten Mehrfachreflexionen, die beispielsweise für eine akkurate Ausleuchtung der 3D-Innenraum-Szenerie notwendig sind, auch die Renderzeit für die Berechnung qualitativ hochwertiger Beleuchtungssituationen, da die Berechnung der Mehrfachreflexionen deutlich aufwendiger ist. Eine sich ergänzende Zusammenarbeit der beiden Verfahren erreicht, durch die Halbierung der Qualitätseinstellungen bei den einzelnen Verfahren, eine Reduzierung der Render- und somit auch der Produktionszeiten.

Beide Verfahren sollten daher immer kombiniert eingesetzt werden. GLOBALE ILLUMINATION für die grobe, physikalische, akkurate Verteilung von Lichtenergie in der 3D-Szene, FINAL GATHER zur optischen lokalen Verbesserung! Siehe auch Abschnitt »Final Gather«.

Optimiertes Raytracing

Die sogenannte *Trace-Tiefe* beschränkt die Berechnungen, die mithilfe des Raytrace-Verfahrens durchgeführt werden. Der Produktionsrenderer MENTAL RAY generiert mithilfe dieses Raytrace-Verfahrens (dt. Strahlenverfolgung) die *Reflexionen* und *Refraktionen* auf 3D-Oberflächen. Hierbei werden die Strahlen, ausgehend von einer Lichtquelle oder einer 3D-Oberfläche, so lange verfolgt, bis sie die gewünschten Messergebnisse zurückliefern oder ins Leere laufen. Bei jedem Kontakt der Strahlen mit einer 3D-Oberfläche werden dabei Daten gesammelt und ausgewertet, insbesondere bei reflektierenden oder transparenten 3D-Objekten. Um die für die Generierung dieser Reflexionen und Refraktionen erforderliche Zeit zu reduzieren, muss diese Strahlenverfolgung begrenzt werden. Durch die Werte für MAX. TIEFE sowie REFLEXIONEN MAX und REFRAKTIONEN MAX. wird angegeben, wie oft ein Strahl reflektiert und gebrochen (bei Refraktion) werden kann, bis die Berechnungen abgebrochen werden.

(Menü RENDERN > RENDERN > Registerkarte RENDERER > Rollout RENDER-ALGORITHMEN > Bereich RAYTRACING)

Abbildung 2.293
Einstellungen für die Raytrace-Beschleunigung

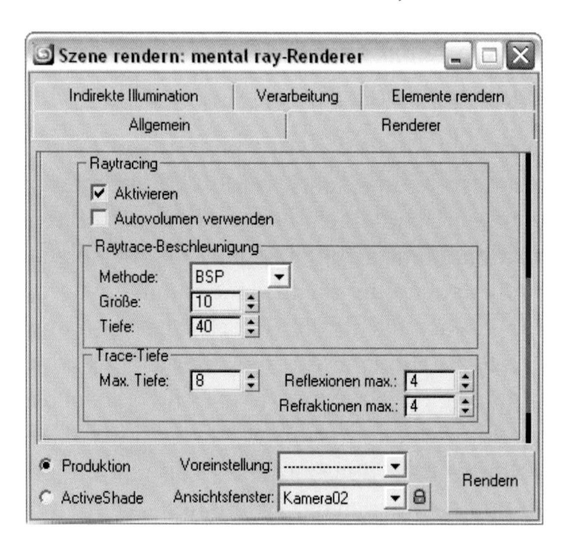

Sofern Sie also abschätzen können, wie oft ein Strahl voraussichtlich auf eine reflektierende 3D-Oberfläche trifft oder durch eine transparente 3D-Oberfläche stößt, können Sie hier entsprechende Zahlenwerte eintragen, wie in Abbildung 2.293 gezeigt. Haben Sie wenig oder keine reflektierenden 3D-Oberflächen, für die die Reflexionen berechnet werden müssen, können hier geringere Werte eingetragen werden, um die Renderzeiten zu reduzieren. Gute Startwerte für architektonische 3D-Visualisierung sind 6 für MAX. TIEFE und jeweils 3 für REFLEXIONEN und REFRAKTIONEN.

Das Raytracing-Verfahren benutzt bei den Berechnungen eine von drei *Raytrace-Beschleunigungsmethoden*, die Sie im gleichen Rollout auswählen können. Die hier voreingestellte Methode BSP ist auf einem Produktionsrechner mit nur einem Prozessor die schnellste Methode. Verwenden Sie sie für kleine bis mittelgroße 3D-Szenerien auf Produktionsrechnern mit nur einem Prozessor. Durch Erhöhung des Wertes für TIEFE von z.B. 40 auf 50 kann bei umfangreichen 3D-Szenerien die Renderzeit beträchtlich reduziert werden.

Die alternative Methode RASTER arbeitet auf Produktionsrechner mit mehreren Prozessoren schneller als BSP und benötigt auch weniger Speicher. Auch hier kann durch die geschickte Wahl einer Raytrace-Beschleunigungsmethode die Renderzeit insbesondere bei komplexen 3D-Szenerien erheblich reduziert werden.

Detaillierte Informationen zu den Raytrace-Beschleunigungsmethoden und den Auswirkungen der einstellbaren Parameter finden sich in der 3ds Max-Hilfe (Stichwort: *BSP* oder *Raster Methode*).

Werkzeug »Render-Diagnose«

Um die effektivsten Werte für die Optimierung bestimmter Renderparameter zu bestimmen, bietet die Produktionssoftware 3ds Max ein visuelles Diagnose-Werkzeug an, das die Auswirkungen bestimmter Zahlenwerte zu den Themen *Sampling-Qualität*, *Globale Illumination*, *Final Gather*, *Raytrace-Beschleunigungsmethoden* und *Szenen-Maßstab* mithilfe schematischer Darstellungen optisch sichtbar macht.

Zu den folgenden Themenbereichen können visuelle Darstellungen abgerufen werden:

- **Sampling-Rate:** Mithilfe dieser Option wird eine schematische Darstellung erzeugt, die aufzeigt, ob und wo innerhalb der 3D-Szenerie noch weiter Samples für die Kanten- und Texturglättung entnommen werden können, um die visuelle Qualität der 3D-Visualisierung noch zu steigern. Auf grauem Hintergrund werden weiße Samples in verschiedener Intensität dargestellt. Je weniger Samples (weiße Pixel) zu sehen, desto optimaler ist das Bild. Das rote Raster spiegelt die Bucket-Einteilung aus der Berechnung wieder. Aus Abbildung 2.294 ist ersichtlich, dass die 3D-Visualisierung durch weiteres Sampling noch verbessert werden kann;

siehe auch »Übung für Produktionsrenderer »mental ray (GI & FG)«« auf Seite 198.

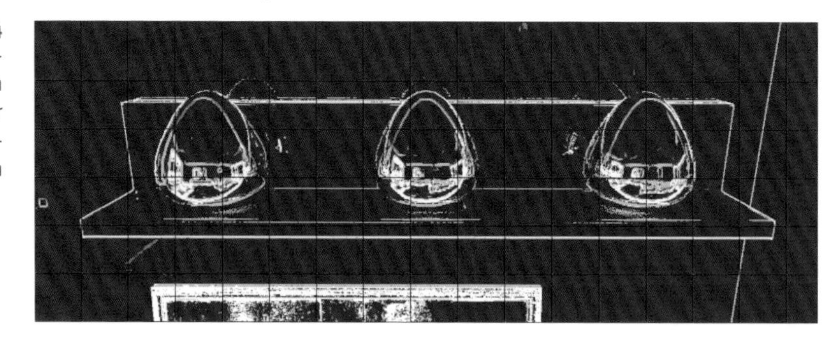

Abbildung 2.294
Diagnosebild Koordinatenraum zur visuellen Darstellung der mit mehr Sampling verbesserungsfähigen Stellen

- **Koordinatenraum:** Mithilfe dieser Option wird eine schematische Darstellung erzeugt, die anhand von Rasterlinien zu jedem 3D-Objekt in der 3D-Szenerie die lokalen Koordinatensysteme aufzeigt. Mit dieser Darstellung kann geprüft werden, ob die Maßstäbe der eingefügten sichtbaren 3D-Objekte im Verhältnis zueinander stimmig sind. Diese Voraussetzung ist unter anderem wesentlich für die akkurate Berechnung der Beleuchtung. Aus Abbildung 2.295 ist ersichtlich, dass der Koordinatenraum des Bilderrahmens klein skaliert wurde und bei der Berechnung der Beleuchtung möglicherweise falsche Ergebnisse liefert.

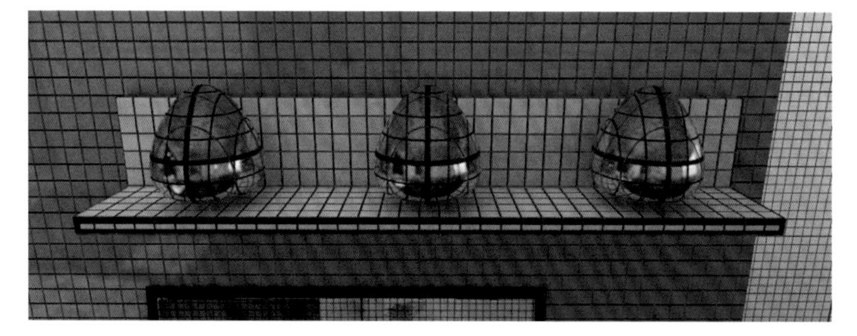

Abbildung 2.295
Diagnosebild Koordinatenraum zur visuellen Darstellung der lokalen Objektkoordinaten

- **Photonen:** Mithilfe dieser Option wird eine schematische Darstellung erzeugt, die anhand von Pseudofarben die Dichte der ermittelten Photonen, die während der Lichtberechnung durch die globale Illumination ermittelt wurden, verdeutlicht. Warme rötliche Farben zeigen eine höhere Dichte an, im Bereich der kühleren bläulichen Farben wurden weniger Photonen ermittelt, wie Abbildung 2.296 verdeutlicht. Mithilfe dieser Darstellung kann besser eingeschätzt werden, ob die Photonen die 3D-Szenerie während der Beleuchtung ausreichend ausleuchten. Eine übermäßige Gewichtung der warmen oder der kühlen Farben sollten vermieden werden, sondern es sollte ein einigermaßen ausgeglichenes Bild entstehen, um eine gleichmäßige Beleuchtung zu realisieren.

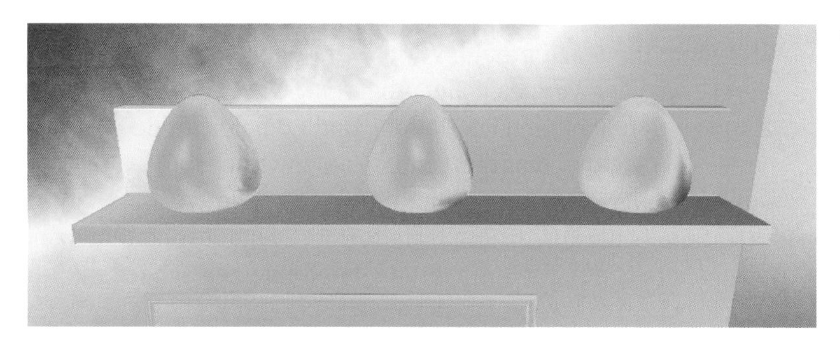

Abbildung 2.296
Diagnosebild Photonen-Dichte zur visuellen Darstellung ermittelter GI-Photonen während der Lichtberechnung

Neben der Photonendichte, also der Anzahl der ermittelten Photonen, kann auch die Strahlungsdichte der Photonen dargestellt werden.

- **Final Gather:** Mithilfe dieser Option wird eine schematische Darstellung erzeugt, die die ermittelten anfänglichen FINAL GATHER-Punkte visuell darstellt. Ein feineres Raster bedeutet eine höhere Genauigkeit bei der Berechnung des FINAL GATHER. Für tiefgehende Erläuterungen siehe Abschnitt »Final Gather«.

Abbildung 2.297
Diagnosebild Final Gather-Punkte

- **BSP:** Mithilfe dieser Option wird eine schematische Darstellung erzeugt, die die Zahlenwerte für BSP-TIEFE und BSP-GRÖSSE des Renderbaums der Raytrace-Beschleunigungsmethode BSP visuell darstellt. Mithilfe dieser Darstellung kann ermittelt werden, ob die definierten Werte (vgl. Abbildung 2.293) einer Anpassung bedürfen, um so die Renderzeiten weiter zu reduzieren. Über Pseudofarben werden wahlweise die Werte BSP-TIEFE und BSP-GRÖSSE dargestellt, wobei schwarze Farbtöne, die langsam in warme rote Töne übergehen, niedrige Zahlenwerte repräsentieren und kalte bläuliche Farbtöne, die letztlich in Weiß übergehen, die hohen Zahlenwerte repräsentieren. Ziel ist es, eine übermäßige Gewichtung der warmen oder der kühlen Farben zu vermeiden. Es sollte ein einigermaßen ausgeglichenes Bild entstehen, das möglichst viele Farbtöne enthält, um eine Optimierung des BSP-Algorithmus zu erhalten und somit die Renderzeit zu reduzieren, wie der Vergleich der Abbildung 2.298 und Abbildung 2.299 verdeutlicht. Je nach Umfang und Komplexität der 3D-Szenerie können die eingetragenen Zahlenwerte stark variieren. Gute Startwerte sind 7-14 für BSP-GRÖSSE und 35-45 für BSP-TIEFE. Bereits die kurzen Renderzeiten der Diagnosedarstellungen lassen bereits auf die Optimierung der Renderzeit schließen!

Abbildung 2.298
Diagnosebild: BSP-Tiefe = 40; Renderzeit = 24 Sek.

Abbildung 2.299
Diagnosebild: optimierte BSP-Tiefe = 30; Renderzeit = 19 Sek.

Optimierung der Materialien

Die vierte Methode besteht darin, die in den Materialeigenschaften einstellbaren Qualitäts- bzw. Genauigkeitsparameter so zu optimieren, dass keine visuellen Qualitätsverluste entstehen, aber trotzdem die Renderzeiten pro Bild minimiert werden.

Optimierung von Reflexionen und Refraktionen

Das größte Potenzial für eine Reduzierung der Renderzeit liegt in der Optimierung reflektierender Materialien, wie glänzende Oberflächen, Metalle oder Glas. Die diesbezüglichen Standardeinstellungen beispielsweise im ARCH & DESIGN-Material für MENTAL RAY sind dafür ausgelegt, auch in Nahaufnahmen akkurate Reflexionen und Refraktionen an Oberflächen zu berechnen, also Details, die selten in architektonischen 3D-Visualisierungen wahrgenommen werden können und müssen, wie der Vergleich von Abbildung 2.300, Abbildung 2.301 und Abbildung 2.302 verdeutlicht.

Abbildung 2.300
Nicht optimiertes Chrom an den Stuhl- und Tischgestellen; Renderzeit 7:30 Min.

Abbildung 2.301
Optimiertes Chrom ohne optischen Qualitätsverlust an den Stuhl- und Tischgestellen; Renderzeit 6:00 Min.;
Ersparnis: 20Prozent

Abbildung 2.302
Optimiertes Chrom mit leichtem optischen Qualitätsverlust an den Stuhl- und Tischgestellen reduziert die Renderzeit sogar auf 4:30 Min.; Ersparnis: 35Prozent

Insbesondere wenn es sich um vergleichsweise kleine 3D-Objekte handelt, wie beispielsweise bei metallischen Tür- oder Fenstergriffen oder glänzenden Porzellangegenständen bei der Visualisierung von Inneneinrichtungen, kann durch eine Reduzierung der Berechnungsgenauigkeit für Reflexionen und Refraktionen an den entsprechenden Materialien erheblich Renderzeit gespart werden.

Die entsprechenden Qualitätseinstellungen sind in den jeweiligen Materialeigenschaften zu finden. Markante Auswirkungen auf die Renderzeit haben die Parameter für die Reflexionen. Insbesondere die Erhöhung der GLANZ-SAMPLES kann die Renderzeiten in die Höhe treiben (siehe Abbildung 2.308). Die in demselben Dialogfeld vorhandene Option SCHNELL (INTERPOLIEREN), reduziert hingegen den Rechenaufwand während der Berechnung von Reflexionen, indem die gesammelten GLANZ-SAMPLES (Reflexionsstichproben aus der Umgebung) interpoliert werden. Umgangssprachlich ausgedrückt wird nicht so genau ermittelt, welche Objekte aus der Umgebung reflektiert werden. Je nach definierten Parametern im Rollout SCHNELLE GLANZINTERPOLATION des Materials können mehr oder weniger Details in den Reflexionen dargestellt werden, wobei weniger Details durch die Interpolation auch eine unschärfere Reflexion erzeugen (siehe Abbildung 2.309).

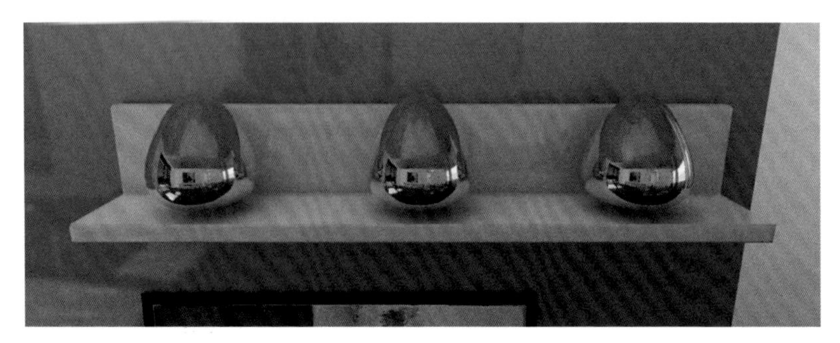

Abbildung 2.303
Standardvorlage CHROM aus dem ARCH & DESIGN-Material
Renderzeit 1 Min. 50 Sek.
Glanz-Samples = 0
Schnelle Interpolation = aus

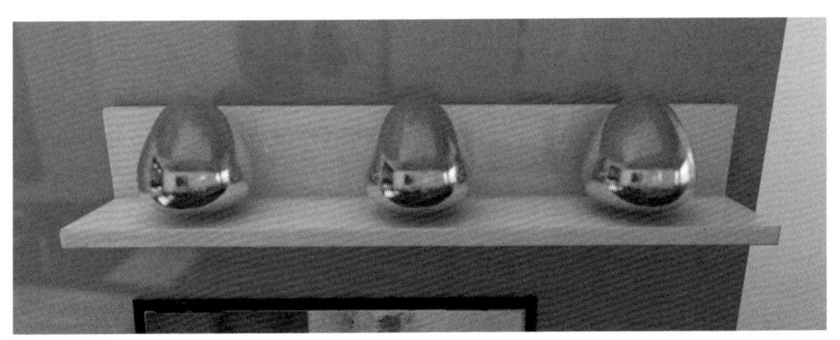

Abbildung 2.304
Renderzeit 1 Min. 36 Sek.
Glanz-Samples = 0
Schnelle Interpolation = an
Interpolationsrasterdichte =1
Detailabstand = 1m

Abbildung 2.305
Renderzeit 1 Min. 34 Sek.
Glanz-Samples = 0
Schnelle Interpolation = an
Interpolationsrasterdichte = 1/2

Abbildung 2.306
Renderzeit 2 Min. 00 Sek.
Glanz-Samples = 32
Schnelle Interpolation = an

Abbildung 2.307
Renderzeit 4 Min. 00 Sek.
Glanz-Samples = 32
Schnelle Interpolation = aus

Für eine angemessene Optimierung von reflektierenden/glänzenden Oberflächen müssen diese in zwei Kategorien eingeteilt werden, die unterschiedlich optimiert werden müssen:

Stark reflektierende Oberflächen mit scharfen Hochglanz-Reflexionen

Abbildung 2.303: Stark reflektierende Oberflächen mit scharfen Hochglanz-Reflexionen können Sie geringfügig optimieren, indem Sie die Option Schnell (interpolieren) (siehe Abbildung 2.308) aktivieren und im Parameter-Rollout Schnelle Glanzinterpolation den Wert Interpolationsrasterdichte auf 1 (= Rendering) erhöhen /vgl. Abbildung 2.309). Die berechneten Reflexionen werden ausreichend scharf dargestellt, aber die Renderzeit reduziert sich durch die Interpolation trotzdem geringfügig, wie aus Abbildung 2.303 und Abbildung 2.304 ersichtlich wird.

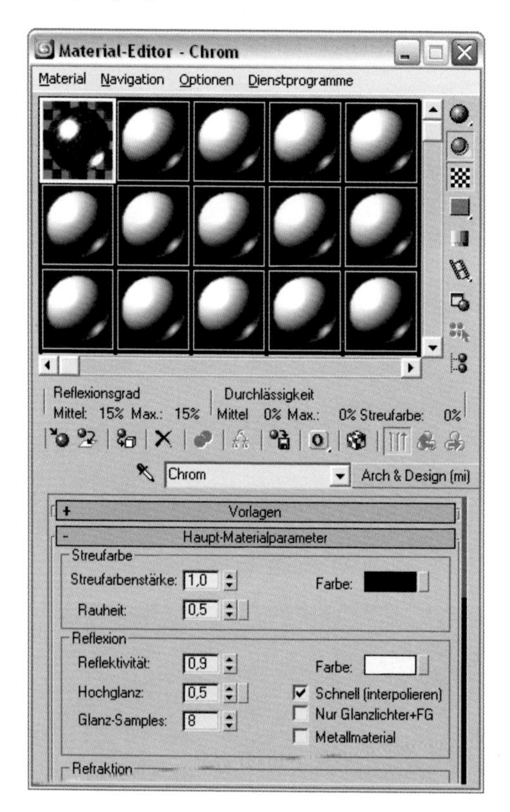

Abbildung 2.308
Parameter für Reflexionen im Material-Editor beeinflussen die diesbezügliche Rechengenauigkeit

Weniger stark reflektierende Oberflächen mit unscharfen Reflexionen

Abbildung 2.305: Die weniger stark reflektierenden Oberflächen mit unscharfen Reflexionen lassen sich durch die Option Schnell (interpolieren) effektiver optimieren. Um ansprechende unscharfe Reflexionen zu produzieren, wird in den meisten Fällen der Wert für Glanz-

SAMPLES auf 16 oder sogar 32 erhöht. Dies bewirkt, dass der Renderer mit 32-facher Genauigkeit ermittelt, wie unscharf die Reflexion an der entsprechenden Stelle dargestellt werden soll, wie z.B. bei der ARCH & DESIGN-Vorlage METALL, SEIDENGLÄNZEND. Die Erhöhung der GLANZ-SAMPLES, um schöne unscharfe Reflexionen zu produzieren, erhöht auch die Renderzeit enorm, wie Abbildung 2.307 verdeutlicht. Um diese Erhöhung der Renderzeit zu vermeiden, kann ebenfalls die Option SCHNELL (INTERPOLIEREN) verwendet werden. Diese Option generiert gleichermaßen unscharfe Reflexionen durch eine Interpolation der gesammelten Samples, jedoch in deutlich geringerer Zeit, wie Abbildung 2.304 unterstreicht.

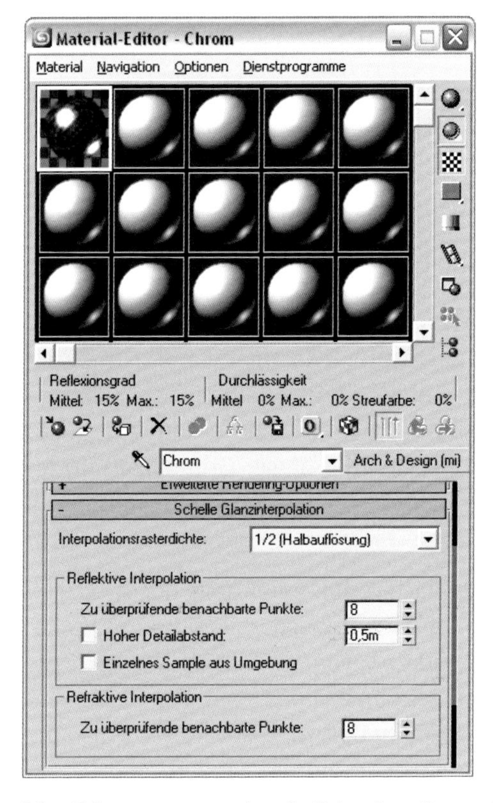

Abbildung 2.309
Parameter für schnelle Glanzinterpolation können helfen, Rechengenauigkeit und somit die Berechnungszeiten zu reduzieren

Die Erläuterungen bezüglich der GLANZ-SAMPLES und der Option SCHNELL (INTERPOLIEREN) gelten auch für die Anwendung von *Refraktionen* bei transparenten Materialien, wie beispielsweise Glas.

Weitere Informationen zu den erwähnten Parametern und deren Optimierung finden sich in der 3ds Max-Hilfe (Stichwort: *Arch & Design Material*).

Optimierung des Spezialeffekts »Umgebungsokklusion«

Auch die Berechnung der Samples für den Materialeffekt UMGEBUNGSOKKLUSION (UO bzw. engl. Ambient Occlusion, siehe auch Abschnitt »Ambient Occlusion (Umgebungsokklusion)« auf Seite 172) erfordert die Berechnung von Samples. Immer dann wenn Samples, also Stichproben der Umgebung, ermittelt werden müssen, steigen die Renderzeiten auffallend an. Daher ist es wichtig, auch die Anzahl der Samples für den Materialeffekt UMGEBUNGSOKKLUSION entsprechend optimiert einzustellen. Da dieser Materialeffekt eher ein unscheinbares visuelles Ergebnis innerhalb einer architektonischen 3D-Visualisierung produziert, können in den meisten Fällen Werte zwischen 4 und 12 Samples ausreichen, um die gewünschten optischen Ergebnisse im Bild zu produzieren.

2.10 Animation

Sobald Sie an dieser Stelle im Produktionsplan angelangt sind, haben Sie bereits die wesentlichen Produktionsschritte »Ausarbeitung eines Produktionsplans«, »Zusammenstellung der Ressourcen«, »Modellierung«, »Inszenierung«, »Beleuchtung«, »Materialvergabe«, »Rendering« und gegebenenfalls auch die »Postproduktion« erarbeitet und damit bereits eine qualitativ hochwertige architektonische 3D-Visualisierung als Standbild produziert. Sollte es erforderlich sein, können Sie nun auf dieser Grundlage mit der Produktion einer 3D-Animation beginnen, die Ihre 3D-Visualisierung in bewegten Bildern zeigt.

Selbstverständlich gelten für die Produktionen von hochwertigen architektonischen 3D-Animationen die gleichen Regeln und Vorgehensweisen wie für die Produktion von 3D-Visualisierungen als Standbild, da ja lediglich mehrere Einzelbilder (engl. Frames) aneinandergereiht werden, um eine Animation zu realisieren. Da also die hauptsächliche Arbeit schon geleistet wurde, werden folgend nur noch einige hilfreiche Tipps und Hinweise zu Problematiken vermittelt, auf die Sie während der Produktion von Animationen zusätzlich stoßen können.

Wahl der richtigen Perspektiven: Das Storyboard

Die erste Problematik, mit der Sie als 3D-Artist konfrontiert werden und die es für die Realisierung einer ansprechenden 3D-Animation zu lösen gilt, ist die Definition einer spannenden Kamerafahrt, die sowohl so viel wie möglich von der Architektur in gefälliger Weise zeigt und dabei so kurz wie nötig umgesetzt wird, um beim Betrachter keine Langeweile entstehen zu lassen.

Sie erarbeiten sich die Inhalte der zu realisierenden architektonischen 3D-Animation am effektivsten, indem Sie erneut schrittweise vorgehen. Um eine ansprechende 3D-Animation umzusetzen, beginnen Sie damit, sich zu überlegen, welche Perspektiven oder Sichtweisen auf die zu präsentierende Immobilie am attraktivsten sind. Jede Immobilie hat ihre »Schokoladenseiten«. Experimentieren Sie diesbezüglich mit einigen Kamerapositionen und variieren Sie ebenfalls auch die Perspektivstärken, um verschiedene Eindrücke zu bekommen. Haben Sie erst einmal festgelegt, *was* Sie von der Immobilie zeigen wollen, können Sie im nächsten Schritt dazu übergehen, darüber nachzudenken *wie* Sie die schönen Seiten der Architektur mit spannenden Kamerafahrten animieren und *wie lange* diese Sequenzen ungefähr dauern sollen. Skizzieren oder schreiben Sie das *Was*, *Wie* und *Wie lange* im Anschluss gegliedert nach den einzelnen Szenen auf ein Blatt Papier. Mit diesem Verfahren erarbeiten Sie sich ein solides *Storyboard*, an dem Sie sich (oder andere) dann bei der technischen Umsetzung der Kamerafahrten orientieren können.

Tipp

Nur in den seltensten Fällen wirken zusammenhängende lange Kamerafahrten ansprechend und spannend. Versuchen Sie daher die *Schokoladenseiten* der Immobilie mit kurzen prägnanten Kamerafahrten oder -schwenks geeignet in Szene zu setzen und die einzelnen Sequenzen mithilfe einer Videoschnittsoftware zu einem sequenziellen und möglicherweise sogar vertonten Gesamtfilm zusammenzufügen (mithilfe von Videoschnitt und -überblendungen). Sie können gegebenenfalls auch auf hochauflösende Standbilder zurückgreifen, die Sie mit den Möglichkeiten Ihrer Videobearbeitungssoftware dann zwischen den Sequenzen einbinden und im Bild verschieben oder vergrößern. Bei dieser Technik wird der Eindruck einer Animation geweckt (wenn auch 2D), die in Kombination mit den realisierten 3D-Kamerafahrten zusätzliche Variation im Gesamtfilm erzeugt. Sie gestalten auf diese Weise hochwertigere 3D-Animationen in kürzeren Renderzeiten, da viel weniger Renderzeit für einige so eingestreute Standbilder benötigt wird als für 3D-Sequenzen, die viel mehr Berechnungszeit benötigen, aber trotzdem nicht viel mehr von der Architektur zeigen.

Haben Sie sich erst einmal für die spannendsten Perspektiven entschieden und darauf aufbauend ein *Storyboard* umgesetzt, können Sie damit beginnen, die geeigneten Kamerafahrten innerhalb der Produktionssoftware 3ds Max umzusetzen.

Ausgabeformate

Es ist immer wieder interessant zu erfahren, mit welchen sonderbaren Dateiformaten oder Videokompressionsverfahren selbst professionelle 3D-Artists ihre realisierten Produktionen für die Weiterverarbeitung oder für die Präsentation speichern. Oft werden unüberlegt prominente Dateiformate gewählt, die im Hinblick auf den weiteren Verwendungszweck markante Nachteile aufweisen und daher beim genaueren Betrachten für eine Speicherung der aufwendig erarbeiteten Inhalte völlig ungeeignet sind. Die Wahl des sogenannten *Ausgabeformats*, für das Sie sich innerhalb der Produktionssoftware 3ds Max entscheiden müssen, noch bevor Sie die finale Bildsequenzberechnung anstoßen, will gut durchdacht sein und erfordert eine besondere Aufmerksamkeit.

Ein Beispiel: Sie haben erheblich Zeit und Aufwand in die Realisierung einer architektonischen 3D-Animation gesteckt, die es nun letztlich zu berechnen gilt. Als Ausgabeformat für die Speicherung der zu errechnenden Daten stehen Ihnen eine Vielzahl von Datei- bzw. Videoformaten zur Verfügung, die Sie über das Menü RENDERN > RENDERN > Registerkarte ALLGEMEIN > Bereich RENDERAUSGABE auswählen können. Welches wählen Sie? Entscheiden Sie sich für ein Videoausgabeformat (wie AVI, Quicktime oder Windows Media) oder ist das Speichern der Animation innerhalb einer Einzelbildsequenz (bild0001, bild0002, bild0003 ...) nicht doch vorteilhafter? Sofern Sie sich für ein Videoformat entscheiden, welches Kompressionsverfahren wählen Sie aus? DivX, Indeo Video, MPEG-4? Sollten Sie sich doch für ein Einzelbildformat entscheiden, welches wählen Sie da? JPEG, TGA, TIFF oder gar BMP?

Das wesentlichste Kriterium bei der Wahl des optimalen Ausgabeformats ist zunächst einmal der geplante Verwendungszweck! Sie haben diesbezüglich zwei Möglichkeiten:

- In den meisten Fällen findet eine Weiterbearbeitung der noch zu errechnenden Daten statt (Postproduktion, Videoschnitt etc.). In einem solchen Fall ist es ratsam, sich für ein *verlustfreies* Ausgabeformat zu entscheiden, das Ihnen die Weiterbearbeitung auf bestmöglichem Niveau ermöglicht.

  Tipp

  Verwenden Sie in keinem Fall ein verlustbehaftetes Format wie JPEG bei Einzelbildsequenzen oder die Kombination AVI-DivX bei Videosequenzen. Denken Sie hier einmal über die Verwendung von Einzelbildsequenzen in dem verlustfreien Bilddateiformat PNG nach. Einzelbildsequenzen haben den wesentlichen Vorteil, dass sehr einfach und schnell einzelne Bilder oder Bildbereiche einer 3D-Animation ausgetauscht werden können, wenn Änderungen oder Korrekturen nachträglich zu berücksichtigen sind. Sie müssen nicht alle 3.000 Bilder für eine 2-Minuten-Animation nochmals neu rendern, um die einzelne AVI-Videodatei neu zu generieren, oder alternativ aufwendigen Videoschnitt betreiben, um die entsprechenden Bildbereiche der AVI-Videodatei im Videoschnitt auszutauschen. Es genügt die Neuberechnung der betreffenden Bilder.

  PNG bietet sich als Ausgabeformat für Bildsequenzen an, da es zum einen verlustfrei die geringsten Dateigrößen erzeugen kann und es zudem eine deutlich höhere Menge der Farben speichern kann, die durch die Produktionssoftware errechnet wurden. 3ds Max errechnet die einzelnen Bilder mit 32 BIT PRO FARBKANAL (also jeweils für R, G und B). Das PNG-Format kann bis zu 48 Bit pro Kanal speichern, JPEG hingegen verarbeitet lediglich 24 Bit für alle drei Farbkanäle insgesamt (also 8 Bit pro Farbkanal). Es gibt keinen überzeugenden Grund dafür, die aufwendig errechnete 3D-Animation mit weniger Farben oder gar verlustbehaftet für die Weiterverarbeitung zu speichern. Je besser das Ausgangsmaterial für die Videobearbeitungssoftware ist, umso besser sind die Endergebnisse!

  Setzen Sie sich aus diesem Grund ein wenig mit den zur Verfügung stehenden Ausgabeformaten im Hinblick auf die Weiterverarbeitung auseinander.

- In seltenen Fällen werden Sie die Ergebnisse direkt im Endformat als einzelne Videodatei mit Kompression speichern wollen oder müssen. Dies ist beispielsweise dann erforderlich, wenn Ihnen keine Videobearbeitungssoftware für die Postproduktion zur Verfügung steht oder Ihnen die entsprechenden Kenntnisse im Umgang damit fehlen. In einer solchen Situation hängt das zu wählende Ausgabeformat von vielen Faktoren ab, insbesondere aber vom späteren Einsatzzweck. Wird die 3D-Animation im Internet veröffentlicht, werden Immobilien-Vermarkter die Animation auf ihrem Notebook zeigen oder soll gar eine DVD produziert werden? Auch hier gibt es eine Fülle von Fragestellungen, die es vor der Entscheidung zu beantworten gilt. Unter Umständen müssen unterschiedliche Versionen realisiert werden. Machen Sie sich hierüber ausreichend Gedanken, bevor Sie auf die Schaltfläche RENDERN klicken.

Häufig auftretende Problematiken/Fehler

Darstellungsfehler bei indirekter Illumination mit Final Gather

Wie bereits im Abschnitt »Problematischer Einsatz von Final Gather in Animationen« auf Seite 170 erwähnt, ist der Einsatz von FINAL GATHER für die Berechnung von Animationen ohne besondere Optimierungen zunächst problematisch und bedarf einer besonderen Vorgehensweise, um ansprechende Animationsergebnisse ohne Bildfehler zu produzieren.

Die durch die FINAL GATHER-Funktion errechnete Beleuchtungssituation wird innerhalb einer dreidimensionalen Punktwolke für den sichtbaren 3D-Raum gespeichert, der sogenannten FINAL GATHER-Map. Diese FINAL GATHER-Map wird in Abhängigkeit des Blickfeldes der Kamera auf die 3D-Szene gespeichert. Für 3D-Oberflächen, die aus dem aktuellen Blickfeld nicht sichtbar sind oder durch andere 3D-Oberflächen verdeckt werden, werden daher keine Beleuchtungsdaten gesammelt. Ändert sich nun die Kameraposition oder die Position einzelner 3D-Objekte während einer Animation, kommen diese unterbelichteten Bereiche, für die keine detaillierte FG-Berechnungen vorgenommen werden konnten, zum Vorschein und werden als dunkle Flecken in der finalen Bildberechnung wahrgenommen.

Abbildung 2.310
Fehlende bzw. unzureichende FINAL GATHER- und GLOBALE ILLUMINATION-Informationen hinter 3D-Objekten

Um diese Problematik zu umgehen, müssen weitere Beleuchtungsinformationen für die über die Zeit in der Animation sichtbar werdenden neuen 3D-Oberflächen gesammelt werden. Es müssen also, verteilt über die gesamte Anzahl der Bilder (engl. Frames) in der Animation, neue FINAL GATHER-Momentaufnahmen gemacht werden, um eine möglichst komplette dreidimensionale FINAL GATHER-Map (Punktwolke) für diese 3D-Szene zu erhalten. Diese vollständigere FINAL GATHER-Map kann dann letztlich als Grundlage für die Animationsberechnung verwendet werden.

Um diese vollständigere FINAL GATHER-Map zu realisieren, müssen einige manuelle Einstellungen vorgenommen werden. Anders als bei der einmaligen Berechnung der FINAL GATHER-Map für ein Standbild, kann die Erfassung der komplexeren FINAL GATHER-Map nicht im Arbeitsspeicher stattfinden, sondern muss auf eine FINAL GATHER-Map-Datei (*.fgm) umgeleitet werden. Nur so lassen sich die Lichtwerte aus den unterschiedlichen Kamerablickfeldern innerhalb einer Punktwolke akkumulieren. Die Datei lässt sich im Menü RENDERN > RENDERN > Registerkarte INDIREKTE ILLUMINATION > Bereich FINAL GATHER-MAP anlegen oder auswählen. Folgende Schritte sind nötig:

- **Final Gather-Map-Datei anlegen**

  FINAL GATHER-Map-Datei anlegen bzw. einen Speicherort auf der Festplatte auswählen.

- **Momentaufnahmen über die Animationsdauer**

  Mit festem Intervall die gesamte Animation berechnen lassen (z.B. alle 15 oder alle 25 Bilder), um die entsprechenden Lichtwerte der 3D-Oberflächen zu akkumulieren. Die Berechnung der »Momentaufnahmen« kann mit reduzierter Qualitätseinstellung für das Sampling erfolgen (vgl. Abschnitt »Problematischer Einsatz von Final Gather in Animationen« auf Seite 170). Der Wert für das Intervall ist abhängig von der Geschwindigkeit, mit der sich die Kamera oder die Darsteller innerhalb der 3D-Szenerie bewegen. Höhere Geschwindigkeiten erfordern geringere Intervalle, um eine ausreichend gute FINAL GATHER-Map zu generieren. Gute Werte für architektonische 3D-Animationen liegen zwischen 15 und 25 Frames.

- **Final Gather-Map-Datei fixieren**

  Die mit den akkumulierten Werten gespeicherte FINAL GATHER-Map-Datei mit der Option NUR LESEN (FG EINFRIEREN) fixieren, um festzulegen, dass lediglich die vorgerechneten Werte beim Rendering für alle Bilder der Animation verwendet werden.

- **Vollständige Animation rendern**

  Mit der fixierten FINAL GATHER-Map-Datei die gesamte Animation, also diesmal alle Bilder, rendern lassen. Die Beleuchtungssituation wird aus der FINAL GATHER-Map-Datei herausgelesen.

Tipp

Das Vorberechnen der FINAL GATHER-Map-Datei kann mit geringen Qualitätseinstellungen für das SAMPLING PRO PIXEL durchgeführt werden. Dieser Trick beschleunigt das Berechnen der FINAL GATHER-Map-Datei wesentlich, muss jedoch in der finalen Bildauflösung durchgeführt werden, um korrekte Bildergebnisse zu erzielen (siehe auch Abschnitt »Die richtige Bildauflösung« auf Seite 280). Mithilfe einer FINAL GATHER-Map-Datei lassen sich auf diese Weise auch unterschiedliche Beleuchtungssituationen anlegen und speichern, zwischen denen man dann für das finale Rendering wählen kann.

Rauschunterdrückung mit Reflexionstunning (Glanz-Samples und Schnelle Interpolation)

Die während des Produktionsschrittes »Renderoptimierung« vorgenommenen Anpassungen an den Reflexions- und Refraktionseinstellungen von Materialien führen während der Berechnung von 3D-Animationen oftmals zu unerwünschtem Rauschen auf reflektierenden

3D-Oberflächen. Das Rauschen in den automatisch berechneten Reflexionen entsteht, weil aufgrund der Optimierung der Reflexionswerte nur eine ungenaue und zufällige Abtastung der Umgebung für die Reflexionsberechnung stattfindet, die zudem von Bild zu Bild andere Reflexionsergebnisse ermittelt.

In einem solchen Fall sind die Werte und Optionen für die GLANZ-SAMPLES und SCHNELLE (INTERPOLATION) zu überprüfen und gegebenenfalls stufenweise wieder zu erhöhen, bis das Rauschen beseitigt ist. Bei der Rauschreduzierung für architektonische 3D-Visualisierung sollten Sie Folgendes berücksichtigen:

- Gilt es, eine hochglänzende Oberfläche mit scharfen Reflexionen umzusetzen, sollten Sie die GLANZ-SAMPLES auf den Wert 0 reduzieren und den Wert HOCHGLANZ auf 1 erhöhen. In diesem Fall wird ein komplett scharfes Spiegelbild der Umgebung erzeugt und auf die Oberfläche projiziert, ohne dabei Rauschen zu erzeugen.
- Sofern unscharfe Reflexionen gewünscht sind, eignen sich Werte ab 32 (meist 64 oder 128) GLANZ-SAMPLES mit deaktiver Option SCHNELL (INTERPOLIEREN). Alternativ können Sie die Unschärfe auch über die Interpolation simulieren. Aktivieren Sie dafür die Option SCHNELL (INTERPOLIEREN). Reduzieren Sie dann aber die GLANZ-SAMPLES auf den Wert 0 und erhöhen Sie den Wert HOCHGLANZ auf 1. Den Grad der Unschärfe können Sie nun über den Wert INTERPOLATIONSRASTERDICHTE steuern (siehe Abschnitt »Optimierung von Reflexionen und Refraktionen« auf Seite 353).

Hinweis

Niederfrequentes Rauschen an Reflexionen tritt insbesondere dann auf, wenn RELIEF-Maps eingesetzt werden, um die Oberflächen mit zusätzlicher Oberflächenstruktur zu versehen. Prüfen Sie in einem solchen Fall, ob der Einsatz einer RELIEF-Map wirklich erforderlich ist. Oftmals sind so feine Oberflächenstrukturen während einer 3D-Animation nicht mehr wahrnehmbar und können dementsprechend gelöscht werden.

Eine ebenfalls gute Methode, scharfe oder unscharfe Reflexionen auf Oberflächen zu generieren, ist, die Vorberechnung einer Reflexionstextur, die die gewünschte Umgebung bereits bildlich enthält. Diese Textur ersetzt in dem Fall die automatische Berechnung der Reflexionen und kann bei Bedarf auch mit Unschärfe versehen werden. Die Reflexionstextur können Sie dann in dem speziell dafür vorgesehenen Eigenschaften-Kanal UMGEBUNG im Bereich SPEZIALZWECK-

MAPS des ARCH & DESIGN-Materials einbinden und somit sowohl das Reflexionsrauschen reduzieren als auch die Renderzeit verkürzen.

Mit dem detaillierten Studium der bislang einzeln beschriebenen Produktionsschritte haben Sie sich das notwendige Know-how erarbeitet, um qualitativ hochwertige architektonische 3D-Visualisierungen produzieren zu können. In den folgenden Kapiteln wird vermittelt, wie Sie die Produktionssoftware 3ds Max richtig konfigurieren müssen, um hochwertige Ergebnisse zu erzielen. Anschließend werden neue Programmfunktionen und Werkzeuge der aktuell am Markt erhältlichen Programmversionen 3ds Max 2008 und 3ds Max 2009 vorgestellt, die für die Produktion von architektonischen 3D-Visualisierungen nützlich sein können.

Kapitel 3

3 Richtige Vorkonfiguration der 3D-Software 3ds Max für optimale Renderergebnisse

3.1 Monitor-Farbkalibrierung für beste Rendering-Qualität

Voraussetzung für jede genaue Farbdefinition bei Projektumsetzungen ist eine optimal kalibrierte Farbdarstellung am Produktionsmonitor. Nur durch Kalibrierung der Farb- und Mittelgrautonwerte[1] ist gewährleistet, dass die in der 3D-Visualisierung gewünschten Farben, die Sie in den Materialeigenschaften oder mit Texturen in Ihrer 3D-Software definieren, möglichst genau im Druck oder auf den Bildschirmen der Kunden dargestellt werden.

Ein Rubinrot kann auf dem Monitor des Kunden durchaus als Bordeauxviolett angezeigt werden, wenn der Produktionsmonitor falsch kalibriert ist. Um Abweichungen und somit langwierige Diskussionen über Farben mit dem Kunden zu vermeiden, sollte jeder Produktionsmonitor mithilfe von entsprechender Hardware kalibriert werden.

Abbildung 3.1
Falschfarbenanzeige bei unkalibrierten Monitoren

Oben: richtig

Unten: falsch

(hier übertrieben dargestellt)

1. Üblicherweise auch Gammakorrektur genannt

Exakte Farbkalibrierungen an Monitoren, insbesondere an LCD-Monitoren, sind nur mithilfe von entsprechender Kalibrierungshardware möglich. Diese speziellen Kolorimeter sind heutzutage auch für Freelancer oder kleinere Produktionsbüros erschwinglich und liegen in Preisbereichen von 80 bis 120 EUR. In jedem Fall sind sie eine Investition, die sich bereits bei den ersten Arbeiten auszahlt und auf die nicht verzichtet werden sollte.

Abbildung 3.2
Farbkalibrierer verschiedener Hersteller
Copyrights Bilder: datacolor.eu & pantone.de

3.2 Monitor-Gammakalibrierung für beste Rendering-Qualität

Eine Monitor-Kalibrierung verbessert zudem die Darstellung durch die Erhöhung des darstellbaren Umfangs von Mittelgrautonwerten, die beispielsweise für Schatten und Schattierungsverläufe in Ihren 3D-Visualisierungen verantwortlich sind. Die Darstellungsoptimierung dieser Mittelgrautonwerte, über die sogenannte Gammakorrektur, erhöht die Qualität Ihrer 3D-Visualisierungen (den Grad an Realismus) erheblich. Ihre Arbeiten wirken besser und zeichnen deutlich mehr Schattendetails in lichtärmeren Bildbereichen.

Insbesondere in Bildbereichen mit vielen Schattierungen, stellen unkalibrierte Monitore häufig nur zu dunkle Farbtöne dar, deren feine Abstufungen am Monitor nicht mehr richtig wahrnehmbar sind. Schattendetails und somit Bildtiefe gehen für den Betrachter verloren, die Ergebnisse wirken kontrastarm und unrealistisch. Kalibrierte Produktionsmonitore mit gut definierten Gammawerten sind daher ebenfalls Voraussetzung für ansprechende 3D-Renderings. Doch was verbirgt sich hinter dem Begriff Gammakorrektur?

Abbildung 3.3
Kontrastarme Monitor-Darstellung ohne Gammakorrektur

Abbildung 3.4
Optimierte Kontrastdarstellung nach Monitor-Kalibrierung

Gammakorrektur – technischer Hintergrund

Während der Entwicklung der ersten (Röhren-) Monitore stellte man fest, dass die Lichtintensität bei der Darstellung von Bildern nicht in einem linearen Verhältnis zur Erhöhung der fließenden Anzeigespannung (Volt) stand, bedingt durch die technische Funktionsweise der Monitore.

50 % Eingangsspannung entsprachen nicht 50 % Lichtintensität, sondern weniger (ca. 18 %). Entsprechend wurde der gewünschte Grauton von 50 % auf einem Monitor dunkler dargestellt, musste also nachträglich aufgehellt werden, da die Anzeige, dem Auge ungewohnt, zu dunkel und unrealistisch erschien.

Da die absoluten Schwarz- und Weißtöne aber den Erwartungen entsprachen (Spannung 0V = schwarz und 220V = weiß), wurden lediglich die Mitteltöne (z.B. Grauschattierungen) im Verhältnis zu Schwarz und Weiß zu dunkel dargestellt und entzogen dem Bild wesentliche Details. Sie mussten mithilfe eines Korrekturfaktors für die Tonwerte zwischen Schwarz und Weiß, dem sogenannten Gammawert, ausgeglichen bzw. aufgehellt werden, um das Bild den Erwartungen nach korrekt wiederzugeben.

Der Gammawert war damals und ist auch heute noch dabei nicht für jeden Monitor exakt gleich, die Unterschiede sind aber, aufgrund der Vorjustierung durch die Hersteller, so gering, dass sich der Wert bei den meisten Monitoren immer um den Faktor 2.2 bewegen sollte. Mit zunehmendem Alter oder durch unterschiedliche Fertigungsqualität variieren die eingestellten Gammawerte der diversen Monitore jedoch und bedürfen in den meisten Fällen einer Korrektur.

Die Aufnahmegeräte arbeiteten, im Gegensatz zu den Wiedergabemonitoren, linear. Die gemessene Lichtintensität wurde also linear in Spannung umgewandelt. Sie konnte jedoch nur nicht korrekt auf den Monitoren wiedergegeben werden. Vor diesem Hintergrund entschied man sich, die linear gemessenen Lichtintensitäten direkt bei der Aufnahme zentral mit dem Gamma-Wert zu korrigieren, da dies wirtschaftlicher erschien, als alle Ausgabegeräte mit einem entsprechenden Gammakorrektur-Schaltkreis auszustatten.

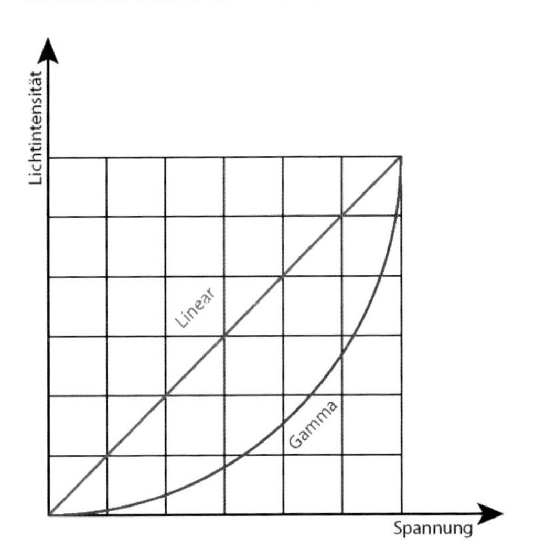

Abbildung 3.5
Vergleich einer linearen (Ausgabe-) Spannung und einer gammakorrigierten Spannung

Seither wird jedes aufgenommene Kamera-Bild, sein es eine Foto- oder eine Videokamera, direkt nach der Aufnahme oder spätestens bei der ersten Überarbeitung und Speicherung, mit dem entsprechenden Gammawert für das Ausgabegerät korrigiert (z.B. für Fernseher oder Monitore mit 2,2) und in einem Ausgabeformat gespeichert, der diese Korrektur fest enthält. Dieses Verfahren ist bis heute so geblieben! Lineare Werte werden in den sRGB-Farbwerteraum konvertiert und mithilfe des Gammawertes korrigiert, um sie auf Monitoren, seien es nun CRT- (Röhren) oder LCD-Monitore, bestmöglich wiederzugeben.

3.3 Gammakorrektur in 3ds Max aktivieren

Nach der Standardinstallation der Produktionssoftware 3ds Max ist die richtige Verarbeitung der Gammawerte, die in den aufgenommenen Medien wie Texturen oder Videos fest gespeichert werden, für die Bildberechnung und die Bildanzeige noch nicht gewährleistet. Die Gammakorrektur muss erst manuell aktiviert werden, um beste Renderqualitäten zu erzielen und die Produktionsergebnisse auf dem kalibrierten Monitor bestmöglich anzuzeigen.

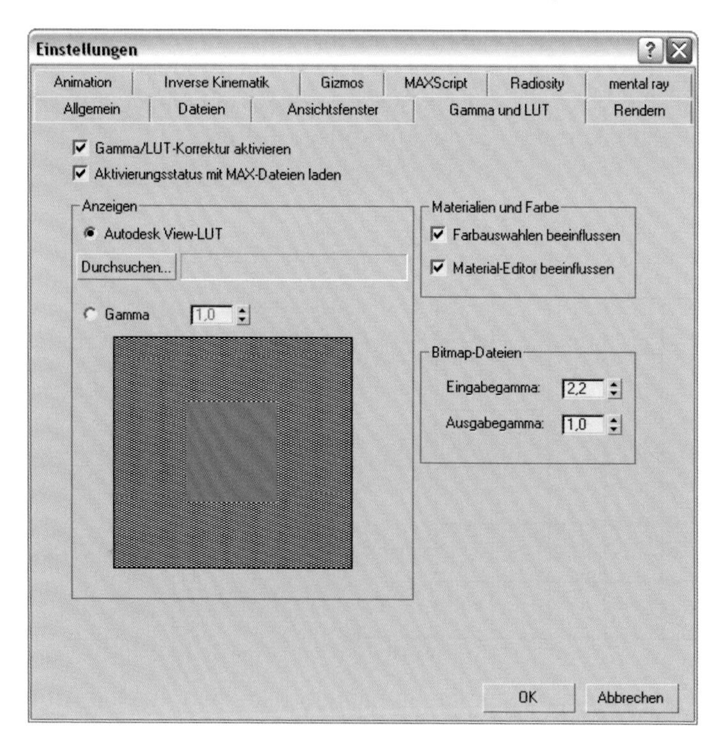

Abbildung 3.6
Dialogfeld zur Aktivierung der Gammakorrektur

Als Gammawert sollte der Wert in die jeweiligen Felder eingetragen werden, auf den Sie den Monitor mithilfe der Kalibrierungshardware eingestellt haben (meist 2,2, bei einigen TFT-Bildschirmen auch 1,8). Sollten Sie keine Kalibrierungshardware zur Verfügung haben, können Sie mithilfe der angezeigten Quadrate eine ungenauere manuelle Gammawert-Bestimmung durchführen. Eine detaillierte Beschreibung der Vorgehensweise finden Sie in der 3ds Max-Hilfe.

3.4 Gammakorrektur und »mental ray«

Bildberechnung mit photometrischen Werten

Professionelle Produktionsrenderer wie MENTAL RAY (aber auch Alternativen wie V-Ray[1]) berechnen Licht- und Farbwerte intern im physikalisch akkuraten Farbraum, also mit linearen Werten für Farben und Intensitäten aus der Fotometrie[2].

Linear bedeutet in diesem Zusammenhang, dass sich beispielsweise die Lichtintensität einer photometrischen Lichtquelle verdoppelt, wenn die Lichtstärke der Lichtquelle in der 3D-Visualisierungssoftware um Faktor 2 erhöht wird. Die Lichtstärke einer 100-Watt-Glühbirne mit ca. 120 Candela[3] kann so zu einer 200-Watt-Glühbirne aufgewertet werden, die dann einer Lichtintensität von 240 Candela entspräche.

Das Licht der Mittagssonne im Sommer entspricht ungefähr einer Lichtstärke von 100.000 Candela. In der Fotometrie und somit beim Rendern wird also, aufgrund der linearen Berechnung, mit hohen Zahlenwerten für hohe Lichtstärken gearbeitet, die die Beschreibung einer unendlich hohen Bandbreite von Lichtnuancen ermöglichen.

1. Alternativer Produktionsrenderer für hochwertige Visualisierung. Informationen unter: http://www.chaosgroup.com/software/vray/
2. Zahlenmäßige physikalische Beschreibung von Licht und Farben, z.B. Strahlungsleistung (Lumen [lm]), Lichtstärke (Candela [cd]), Beleuchtungsstärke (Lux [lx])
3. Physikalisches Maß für die Lichtstärke einer Lichtquelle (siehe http://www.filmscanner.info/Fotometrie.html)

Diese Werte würden ohne eine Stauchung des Dynamikbereichs auf den auf 256 Schattierungsnuancen beschränkten Monitoren gänzlich überzeichnet werden bzw. fast wie ein reines Schwarz-Weiß-Bild wirken.

Belichtungssteuerung – Umrechnung der photometrischen Werte auf einen am Monitor darstellbaren Umfang

Bei der klassischen Fotografie müssen solche über die Linse aufgenommenen hohen Lichtstärken, z.B. die der Sonne, auf ein für das menschliche Auge wahrnehmbares Maß bzw. auf ein für den ISO-Film aufnehmbares Maß reduziert werden. In der Fotografie verhindert die sogenannte Belichtungssteuerung einer Kamera die sich aus der hohen Sonnenlichtstärke ergebende Überbelichtung des Filmes über die Einstellungen für Blende und Verschlusszeit.

Abbildung 3.7 Durch die Belichtungssteuerung kann die Überbelichtung von Renderings (s. unten) verhindert werden

In der 3D-Visualisierungssoftware 3ds Max übernimmt diese Aufgabe die digitale Programmfunktion BELICHTUNGSSTEUERUNG, die die errechneten hohen Dynamikbereiche des Lichtes einer künstlichen Sonne auf ein am Monitor darstellbares Maß übersetzt. Wie der Film einer Kamera nur eine begrenzte Bandbreite an Lichtnuancen aufnehmen kann, eine Eigenschaft, die durch seine ISO-Empfindlichkeit beschrieben wird, so kann auch ein Monitor nur eine fest definierte Bandbreite von 256 unterschiedlichen Lichtnuancen darstellen.

Bei deaktivierter Belichtungssteuerung stellt das 3ds Max-Ausgabefenster die errechneten und zu intensiven linearen Licht- bzw. Farbwerte dar, ohne diese auf die am Monitor darstellbare Bandbreite zu stauchen. Die Renderergebnisse im Ausgabefenster wirken daher überbelichtet und fehlerhaft.

Gammakorrektur – lineare Werte richtig anzeigen

Bei den durch die Belichtungssteuerung bereits während des Renderings angepassten Werten, handelt es sich jedoch immer noch um linear beschriebene Lichtstärken, d.h. um nicht für die Ausgabe am Monitor optimierten Farb- und Lichtwerte. Die hohen Werte für Lichtstärke (z.B. 80.000 Candela der künstlichen Sonne) werden linear in den RGB-Farbraum auf eine Bandbreite zwischen 0 von 255 pro Farbkanal gestaucht, um sie am Monitor darstellen zu können.

Erst im Ausgabefenster des Renderings wird, für die optimale Darstellung der übersetzten Nuancen, das Bild mithilfe des eingestellten Gammawertes korrigiert und somit für die Anzeige am Monitor optimiert.

Häufige Fehler beim Arbeiten mit aktivierter Gammakorrektur

Die Rendersoftware MENTAL RAY in 3ds Max geht bei der Bildberechnung davon aus, dass alle vorhandenen Medien (wie Texturen, Farben oder Videos) in linearen Farbräumen angegeben oder vorbereitet wurden, um akkurate Berechnungen durchführen zu können. Bei der unachtsamen Definition von Farben und Oberflächen (Texturen) im Material-Editor kann dies zu unerwünschten Effekten in der Bildberechnung führen, die ohne die hier besprochenen Hintergrundkenntnisse schnell für Verwirrung sorgen und Sie als 3D-Artist veranlassen, mithilfe von Tricks oder Workarounds nachträgliche Farbkorrekturen zu betreiben, die eigentlich gar nicht nötig sind.

Texturgamma – blasse Texturoberflächen im Ausgabefenster

Werden Texturen (Bilddateien) eingesetzt, die die Oberfläche der 3D-Inhalte definieren sollen, kommt es oftmals vor, dass diese Texturen auf den 3D-Oberflächen im 3D-Rendering verfälscht bzw. verwaschen angezeigt werden. Dieser Fehler tritt auf, weil MENTAL RAY davon ausgeht, dass die angegebenen Texturdateien ebenfalls im linearen Farbraum definiert sind, also keinerlei feste Gammakorrektur enthalten. In den meisten Fällen ist dies jedoch nicht der Fall. Viele gängige digitale Bilddateien, wie JPG- oder BMP-Dateien, werden entweder direkt bei der Aufnahme durch die Digitalkamera oder beim späteren Bearbeiten und Speichern automatisch für die Ausgabe an Monitoren in das nicht-lineare sRGB-Format gewandelt und mit der internen Gammakorrektur in der Bilddatei versehen. Verwendet man nun diese nicht-linearen Bilddaten innerhalb der Rendersoftware MENTAL RAY, wird während der Bildberechnung die angegebene Textur nochmals mit einer internen Gammakorrektur versehen. Die mit der Textur ausgestatteten Oberflächen sehen dann im 3D-Rendering matt und verwaschen aus, da die Gammakorrektur doppelt auf die Textur angewandt wurde.

Um diesen Effekt wieder auszugleichen, manipulieren viele 3D-Artists die betreffenden Bilddateien, um sich den gewünschten Ergebnissen zu nähern. Die eigentliche Ursache ist vielen 3D-Artists nicht bewusst. So wird für die betreffende Textur an den Reglern für Helligkeit oder Kontrast verstellt oder es werden zusätzliche Plug-Ins genutzt, um die Ausgabe künstlich zu verstärken. Genau diese manuellen Manipulationen gilt es zu vermeiden, da sie immer zu ungenauen und insbesondere ungewollten Ergebnissen führen und unnötig Produktionszeit in Anspruch nehmen. Der optimale Weg zur Berichtigung ist, die in eine Bilddatei eingerechnete Gammakorrektur im Vorhinein herauszurechnen. 3ds Max bietet hierfür zwei Lösungsansätze:

1. Im Auswahl-Dialogfeld kann für die jeweiligen Texturen angeben werden, mit welchem Gammawert das Bild für die Verarbeitung geladen werden soll.
2. In den zentralen Einstellungen für 3ds Max kann in der Registerkarte GAMMA- UND LUT-EINSTELLUNGEN definiert werden, ob und wie Gammakorrekturen generell für Eingabemedien berücksichtigt werden sollen.

RGB-Farbwerte-Gamma – blasse Farben im Ausgabefenster

Werden gelieferte oder im Bildbearbeitungsprogramm gemessene RGB-Farbwerte als Grundlage für die Definition der Oberflächenfarben im Material-Editor eingegeben, werden diese Farbwerte ebenfalls blass oder verfälscht im 3D-Rendering angezeigt. Eine exakte Farbwiedergabe, z.B. der vom Kunden gelieferten RGB- oder RAL-Werte, kann so nicht mehr gewährleistet werden.

Die Ursache dafür besteht darin, dass die Farben am Monitor mit aktiver Gammakorrektur ermittelt wurden. Die ausgelesenen RGB-Farbwerte beinhalten demzufolge, wie die Texturen auch, bereits eine Gammakorrektur und werden ebenfalls doppelt mit Gammawerten versehen. Aus diesen verfälschten Farbwerten muss die Gammakorrektur vorher herausgerechnet werden. Hier existieren drei Lösungsansätze:

1. Ein zusätzliches frei verfügbares Plug-In[1] ermöglicht eine Gammakorrektur von Farbwerten oder Prozedural-Maps im Material-Editor.
2. Definieren Sie in Ihrer Bildbearbeitungssoftware kleine einfarbige Texturen in geringer Auflösung (z.B. 4x4 Pixel), die Sie statt der Farbwerte für Ihre Oberflächen verwenden. Als Texturen werden sie, die richtigen globalen Gammakorrektur-Einstellungen vorausgesetzt, beim Ladevorgang automatisch berichtigt.
3. Füllen Sie einen Bereich in Ihrer Bildbearbeitungssoftware mit der gewünschten Farbe und wenden Sie manuell eine Gammakor-

1. ColorCorrect-PlugIn von Cuneyt Ozdas: http://www.cuneytozdas.com/software/3dsmax/

rektur mit der Software an. Nach diesem Schritt können Sie den korrekten Farbwert mit der Farb-Pipette aufnehmen.

Bei der direkten optischen intuitiven Definition von reinen Farben oder Prozedur-Maps[1] (wie Farbverläufen) über die Farbauswahl-Dialoge im Material-Editor, treten keine Farbverfälschung auf. Die Farben werden optisch und intuitiv nach Augenmaß richtig durch den Benutzer ausgewählt, da die Farbauswahl-Dialoge die Farbe bereits gammakorrigiert so darstellen, wie sie auch nach dem späteren Rendering im Ausgabefenster angezeigt werden wird.

Bildausgabe – unterbelichtete Renderergebnisse nach dem Speichern

Wie bereits erwähnt, handelt es sich bei der Gammakorrektur um eine reine Darstellungsoptimierung der Schattierungsdetails zwischen Weiß und Schwarz – also den mittleren Grautönen für die Monitoranzeige. Die Optimierung wird ausschließlich für das Ausgabefenster jeweils nach dem 3D-Rendering angewandt und beeinflusst die errechneten linearen Bilddaten nicht. Diese liegen immer noch als lineare Werte im Programmspeicher.

Wird das berechnete Bild nun auf einen Datenträger gespeichert, wird ohne explizite Angabe im Speichern-Dialogfeld lediglich die Version mit den linearen Werten aus dem Programmspeicher gesichert, nicht die gammakorrigierte Version aus dem Ausgabefenster. Bei dem Nachbearbeiten des 3D-Renderings in der Bildbearbeitungssoftware führt dies oftmals zu Verwirrungen, da die Farbdarstellung dort wieder verfälscht angezeigt wird.

Geben Sie immer im Speichern-Dialogfeld an, ob das 3D-Rendering mit festen Gammawerten gesichert werden soll (Abbildung 3.8), oder aktivieren Sie diesbezüglich die generelle Ausgabegamma-Option in den Programmeinstellungen in 3ds Max, die einen global angegebenen Wert beim Sichern berücksichtigt (Abbildung 3.9).

1. Prozedur-Maps werden mithilfe mathematischer Algorithmen innerhalb der 3D-Software berechnet. Sie bestehen im Gegensatz zu Bitmaps nicht aus einer festen Matrix farbiger Pixel.

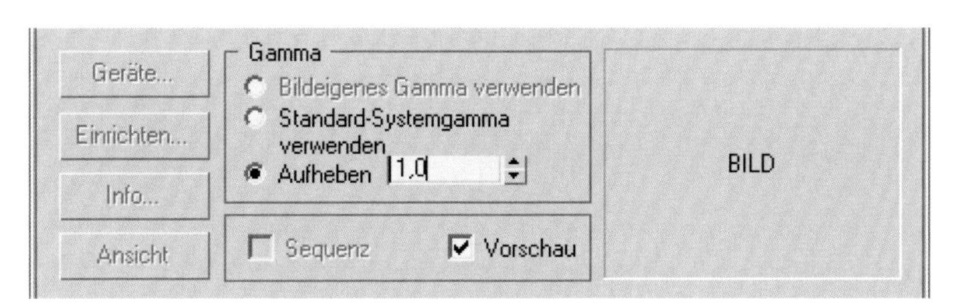

Abbildung 3.8
Einstellung bei der Speicherung von Dateien mit Gamma-Einstellungen

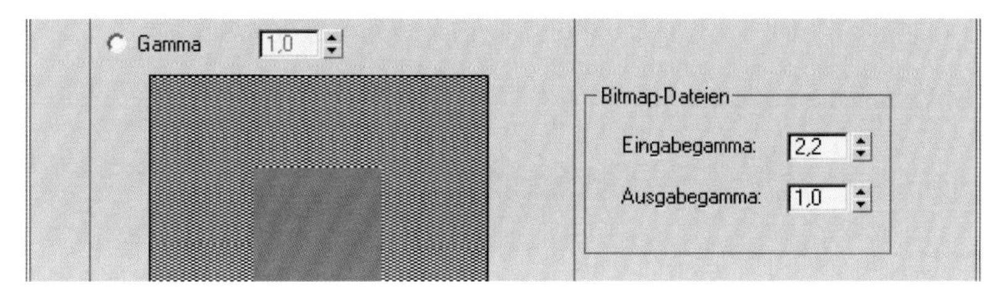

Abbildung 3.9
Generelle Ausgabegamma-Option in den Gamma-Einstellungen

3.5 »mental ray« als Produktionsrenderer

Sampling-Qualität einstellen

Die Einstellungen des sogenannten SAMPLING beeinflussen in hohem Maße die Qualität der produzierten 3D-Visualisierungen. Es handelt sich um ein besonderes Antialias-Verfahren zur Verminderung von Treppenstufen an Pixelkanten. Anhand von Schätzungen und Berücksichtigung umliegender Pixel und deren Farbe wird der aktuell zu ermittelnde Pixelwert aus Durchschnittswerten bestimmt. Welchen Einfluss dabei die umliegenden Bildpixel auf die aktuelle Berechnung nehmen, wird über die Filterauswahl bestimmt. Es ist möglich, zwischen fünf Filtern zu wählen: Quader (Vorgabe), Dreieck, Gauß, Mitchell und Lanczos. Der Mitchell-Filter liefert häufig das genaueste Ergebnis. Er sollte daher für jedes hochwertige Rendering als Vorgabe eingestellt werden.

Sampling verbessert die Bildqualität, indem es das Bild objektiv *schärfer* macht und die Objektkanten somit *glatter* erscheinen lässt.

Abbildung 3.10
Geringe Qualitätseinstellungen für das Sampling

Abbildung 3.11
Hohe Qualitätseinstellungen für das Sampling

Hohe Sample-Werte pro Pixel erhöhen den Berechnungsaufwand und somit die gesamte Renderzeit erheblich. Sie sollten daher darauf achten, dass Sie für Test-Renderings während der Produktion niedrige Werte verwenden (z.B. MIN:1/4 MAX:1) und erst für das finale Rendering die höheren Werte einsetzen (z.B. MIN:4 MAX:16); siehe diesbezüglich auch Abbildung 3.12.

Vermeiden Sie es, Rendereinstellungen für jedes Rendering manuell anzupassen. Verwenden Sie stattdessen die Möglichkeit, innerhalb der Software 3ds Max Ihre Rendereinstellungen als *Voreingestellte Renderoptionen* abzuspeichern, um während der Produktion nur noch zwischen ihnen umschalten zu müssen. Vorteilhaft ist es, sich drei voreingestellte Renderoptionen abzuspeichern:

- Qualität-Gering (für Test-Renderings)
- Qualität-Medium (für Renderings zur Kundenbesprechung)
- Qualität-Hoch (für die finale Produktion in Druckqualität)

Eine detaillierte Erläuterung bezüglich der Vorgehensweise finden Sie in der 3ds Max-Hilfe (Stichwort: *Voreingestellte Renderoptionen*).

Tipp

Aktivieren Sie die Symbolleiste TASTATURBEFEHLE FÜR DAS RENDERN. Sie können dann bequem zwischen den gespeicherten Renderoptionen hin und her schalten.

Weitere Details zum Thema *Sampling-Qualität* finden Sie in den Abschnitten »Rendering« > »Übung: den Renderer mental ray einstellen« und »Renderoptimierung« > »Optimierte Sampling-Qualität«.

Framebuffertyp(-genauigkeit) definieren

Der ausgewählte Framebuffertyp bestimmt die Rechengenauigkeit des Ausgabefensters für Ihre 3D-Renderings. Voreingestellt ist hier die Option GANZZAHL (speichert 16 Bit pro Farbkanal, also jeweils 65.536 unterschiedliche Rot-, Grün- und Blautöne). Sie sollten an dieser Stelle den Wert GLEITKOMMA auswählen (32 Bit pro Farbkanal, also jeweils 4.294.967.296 unterschiedliche Rot-, Grün- und Blautöne). Sie sind erst dann in der Lage, 3D-Renderings mit hohem Dynamikbereich zu erzeugen und abzuspeichern, die eine wesentlich genauere Beschreibung der Licht- und Farbintensitäten ermöglichen und wesentlich mehr Schattendetails enthalten.

(Menü RENDERN > RENDERN > Registerkarte RENDERER > Rollout SAMPLING QUALITÄT > Bereich OPTIONEN)

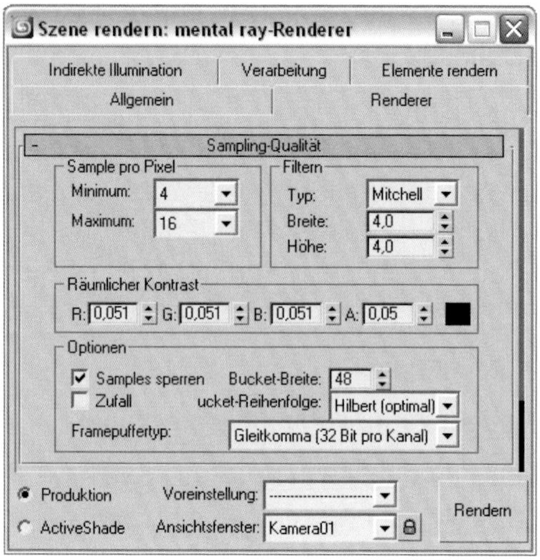

Szene rendern: mental ray-Renderer
Indirekte Illumination | Verarbeitung | Elemente rendern
Allgemein | Renderer
Sampling-Qualität
Sample pro Pixel
Minimum: 4
Maximum: 16
Filtern
Typ: Mitchell
Breite: 4,0
Höhe: 4,0
Räumlicher Kontrast
R: 0,051 G: 0,051 B: 0,051 A: 0,05
Optionen
Samples sperren Bucket-Breite: 48
Zufall ucket-Reihenfolge: Hilbert (optimal)
Framepuffertyp: Gleitkomma (32 Bit pro Kanal)
Produktion Voreinstellung: ----------------------
ActiveShade Ansichtsfenster: Kamera01
Rendern

Abbildung 3.12
Einstellung des Framebuffertyps in MENTAL RAY

Achtung

Nicht jedes Dateiformat kann die mit hohem Dynamikbereich errechneten 3D-Renderings zur Weiterverarbeitung vollständig abspeichern. Die meisten Dateiformate können nicht 4.294.967.296 unterschiedliche Rot-, Grün- und Blautöne (32 Bit pro Farbkanal) festhalten und reduzieren den Dynamikbereich von vornherein auf 16 oder sogar 8 Bit. Eine nachträgliche Feinjustierung der berechneten Bildergebnisse innerhalb einer Bildbearbeitungssoftware ist dann nur noch sehr begrenzt möglich. Erhöht man hier die Helligkeits- oder Kontrastwerte einer solchen Bilddatei, scheinen bestimmte Farbwerte ab bestimmten Wertgrenzen einfach wegzubrechen und es erscheinen unrealistische Farbverläufe.

Abbildung 3.13
Wegbrechende Farbverläufe durch die Speicherung in ungeeigneten Dateiformaten

Versuchen Sie daher Ihre aufwendig im hohen Dynamikbereich errechneten Bilder mit linearen Werten für Licht- und Farbverhältnisse nicht von vornherein beim Speichern zu beschneiden, sondern wählen Sie als Speicherformat immer ein Dateiformat, das möglichst viele bzw. alle der errechneten Werte sichert, um eine bestmögliche Nachbearbeitung (Postproduktion) zu ermöglichen. Geeignete Dateiformate diesbezüglich sind Portable Network Graphics (*.png), OpenEXR (*.exr) oder Radiance-Image-Dateien (HDRI; *.hdr).

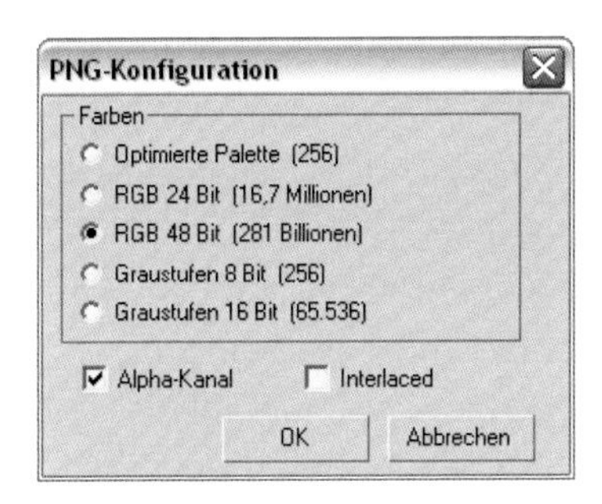

Abbildung 3.14
Dialogfeld PNG-KONFIGURATION

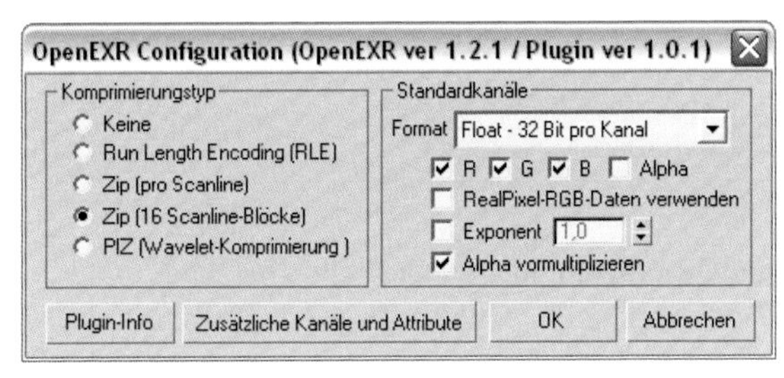

Abbildung 3.15
Dialogfeld OpenEXR-Konfiguration

3.6 Umschalter zwischen Benutzer- und Standard-UI (Ausgangseinstellungen)

(ANPASSEN > UMSCHALTEN ZWISCHEN BENUTZER- UND STANDARD-UI > DESIGNVIZ.MENTALRAY)

Über das Werkzeug UMSCHALTER ZWISCHEN BENUTZER- UND STANDARD-UI können Sie die Programmvorgaben so ändern, dass Sie für die Erarbeitung hochwertiger Beleuchtungssituationen mit dem MENTAL RAY-Verfahren oder dem VORGABE SCANLINE optimal angepasst sind. Die Standardeinstellungen für verschiedene Funktionen in 3ds Max werden hier zentral gesteuert. In den meisten Fällen

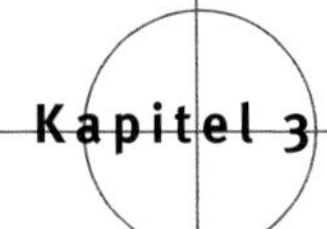

wählen Sie unter AUSGANGSEINSTELLUNGEN FÜR HILFSMITTELOPTIONEN den Eintrag DESIGNVIZ.MENTALRAY aus.

(ANPASSEN > UMSCHALTEN ZWISCHEN BENUTZER- UND STANDARD-UI > DESIGNVIZ.MENTALRAY)

Unter anderem wird Folgendes eingestellt:

- **Material-Editor:** Wird direkt mit Arch & Design-Materialien (mi) gefüllt, die Reflexions- und Durchlässigkeitswerte für MENTAL RAY-Berechnungen anzeigen und für die Verarbeitung durch MENTAL RAY besonders optimiert sind.
- **Tageslichtsystem:** Als optimale Vorgabe auf MR-SONNE und MR-HIMMEL eingestellt.
- **Rendern:** Die Bildberechnung erfolgt mit dem MENTAL RAY-Renderer sowie aktiver vordefinierter Belichtungssteuerung.
- **Klonen:** Als Vorgabe werden Objektinstanzen erstellt.

Abbildung 3.16
Werkzeug UMSCHALTER ZWISCHEN BENUTZER- UND STANDARD-UI für die komfortable Auswahl zwischen Standard- oder MENTAL RAY-Technologien

3.7 Einheiten einrichten

Nichts in einem Bild ist unrealistischer als ein über- oder unterdimensioniertes Objekt, das wir aus der realen Umgebung mit ganz anderen Maßstäben kennen. Bereits kleine Abweichungen können dem Betrachter auffallen und unterbewusst als störend empfunden werden.

Bringen Sie daher jedes Ihrer 3D-Objekte in dem verhältnismäßig richtigen Maßstab in Ihre 3D-Szene. Arbeiten Sie von Beginn an mit festen metrischen Einheiten, auf deren Basis Sie z.B. Ihre importierte Möblierung überprüfen und gegebenenfalls anpassen können. Sie können beim Import der Objekte wählen, ob die Einheiten der importierten Daten automatisch umgerechnet werden sollen, oder Sie korrigieren über- oder unterdimensionierte Objekte nachträglich mit der Skalierungsfunktion in 3ds Max. Achten Sie bei der manuellen Korrektur darauf, die manuell gleichmäßig skalierten Objekte nachträglich mit dem Dienstprogramm TRANSFORMATIONEN ZURÜCKSETZEN dem aktuellen Einheitensystem fix anzugleichen, da andernfalls zwar die Objektgröße in den Ansichtsfenstern verkleinert wird, die Objekteinheiten jedoch immer noch über- oder unterdimensioniert bleiben und in den weiteren Bearbeitungsschritten Ihrer 3D-Visualisierung unerwünschte Ergebnisse verursachen. Eine detaillierte Erläuterung bezüglich der Vorgehensweise finden Sie in der 3ds Max-Hilfe (Stichwort: *Transformationen zurücksetzen*).

Um dauerhaft korrekte Proportionen während der Produktion zu gewährleisten, sollten Sie die Maßeinheiten, in denen Sie arbeiten möchten, im Vorhinein definieren. Auch die Berechnung von Bildern mit photometrischen Lichtquellen wie dem Tageslichtsystem für architektonische Visualisierung oder die Verwendung von IES-Leuchtendaten, aber auch die Verwendung von realen Oberflächenkoordinaten für Texturen erfordern die Einrichtung der System- und Beleuchtungseinheiten, da andernfalls keine realen Simulationsergebnisse erzielt werden können.

Stellen Sie die System-Einheiten auf METER und definieren Sie die anzuzeigende Einheitenskala ebenfalls als metrische Einheiten in METER.

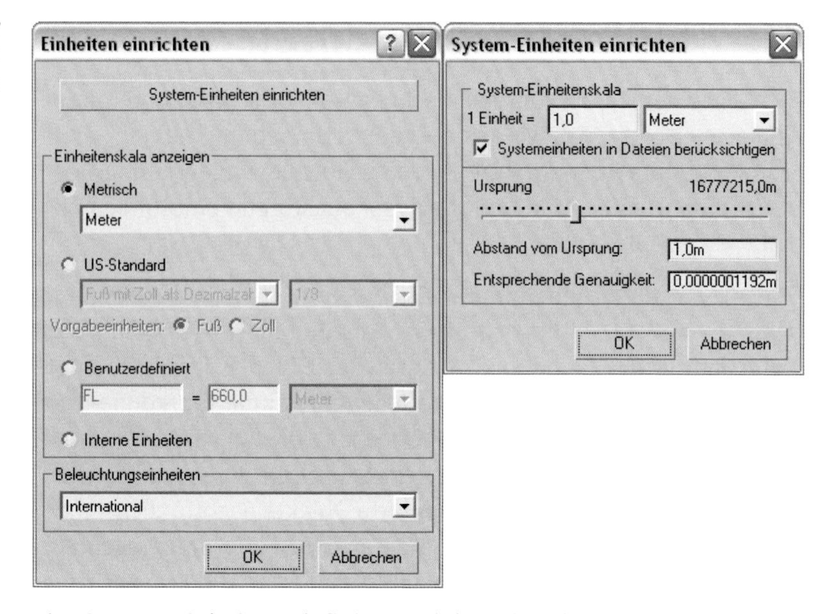

Abbildung 3.17
Dialogfeld zum Einrichten der SYSTEM-EINHEITEN

Die System-Einheiten definieren dabei die der gesamten Szene zugrunde liegende Maßeinheit und werden beim Import von Objekten oder beim Berechnen von Lichtabständen berücksichtigt. Die festgelegte Einheitenskala rechnet die System-Einheiten jeweils um und beeinflusst lediglich die Anzeige von metrischen Werten oder die Anzeige der Eingabefelder innerhalb verschiedener Programmfunktionen in 3ds Max, wie beispielsweise bei Objektgenerierung oder -transformation.

Eine detaillierte Erläuterung bezüglich der Vorgehensweise finden Sie in der 3ds Max-Hilfe (Stichwort: *Einheiten einrichten*).

Um die Dimensionen verschiedener Objekte nachträglich zu prüfen oder Abstände zwischen Szenenelementen besser bewerten zu können, stehen Ihnen innerhalb der Produktionsumgebung 3ds Max einige Werkzeuge zur Verfügung, die in den folgenden Abschnitten näher erläutert werden.

Messwerkzeug »Entfernung messen«

Mit dem Hilfsmittel ENTFERNUNG MESSEN können Sie mit nur zwei Mausklicks die Entfernung zwischen zwei Punkten berechnen. Die errechnete Distanz zwischen den zwei ausgewählten Punkten in einem beliebigen Ansichtsfenster wird in der Statusleiste der Produktionsumgebung 3ds Max angezeigt. Zu finden ist das Werkzeug unter dem Menüpunkt EXTRAS > ENTFERNUNG MESSEN.

Messwerkzeug »Band-Helferobjekt«

Anders als mit dem Messwerkzeug ENTFERNUNGEN MESSEN lassen sich mit dem BAND-HELFEROBJEKT nicht nur Entfernungen messen, sondern auch konkrete Abstände fest eingeben, an denen man sich bei dem Positionieren von Szenenelementen orientieren kann. Ähnlich wie beim ENTFERNUNGEN MESSEN werden Startpunkt und Zielpunkt innerhalb eines Ansichtsfensters durch Mausklicks ausgewählt. Dieser Vorgang lässt sich insbesondere mit aktiviertem Objektfang durchführen, der das punktgenaue ermitteln von Distanzen ermöglicht.

Um Winkel zwischen zwei Szenenelementen messen zu können, stellt die Produktionsumgebung 3ds Max das WINKELMESSER-HELFEROBJEKT bereit.

Dienstprogramm »Messen«

Das Dienstprogramm MESSEN stellt unterschiedliche Messungen eines ausgewählten Objekts oder einer ausgewählten Kontur zur Verfügung, die übersichtlich innerhalb einer Anzeige dargestellt werden. Unter anderem können Werte für Oberfläche, Volumen, Konturenlänge und die XYZ-Maße in den aktuell eingestellten Einheiten (vorzugsweise metrisch, Meter) abgelesen werden. Zu finden ist das Werkzeug in der Dienstprogrammpalette unter der Schaltfläche MESSEN.

Eine detaillierte Erläuterung bezüglich der Verwendung der drei Werkzeuge finden Sie in der 3ds Max-Hilfe (Stichwort: *Messen*).

3.8 Pfade konfigurieren

Benutzerpfade konfigurieren – zentraler Datenbestand

Sollten Sie der vorteilbehafteten Empfehlung folgen, einen *zentralen Datenbestand* für all Ihre Projekte anzulegen, haben Sie in der Produktionssoftware 3ds Max die Möglichkeit, über die Konfiguration der sogenannten Benutzerpfade alle Dialogfelder, die für die Auswahl von Ressourcen auf der Festplatte zuständig sind, direkt ins richtige Verzeichnis im *zentralen Datenbestand* verweisen zu lassen. Das Dialogfeld zur Auswahl eines Bitmaps (Textur) öffnet sich beispielsweise dann direkt im richtigen Texturen-Verzeichnis. Ein zeitaufwendiges Navigieren durch Festplatten- und Verzeichnisstrukturen für das Auswählen der Ressourcen entfällt. Benutzerpfade helfen also beim Zugriff auf einen *zentralen Datenbestand*, sowohl für Eingabe- als auch für Ausgabe-Dialogfelder, und reduzieren so indirekt die Produktionszeit erheblich. Die Benutzerpfade können im Menü ANPASSEN > BENUTZERPFADE KONFIGURIEREN individuell eingestellt werden.

Vorgehensweise:

- Erstellen und konfigurieren Sie einen zentralen Speicherort für Ihren Zentralen Datenbestand
- Nutzen Sie das Werkzeug BENUTZERPFADE KONFIGURIEREN und geben Sie dort die individuellen Verzeichnisse für die Ein- und Ausgabe-Dialogfeld an, am besten über sogenannte UNC-Pfade, wie beispielsweise: \\Computer_Name\Verzeichnis\Unterverzeichnis\Dateiname, damit alle Ressourcen auch beim verteilten Rendern im Netzwerk optimal gefunden werden; siehe auch 3ds Max-Hilfe (Stichwort: *Benutzerpfade konfigurieren*).

Projektordner konfigurieren für Ausgabe

Sollten Sie trotz der Vorzüge auf das Anlegen und Verwalten eines *zentralen Datenbebestands* verzichten wollen, sollten Sie zumindest für jedes Ihrer Projekte einen eigenen Projektordner anlegen, um alle Dateien für dieses Projekt strukturiert an einem Ort aufzubewahren. Ein Projektordner hilft Ihnen, die Zeit einzusparen, die Sie andernfalls mit der Suche oder Angabe des richtigen Speicherortes in den diversen Ein- und Ausgabedialogen für Dateien verschwenden.

3ds Max erlaubt es Ihnen, über das Menü DATEI > PROJEKTORDNER FESTLEGEN einen Projektordner anzulegen, der automatisch mit sinnvollen Verzeichnissen gefüllt wird, in denen Sie oder Ihr Team die notwendigen Medien wie MAX-Szenendateien, Texturen, aber auch Renderergebnisse speichern können. Dieser Speicherort (Projektordner) wird dann ebenfalls vorgabegemäß verwendet, wenn Sie Dateien über Dialogfelder speichern oder öffnen.

Mischen Sie die beiden Möglichkeiten zur Verwaltung der Ressourcen nicht miteinander, da beim Anlegen des Projektordners eine von 3ds Max vorgegebene Verzeichnisstruktur vorgegeben wird, Sie jedoch für die individuelle Organisation eines *zentralen Datenbebestands* Ihre ganz eigene erweiterte und für alle Projekte allgemeingültige Verzeichnisstruktur anlegen sollten.

Also, entweder *zentraler Datenbestand* oder individuelle *Projektordner*, nicht beides gleichzeitig!

Kapitel 4

4

Für 3D-Architektur-Visualisierung relevante Neuerungen in 3ds Max 2008 und 2009

Bereits mit der diesem Buch zugrunde liegenden Produktionssoftware 3ds Max in der Version 9.0 lassen sich mit optimierten und effektiven Werkzeugen innerhalb kurzer Zeit ansprechende architektonische 3D-Visualisierungen realisieren. Die von dieser Programmversion zur Verfügung gestellten Werkzeuge automatisieren den Produktionsprozess bereits erheblich. Während des Produktionsschrittes »Beleuchtung« vereinfacht das TAGESLICHTSYSTEM die Realisierung einer realistischen Tageslichtsituation mit photometrischen Lichtquellen. Die Definition architektonischer 3D-Oberflächen gestaltet sich mithilfe der ARCH & DESIGN-Vorlagen erheblich einfacher als in allen Programmversionen davor.

Der Produktionsprozess für architektonische 3D-Visualisierung wird also ständig durch geeignete Werkzeuge und vor allem durch die zunehmende Automatisierung innerhalb der Produktionssoftware vereinfacht und beschleunigt. Auch mit den aktuell auf dem Markt befindlichen neuen Programmversionen der Software 3ds Max in den Versionen 2008 und 2009 wurden bestehende Werkzeuge verfeinert und erweitert sowie einige neue Werkzeuge und Programmparameter eingeführt, die die Produktion architektonischer 3D-Visualisierung noch weiter vereinfachen und sogar die Qualität der 3D-Visualisierung entscheidend verbessern können. Die wichtigsten Neuerungen der beiden aktuellen Programmversionen, die für architektonische 3D-Visualisierung relevant sein können, werden im Folgenden vorgestellt und ausführlich erläutert.

4.1 Neuerungen in 3ds Max 2008

Review

Mit der Einführung der sogenannten *Review*-Technologie wurde die Darstellungsqualität der Ansichtsfenster innerhalb der Produktionssoftware 3ds Max gesteigert, um den 3D-Darstellungsmöglichkeiten aktueller 3D-Grafikkarten gerecht zu werden. Eine Verbesserung, die sich viele 3D-Artists bereits seit langer Zeit gewünscht haben.

Die Review-Technologie ermöglicht ein genaueres visuelles Feedback der realisierten Szenenbeleuchtung, als es bislang möglich war, und ermöglicht so, bereits während der Erarbeitung von Beleuchtungssituationen eine fundiertere Beurteilung der realisierten Arbeit. Eine interaktive Erarbeitung des Produktionsschritts »Beleuchtung«, ohne sporadisch zeitintensive Test-Renderings für eine optimale Beurteilung der erarbeiteten Beleuchtungssituation durchführen zu müssen, wird somit möglich.

Die Review-Technologie ermöglicht die Anzeige von individuellen Schattenwürfen für bis zu 64 aktive Lichtquellen-Objekte, der wichtigsten charakteristischen Materialeigenschaften des ARCH & DESIGN-Materials sowie der wichtigsten visuellen Eigenschaften des Tageslichtsystems.

- **Schattenwurf:** Der Schattenwurf muss für jedes einzelne Lichtquellen-Objekt explizit in einer der beiden Qualitätsstufen GUT oder OPTIMAL aktiviert werden. Die Einstellung OPTIMAL stellt zusätzlich erweiterte Effekte wie transparente Schatten dar. Die Darstellung von farbigen Schatten wird ebenfalls unterstützt.
- **Materialeigenschaften:** Die Materialeigenschaften STREUFARBE-, GLANZFARBE- und RELIEF-Maps sowie ANISOTROPIE- und BRDF-Einstellungen werden für das ARCH & DESIGN-Material sowie die STANDARD-Materialien unterstützt. Bei metallischen 3D-Oberflächen wird der definierte Himmel (z.B. die MR-PHYSISCHER-HIMMEL-Map) des Tageslichtsystems als Reflexion angezeigt. Die errechneten Glanzlichter entsprechen annähernd denen des finalen Renderings.

  Die hardwarebeschleunigte Grafikanzeige der Materialeigenschaften muss explizit aktiviert werden. Diese kann lokal pro Material im Material-Editor oder global für alle Materialien im Menü ANSICHTEN > GLOBALE ANSICHTSFENSTER-RENDEREINSTELLUNG > HARDWARE-ANZEIGE MIT MAPS erfolgen. Das Hardware-Rendern von Ansichtsfenstern erfordert aber die Verwendung einer DirectX9.0c-kompatiblen Grafikkarte mit eingestelltem Direct3D-Anzeigetreiber. Das Hardware-Rendern von Ansichtsfenstern mit dem OpenGL-Anzeigetreiber wird nicht unterstützt
- **Tageslichtsystem:** fast alle Parameter des Tageslichtsystems lassen sich nun im Ansichtsfenster bewerten und anpassen. Die spezielle MR-PHYSISCHER-HIMMEL-Map wird direkt im Ansichtsfenster angezeigt, um Parameter wie die Sonnenscheibenerscheinung, den Horizont oder die Himmelsfarben bewerten zu können. Auch das Tageslichtsystem ist in der Lage, den Echtzeit-Schattenwurf im Ansichtsfenster zu generieren.

Die Anzeige des Himmels im Ansichtsfenster muss explizit aktiviert werden im Menü ANZEIGEN > ANSICHTSFENSTER-HINTERGRUND > Option UMGEBUNGSHINTERGRUND VERWENDEN *UND* Option HINTERGRUND ANZEIGEN (siehe Abbildung 4.1).

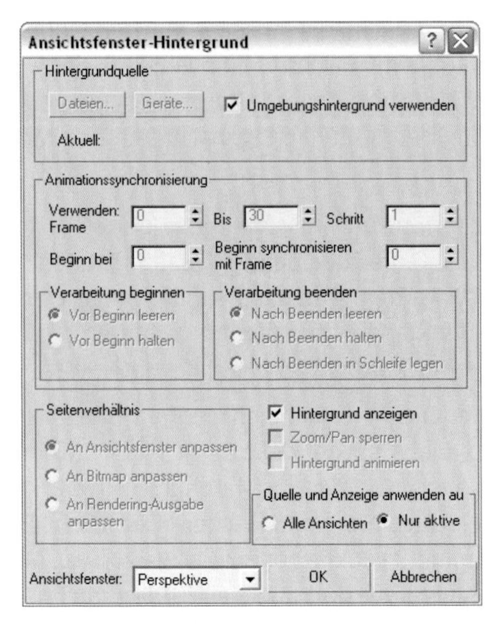

Abbildung 4.1
Dialogfeld ANSICHTSFENSTER-HINTERGRUND

Tipp

Um zu überprüfen, ob Ihr Produktionsrechner die Anforderungen an die Grafikhardware unterstützt, die für Review-Technologie benötigt wird, können Sie das ebenfalls neue Werkzeug VIDEO-HARDWARE-DIAGNOSE benutzen. Es zeigt in einer übersichtlichen Auflistung an, ob und welche neue hardwarebeschleunigten Grafikfunktionen durch Ihr Grafiksystem unterstützt werden (Menü ANSICHTEN > VIDEO-HARDWARE-DIAGNOSE).

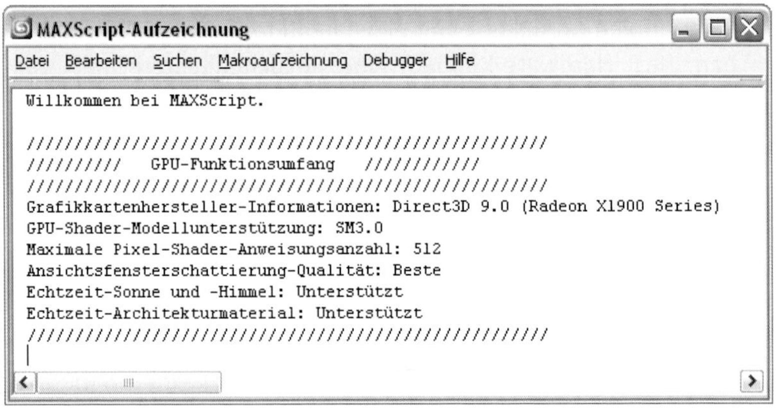

Abbildung 4.2
Ergebnisfenster der Video-Hardware-Diagnose

MAXScript-Aufzeichnung

Datei Bearbeiten Suchen Makroaufzeichnung Debugger Hilfe

```
Willkommen bei MAXScript.

///////////////////////////////////////////////////////
//////////   GPU-Funktionsumfang   ////////////
///////////////////////////////////////////////////////
Grafikkartenhersteller-Informationen: Direct3D 9.0 (Radeon X1900 Series)
GPU-Shader-Modellunterstützung: SM3.0
Maximale Pixel-Shader-Anweisungsanzahl: 512
Ansichtsfensterschattierung-Qualität: Beste
Echtzeit-Sonne und -Himmel: Unterstützt
Echtzeit-Architekturmaterial: Unterstützt
///////////////////////////////////////////////////////
```

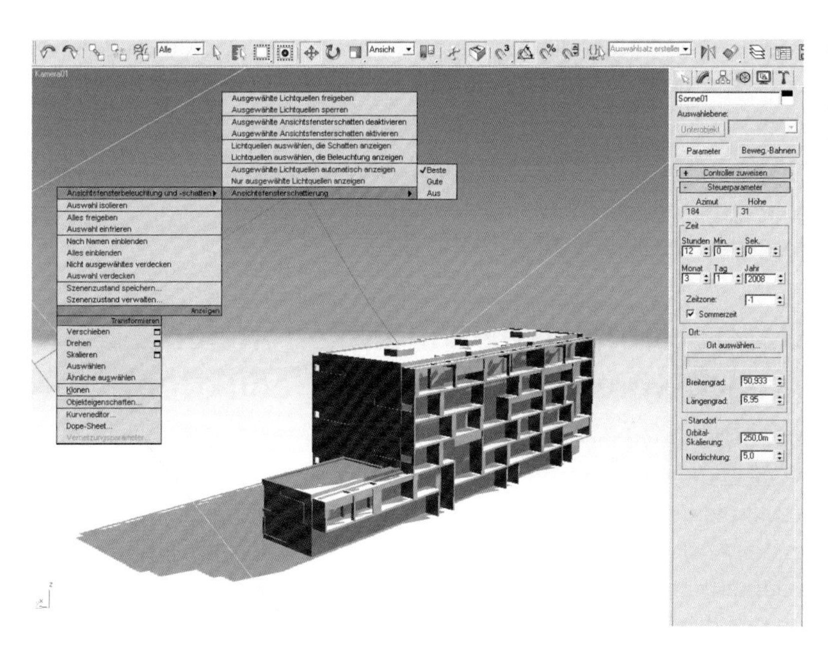

Abbildung 4.3
Der Schattenwurf im Ansichtsfenster muss für jede Lichtquelle explizit aktiviert werden

Verbesserter DWG-Import

Die Interoperabilität zwischen der Produktionssoftware 3ds Max und Konstruktionssoftware wie *Autodesk AutoCAD Architecture* oder *Autodesk Revit* oder anderen Produkten, die DWG-Dateien generieren können, wurde durch grundlegende Verbesserung und Erweiterung des DWG-Imports entscheidend verbessert.

Die Produktionssoftware 3ds Max 2008 importiert DWG-Dateien jetzt noch schneller und akkurater. Durch die Überarbeitung der Speicherverwaltung während des Importvorgangs lassen sich noch komplexere DWG-3D-Szenerien in die Produktionssoftware in wesentlich geringerer Zeit einladen.

Insbesondere wurde bei der Überarbeitung des DWG-Import-Moduls darauf Wert gelegt, die vorgegebenen DWG-Daten fehlerfreier und genauer zu interpretieren, um den zeitlichen Aufwand für die Nachbearbeitung fehlerhaft oder unvollständig importierter 3D-Daten zu minimieren. Interpretationsfehler wie fehlende oder gedrehte Flächen (z.B. der Flächennormalen bei gespiegelten DWG-Objekten), Fehler bei multipler Materialzuweisung pro Objekt und Fehler bei der Übersetzung von Volumenkörpern (sogenannter ACIS-Solids) wurden ausgemerzt. Zudem werden nun auch globale Informationen, wie ein bereits definiertes Tageslichtsystem in der Konstruktionssoftware, über den DWG-Import direkt aus der DWG-Datei übernommen.

Die Produktionsschritte »Modellierung« und »Inszenierung« werden durch die neuen DWG-Funktionalitäten im Detail vereinfacht und beschleunigt.

Darstellungsgeschwindigkeit in den Ansichtsfenstern (adaptive Reduktion)

Um die interaktive Arbeit mit komplexen 3D-Szenerien in den Ansichtsfenstern besonders effizient zu ermöglichen, wurde die Technologie *Adaptive Reduktion* für die Darstellung der 3D-Objekte in den Ansichtsfenstern überarbeitet. Insbesondere auf Produktionsrechnern mit langsamer 3D-Grafik-Hardware konnten komplexe architektonische 3D-Szenerien bislang nur mühselig bearbeitet werden, da eine flüssige interaktive Darstellung der umfangreichen 3D-Szene in den Ansichtsfenstern nicht gewährleistet war. Der zu langsame Bildaufbau der Szene bzw. eine ruckende 3D-Szenerie machten das Navigieren durch die Szene oder das Transformieren von 3D-Objekten nahezu unmöglich.

Wie die Bezeichnung schon vermuten lässt, reduziert die ADAPTIVE REDUKTION, nun auf intelligentere Weise und mit unterschiedlichen Methoden, die anzuzeigenden Objekte so, dass die Darstellung in den Ansichtsfenstern durch den Produktionsrechner selbst bei umfangreichen 3D-Szenerien flüssig berechnet werden kann. Die Darstellungskomplexität innerhalb der Ansichtsfenster passt sich dabei automatisch an.

Über das Konfigurationsmenü ANPASSEN > ANSICHTSFENSTER KONFIGURIEREN > Registerkarte ADAPTIVE REDUKTION können die Parameter für die automatische Anzeigereduzierung eingestellt werden. Insbesondere über den Wert FRAMES PRO SEKUNDE BEIBEHALTEN kann gesteuert werden, wie flüssig die Darstellung in den Ansichtsfenstern noch erfolgen soll. Die Produktionssoftware 3ds Max sorgt dann automatisch bestmöglich dafür, dass die definierte Bildwiederholungsrate eingehalten wird.

Die Beurteilung von Kamerafahrten durch komplexe 3D-Szenarien wird durch die Überarbeitung der ADAPTIVEN REDUKTION erleichtert oder auf langsamen Produktionsrechnern erst ermöglicht. Die massenhafte Positionierung von Darstellern während des Produktionsschrittes »Inszenierung« wird ebenfalls vereinfacht. Insgesamt steigt die Produktionsgeschwindigkeit durch eine schnellere Darstellung der Ansichtsfenster speziell auf langsameren Produktionsrechnern.

Szenen-Explorer

In der neuen Programmversion wurde das bislang vorhandene rudimentäre Auswahl-Menü für Objekte durch das komfortablere Werkzeug *Szenen-Explorer* ersetzt. Der Szenen-Explorer bietet ein unabhängiges Fenster zum Anzeigen, Sortieren, Strukturieren, Filtern und Auswählen von Objekten innerhalb der Produktionssoftware 3ds Max an. Zudem lassen sich dort direkt zentral an einer Stelle individuelle 3D-Objekteigenschaften anzeigen und für beliebig auswählbare Objektgruppen gleichzeitig ändern.

Das Verwalten und Arbeiten mit architektonischen 3D-Szenerien, in denen oftmals viele kleinteilige 3D-Objekte (Nebendarsteller) eingebunden werden, deren Eigenschaften nachträglich angepasst werden müssen, wird mit der Einführung des hoch konfigurierbaren Szenen-Explorer radikal vereinfacht. Eine durchdachte Such- und Filterfunktion erleichtert beispielsweise das Auffinden von 3D-Objekten enorm. Die 3D-Szenarien können nach enthaltenen Objektarten oder -eigenschaften durchsucht, sortiert oder gefiltert werden. Unterschiedliche Kriterien können dabei kombiniert werden. Beliebige Objekteigenschaften können als individuelle Spalten innerhalb des Szenen-Explorers zur Bearbeitung angezeigt werden. Die auf diese Weise selbst erstellten Ansichten im Szenen-Explorer können abgespeichert und bei Bedarf wieder abgerufen werden.

Tipp

Über den Szenen-Explorer lassen sich die 3D-Objekte auch nach Polygonanzahl sortiert anzeigen. Eine gute Möglichkeit, rechenintensive bzw. komplexe 3D-Geometrien ausfindig zu machen und nachträglich zu optimieren, wie Abbildung 4.4 verdeutlicht.

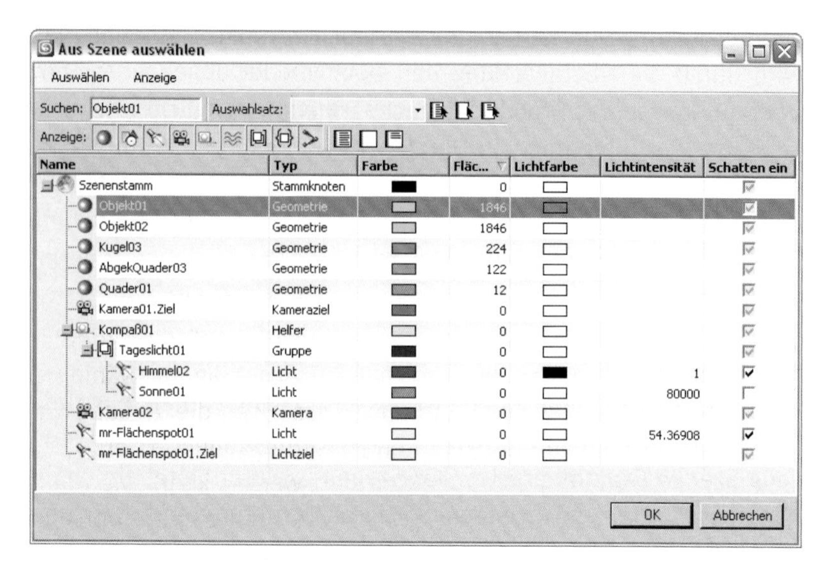

Abbildung 4.4
Der neue komfortable Szenen-Explorer für die Verwaltung von 3D-Objekten

Funktion »Kantensegmente abkanten« (Modellierung)

Einen markanten Beitrag zu dem Realismus einer architektonischen 3D-Visualisierung leisten abgekantete oder abgerundete 3D-Objektkanten.

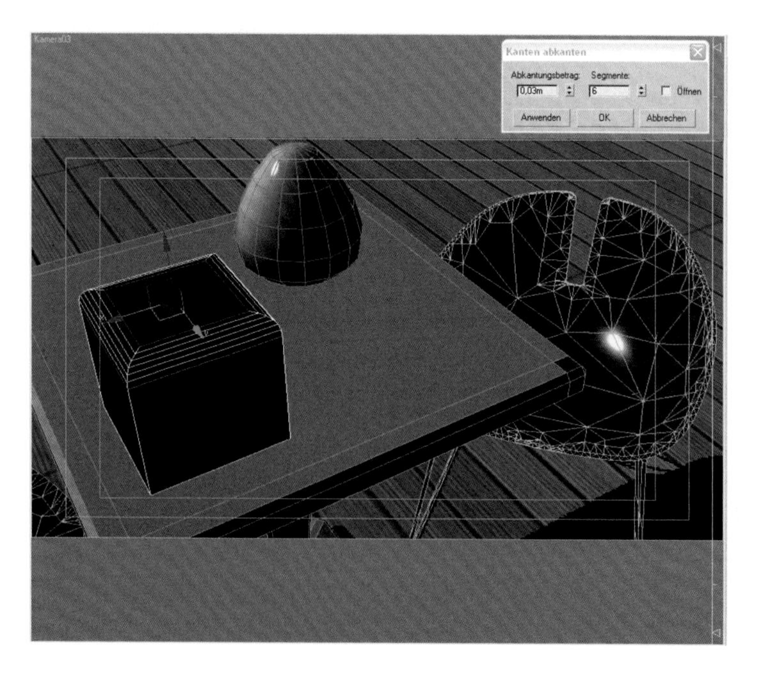

Abbildung 4.5
Die neue Funktion Kanten mit Segmenten abkanten im Modifikator BEARBEITBARES POLY oder POLY BEARBEITEN

Bis auf Schneidewerkzeuge, wie Messer oder Äxte, haben alle uns umgebenden realen Objekte mehr oder minder abgekantete bzw. abgeschliffene Objektkanten, die, wenn auch dezent, aber trotzdem wahrnehmbar, durch eine Lichtkante eine visuelle Konturlinie an Objekten erzeugen. Es gehört daher zu den Grundregeln architektonischer 3D-Visualisierung, alle vorhandenen 3D-Objektkanten entsprechend abzukanten.

Eine neue entsprechende Funktion innerhalb des Modifikators BEARBEITBARES POLY ermöglicht in der neuen Version 2008 der Produktionssoftware 3ds Max, eine nachträgliche Abschrägung wählbarer 3D-Objektkanten, mit der Neuerung, dass über die Angabe der Anzahl von Unterteilungssegmenten neuerdings eine abgerundete und nicht ganz glatte Abkantung realisiert werden kann, wie Abbildung 4.5 verdeutlicht. Der bei Lichteinwirkung weichere optische Effekt trägt wesentlich zum Realismus der 3D-Visualisierung bei.

mr-Himmelsportal (Beleuchtung)

Die in der Produktionssoftware 3ds Max 2008 neu eingeführten MENTAL RAY-HIMMELSPORTALE (engl. mr-SkyPortals) verändern die Umsetzung des Produktionsschrittes »Beleuchtung« für architektonische 3D-Innenraum-Visualisierungen grundlegend und gehören daher zu den wichtigsten Neuerungen. Sie beschleunigen die Berechnung einer Beleuchtungssituation und verbessern gleichzeitig die optische Qualität der architektonischen 3D-Visualisierung.

Wie bereits im Abschnitt »Beleuchtung« ausführlich erläutert, basiert die physikalisch akkurate Lichtverteilung innerhalb der 3D-Szenerie auf Licht-Photonen, die ausgehend von den Lichtquellen-Objekten, wie MR-SONNE oder MR-HIMMEL, in definierbaren Mengen und daher mehr oder minder genau in die 3D-Szenerie gestreut werden, um dabei die Lichtenergie der Lichtquellen auf den 3D-Oberflächen zu verteilen. In der Programmversion 3ds Max 9.0 geschah die Verteilung der Licht-Photonen bislang noch richtungsunabhängig ausgehend von der jeweiligen Lichtquelle in alle Richtungen. Aufgrund dieser Vorgehensweise bei der Berechnung war es bislang notwendig, die Anzahl der zu streuenden Licht-Photonen sowohl für die Berechnung der GLOBALEN ILLUMINATION als auch insbesondere des FINAL GATHER so stark zu erhöhen, dass genügend Licht-Photonen ihren Weg durch die oftmals kleinen und wenig vorhandenen Raumöffnungen einer 3D-Innenraum-Visualisierung finden konnten, um dort das Innere einer Immobilie ausreichend zu beleuchten.

Die neu eingeführten MENTAL RAY-HIMMELSPORTALE fungieren umgangssprachlich ausgedrückt nun als Verbindungsmagnete zwischen den äußeren Lichtquellen-Objekten und der 3D-Innenraum-Szenerie. Sie bündeln in ihrer Funktionsweise die von den äußeren Lichtquellen-Objekten ausgesandten Licht-Photonen und sorgen somit dafür, dass die meisten ihren Weg durch die zur Verfügung stehenden Raumöffnungen, wie Fenster oder offene Türen, finden. Die Qualitätseinstellungen sowohl für die FINAL GATHER-Berechnung als auch für die GLOBALE ILLUMINATION-Berechnung können so noch weiter reduziert werden und erreichen trotzdem bessere visuelle Qualitäten in noch geringeren Renderzeiten. Die geringeren Renderzeiten werden dabei dadurch erreicht, dass keine unnötigen Berechnungen für die Auswertung von Licht-Photonen mehr stattfinden müssen, die nicht durch die Raumöffnungen gelangen oder ins Leere laufen.

Die MENTAL RAY-HIMMELSPORTALE fungieren einfacher ausgedrückt als eine Art Flächenlichtquelle, die ihre Helligkeit und Färbung von der äußeren Umgebung, also meist der MR-SONNE oder dem MR-HIMMEL ableitet.

Achtung

Die MENTAL RAY-HIMMELSPORTALE benötigen immer ein Himmelslicht, um wunschgemäße Ergebnisse zu generieren.

Abbildung 4.6
Reine FINAL GATHER-Lösung ohne MR-HIMMELSPORTALE

Abbildung 4.7
Die gleiche FINAL GATHER-Lösung mit MR-HIMMELSPORTAL weist eine höhere Qualität auf

mental ray – fotografische Belichtungssteuerung (Beleuchtung/ Rendering)

Die in der Produktionssoftware 3ds Max 2008 neu eingeführte MR - FOTOGRAFISCHE BELICHTUNGSSTEUERUNG erweitert und verbessert die Steuerungsmöglichkeiten zur Anpassung errechneter hoher Lichtstärken im hohen Dynamikbereich auf ein an Monitoren darstellbares Maß (siehe Abschnitt »Belichtungssteuerung für photometrische Lichter«). Dieser neue Typ der Belichtungssteuerung kann als Alternative zur bislang eingesetzten LOGARITHMISCHEN BELICHTUNGSSTEUERUNG verwendet werden und bietet außer einer einfacheren, intuitiveren Handhabung, die sich an den Steuerungsmöglichkeiten einer fotografischen Kamera orientiert, zudem auch einige zusätzliche Steuerungselemente, die eine Bildsteuerung über Glanzlichter, mittlere Töne und Schatten erlauben, um die Lichtintensitäten einer realistischen architektonischen 3D-Visualisierung wunschgemäß anzupassen.

Dieses intuitive Werkzeug erlaubt eine detailliertere Anpassung der Beleuchtungssituation auf eine intuitivere Art und Weise, da für bestimmte Beleuchtungssituationen aus bereits optimierten Voreinstellungen ausgewählt werden kann, die gegebenenfalls noch individuell angepasst werden können (vgl. Abbildung 4.8).

Nähere Informationen über die Handhabung finden sich in der 3ds Max 2008-Hilfe (Stichwort: *Belichtungssteuerung*).

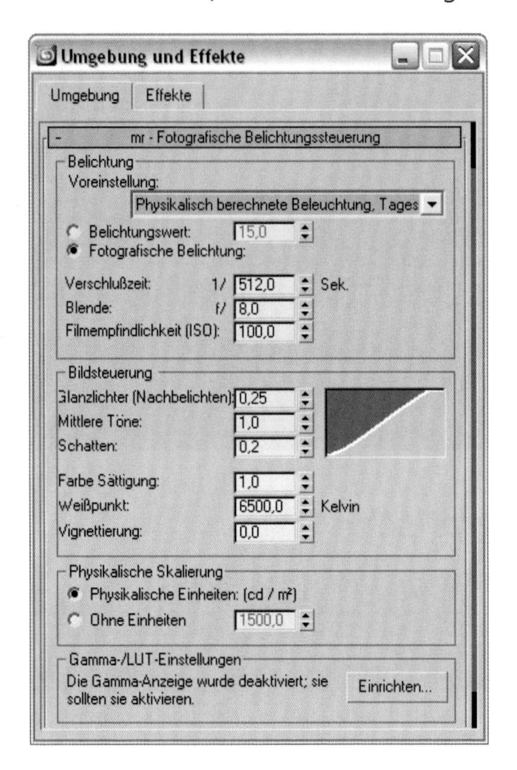

Abbildung 4.8
Rollout der neuen mr-fotografischen Belichtungssteuerung

Umgebungsokklusion mit ColorBleeding (Materialvergabe)

Die Materialeigenschaft Umgebungsokklusion, die während der Produktionsschritte »Beleuchtung« und »Materialvergabe« wesentlich zum Realismus der architektonischen 3D-Visualisierung beiträgt, wurde um die Funktionalität erweitert, nun auch die Materialfarben der angrenzenden 3D-Oberflächen bei der nachträglichen Schattierung der Objektkonturen zu berücksichtigen.

Wie im Vergleich von Abbildung 4.9 und Abbildung 4.10 deutlich zu sehen, überträgt sich die rote Farbe des Tisches über die Umgebungsokklusion auf die eigentlich matt weiße Unterseite der Kugel.

Abbildung 4.9
Umgebungsokklusion mit Übertragung der Farbe

Abbildung 4.10
Umgebungsokklusion ohne Übertragung der Farbe

Selbstillumination (Leuchten) – Materialien als Lichtquelle (Beleuchtung)

Das bereits in der Version 3ds Max 9.0 vorhandene ARCH & DESIGN-Material für den Produktionsrenderer MENTAL RAY hat eine neue Eigenschaft bekommen, die Eigenschaft SELBSTILLUMINATION (LEUCHTEN).

Mithilfe dieser Eigenschaft können nun beliebige 3D-Oberflächen als photometrische Lichtquellen-Objekte definiert werden, die entsprechend einstellbare Lichtenergie in der 3D-Szenerie verteilen. Mit dieser Eigenschaft ist es nunmehr leicht möglich, selbstleuchtende farbige Lichtwände zu realisieren, die in der Architektur und in der

Lichtplanung häufig im Bereich von Foyers oder Empfangsräumen Verwendung finden.

Auch für die Realisierung von LCD-Fernseh- oder Monitorbildschirmen oder durchscheinende Lampenschirme ist diese neue Materialeigenschaft nutzbar, da sich anstatt einer reinen Leuchtfarbe auch eine Texturressource angeben lässt.

Um die Auswirkungen einer selbstleuchtenden 3D-Oberfläche als Lichtquelle innerhalb einer architektonischen 3D-Szenerie bei der Berechnung zu berücksichtigen, muss das Lichtverteilungsverfahren FINAL GATHER verwendet werden und die entsprechende Option BELEUCHTET DIE SZENE in den Materialeigenschaften aktiviert werden (siehe Abbildung 4.11).

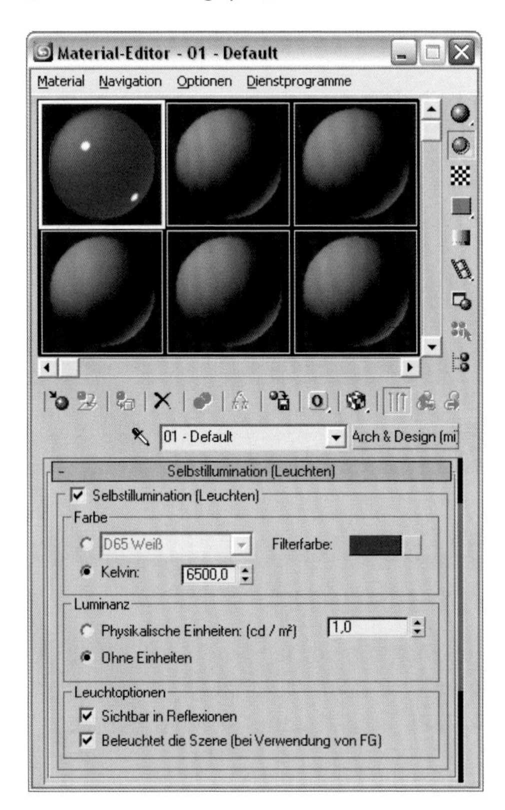

Abbildung 4.11
Die Materialeigenschaft SELBSTILLUMINATION im Material-Editor

Abbildung 4.12
Die neue Materialeigenschaft SELBSTLEUCHTEN streut Lichtenergie in die 3D-Szenerie, hier in Verbindung mit dem neuen Kameraeffekt GLARE

Glare Shader – Lichtenergie/Glühen (Beleuchtung)

Ergänzend zu der bereits erwähnten neuen ARCH & DESIGN-Materialeigenschaft SELBSTILLUMINATION (LEUCHTEN) wurde ein neuer Kameraeffekt eingeführt, der die Lichtenergie selbstleuchtender 3D-Oberflächen in einen leuchtenden Lichtschein in der finalen Bildberechnung überträgt.

Mithilfe dieses neuen Kameraeffekts kann bereits innerhalb der Produktionssoftware 3ds Max der gleiche Lichtenergie-Effekt simuliert werden (siehe Abbildung 4.12), der im Produktionsschritt »Postproduktion« vorgestellt und erläutert wurde.

Hinweis

Der Kameraeffekt GLARE muss im Menü RENDERN > RENDERN > Registerkarte RENDERER > Rollout KAMERAEFFEKTE > Bereich KAMERASHADER > Schaltfläche AUSGABE > MATERIAL-/MAP-ÜBERSICHT > GLARE explizit aktiviert werden. Der Glare Shader lässt sich konfigurieren, indem er in ein freies Feld des Material-Editors gezogen wird, wo sich dann die voreingestellten Parameter bei Bedarf anpassen lassen.

4.2 Neuerungen in 3ds Max 2009

Reveal-Technologie – Materialupdates in Test-Renderings (Rendering)

In der Version 2009 der Produktionssoftware 3ds Max wurde eine neue Technologie eingeführt, die es ermöglicht, die aufzuwendende Produktionszeit insbesondere für Test-Renderings enorm zu verkürzen. Die sogenannte Reveal-Technologie (engl. reveal = enthüllen, aufdecken) ist vor allem erkennbar an dem optisch und funktional stark veränderten Ausgabefenster, das jeweils während einer Bildberechnung mit dem berechneten Bild erscheint.

Abbildung 4.13
Überarbeitetes Ausgabefenster für Reveal-Technologie

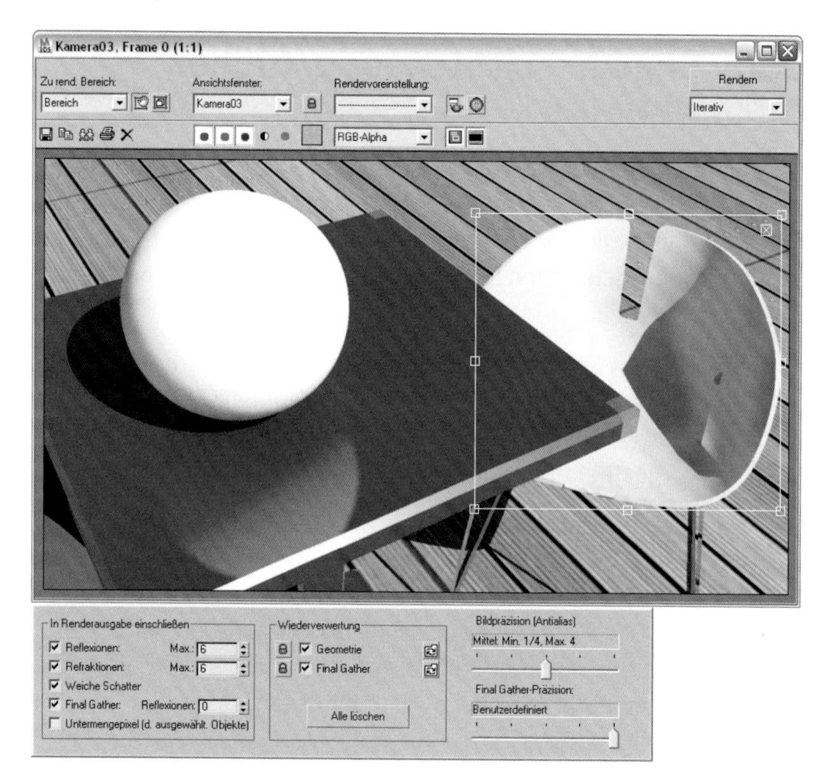

Das neue Ausgabefenster bündelt nun für das Rendering relevante Funktionen an einer Stelle, um diese während der Durchführung von Test-Renderings schnell erreichen zu können. So finden sich nun insbesondere die Steuerung für die Auswahl der zu berechnenden Bildbereiche sowie die Auswahlbox für die Rendervoreinstellungen direkt im Ausgabefenster und der Rendervorgang kann direkt über die Schaltfläche RENDERN aus dem Ausgabefenster heraus neu angestoßen werden, wie in Abbildung 4.13 zu sehen ist. Ein zeitaufwendiges Wechseln zwischen Fenstern entfällt.

Die darauf aufbauende nächste große Vereinfachung ist die Möglichkeit, die finale Bildberechnung iterativ durchzuführen, sich also der Endlösung schrittweise zu nähern. Das sogenannte iterative Rendering macht es auf komfortable Weise möglich, explizit nur einzelne Objekte oder Bildbereiche schneller als in den Vorgängerversionen von 3ds Max zu rendern. Wird das iterative Rendern aktiviert mit der Auswahlbox unterhalb der Schaltfläche RENDERN (zu sehen in der Abbildung 4.13 oben rechts), merkt sich der Renderer während der Bildberechnung die Inhalte der einzelnen Berechnungsschritte und kann dann bei nochmaligem Rendering, z.B. während eines Test-Renderings für ein Material, die Berechnung eines Bereichs oder Auswahl-Renderings beschleunigen. Im iterativen Render-Modus können Änderungen an 3D-Szenen schnell getestet werden.

Im Zusammenspiel mit dem Produktionsrenderer MENTAL RAY ist das iterative Rendering noch leistungsfähiger. Hier kann beispielsweise während eines Test-Renderings für die Bewertung eines Materials auf bereits vorbereitete (in das MENTAL RAY-Format umgewandelte) 3D-Geometrie sowie auf die temporär im Cache-Speicher angelegte FINAL GATHER-Lösung zurückgegriffen werden. Die Renderzeit wird dadurch erheblich verkürzt. In Kombination mit der Option UNTERMENGENPIXEL (DER AUSGEWÄHLTEN OBJEKTE) kann die Renderzeit noch weiter minimiert werden, da in diesem Modus wirklich nur die Bildpunkte (Pixel) neu berechnet werden, die zu einem selektierten 3D-Objekt gehören. Es ist also möglich, ein einzelnes Objekt einzeln nachzurendern. Dies war in den früheren Programmversionen nicht möglich, es konnten lediglich Bereichsrenderings durchgeführt werden, die zudem auch noch die erste Bildausgabe überschrieben.

Zusammenfassend beschreibt die sogenannte Reveal-Technologie also die Funktionserweiterung des Ausgabefensters in Kombination mit der internen Reduzierung des Berechnungsaufwands für Test-Renderings durch das iterative Rendering. Diese Kombination führt letztlich zur Reduzierung der Produktionszeiten.

ProMaterials – Materialschablonen für architektonische Oberflächen (Materialvergabe)

Zusätzlich zu den bereits aus den Versionen 3ds Max 9.0 und 2008 bekannten ARCH & DESIGN-Materialien wurden mit der Version 2009 der Produktionssoftware 3ds Max die sogenannten *ProMaterials* zur Verwendung mit dem Produktionsrenderer MANTEL RAY eingeführt.

Bei den PROMATERIALS handelt es sich um vorgefertigte Materialschablonen zu verschiedenen architektonischen Oberflächen, die über Eigenschaftenparameter gesteuert werden können. Sie basieren auf dem allgemeineren ARCH & DESIGN-Material, wurden jedoch explizit zugeschnitten auf die Reproduktion folgender Oberflächen:

- Keramische Oberflächen
- Stoffartige Oberflächen
- Glasierte Oberflächen
- Hölzerne Oberflächen
- Beton- oder Mauerwerkartige Oberflächen
- Metallische Oberflächen
- Lackierte Oberflächen mit Metallic-Effekt
- Spiegeloberflächen
- Plastik oder vinylartige Oberflächen
- Gläserne Oberflächen
- Steinartige Oberflächen
- Farblich angestrichene Oberflächen
- Wasserartige Oberflächen

Über die angebotenen Eigenschaftenparameter der jeweiligen PROMATERIALS-Oberfläche können im Material-Editor jeweils charakteristische Eigenschaften ausgewählt oder eingestellt werden, die dem gewählten Materialgrundtypen entsprechen (vgl. Abbildung 4.14). Die Realisierung hochwertiger architektonischer 3D-Oberflächen während des Produktionsschrittes »Materialvergabe« wird durch die Einführung der PROMATERIALS noch weiter vereinfacht.

Insbesondere diejenigen unter Ihnen, die sich mit der Realisierung akkurater Materialien nicht ausreichend auskennen, finden mit diesen angebotenen Materialschablonen nun einen guten Einstieg in die Produktion professioneller architektonischer 3D-Visualisierung. Zu finden sind die neuen PROMATERIALS genau wie auch das ARCH & DESIGN-Material über die MATERIAL-/MAP-ÜBERSICHT im Material-Editor im Menü MATERIAL > MATERIAL HOLEN.

Detaillierte Beschreibungen zu den einstellbaren Eigenschaften der jeweiligen PROMATERIALS finden sich in der 3ds Max 2009-Hilfe (Stichwort: *ProMaterials*).

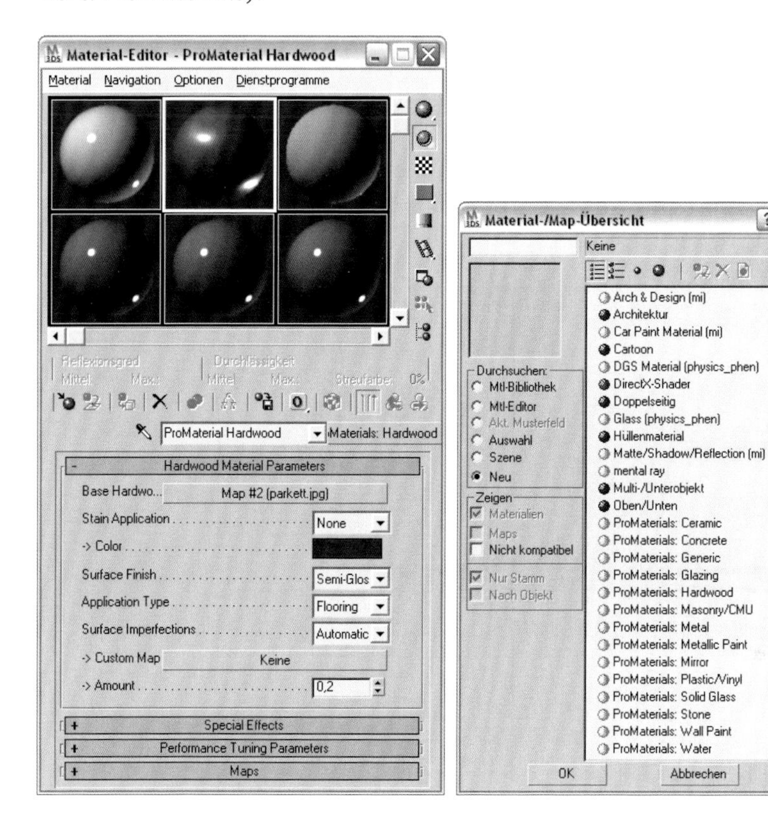

Abbildung 4.14
Eigenschaften des ProMaterials HARDWOOD im Material-Editor

Zusammengesetzes Map – Materialdefinition in mehreren Schichten (Materialvergabe)

Mithilfe des grundlegend überarbeiteten Materialtyps ZUSAMMENGESETZES MAP können Materialoberflächen nun aus mehreren Materialschichten zusammengesetzt werden, die in definierbarer Weise miteinander überlagert dann das finale Material ergeben.

Denken Sie beispielsweise an aufwendige und komplexe Lackierungen von Oberflächen, diese lassen sich nun schichtweise umsetzen und übereinander legen, erst die Grundierung, dann die Metallic-Effekte und zum Schluss ein Glanzlack. Aber auch Texturressourcen können mit diesem Materialtyp übereinandergelagert werden, um z.B. ein Graffiti auf einem Mauerwerk darzustellen. Ähnlich wie in der Bildbearbeitungssoftware Adobe Photoshop kann nun direkt innerhalb der Produktionssoftware 3ds Max mit solchen *Ebenen* gearbeitet werden, um komplexere bildliche 3D-Oberflächen zu generieren.

In der Version 2009 der Produktionssoftware 3ds Max können zudem nun mehrere Texturen in einer solchen zusammengesetzten Map direkt in den Ansichtsfenstern angezeigt werden. Nähere Informationen über die Handhabung des Materialtyps ZUSAMMENGESETZES MAP finden Sie in der 3ds Max 2009-Hilfe (Stichwort: *Zusammengesetzes Map*).

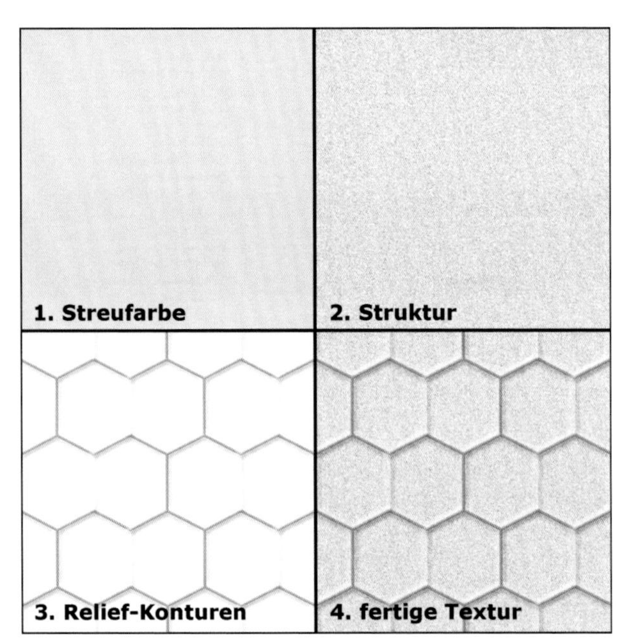

Abbildung 4.15
Mithilfe des Typs ZUSAMMENGESETZTES MAP wird aus mehreren Maps eine fertige Textur

Farbkorrektur-Map – akkurate Farbanpassung für Texturen

In den vorherigen Programmversionen der Produktionssoftware 3ds Max war es nicht ohne größeren Aufwand oder zusätzliche Plug-Ins komfortabel möglich, die eingesetzten Texturressourcen lediglich für die Verarbeitung innerhalb der Produktion einer Farbkorrektur zu unterziehen. Alle Farbkorrekturen mussten im Vorhinein mit einer Bildbearbeitungssoftware wie Adobe Photoshop durchgeführt werden.

In der Version 3ds Max 2009 wird genau zu diesem Zweck das neue Werkzeug FARBKORREKTUR-MAP eingeführt, das auf komfortable Weise eine nachträgliche farbliche Justierung einer verwendeten Textur ermöglicht. Konkret kann über angebotene Regler exakt Einfluss genommen werden auf z.B. Farbtonverschiebung, Farbsättigung, Helligkeit und Kontraste der einzelnen Farbkanäle der Textur, wie Abbildung 4.16 aufzeigt.

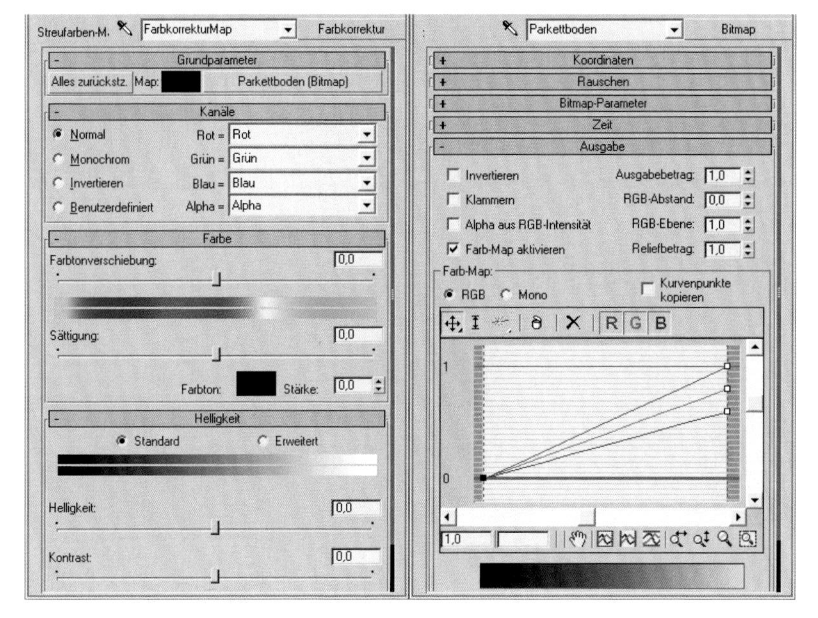

Abbildung 4.16
Links: Komfortable Farbkorrektur mit neuer Map

Rechts: Alte eingeschränkte Möglichkeit der Farbanpassung für Bitmaps (im Rollout Ausgabe)

Review Update – photometrische Lichtverteilung in den Ansichtsfenstern

Die bereits in der Version 2008 eingeführte Review-Technologie für die Verbesserung der Darstellungsqualität in den Ansichtsfenstern der Produktionssoftware 3ds Max wurde um die Funktion erweitert, nun auch die genaue Lichtverteilung photometrischer Lichtquellen-Objekte während der Erarbeitung des Produktionsschrittes »Beleuchtung« in der 3D-Szenerie darstellen zu können. Dabei wird die realistische Lichtverteilung sowohl vordefinierter photometrischer Lichtquellen angezeigt also auch die Lichtverteilung von photometrischen Lichtquellen, die durch individuelle IES-Daten gesteuert wird.

In Kombination mit der Darstellung von Echtzeit-Schatten und realitätsnaher Materialoberflächen in den Ansichtsfenstern erlaubt die Review-Technologie inzwischen eine höchst genaue Bewertung der erarbeiteten Beleuchtungs- oder Materialsituation bereits während der Produktion. Die Wirkung der eingebundenen Lichtquellen auf die 3D-Szenerie lässt sich umgehend erkennen, bewerten und anpassen.

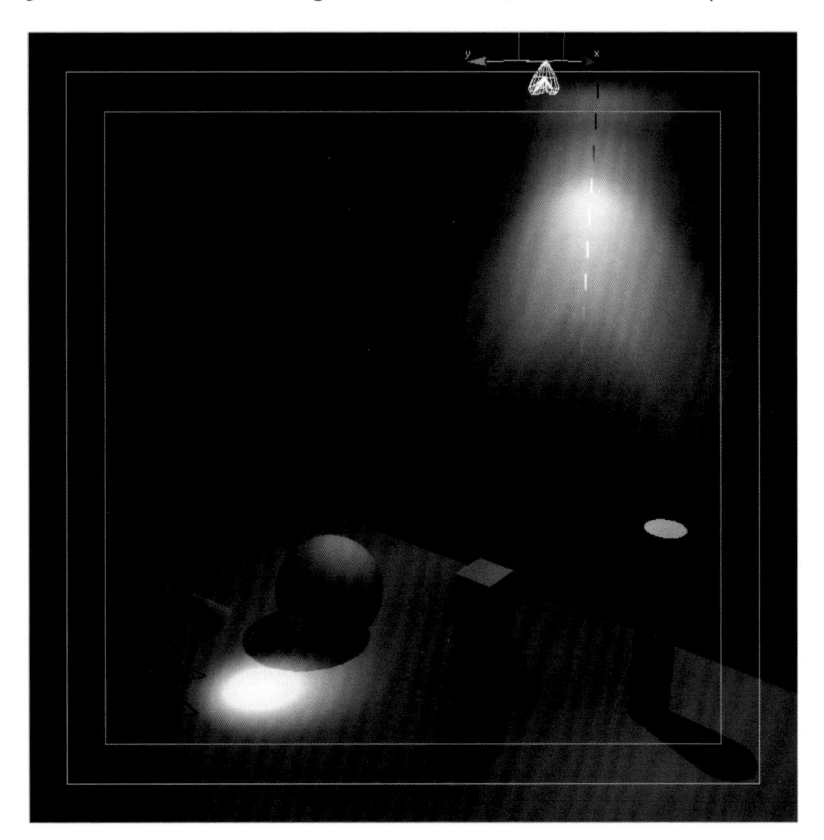

Abbildung 4.17 Die Lichtverteilung photometrischer Lichtquellen in den Ansichtsfenstern

Neue Himmelsmodelle – physisch akkurate Himmel mit realen Wetterdaten (Beleuchtung)

In den vorhergehenden Programmversionen von 3ds Max konnte während der Realisierung einer architektonischen Tageslichtsituation mithilfe des mr-Tageslichtsystems nur auf ein vordefiniertes trübungsgesteuertes Himmelsmodell zurückgegriffen werden, das über den Wert TRÜBUNG die Menge von Wasserdampf oder anderen Partikeln in der Luft definierte und somit für das MR-HIMMELSLICHT entsprechend die Farbe und Intensität des Himmels und des Sonnenlichtes anpasste. Die Werte reichten von 0,0 (für einen absolut klaren Himmel) bis hin zu 15 (für eine sandsturmähnliche Trübung der Himmelsfarbe und -intensität).

In der Version 2009 wurden zwei weitere, auf internationalen Standards basierende Himmelsmodelle hinzugefügt, um das Licht vom Himmel physisch korrekt für alle beliebigen Orte auf dem Globus berechnen zu können: Das Himmelmodell CIE sowie das PEREZ-ALL-WEATHER.

Beim PEREZ-ALL-WEATHER-Himmelsmodell handelt es sich um ein physisch genaues Himmelsmodell, das als internationaler Industriestandard anerkannt ist. Es wird durch zwei Illuminanz-Werte gesteuert, wie Abbildung 4.18 aufzeigt. Es eignet sich besonders für Tageslichtsituationen, jedoch weniger für Abend- oder Nachtsituationen, wenn auf absolute photometrische Genauigkeit Wert gelegt wird. In solchen Fällen sollte auf das alternative CIE-Himmelsmodell zurückgegriffen werden. Auch beim CIE-Himmelsmodell handelt es sich um ein physisch genaues Himmelsmodell, das als internationaler Industriestandard anerkannt ist. Es wird zusätzlich zu den zwei Illuminanz-Werten auch über eine Auswahl für einen bewölkten oder einen klaren Himmel gesteuert, wie Abbildung 4.18 verdeutlicht.

Wird die Beleuchtungssituation mit einem der beiden neuen Himmelsmodelle berechnet, wird die Farbe des Himmels vom Wert für die Trübung in der speziellen Map MR-PHYSISCHER HIMMEL abgeleitet (vgl. Abschnitt »Beleuchtung«). Laut Vorgabe ist dies 0 (ein klarer Himmel, am Tag: blau). Sie können über die spezielle Map MR-PHYSISCHER-HIMMEL auch den Wert für die Trübung ändern.

Ergänzt werden die beiden neuen Himmelsmodelle durch die Möglichkeit, aktuelle Wetterdaten mithilfe von ebenfalls international standardisierten *.EPW-Dateien für beliebige Orte auf der Welt in das Tageslichtsystem einzulesen, anhand derer die Beleuchtungsverhältnisse des Tageslichtsystems gesteuert werden. Die Wetterdatendateien sind für viele Orte auf der Welt im Internet abrufbar und enthalten für diese Orte die real gemessenen Werte für die lokalen Lichtverhältnisse der letzten Jahre. Mithilfe dieser Wetterdaten wird die Umsetzung einer realistischen Beleuchtungsszenerie während des Produktionsschrittes »Beleuchtung« noch weiter vereinfacht.

Tipp

Einige Wetterdatendateien für deutsche Städte können unter der Adresse http://www.eere.energy.gov/buildings/energyplus/cfm/weather_data.cfm abgerufen werden.

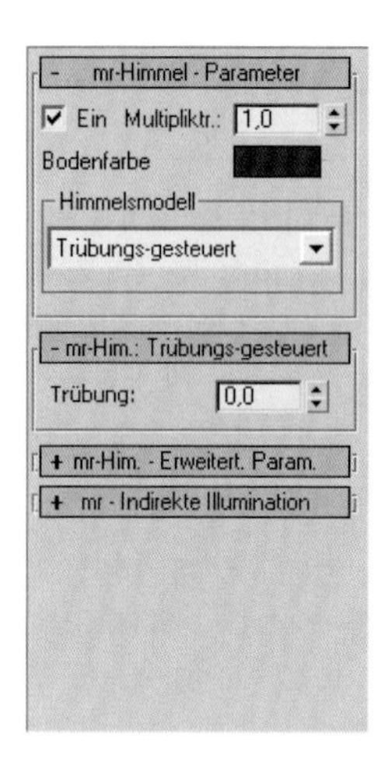

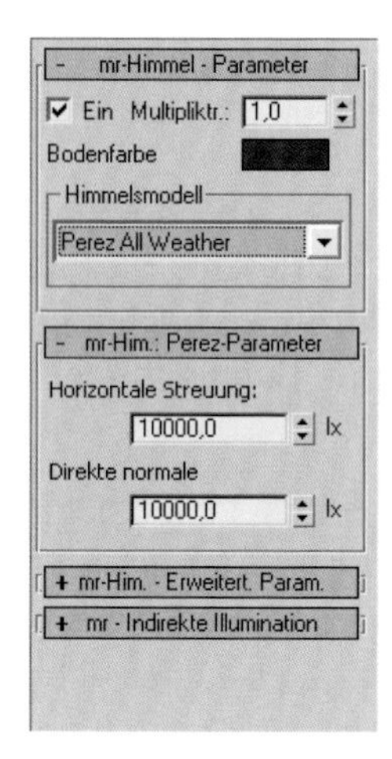

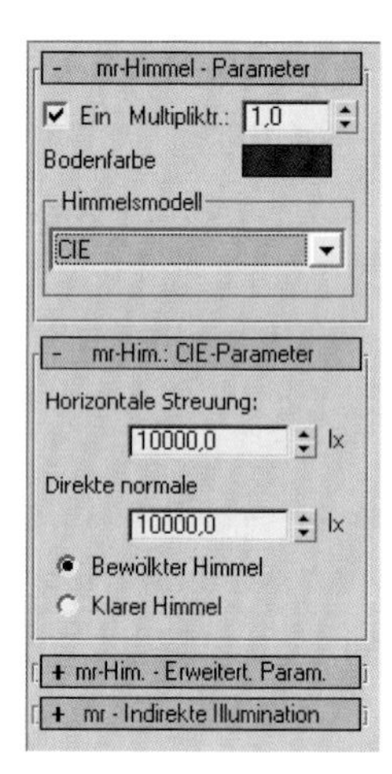

Abbildung 4.18 Die verschiedenen Himmelsmodelle im Überblick

mr-Platzhalter-Objekt – komplexe 3D-Szenerien effizient berechnet (Rendering)

Mithilfe des in der Version 3ds Max 2009 neu eingeführten MR-PLATZHALTER-Objekts können nun 3D-Szenerien noch größerer Komplexität mit noch geringerem Speicherverbrauch berechnet werden.

Das MR-PLATZHALTER-Objekt ist insbesondere für die Realisierung von architektonischen 3D-Visualisierungen gedacht, in denen eine hohe Anzahl eines absolut identischen 3D-Objekts vorkommt, wie beispielsweise für die Visualisierung eines komplexen Konferenz- oder Konzertsaales mit Hunderten von gleichen Stühlen oder der Visualisierung einer waldnahen Immobilie mit Hunderten gleicher Bäume. Bislang wurde selbst bei der Verwendung von 3D-Objektinstanzen (siehe Kapitel 2, Abschnitt »Werkzeuge für die Organisation der 3D-Inhalte«) jede in 3ds Max instanzierte 3D-Geometrie für die Berechnung mit MENTAL RAY in ein vollwertiges 3D-Objekt umgewandelt, ohne die Instanzierung zu berücksichtigen. Für jede Objektkopie wurde daher eigener Speicherplatz während der finalen Bildberechnung mit MENTAL RAY benötigt, das bei komplexen 3D-Szenerien viele Produktionsrechner an ihre Leistungsgrenzen trieb und die Realisierung einiger Projekte von vornherein unmöglich machte. Mithilfe des MR-PLATZHALTER-Objekts ist nun auch der Produktionsrenderer MENTAL

RAY in der Lage, angelegte Objektinstanzen während der finalen Bildberechnung zu verwenden. Es wird nur eine Kopie des instanzierten jeweiligen 3D-Objekts in den Speicher geladen, auf die dann während des Renderings zurückgegriffen wird.

Um ein MR-PLATZHALTER-Objekt anzulegen, muss zunächst einmal das zu instanzierende 3D-Objekt in eine spezielle mr-Platzhalterobjektdatei gespeichert werden, die das Objekt dann direkt im MENTAL RAY-Format speichert. Anschließend kann der Inhalt dieser Datei über das Werkzeug MR-PLATZHALTER-Objekt wieder in die 3D-Szenerie geladen und in beliebiger Anzahl verteilt werden. Das MR-PLATZHALTER-OBJEKT ist zu finden in der ERSTELLUNGSPALETTE > Schaltfläche GEOMETRIE > MENTAL RAY > Rollout OBJEKTTYP > Schaltfläche MR-PLATZHALTER.

Nähere Informationen zur Handhabung und Verwendung des neuen MR-PLATZHALTER-Objekts sind in der 3ds Max 2009-Hilfe (Stichwort: *mr-Platzhalter-Objekt*) zu finden.

mental ray-Produktions-Shader – architektonische Fotomontagen leicht gemacht (Beleuchtung/Materialvergabe)

Mit der Programmversion 3ds Max 2009 wurde eine neue Gruppe von Materialien/Shadern eingeführt, die es erlaubt, mithilfe des Produktionsrenderers MENTAL RAY farblich und beleuchtungstechnisch optimal abgestimmte Fotomontagen zwischen 3D-Szenerien und Fotografien zu realisieren.

Dieser Gruppe der sogenannten Produktions-Shader gehören mehrere unterschiedliche Programmfunktionen (Shader) an, die in geeigneter Kombination die Realisierung einer automatisch abgestimmten Fotomontage erheblich vereinfachen. Einige Shader kümmern sich beispielsweise um die akkurate Farbanpassung zwischen 3D-Szenerie und Hintergrundbild, andere wieder sorgen mit Bezug auf das Hintergrundbild für passende Reflexionen auf den 3D-Oberflächen, wieder andere stimmen die Beleuchtung der 3D-Szenerie auf das Hintergrundbild ab.

Die genaue Vorgehensweise ist etwas komplexer und wird verständlich und detailliert in der 3ds Max 2009-Hilfe (Stichwort: *Produktions-Shader*) erläutert.

3D-Navigationshilfsmittel – komfortable Navigation durch 3D-Szenerien (Modellierung/Inszenierung)

Um in den Ansichtsfenstern der Produktionssoftware 3ds Max 2009 komfortabler navigieren zu können, wurden der *ViewCube* und die *SteeringWheels* eingeführt.

Der ViewCube bietet ein optisches Feedback über die augenblickliche Orientierung eines Ansichtsfensters und ermöglicht die automatische Anpassung der Ausrichtung der Ansicht an die unterschiedlichen Himmelsrichtungen per Mausklick (vgl. Abbildung 4.19).

Abbildung 4.19
Das Navigationshilfsmittel ViewCube erleichtert die Navigation innerhalb der 3D-Szenerie durch Auswahl voreingestellter Ansichten

Die SteeringWheels stellen praktische Maussteuerelemente zum Zoomen, Panen, Umkreisen und Zurückspulen sowie eine Reihe von Anzeigeänderungen zur Verfügung, die das Navigieren in einer 3D-Szenerie deutlich erleichtern (siehe Abbildung 4.20). Besonders die Funktion ZURÜCKSPULEN ist in der praktischen Projektarbeit sehr nützlich, da man mit ihr zu automatisch mitprotokollierten Ansichten zurückspringen kann, aus denen man heraus die 3D-Szenerie zu einem früheren Zeitpunkt bearbeitet hat. Wenn Sie beispielsweise ein paar Bearbeitungsschritte vorher an der Süd-West-Fassade einer

Immobilie geometrische Anpassungen vorgenommen haben, sich mittlerweile aber an einer völlig anderen Stelle der 3D-Szenerie befinden, jedoch wieder zur Süd-West-Fassade zurück müssen, können Sie mit der ZURÜCKSPULEN-Funktion per Mausklick die protokollierte Ansicht wieder abrufen, wie Abbildung 4.21 verdeutlicht.

Abbildung 4.20
Das Navigationstool SteeringWheels oben links im Bild

Abbildung 4.21
Das Navigationstool SteeringWheels ermöglicht im Detail dann das Zoomen, das Panen sowie das Umkreisen der Szenerie und ein Zurückspulen zu bereits besuchten Ansichten

Index

Numerisch

A

B

C

M

N

O

P

Q

R

S

T

U

V

W

Z